KB276252

이태준과 한국 근대소설의 성격

박헌호(朴憲虎)

62년 서울 출생
성균관대학교 국어국문학과, 동대학원 졸업
문학박사
현재 성균관대, 서울산업대 강사
주요논문:「한국 근대 단편양식과 김동인」,「현민 유진오 문학연구」,「1950년대 비평의 성격
　　　　과 민족문학론으로의 도정」 외 다수

이태준과 한국 근대소설의 성격

1판 1쇄 인쇄 1999년 10월 25일
1판 1쇄 발행 1999년 10월 30일

지은이 / 박헌호
펴낸이 / 김호영
펴낸곳 / 소명출판
책임편집 / 전양희, 전병기
등록 / 제13-522호
주소 / 137-070 서울시 서초구 서초동 1621-18 (란빌딩 1층)
대표전화 / (02) 585-7840
팩시밀리 / (02) 585-7848
천리안·하이텔 somyong

ⓒ 1999, 박헌호

값 15,500원

ISBN 89-88375-19-X 93810

이태준과 한국 근대소설의 성격

박 헌 호

　막상 교정지를 덮으려니 만감이 교차한다. 먼지 나는 다락방에 웅크리고 앉아 친구네 집에서 빌려 온 책을 읽던 까까머리 소년, 세상 고민 다 짊어진 것처럼 우울해하던 뒷모습, 통음과 궤변으로 문학을 대신 삼던 달아오른 얼굴, 거리에서 보낸 한 철……. 또 비로소, 문학연구에 빠져들어 학자로 사는 일의 어려움을 절절이 느끼는 현재까지. 지난 30여 년의 세월이 <씨네마 천국>의 마지막 장면처럼 ─ 휙휙 스쳐간다. 그 와중에 가족사와 한국사와 세계사는 어리석은 내가 감당하기에는 너무나도 엄청나게 변했다. 그리고, 또, 나도 변했다. 그럼에도 따지고 보면 나란 존재는, 이제껏, 격랑 속의 배처럼 흔들리면서도 항로를 수정할 줄 몰랐던 존재가 아니었는가, 싶다. 그럼에도 회한이 없음은, 무지가 용기를 주었기 때문인가? 아니면 완고가 고집을 낳았기 때문인가? 결국 현재로써는 살아가며 지켜볼 뿐, 다른 도리가 없다.

　상허(尚虛) 이태준(李泰俊)과의 만남은 운명적이라고 할밖에, 다른 표현이 적절치 않다. 민족문학사연구소의 그 유명했던 '삼포반'에서 처음 만난 뒤, 별다른 인연도 없이 상허문학회의 창립멤버로 한몫 끼었다가, 마침내 한국 근대문학사의 진폭을 절감하는 계기가 되고 말았다. 만일 연구대상과 연구자의 만남 중에 운명적인 것이 존재할 수 있다면, 나는 흔쾌히 이태준과의 만남이야말로 운명적이었다고 말할 수 있을 것이다. 여러 벗들이 말하기를, 내가 이태준으로 박사학위논문을 쓰리라고는 꿈에도 생각하지 못했다고 말할 정도였으니까.

나는 그의 단편과 장편 사이에 존재하는 낙차에 전율했고, 그의 고독과 고통에 공감했으며, 그가 이루지 못했던 것의 무게에 함께 억눌렸고, 그의 결단과 한계 속에서 한국 근대문학의 정신적·사상적 지평을 감지할 수 있었다. 나는 그를 통해서 현대소설의 전 작품을 되새김질할 용기를 얻게 되었으며, 직업으로서의 학문 연구가 아닌 인간학으로서의 문학 연구로 나아갈 수 있었다. 문학은 내가 그를 처음 만났을 때처럼, 신비로운 속내를 다시 보여주었다.

그러므로, 내가 이태준을 통해서 얻은 가장 중요한 것은, 한국 근대문학에 대한 절실한 애정이었다고 말할 수 있다. 문학소년 시절부터 가졌던, 한국문학의 왜소함에 대한 짜증 섞인 폄하의 염(念)은, 하여, 사라졌다. 나는 한국 근대문학사의 '보잘것없음'에 드리워진 역사의 무게를 인식하게 되었고, 고투의 현장을 물들인 '피'의 의미를 깨닫게 되었다.

이러한 깨달음을, 나는 이 책에서 한국 근대문학의 특수성이란 개념에 응축해 놓았다. 특수성이란 개념이 얼마나 낡은, 혹은 위태로운 개념인 줄 충분히 알면서도, 굳이 고집한 것은, 그것이 우리 근대문학사의 시원(始原)에 도달할 수 있는 유효한 통로라고 생각하기 때문이다. 나는 '차이'보다는 '여정(旅程)'에, '현상'보다는 '내적 원리'의 차원에서 이 개념을 사용하였다. 그리하여 나는, 우리가 어떠한 상태에서 출발했으며, 자신의 역사와 어떻게 대응해왔고, 어떻게 하여 현재에 도달했는가를 가늠해 보고 싶었다.

이런 점에서 이태준은 나에게 한국 근대문학사를 바라보는 창(窓)이었으며, 나는 그를 통해 한국 근대소설사의 핵심에 다가서고자 하였다. 이

책이 소설가 이태준 문학의 성격 구명을 목표로 삼으면서도, 그것을 뛰어넘는 세계를 그리려 안간힘을 쓴 것은 이러한 까닭이 있었음을, 독자 여러분들께서 수긍해 주길 바랄 뿐이다.

  생각하건대 나는, 한국 근대문학사의 초입에, 이제 막, 들어섰다. 눈은 뜨이지 않고, 걸음은 더디기만 하다. 본래 나의 박사학위논문으로 작성된 이 글을, 전면 개작하지 않고는 책으로 내지 않겠다, 던 자신과의 약속조차도 지키지 못하고 말았다. 선학들의 책에서 만나게 되는 겸사(謙辭)들을 빌려오는 것조차 나에게는 참람(僭濫)되다. 다만, 이룬 것보다는 이루어야 할 것이 더 많다는 사실에 위로를 받고자 하며, 아직 내게 시간이 조금 더 남아 있으리라 믿고 싶을 뿐이다.

  본시 재주가 없고 천박한 사람인지라 이곳에 도달하기까지에도 많은 분들의 도움을 받아야만 했다. 그분들께 공개적으로 감사의 말을 할 수 있다는 사실만으로도, 책 내는 일의 부끄러움이 어느 정도 가시는 듯하다. 확언컨대, 박성모 사장님의 관심과 채근이 없었다면 이 책은 나오지 못했다. 논문을 지도해 주신 윤병로 선생님과 여러 은사 선생님, 그리고 김현숙 선생님께 평생 잊지 못할 은혜를 입었다. 성균관대학교의 선후배들과 상허문학회 식구들은 외로움에서 나를 건진 두레박이었다. 당신들이 없었다면 나는 지금쯤 어느 들판에서 헤매고 있었을 것인가? 특히 마음의 한 자락을 내게 갈라준 강진호와 한기형, 김성환을 잊을 수 없다. 자신의 삶과 가족의 삶을 맞바꾼 큰형과, 숱한 고통을 견디며 나를 위로해 준 이명숙! 무엇보다도, 당신은 학교 문턱에도 못 가본 몸으로 자식을 학자로 키워 주신, 어머님께, 삼가 이 책을 바친다.

1999년 10월
박 헌 호 拜上

이태준과
한국 근대소설의 성격

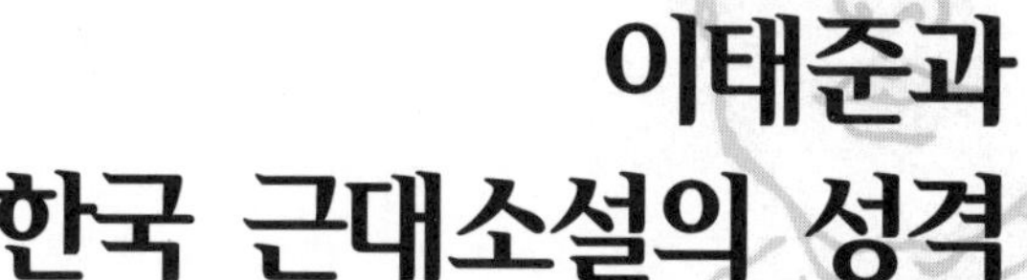

제1장 서론

1. 문제제기

이 글은 이태준 문학의 성격 구명을 통해서 한국 근대문학의 특수성의 일단을 해명하기 위하여 쓰여졌다.

주지하듯이 이태준은 경향문학이 퇴조하던 30년대에 <구인회>를 결성하여 주목할 만한 활동을 보여준 작가다. <구인회>는 <카프>에 대항했던 순수 문학단체로 평가받고 있으며, 모더니즘 운동의 진지로도 평가받고 있다. 이태준은 <구인회>의 실질적인 좌장으로 활약하면서 정지용과 더불어 30년대 후반의 문학을 주도하였다. 그 결과 그와는 문학 경향이 달랐던 임화로부터 "비경향문학이 낳은 가장 큰 작가"[1]라는 평가를 받은 바 있다. 또한 그는 빼어난 단편들을 창작하여 우리의 근대소

---

1) 임화, 「본격소설론」, 『문학의 논리』, 학예사, 1940. 374면.

설사를 풍성하게 만들었을 뿐만 아니라, 단편과는 경향이 판이한 장편을 다수 창작하여 대중소설 작가로도 많은 인기를 누렸다. 일제 말기에는 『문장』지를 주도하여 우리 문학을 지켜 내는 한편, 많은 작가들을 배출하며 신세대 작가들에게 영향을 주기도 하였다.

이러한 사실들은 이태준의 작가적 여정이 한국 근대소설사의 특성과 면밀히 결부되어 있음을 보여준다. 먼저 작가 이태준을 규정하는 가장 기본적인 개념인 '순수문학'이라는 개념 역시 문학사적 지평 위에서 논구해보면 문제적이고, 불명료한 개념임을 알 수 있다. 우리 근대문학사에서 '순수문학'은 흔히 문학의 탈사회적·탈정치적·탈맑시즘적 개념으로 원용되어 왔다.2) <구인회>를 <카프>와의 이념적 대척관계로 자리매김하는 판단에 이러한 평가방식이 내재되어 있음은 두말 할 나위가 없다. 그러나 이에 따르면 해방 이후 이태준이 사회주의 체제를 선택하여 자진 월북했다는 사실을 쉽게 설명하기 어렵다. 물론 논리적 일관성에 얽매여 변화를 변화로 받아들이지 못하는 태도도 옳다고 할 수 없다. 그러나 변화의 내적 계기가 충분히 따져져야 한다는 지적 역시 옳다. 특히 이태준의 초기작에서 보여지는 현실인식의 직접적인 표현은, 순수문학 개념을 고정된 것으로, 혹은 이념의 존재 여부로만 바라보는 방식에 대한 비판의 증거로 채택될 수 있다.

이는 크게 보면 우리 근대문학사에서 사상이 문학화되는 방식, 혹은 사상의 존재방식에 대한 문제와 연관되어 있다. 다시 말해서 현실인식의 존재유무 혹은 그 직접성과 강도의 문제로 작가의 이념적 성향을 재단하는 평가방식은 재고되어야 한다는 것이다. 이러한 문제를 극복하기 위해 필요한 것이 문학사적 관점이다. 한 작가의 개별적인 성향의 문제를 넘

---

2) '순순문학' 개념에 대한 명확한 정의는 아직 내려지지 않은 듯하다. 다만 한형구가 일제 말기 세대의 미의식을 논구하면서 그것을 휴머니즘의 태도와 허무주의적 열정을 내포적 속성으로 하는 미적 자율성의 이념으로 설명한 바 있다.
한형구, 「일제 말기 세대의 미의식에 관한 연구」, 서울대 박사학위논문, 1992 참조

어 우리 근대문학사의 사상적 입지와 그 왜곡의 가능성을 아우르는 시각으로 작가를 조망할 때, 그 작가의 문학적 특성뿐만 아니라 문학사적 위상에 대한 정당한 평가도 내릴 수 있을 것이다. 문학'사'적인 연관을 배제한 상태에서 작가를 평가하는 것은, 역사와의 응전을 통해 주체적인 대응을 모색했던 당대의 실상에 어긋날 뿐 아니라, 그 작가의 위상을 규정하는 데 왜곡을 범할 가능성도 농후하기 때문이다.

문학사적 시각을 견지할 때 가장 크게 떠오르는 것은, 이태준이 단편소설을 소설의 주류적 양식으로 설정하고 있다는 점이다. 작품의 성격에 따라 선택될 수 있는 소설의 하위장르로써 단편의 특장(特長)이 거론되는 것이 아니라, 가치평가의 차원에서 단편의 예술성이 옹호된다는 점은 소설사의 중대한 국면이 아닐 수 없다. 이 점은 단편양식이 남다른 위치를 점유하고 있는 우리 근대소설사를 조망해 볼 때 문제적인 대목이다.

주지하듯이 근대를 대표하는 문학장르는 소설이다. 그 중에서도 장편소설이 근대문학의 총아임은 잘 알려져 있다. 그런데 한국의 근대소설사는 단편소설을 중심에 놓고 진행되어 왔음을 부인하기 어렵다. '단편양식의 주류성'이라 칭할 수 있는 이 문제는 당대의 작가들에게서나 현재의 연구자들에게서나 거의 저항 없이 받아들여진 한국 근대문학사의 주요 특성이다. 장편을 대중과의 타협의 산물로 보고, 소설의 예술성은 단편에서 주로 찾고자 하는 이같은 경향은 현재까지 별다른 이론적 저항 없이 받아들여지고 있는 형편이다.3)

---

3) 이 문제에 대한 본격적인 연구는 아직 활발하지 못하다. 다만 소박한 문제제기나 부분적인 해명을 시도한 글로는 아래의 글을 참고할 수 있다.
   김윤식, 『한국문학사논고』, 법문사, 1973.
   이재선, 『한국단편소설연구』, 일조각, 1975.
   김윤식, 『한국근대문학의 양식논고』, 아세아문화사, 1990(재판).
   김춘미, 『김동인연구』, 고려대 민족문화연구소, 1985.
   김현실, 『한국근대단편소설론』, 공동체, 1991.
   아울러 필자는 김동인을 중심으로 이 문제에 대한 접근을 시도한 바 있다.
   박헌호, 「한국근대단편양식과 김동인(1)」, 『작가연구』 2호, 새미, 1996.

  그러나 세계 문학적 견지에서 보자면 이러한 경향은 분명 예외적이며 불구적이라고 할 수 있다. 이것은 단지 문학사의 발전과정을 서구문학을 기준으로 평가하는 '서구중심주의'의 문제만은 아니다. 양식의 선택은 그러한 선택을 가능케 하는, 혹은 강요케 하는 문학사적 조건의 산물이며, 그런 점에서 단편양식의 주류성 문제는 우리 근대문학사의 특수성을 해명하는 일차 고리인 셈이다. 따라서 암암리에 단편양식의 주류성을 승인해 온 현재까지의 문학연구는 근본적인 차원에서 재검토되어야 한다. 그래야만 특정한 양식의 선택으로 드러나는 한국 근대문학의 특수성이 내용과 형식의 통일이란 측면에서 조망될 수 있을 것이다.

  문제를 이태준으로 국한시켜도 사정은 마찬가지다. 상허는 당시 장편소설의 유일한 발표 매체가 신문이었다는 점, 그리고 신문소설은 통속성을 생명으로 삼지 않을 수 없다는 점을 들어, '전작(全作) 장편(長篇)'을 제외하고는 장편에서는 예술성을 기대할 수 없다고 단언한다. 따라서 장편은 단지 경제적인 문제를 해결하기 위해 쓴 것이니 자신의 예술을 보고자 하는 이는 단편에 주목해 달라고 특별히 강조하기도 한다.[4]

  지금까지의 연구는 이 말을 전적으로 신뢰해 왔다. 그러나 눈을 문학사의 지평으로 돌리면 우리는 새로운 사실을 대면하게 된다. 즉 『무정』은 말할 것도 없고 『삼대』나 『고향』, 그리고 『임거정』이나 『태평천하』처럼 문학사에서 의미 있다고 평가받는 장편들의 대부분이 바로 신문 연재소설이었다. 이 점을 어떻게 설명해야 할 것인가? 동일한 조건에서도 전혀 다른 결과를 산출했으며, 또한 이를 인식조차 못했다는 것, 이것은 시대적 문제이기보다는 그의 소설관의 문제이다. 더군다나 이러한 시각이 멀리 김동인으로부터 비롯된다는 사실은,[5] 양식의 선택이 한국 근대문

  ______, 「한국근대단편양식과 김동인(1)」, 『한국 근대문학연구』(구중서 외편), 태학사, 1997.
  4) 이태준, 「머리에」, 『가마귀』, 한성도서, 1937. 12면.
  5) 앞의 주 3)에서 제시한 필자의 글들은 바로 이러한 문제의식을 논구한 것이다.

학사의 특수성과 연관되어 있음을 시사한다. 문학사적 안목에서 이태준 문학을 점검해야 하는 또 다른 이유가 여기에 있다.

작품 그 자체의 문제로 바라보아도 이태준의 장편은 예사롭지 않은 문제들을 담고 있다. 그의 장편은 한결같이 비슷한 구조를 보여준다. 불우한 환경(고아)에서 태어난 주인공이 삼각관계를 겪으면서 현실적인 권력(돈과 지위)을 지닌 자들에게 패배하여 사랑을 잃고는 민족을 위한 운동에 투신한다는 것이 이태준 장편에서 흔히 드러나는 구조이다. 비슷한 구조의 작품들이 계속 창작된다는 사실만이 아니라, 그러한 작품들에 상허의 대표작(단편)에서는 제거되어 있는 이념적 성격들이 과도하게 노출되어 있다는 점도 주목하지 않을 수 없다.

이상의 문제들은 단편과 장편을 분리적으로 사고하는 이태준의 소설관의 문제뿐만이 아니라 그의 작품세계 전체의 문제성을 보여주는 대목이다. 따라서 이 문제를 해명한다는 것은, 이태준 문학의 특성을 파헤치는 의미와 함께 한국 근대문학의 특수성의 일단을 살피는 일이 될 것이다.

다음으로 이태준 문학의 문제성은 그의 사상변화 과정에서 드러난다. 이태준은 30년대 후반의 변화하는 현실 속에서 중반기의 작품과는 달리 현실 지향적인 작품을 여럿 창작한 바 있다. 이것은 문장의 표현에 골몰하던 자신의 특성을 스스로 뒤엎는 행위로 평가받고 있다. 또한 이 시기에 그는 의고주의(擬古主義)에 침잠하여 난(蘭)을 키우고, 골동품에 빠지며, 추사(秋史)의 글씨에 젖어 들었다. 이러한 변모는 그가 주장했던 근대적 예술관과 상치될 뿐만 아니라, 이상(李箱)의 「오감도(烏瞰圖)」를 옹호하던 모습과도 달라 보인다. 더구나 해방 이후에는 <조선문학가동맹>에 합류하는 등 정치적 변신을 감행한다. 하여 『쏘련기행』이라는 기행문을 내놓고 사회주의자로 변신하며, 끝내는 그곳에서 비극적인 최후를 맞이하였다. 지금껏 이태준 문학을 일관된 원리에 의하여 해명하려는 시도들이 번번이 좌절하고 만 것은 이와 같이 현격한 그의 사상적 변화 때문이다.

이 점을 "공산주의자들의 전략에 희롱된 데 불과한 것"6)이라고 설명해도 문제는 여전히 남는다. 그토록 주관이 뚜렷했던 이태준의 인식체계 속 어디에 공산주의에 희롱 당할 여지가 있었는지를 해명하지 못하기 때문이다. 여기에서 상허 뿐만 아니라 <구인회>를 결성하여 비슷한 문학적 경로를 밟아 왔던 김기림이나 정지용·박태원도 그와 같은 행로를 보여준다는 사실을 숙고해야 한다. 의고주의도 정지용이나 박태원에게서도 나타나는 성향임을 상기할 때, 단순히 개인적 호사취미로 폄하할 수 없다. 따라서 이런 문제의 해명 역시 문학사적 지평에서 논구되어야 한다.

마지막으로 남는 문제는 그의 문학을 전체적으로 평가할 때 무엇으로 명명할 수 있는가 하는 점이다. 이태준은 30년대 모더니즘 운동의 진지 역할을 했던 <구인회>의 좌장 노릇을 했으면서도 모더니스트로 평가받지 못하고 있다.7) 그렇다고 리얼리즘으로 평가하거나 다른 개념으로 평가하는 연구자도 없다. 특히 식민지시대 우리 문학을 리얼리즘 대(對) 모더니즘의 구도로 파악하는 입장에서는 이태준이 설자리가 애매하기 마련이다. 물론 사조주의적(思潮主義的) 평가방법이 횡행하던 과거의 폐해를 고려해 볼 때, 한 작가의 문학경향을 하나의 양식적·사조적 개념으로 규정하는 것이 반드시 좋은 일만은 아니다. 그러나 이태준 문학에 어떠한 '주의(主義)'를 붙이지 못하는 것이 이 때문은 아닌 듯하다. 거기에는 이태준 문학을 전체적으로 파악할 수 없다는 곤혹스러움이 어려 있으며, 사조 개념에 대한 도식적 이해가 깔려 있다.

본고의 목적은 지금까지 제기해 왔던 문제를 해명함으로써 이태준을 통해 한국 근대문학사의 특수성을 밝히는데 있다. 우선 단편을 중시하는 이태준 소설관의 실체와 그 의미를 문학사적인 연관 속에서 구명하고자

---

6) 정한숙의 『해방문단사』(고려대 출판부, 1980. 49면)가 이러한 관점을 보여주는 대표적인 책이다.

7) <구인회>를 모더니즘 단체로 부각시켰던 서준섭도 이태준이 <구인회>의 결성과 활동에서 중추적인 역할을 했음을 시인하면서도 그의 문학은 모더니즘이 될 수 없다고 말한다. 서준섭, 『한국모더니즘문학연구』, 일지사, 1991. 32면 참조.

한다. 또한 이의 반영인 그의 단편소설들이 달성한 미학적 지점이 무엇인지를 논구할 예정이다. 아울러 장편에 나타난 작가인식을 분석하여 그것이 그의 문학관에서 어떠한 위치를 갖는지를 파악하고 이를 종합하여 이태준 문학의 전체적인 특성을 밝힐 것이다. 이것은 한국 근대 단편양식의 발전과정에서 이태준이 차지하는 위치를 구명하는 일이며, 그러한 방식으로밖에 전개될 수 없었던 한국 근대문학의 특수성을 구명하는 작업이 될 것이다. 사상적 전환도 이러한 분석 속에서 해명을 얻게 될 것이다.

이를 위해서 본고는 이태준이 남긴 모든 저작을 대상으로 삼는다. 지금까지의 연구는 단편이나 장편을 분리하여 연구하거나 혹은 시기적으로 해방 이전 혹은 이후만을 연구하는 경향이 많았다. 그러나 그러한 연구대상으로는 이태준 문학의 전 면모가 밝혀질 수 없다고 판단한다. 따라서 본고는 그의 단편과 장편은 물론 수필과 평론, 그리고 동화도 연구대상으로 포괄한다.8) 아울러 시기적으로도 습작기 시절의 작품으로부터 월북 이후 발표한 작품에 이르기까지, 현재 입수 가능한 모든 자료를 대상으로 설정하였다. 특히 지금까지 연구자들이 볼 수 없었던 일제 말기의 작품과9) 해방 이후 북한에서 발표한 「먼지」가10) 발굴되어서 이태준 문학을 총체적으로 구성하는 데 큰 도움을 얻을 것으로 사려된다. 다만 구체적인 작품분석에서는 대표적인 것들을 중심으로 한 결과 상세히 분석하지 못한 작품들도 있음을 미리 밝혀 둔다.

---

8) 이태준의 작품 연보는 상허문학회의 『이태준문학연구』(깊은샘, 1993)에 부록으로 정리되어 있다.

9) 일제 말기인 1944년 9월 『국민총력』이라는 잡지에 일본어로 발표되었던 「제1호 선박의 삽화」란 작품이 『문학사상』(1996. 4월호)에 발굴·번역되어 있다.

10) 김재용에 의해 『민족문학사연구』 제10호(1997)에 전재되어 있다. 이외에 김재용은 해설에서 북한에서의 몇몇 문건을 보충하고 있어서 월북 이후 이태준의 심경을 헤아리는 데 도움을 주고 있다.

2. 기존 연구사 검토

지금까지 이태준에 관한 연구는 크게 세 시기로 구분할 수 있다. 하나가 당대의 평가이며 둘이 해금 이전의 연구들이고 셋이 해금 이후의 논의들이다. 이러한 시기 구분은 연구경향의 변모와도 일치하고 있어 흥미롭다. 첫째 시기의 핵심은 단연 김기림과 최재서, 그리고 임화에게 있다. 김기림은 이태준을 '스타일리스트'로 명명하고,[11] 그의 특성을 대상을 파악하는 투명하고 섬세한 감성에 둔다. 또한 최재서는 이태준을 단편작가로 규정하면서 그의 힘이 인물묘사에 있다고 지적하는 한편, 사상적 고민과 사회적 관심이 없음을 비판한다.[12] 이러한 지적들은 현재에 이르도록 이태준을 이해하는 기본틀로 작용한다. 임화는 보다 문학사적인 평가방식으로 접근하고 있다. 그는 이태준을 "25년 이후 非傾向文學이 낳은 가장 큰 작가"로 고평하면서도 "구조, 성격, 전체의 '콤포지숀'에 있어 春園, 想涉에 미치지 못함을 단언"[13]하고 있다. 특히 이러한 문제가 서구적 의미의 개성이 확립되지 못한 조선의 현실에서 비롯됐음을 밝히고 있어서 주목된다.

이 시기의 논의들은 이태준 문학의 핵심적인 성격들이 적출 되었다는 의의를 갖는다. 단편작가로서의 특성, 스타일리스트의 면모, 그리고 뛰어난 인물묘사력과 사상성의 부재, 더 나아가 우리 근대문학의 특수성에 입각한 평가까지 그 시초들이 모두 제기된 셈이다. 그러나 이들의 평가가 이태준 작품의 전체적인 상(像)을 대상으로 하지 않은 까닭에 부분적 언급에 그치며, 또한 본고가 제시한 문제의 해명에는 크게 미치지 못하고 있다.

---

11) 김기림, 「'스타일리스트' 이태준씨를 논함」, 『조선일보』, 1933.6.25~26.
12) 최재서, 「단편작가로서의 이태준」, 『문학과지성』, 인문사, 1938.
13) 임화, 「본격소설론」, 『문학의 논리』, 학예사, 1940. 374면.

두 번째 시기의 특징은 이태준의 문학이 매우 부정적으로 평가받았다는 점이다. 월북 직후의 이데올로기적 매도[14]나 인간적인 동정[15]을 거쳐, 작품의 비사회성이 중점적으로 비판받고 있다.[16] 이러한 평가는 최재서의 평가방식을 이어받은 것이나, 그가 고평했던 인물묘사마저도 그것이 패배적인 인물이란 점에서 비판받는다. 김현도 이러한 비판 선상에서 이태준의 호고취미(好古趣味)를 '딜레땅티즘'으로 규정하였다.[17] 다만 예외적으로 이재선이 상허를 근대적 단편소설의 완성자로 고평하면서 그가 패배주의자만을 그린 것이 아니라고 지적하였다.[18]

이 시기의 논의는 이태준의 작품을 인물유형을 중심으로 분석하는 경향을 정착시켰다. 이미 이태준이 다루는 인물의 특성은 최재서에 의해 간략하게 정리된 바 있다. 즉 그는 "落魄한 儒者, 陋巷에 沈淪하는 退妓, 불우한 小學校員이나 혹은 流浪하는 농민, 어리석은 신문배달부, 生에 희망을 잃은 노인 등 말하자면 인생의 그늘 속에서 움직이는 희미한 존재들이 이태준의 예술세계 안에선 선명한 인간상으로 나타나 있다"[19]고 언급하였다. 그러나 이 말은 그러한 인물을 그렸기에 패배적이라는 의미를 담고 있기보다는, 그렇게 희미한 존재를 부각시키는 이태준의 솜씨에 대한 예찬의 의미로 서술되고 있다. 그런데 이후 대부분의 논자들은 최재서의 이 언급을 차용하여 이태준 문학의 패배주의적 성격을 부각시켰다.[20] 그리고 그러한 관점에서 작품 속의 인물들을 유형화하였고, 이를 통해 작가의 정신을 추론해 왔다. 이 점, 이태준 연구를 답보시킨 측면이 없지 않다. 다만 이 시기에 민충환에 의해 이태준의 전기(傳記)가 복원되

---

14) 방준원, 「이태준론」, 『백민』, 1946.10.
　　김종빈, 「墓穴을 자처한 이태준」, 『동아춘추』, 1963.4.
15) 최태응, 「이태준의 비극」, 『사상계』, 1963.1~2.
16) 김우종, 『한국현대소설사』, 성문각, 1968. 250면.
17) 김윤식·김현, 『한국문학사』, 민음사, 1973. 199면.
18) 이재선, 『한국현대소설사』, 홍성사, 1979. 364~70면 참조.
19) 최재서, 『문학과 지성』, 인문사, 1938. 175면.
20) 윤병로, 『한국 근·현대 문학사』, 명문당, 1991. 257면.

고 원전(原典) 확정 작업이 착실히 진행되어 이후 연구의 밑받침이 된 점
은 높이 평가되어야 한다.[21]

세 번째 시기의 특징은, 전 시기의 반발로, 이태준의 작품에서 사회의
식을 찾고자 하는 노력으로 요약될 수 있다. 작품을 시기별로 나누어
"후기로 갈수록 감상성이 극복되고 사회현실에 대한 인식이 깊어진다"
고 본 강진호의 논문을[22] 시발로, 이선미[23]·이남호[24]·장영우[25]·이명
희[26] 등의 연구가 대표적이다. 이것은 사회의식을, 작품에 나타난 직설
화법에만 의존해 평가하던 기존의 연구경향을 극복했다는 점에서 의의
를 갖는다.

이들의 연구는 해방 이후의 급격한 사상적 변모과정을 해명하려는 의
도를 암묵적으로 깔고 있다. 말하자면 30년대 후반의 흉폭해지는 현실에
의해 이태준의 현실인식이 변모했으며 이것이 해방 이후의 변신을 예비
하는 단계라는 것이 이들 논의의 공통지향점이다.

그러나 이미 초기작에서부터 현실인식은 있었다. 이들이 하나같이 30
년대 후반에 들어 상허의 현실인식이 높아졌다는 증거로 드는 「농군(農
軍)」은, 일찍이 임화가 언급했던 것처럼 "처녀작을 쓸 때부터 가지고 나
왔던 어느 세계가 이 작품에 와서 하나의 절정에 도달"[27]한 것에 지나지
않는다. 요컨대 변신의 결과를 먼저 상정하고, 과정 속에서 그 변신의 실
마리를 찾으려는 태도는 정당한 문제의식에도 불구하고 사태를 왜곡시
키고 마는 것이다.

---

21) 이 시기에 이루어졌던 일련의 작업은 민충환의 『이태준연구』(깊은샘, 1988)에 담겨
   있다.
22) 강진호, 「이태준연구－단편소설을 중심으로」, 고려대 석사학위논문, 1987.
23) 이선미, 「이태준소설연구」, 연세대 석사학위논문, 1990.
24) 이남호, 「시대에 대한 미학적 간접화법－이태준론」, 『문학의 위족』 2권, 민음사
   1990.
25) 장영우, 「이태준 소설연구」, 동국대 박사학위논문, 1992.
26) 이명희, 『상허 이태준 문학세계』, 국학자료원, 1994.
27) 임화, 「현대소설의 귀추」, 『문학의 논리』, 학예사, 1940. 428면.

이태준에 대해 가장 많은 언급을 한 연구자 중의 하나가 김윤식이다.[28] 그는 이태준의 문학을 고아의식과 상고주의로 설명하면서, 특히 상고주의로 대변되는 반근대주의(反近代主義)는 당시 일제에 저항하는 정신적 자세로 의미를 갖는다고 말한다. 그러나 고아의식이 상허의 작가정신이 자질인 것은 사실이나 그의 전 문학적 행장을 살필 근거가 되기에는 부족하며,[29] 상고주의를 반근대주의로 파악하는 것 역시 과도한 발상이다. 이러한 평가방식은 김윤식 특유의 근대(近代) 대(對) 반근대(反近代) 구도, 혹은 리얼리즘 대(對) 모더니즘 구도에 맞춰 이태준을 파악하려 한 결과이다. 김윤식이 이태준을 독자적인 연구대상으로 삼기보다는 다른 의도에 부속되는 제반 증빙 자료의 차원에서 언급하는 것도 이러한 구도의 결과라고 할 수 있다.

이태준에 대한 문학사적 평가는 다양한 양상을 보이고 있지만 무엇보다 빼놓을 수 없는 것은 "근대적인 단편소설의 한 완성자"[30]라는 평가이다. 이것은 동시대의 비평가들에 뒤이어 백철이 "단편소설사상에 있어서 김동인·현진건의 뒤를 이어 누구보다도 뚜렷한 공적을 남긴 작가"[31]라고 평가한 이래 문학사의 정설로 굳혀졌다. 특히 정한숙은 이태준이 "현대소설의 기법을 완벽하게 체득한 작가"로서 그의 작품은 오늘날까지

---

28) 다음과 같은 것들을 대표적으로 제시할 수 있다.
「근대와 반근대─이상의 경우」, 『한국근대문학사상비판』, 일지사, 1978.
「『문장』지의 세계관」, 『한국근대문학사상비판』, 일지사, 1978.
「카톨리시즘과 미의식─정지용의 경우」, 『한국근대문학사상사』, 한길사, 1984.
「이태준의 표정」, 『해방공간의 문학사론』, 서울대 출판부, 1989.
「이태준론」, 『현대문학』, 1989.5.
29) 김윤식 외에도 고아의식을 이태준 문학의 핵심으로 파악한 논자로는 長璋吉과 三枝壽勝이 있다.
長璋吉, 「이태준」, 『조선학보』 92집, 1979.
三枝壽勝, 신동한 역, 「이태준작품론─장편소설을 중심으로」, 『이태준전집』 4권, 깊은샘, 1988.
30) 이재선, 『한국현대소설사』, 홍성사, 1979. 364면.
31) 백철, 『조선신문학사조사─현대편』, 백양당, 1947. 214면.

"한국 현대소설의 敎本"32)이라고 극찬하고 있다. 실제로 그의 많은 작품들은 오늘날에도 감동의 빛을 잃지 않을 만큼 뛰어난 예술성을 자랑한다. 상허에 관한 연구가 주로 단편소설을 대상으로 하는 것도 이 때문이리라 생각한다.

하지만 이러한 평가를 수긍한다 하더라도 근본적인 것이 빠져 있음을 부정할 수는 없다. 단적으로 말하면 '근대 단편소설의 완성'이란 개념의 의미가 분명치 않다. '완성'이란 개념이 기법의 세련미를 말함인지, 근대적인 의미에서의 내용과 형식의 통일을 뜻하는 것인지, 더 나아가 작품을 통해 드러난 정신이 완미(完美)한 의미의 근대정신을 구현했다는 말인지 분명치 않은 것이다. '비로소' 이태준에 이르러 구현되었다는 '그 무엇'의 실체가 묘연하다.

문학사에서의 '완성'이란 개념은 역사적인 개념일 수밖에 없다. 즉 이태준의 성취는 근대소설사의 역사적 전개과정 속에서 그 의미를 따져야 한다. 지금까지의 연구에서도 '평가'는 존재했었다. 그러나 단편소설의 '완성'이란 개념에 해당하는 내용을 구체적으로 분석한 연구는 미흡한 형편이다. 작품에 드러난 실상을 분류, 정리하는 연구는 많으나 그것을 문학사의 지평에 놓고 단편양식의 발전과정 속에서 평가하는 연구는 드물다.33)

최근에 이르러서 이태준 연구는 전환점을 맞이하고 있다. 박사학위논문이 여러 편 나왔고, 이태준만을 다룬 단독 논문집도 간행되었다.34) 이태준에 접근하는 방법도 다양해져서 기호론적 연구,35) 장편만의 연구,36)

---

32) 정한숙, 『현대한국문학사』, 고려대 출판부, 1995. 128면.
33) 최근 일본의 한 연구자에 의해 '이태준이 왜 단편작가인가' 하는 문제가 제기된 바 있지만 논의의 중심이 단편과 장편에서의 각기 다른 인물형상화 방식에 놓여 있어서 본고의 문제의식과는 다소 차이를 보여준다.
　　和田とも美,「李泰俊の文學の底流にあるもの」,『조선학보』158집, 조선학회, 1996.1.
34) 상허문학회 지음, 『이태준문학연구』, 깊은샘, 1993.
35) 김현숙,「이태준 소설의 기호론적 연구」, 이화여대 박사학위논문, 1991.
36) 안남연,「이태준장편소설연구」, 한국외대 박사학위논문, 1993.

창작기법만의 연구[37] 등이 제출되고 있다. 특히 주목되는 것은 굴곡 많은 이태준의 문학행로를 일관된 논리로 해명하려는 시도들이 활발해졌다는 것이다. 류보선[38]·서영채[39]·채호석[40] 등의 논문을 통해 이태준의 민족주의적 성향과 아이러니를 중심으로 한 소설구조, 또한 춘원의 속류화로서의 장편의 특질 등이 검토된 바 있다. 그러나 다루는 작품의 빈약함과 이태준에 국한된 시야 때문에 본고가 제기한 문제의 해명에는 미치지 못하고 있다.

본고는 이상의 선행연구가 이루어 놓은 성과를 발판으로 연구를 진척시키고자 한다. 특히 전기적(傳記的) 사실들과 개작(改作)의 문제는 선행연구에 의지하였고, 작품 분석의 몇몇 준거틀에서 도움을 받기도 하였다.

3. 연구방법과 서술순서

본고의 목적은 이태준 문학을 통해 한국 근대문학사의 특수성을 밝히려는 것이다. 따라서 본고의 시각은 기본적으로 '역사주의'적 연구방법론의 자장(磁場) 속에 위치한다. 그러나 이때의 역사주의란 흔히 이해되는 전기적(傳記的) 방법론을 의미하지는 않는다. 또한 사회적 배경과 작품 해석을 등치시키는 입장을 의미하지도 않는다. 본고의 입장은 문학사의

---

37) 이병렬, 「이태준 소설의 창작기법 연구」, 숭실대 박사학위논문, 1993.6.
38) 류보선, 「역사의 발견과 그 문학사적 의미」(한국현대문학연구회, 『한국의 전후문학』, 태학사) 1991.
39) 서영채, 「두개의 근대성과 처사의식」, 상허문학회 지음, 『이태준문학연구』, 깊은샘, 1993.
40) 채호석, 「이태준 장편소설의 소설사적 의미」, 상허문학회 지음, 『이태준문학연구』, 깊은샘, 1993.

탄생 조건으로서의 '역사'를 근본적인 전제로 인정하면서도, 문학 고유의 내재적 발전법칙과의 변증법적 교호작용에 주목하는 것이다. 이러한 인식은 한국 근대문학의 특수성에 대한 인식과 양식 개념의 도입으로 전면화되었다.

한국 근대문학의 '특수성'이란 개념은 '근대성'[41]과의 관계 속에서 비롯된 개념이다. 이는 우리의 현실에 근대적 현실의 보편성과 식민지적 특수성이 변증법적으로 매개되어 있음을 강조하기 위해서 구사되었다. 이것은 우리의 근대화가 타율적인 방식으로, 더구나 식민지 상태에서 이루어졌다는 사실을 전제로 삼는다.

조선을 식민지화한 뒤 일제는 자국의 이익에 맞추어 조선을 재편하였다. 이러한 과정을 통해 사회는 근대적인 것과 반(半)근대적인 것이 혼효되는 왜곡상을 노정하였다. 토지조사사업을 통해 근대적인 토지소유관계를 확립하는 동시에, 지주—소작농의 봉건적인 관계를 안존시킨 것은 그 한 예이다.

이것은 현실 속에서 근대성에 대한 착종된 인식의 형태로 드러난다. 즉 한편으로는 여전히 반(半)봉건적 삶의 양식이 주도하는 현실이면서, 다른 한편으로는 근대화라는 명제가 사회적 헤게모니를 장악하고 있었다. 그 결과 지식인들은 '생활의 논리와 인식의 논리' 사이에서 분열을 겪는다. 즉 자신이 몸담고 있는 현실의 반봉건성과 자신이 지향하는 근대적 현실간의 간극이 그대로 삶의 형식이 된다. 생활과 인식의 분열이 삶의 형식이 될 때, 근대화에의 추구는 당위적이며 추상적이기 십상이다. 여기에 식민지 극복이라는 민족적 과제가 놓여 있음을 상기하면 문제는 더욱 복잡해진다. 근대에의 일방적인 추구가 일제의 식민지화 논리의 수락으로 귀결되었던 역사적 사실을 상기해 보자. 반제(反帝)와 반봉건(反封

---

41) '근대성'이란 개념 역시 가볍게 정의될 수 없는 개념이다. 여기에서는 백낙청의 「문학과 예술에서의 근대성 문제」(『창작과비평』, 창작과비평사, 1993년 겨울호)에서 피력된 근대성에 관한 통찰에 의지하였다.

建)이라는 이중의 과제를 해결해야 한다는 당위적 명제가 지식인의 의식 체계 속에서 정당한 해결방법을 찾기 어려웠던 이유가 여기에 있다.

이같은 사실은 문학에도 그대로 투영되어 있다. 생활과 인식의 분열은 작가와 현실의 분열도 초래하지만, 문학과 여타 영역간의 분열도 초래한다. 우리의 근대문학사가 민족적 현실을 담아 내려는 열망을 한 축으로 하면서도 형식의 새로움을 통해 자신의 문학적 근대성을 증명 받고자 하는 욕구로 가득 차 있음은 이의 반영이다. 더욱이 이 둘은 서로가 선택적·적대적인 관계로 문학사를 엮어 낸다. 그도 그럴 것이, 한쪽은 작품의 사상적 감화력을 중심에 놓고 미의 영역을 부차화시키며, 다른 쪽은 미의 영역 역시 근대화되어야 할 대상으로 인식하기 때문이다. 이렇게 정신과 형식이 대립되었다는 것 자체가 우리 근대문학의 특수성을 말해 준다.

본고는 이러한 차원에서 우리의 근대문학을 바라볼 때 그 본모습이 보이리라 믿는다. 그래야만 흔히 서구 문예이론을 들이대고도 정작 연구대상이 그 이론을 배반하는 경험을 숱하게 했던 과거의 연구방식을 극복할 수 있을 것으로 믿는다. 일견 모순적으로 보이는 이태준의 작품경향과 사상적 변모과정 역시 이러한 맥락에서 탐구될 것이다.

아울러 본고는 작품 분석에 있어 인물의 유형을 분류하거나 작품이 직접 제시하는 주제를 살펴보는 데에서 멈추는 연구방법을 부정하는 자리에 서 있다. 또한 기법이나 구조의 형식주의적 분석에 만족하는 논의들과도 방법을 달리하고자 한다. 이러한 방법들은 문학연구의 고질적인 병폐인 '내용과 형식'의 분리라는 폐해로부터 그리 자유롭지 못하다는 것이 본고의 입장이다. 따라서 형식은 항상 '그러한 형식으로밖에 표현될 수 없는 내용'이란 관점에서 조망될 것이다.

이를 위해 원용한 것이 '양식'42)개념이다. 이 때의 양식이란 내용과

---

42) '樣式'이란 개념은 규정짓기 어려운 개념이다. 보통 형식·장르·문체·思潮 등의 개념으로 두루 사용해 왔기 때문이다. 까간에 의하면 양식이란 예술작품들의 구조 내

형식의 변증법적 통일을 의미한다. 이 개념은 두 가지 층위에서 사용되었다. 하나는 단편과 장편의 구조적 특성을 설명하기 위한 용법이다. 장르개념이 형태론적인 것이라면, 본고의 양식개념은 작품 내적 구조의 법칙을 총괄하는 개념으로 사용되었다. 요컨대 상허의 단편 중시를 인정하면서 분석을 시작하는 것이 아니라, 바로 그러한 문학관 자체를 문제삼고자 함이다. 이태준의 단편과 장편의 확연한 차이는 이러한 자세로 접근해야 분석 가능할 것으로 생각한다.

두 번째의 층위는 분석의 태도와 관련이 있다. 즉 지금까지 인물의 유형 분류, 혹은 작품 속에 구현된 기법의 적시(摘示)에 그쳤던 연구경향을 극복하고자 하였다. 본고는 기법(형식)을 독립적으로 다루는 것이 아니라 주제와의 상동관계 속에서 분석할 것이다. 작품이 그러한 형식을 지닌 이유는 그 작품이 의도했던 목표와의 연관 속에서 탐구되어야 한다는 것이다.[43] 따라서 구체적인 기법이나 구조를 파악하는 것도, 그 기법이나 구조 자체의 노출에 의미가 있는 것이 아니라 그러한 기법과 구조를 통해 추상적으로 제시되는 것이 무엇인가를 밝혀 내는 데 있다고 본다.

시기구분이란 대상을 바라보는 기본적인 관점을 나타낼 수밖에 없다.

에서의 합법칙성들을 지칭하는 바, 그것은 형식이 지닌 하나의 특질이자 그 구조의 법칙이다. 따라서 양식은 예술방법과의 상호관계 속에서 파악하여야 하며, 특정 작품 작가, 유파, 시대별로 각기 존재할 수 있는 多義的인 것으로 보았다. 임화도 일찍이 '문학사는 양식의 역사'라고 갈파하면서, 그것을 '시대정신이 자기를 표현하는 형식'이라고 규정한 바 있다. 일견, 까간이 형식의 상대적 독립성에 강조점을 두었다면 임화는 정신의 규정성을 강조하고 있는 것으로 보이지만, 양식을 내용과 형식의 변증법적 통일체로서 파악한다는 점에서 동일한 양상을 보인다. 이러한 양식 개념은 본고에서는 주로 '단편양식'이란 표현으로 사용될 것인데 이는 단편의 형식적 특질들을 그것을 산출케 한 정신과의 관계 속에서 탐구하였음을 시사하는 것이다.
　M. S. 까간, 진중권 역, 『미학강의』 Ⅱ권, 새길, 1991. 365~72면.
　임화, 「조선문학 연구의 일과제」, 『동아일보』, 1940.1.19 참조.
43) 루카치에 의하면 형식이란 "어떤 한 지점에서 정상에 오르는 길은 단지 하나밖에 없으므로, 형식들은 자연의 필연성을 갖게 된다"고 한다. G. 루카치, 반성완·심희섭 역, 『영혼과 형식』, 심설당, 1990. 196면.

본고는 상허의 문학을 근대성에 대한 파행적 인식을 특징으로 하는 한국 근대문학의 특수성이란 맥락에서 살펴보는 것을 대전제로 하였다. 미적 근대성과 사회적 근대성의 분리적·개별적 인식이라는 전제에서 보자면, 이러한 인식이 확연해지고 이것이 작품을 통해 구현되는 것을 시기 구분의 매듭으로 삼아야 할 것이다. 따라서 단편에서 미적 근대성을 구현하고 장편에서는 사회적 근대성을 피력하고자 했던 이태준의 특성이 시기 구분의 근거가 된다.

이런 차원에서 나눠 보면 <구인회>의 결성과 단편 「달밤」이 첫 번째 구분점이 된다. 이 시기를 거치면서 상허의 단편들에서는 사회적 인식을 피력하는 부분이 희미해지며, 이태준 단편의 특징으로 일컬어지는 불우한 인물의 등장·표현기법의 세련화·소설의 서정화 현상이 두드러진다. 그러므로 「달밤」 이전의 작품들을 초기작으로 규정하고 이들의 특성을 미적 인식과 현실인식의 혼효라는 관점에서 조망할 것이다. 아울러 30년대 중반기의 시대는 이태준의 작가적 개성이 왕성하게 드러나는 전성기로서 이 시기의 작품을 분석함으로써 그가 인식했던 혹은 도달하고자 했던 예술성의 구체적인 실체를 가늠할 수 있을 것이다.

따라서 세 번째 시기는 「달밤」이나 「촌뜨기」와 같은 계열의 작품이 사라지는 시기가 구분점이 되야 할 것이다. 왜냐하면 이 작품들이 보여주는 '이태준다운' 특성의 감소는 곧 단편양식을 통해 미적 근대성을 구현하고자 했던 상허 의식의 변모와 연관되기 때문이다. 이 시기의 작품은 작가 자신을 암시하는 서술자가 관찰자로부터 주인공으로 등장하는 시기이며, 초기작에서 보여줬던 현실에 대한 인식이 다시 등장하는 시기이다. 단편을 예로 들면 「패강냉」이 발표되는 1937년 말에서 1938년 초가 두 번째 시기와 세 번째 시기를 가름하는 시점이 된다. 이 시기는 주지하듯이 중일전쟁이 발발한 시대로서, 시대의 압력이 작가들에게 직접 미쳤던 시기와 일치한다.

마지막 구분점은 8·15 해방이다. 해방 이후 이태준의 이념 선택을 고려할 때, 이러한 구분은 작품 내적 원인보다는 정세변화가 구분의 기준을 제공한다고 할 수 있다. 이 시기의 작품을 통해서 변모의 원인과 양상들을 살펴보는 일 역시 상허 문학의 전모를 문학사적 관점에서 파악하기 위해서는 간과될 수 없는 대목이다.

이러한 시기 구분에 의거하여 전체 서술 순서는 이론과 작품분석을 크게 이분하고 이를 통해 이태준 문학의 소설사적 위상을 검토하는 체계로 짜여져 있다. 제2장에서는 간략하게 작가의 생애를 검토한 후 한국 근대소설사에서 단편양식의 위상과 이태준의 소설관이 다루어질 것이다. 또한 <구인회>의 성격과 이태준의 의고주의(擬古主義)가 독립된 항목으로 분석된다. 제3장에서는 이태준 문학의 특성이 시대적 흐름에 따라 분석될 것이다. 먼저 초기작의 분석을 통해서 작가정신의 성격과 작품의 구조적 특질, 그리고 현실인식의 표현방식이 다루어지고, 이어서 이태준 문학의 일반적인 특성을 단편과 장편의 구분 하에 분석하고자 한다. 아울러 1930년대 후반의 양상과 해방 이후의 작품을 통해 사상적 변모의 내적 계기를 설명하고자 노력하였다. 이러한 분석의 결과는 제4장에서 종합되어 이태준 문학이 우리 근대소설사에서 어떠한 위상을 갖는지를 논구할 것이며, 마지막 제5장에서는 지금까지의 논의를 요약, 정리하는 자리를 마련하였다.

제2장 생애 및 이론적 고찰

1. 이태준의 생애와 작가정신

  굳이 '작품은 작가를 들여다보기 위한 창(窓)'이라는 전기적(傳記的) 방법의 잠언을 떠올리지 않더라도 전기(傳記)에 대한 검토는 작가론의 필수적인 사항이다. 물론 전기적 방법이 지닌 문제를 간과해서도 안될 일이다. 오래 전에 R. 웰렉이 지적했듯이 예술 작품은 한 작가의 실제 생활보다는 그의 '꿈'의 구체화일 수도 있고, 혹은 '반자아(反自我)'일 수도 있다.[1] 그러나 이런 경구가 작가의 삶을 검토해야 하는 당위성을 매몰시키지는 않는다. 작가가 걸어온 삶의 여정을 검토하는 것은 한 인간의 정신적 원형질을 탐색하는 일이요, 그의 욕망과 이상(理想)의 체계를 더듬어 보는 일이기 때문이다. 따라서 작가의 내력을 검토하는 일은 작품의 이

---

1) 르네 웰렉·오스틴 워렌, 이경수 역, 『문학의 이론』, 문예출판사, 1987. 107면.

면에 담긴 정신사를 헤아리는 일이자 문학사의 지평을 온전히 복원하는 일에 해당한다.

여기서는 지금까지 밝혀진 이태준의 생애를 간략히 정리하는 한편, 이태준의 작가정신의 원형질이라 할 수 있는 부분들을 탐색함으로써 앞으로 논의의 밑거름을 삼기로 한다.

1) 이태준의 생애

상허(尙虛) 이태준(李泰俊)은 1904년 11월 4일 강원도 철원군 묘장면 산명리에서 부친 이창하(李昌夏)와 모친 순흥 안씨 사이의 1남 2녀 중 장남으로 태어났다.2) 『창조』의 발간과 더불어 한국 근대문학의 효시를 열었다고 자부하던 김동인과는 불과 4살 차이이고, <구인회>에서 만나 평생을 함께 한 정지용보다는 두 살 어린 나이요, 그리고 박태원·이상보다는 여섯 살 많은 나이다. 조숙함이 만연한 초기 문단의 풍토에 비춰 보면, 25년에 데뷔작을 발표하고 30년대에 들어서야 본격적인 활동을 시작한 상허는 상당히 늦게 문학 활동을 시작한 셈이다.

장기(長鬐) 이씨(李氏) 가승(家乘)에 의하면 이태준은 소실의 자식이었다.3) 그러나 그의 작품에서 소실의 자식으로서의 자의식을 나타낸 부분은 찾아보기 어렵다. 아마도 그러한 의식을 느낄 만한 나이가 되기도 전에 고향을 떠났기 때문으로 보여진다. 부친 이창하는 자(字)를 문규(文奎), 호(號)를 매헌(梅軒)이라 하였고 철원공립보통학교 교원과 덕원감리서주사

---

2) 이태준의 傳記는 민충환에 의해 상세하게 구명된 바 있다. 본고도 이태준의 전기 관한 부분은 그의 연구에 의거하였다.
　　민충환, 『이태준연구』, 깊은샘, 1988.
　　＿＿＿, 「이태준의 전기적 고찰」, 상허문학회, 『이태준문학연구』, 깊은샘, 1993.
3) 앞서 인용한 민충환의 연구에 의하면 이태준의 부친 이창하에게는 적실 한양 조씨가 있었고 嫡子로 규덕이라는 아들도 있다.

(德源監理署主事)를 역임하였다. 구한말의 개화파적 지식인이었던 것으로 보이는 상허의 부친은 당시 의병들에 의해 친일파로 오해받았고, 이는 고향을 떠나는 결정적인 원인이 되었던 듯하다.[4] 그는 "사방에 흩어져 있는 동지들과 연락해 가지고는 서울의 완미한 세력권에서 멀리 떨어져 있는 서북간도 일대를 중심으로 거기 널려 있는 조선사람들을 모아 가지고 일본의 유신과 상응하는 이곳 유신을 일으킬 큰 뜻"[5]을 품고 러시아령 해삼위(海蔘威 ; 블라디보스톡)로 떠났다. 그러나 이러한 뜻을 펼쳐 보기도 전에 부친은 1909년 가을 35세의 나이로 병사하고 만다. 이때 이태준의 나이 만 5살이었다.

가장을 잃은 일가는 이듬해 고국으로 향하는데 어머니가 배 안에서 둘째 딸 선녀를 낳게 되어 예정을 바꿔 가까운 포구인 함북 배기미[梨津]에 내려 인근 소청거리에 정착하게 된다. 여기에서 어머님이 음식점을 경영하여 얼마간의 안정을 찾게 되자 이태준은 서당에 보내져 공부를 하게 되는데, 당시(唐詩)에 흥미를 느꼈고 또한 글짓기를 좋아하여 시회(詩會)에서 상을 받기도 하였다. 그러나 1912년 어머니마저 죽자 세 남매는 졸지에 고아가 되었다. 상허 나이 9살의 일이요, 손위 누이는 12살, 뱃전에서 난 여동생은 불과 3살배기 어린아이였을 때였다. 이들은 외조모 손에 이끌려 고향에 돌아와 친척집에 맡겨진다. 하지만 당연히 부모가 없는 고향은 안식처가 되지 못했다. 주변 어른들의 동정과 양자로 간 친척집에서의 괄시는 어린 이태준에게 깊은 상처를 남겨 주었다.

1918년 사립 봉명학교를 우등으로 졸업하고는 한달 후에 가출하여 여러 곳을 방랑하다가 원산 객주집에서 사환으로 정착한다. 2년 여를 여기에서 보내던 상허는 다시 서울로 와 고학을 하다 1921년 휘문고등보통학교에 입학하여 습작생활에 몰두한다. 21살 되던 24년에는 학예부장으로

---

4) 이태준, 『사상의 월야』, '첫달밤' 부분에는 부친이 의병에 잡혀 곤욕을 치르는 대목과 러시아로의 망명 전후가 상세히 서술되어 있다.
5) 이태준, 『사상의 월야』(이태준문학전집 7권), 깊은샘, 1996. 19면.

활동하여『휘문』2호에 가람 이병기의 선(選)으로 기행문「부여행」이 일등으로 뽑힌 것을 비롯, 6편의 글을 발표하기도 하였다. 그러나 6월에 동맹휴교의 주모자로 지적되어 4학년 1학기에 제적당하고 만다.

이어 휘문고보 친구인 김연만의 도움으로 일본에 건너가 나도향 등과 어울려 '공기만을 먹고 사는' 처참한 고학생활을 하였다.6) 1925년에는「오몽녀」를『조선문단』에 투고하여 입선함으로써 문단에 처음으로 나서게 된다.7) 1927년 4월에 동경 상지대에 입학하지만 어려운 고학생활을 이기지 못하고 그해 가을 자퇴한다.8) 귀국해서는 모교와 여러 신문사 등에 취직을 알아보지만 실패하고 한동안 방황의 시간을 보냈다. 데뷔작 이후 그의 글이 다시 지면에 선보이는 것은 1929년 <개벽사>에 입사한 뒤이다. 이태준은『학생』이나『신생』등의 편집에 관여하는 한편,『어린이』지에 많은 동화류를 발표하였다.

1930년 5월에 이화여전 음악과를 갓 졸업한 이순옥과 결혼하여 가정을 이룬다. 작가로서의 본격적인 활동은 이 시기로부터 시작된다. 1931년『중외일보』기자로 입사하면서 그후 이 신문의 폐간과 함께 개제(改題)된『조선중앙일보』에 학예부장이 되었고, 이화여전·이보(梨保)·경보(京保) 등에 작문교사로 출강한다. 이 시기는 이태준 문학의 전성기로 그

---

6) 이태준,「도향생각 몇 가지」,『현대평론』7호, 1927.8.24~9면 참조. 나도향과 이태준의 친분관계는 최원식의「철원애국단 사건의 문학적 흔적─나도향과 이태준」(『광산구중서박사화갑기념논문집』, 태학사, 1996)에서 밝혀진 바 있다. 이에 따르면 나도향의 조부 나병규와 이태준의 오촌 당숙(봉명학교 설립자) 이봉하는 이 사건에 연루되어 같이 옥고를 치룬 바 있다.

7) 실제 작품은『시대일보』(1925.7.13)에 발표된다. 이 역시 나도향과의 친분관계 때문에 이루어진 것으로 추정되는데, 이 시기 나도향은『시대일보』의 기자로 재직하고 있었다.

8) 상지대의 입학 날짜는 지금까지 1926년 4월로 알려져 있었다. 그러나 민충환의 조사에 의하면 상지대의 정식 입학 날짜는 1927년이 타당하다. 이러한 착오를 민충환은 이태준이 휘문고보 중퇴의 학력이어서 정식 입학이 되지 못하고 이를테면 예비과정(選科)을 거쳤기 때문에 생긴 것으로 보고 있다.

민충환,「이태준의 전기적 고찰」, 상허문학회,『이태준문학연구』, 깊은샘, 1993. 44면.

의 대표작 대부분이 이때 창출되었을 뿐만 아니라 <구인회> 구성에 앞
장서는 등 사회적인 위상도 함께 드높아지던 시기였다. 이 시기에 그는
매년 한편 꼴로 장편도 발표하여 경제적 안정도 얻는다. 이를 바탕으로
1933년에 성복동으로 거주지를 옮기면서 지속적인 작품활동을 전개한다.

　1933년부터 1937년에 이르는 시기가 이태준에게는 작가로서 가장 왕
성한 필력을 보여줄 뿐 아니라 개인적으로도 여유 있는 시기로 보여진
다. 이 시기의 작품들을 통해 이태준은 '비경향문학이 낳은 최대의 작가'
라는 평가를 받기에 이른다. 그러나 1937년에 접어들면서 시국은 급변하
고 그 영향은 이태준에게도 미친다. 그는 지금까지의 작품을 습작이라고
평가하면서 새로운 경향의 작품을 창작할 것을 다짐하기도 하였다.[9]

　1939년 『문장』지의 창간에 관여하고 책임 편집을 맡으면서 이태준은
식민지 말기 우리 문학을 지키는 일에 남다른 공헌을 한다. 『문장』지는
1930년대 초반부터 일어나기 시작한 이른바 '조선주의 문화운동'의 영향
권 속에서 활동한 것으로 판단할 수 있다. 이 잡지를 중심으로 이태준은
이병기의 주도 아래 고전의 부흥에 진력하면서 의고주의적 취향을 표출
하기도 하였다.

　1940년대로 접어들면서 이태준도 몇몇 친일적인 글을 발표한다.[10] 이
시기의 심정은 해방 이후 발표한 「해방전후」에 비교적 상세히 서술되어
있다. 그러다 1943년 이태준은 고향인 철원 근처로 소개(疏開)하였다가 거
기에서 해방을 맞는다.

　해방 이후 이태준은 민족의 단결을 적극 주장하면서 스스로 좌익 작
가들이 주도하는 '조선문학가동맹'에 가입하여 부위원장을 맡는다. 이후
1946년 7월경 월북하여 8월에는 소련을 방문하고 이 체험을 『쏘련기행』

---

9) 이태준, 「참다운 예술가 노릇 이제부터 시작할 결심이다」, 『조선일보』, 1938.3.1.
10) 이태준, 「지원병 훈련소의 일일」, 『문장』 20호.
　　＿＿＿＿, 「제1호 선박의 삽화」, 『국민총력』, 1944.9.
　　이외에도 이무영과 같이 번역한 『대동아전기』(인문사, 1943)가 있다.

이라는 글을 통해서 발표한다.

월북 이후에도 작품을 활발히 창작하던 이태준은 1953년의 남로당 숙청 시에는 화를 모면했지만 1956년 소련파의 몰락과 함께 숙청 당하고 만다. 숙청 이후의 행적에 대해서는 많은 추측이 있지만 현재까지 명확히 알려진 바는 없다.[11]

2) 작가정신의 출발점

(1) 신비화된 관념으로서의 '아버지'

고아로서의 삶은 이태준의 내면에 두 가지의 뿌리 깊은 정향을 심어준다. 하나는 부모의 상실감이요, 둘은 역경을 극복하려는 의지이다. 고아체험은 식민지라는 국권상실의 시대와 인식적인 동질감을 형성하기에 충분하다. 국가 개념은 한 개인에게 있어 아버지에 해당하는 정신적 위치를 그 국가 구성원들에게 갖는 것이기 때문에 그러하다. 식민지적 상태를 부의식(父意識)의 상실로 상정할 수 있음은 여기에서 기인한다.[12]

그러나 고아체험이 각 작가들에게 어떠한 방식으로 삶의 정향을 만드는가 하는 문제는 좀더 복잡한 고찰을 필요로 한다. 일반적으로 말해서 고아는 부모부재(父母不在)를 관념적으로 극복해야 심리적 균형을 회복할 수 있다. 이에 상실감의 극복은 다른 대치물을 향한 강한 그리움을 낳는다.[13] 이 대치물이 무엇이었는가에 따라 고아체험을 지닌 각 작가들의 세계인식과 대응태도에 상이함이 발생한다.

가령 이광수에게 부(父)란 국가를 식민지 상태로 전락시킨 봉건조선 전

---

11) 이후의 행적은 『이태준 문학연구』(상허문학회 지음, 깊은샘, 1993)의 부록을 참조
   할 것.
12) 김윤식, 「고아의식과 국학」, 『한국근대문학사상비판』, 일지사, 1995. 38면.
13) 김윤식, 『한국근대문학사상비판』, 일지사, 1995. 35면.

체의 모습으로 다가선다. 따라서 이를 비판하고 일본을 모델로 한 근대성의 세계를 새로운 정신적 부(父)의 위치로 격상시키면서 심리적 균형감을 획득했다고 볼 수 있다.[14] 「자녀중심론」이나 「민족개조론」의 저변에는 이처럼 새로운 정신적 부(父)로서의 일본(근대성)이 놓여 있었다.

그러면 이태준의 경우는 어떠한가. 자전적 소설로 알려진 『사상의 월야』의 마지막 대목에 극명한 표출이 있어서 도움이 된다.

더욱 송빈이가 놀라듯 벌떡 일어난 것은
'오! 아버지께서도 일찍이 현해탄을 건느셨드랬다!'
생각을 해내인 것이다. 낭아사끼에서 양복을 입고 찍으신 사진은 그 천도연적과 함께 아직도 누이 송옥이가 맡아 가지고 있는 것이다. (… 중략 …)
내 아버지께서도 이 바다를 건느실 때에는 뜻이 크셨을 게다! 결국 이루지 못하고 이 바다를 건너오셨고, 나중엔 역시 시세에 어두운 우물안 애국자들에게 매국노니 역적이니 하는 억울한 누명만 걸머지고, 그예 조국을 버리고 이 현해탄과 한바다인 동해를 나서 露領地方으로 망명하셨던 거다! 거기서 돌아가신 설흔다섯 살인 아직도 청년이시던 내 아버지! 그 애달픈 심정은 어떠하셨을가!
오! 아버지? 이 미거한 것이나마 아버지의 뜻을 이으오리다! 선각자들의 수난에 보답하오리다![15]

이태준에게 있어 아버지는 계승의 대상, 나아가서 이념의 상징으로 자리잡고 있다. 그 이념은 '개화(근대)'와 '민족'으로 집약될 수 있다. 개화당이었던 아버지, 또한 큰 뜻을 도모하고자 러시아로 망명하셨던 아버지의 삶은 고아로서 고난의 삶을 살았던 이태준이 자신의 삶을 사회적인 맥락에서 위치 짓고자 할 때 하나의 이념적 상징으로 자리잡게 된다.

그러나 문제는 이태준이 아버지를 이념적 상징으로 수용했다는 사실

---

14) 이광수의 고아체험과 문학관에 대해서는 『이광수소설연구』(구인환, 삼영사, 1996) 참조.
15) 『사상의 월야』, 을유문화사, 316~7면. 주지하듯이 『사상의 월야』는 해방 이후 이 부분을 개작하였다. 그러나 그 근본적인 성격에서 달라진 바 없으며, 특히 아버지에 대한 상허의 인식을 여실히 보여준다는 점에서 개작본을 인용하였다.

자체에 있지 않다. 문제는 그것의 진정성이며 그것의 수용방식이다. 우선 아버지가 죽었을 때 이태준의 나이가 불과 만 5살이었음을 상기해야 한다. 물론 육체적인 나이가 부모를 이념화시키는 데 직접적인 상관관계를 갖는 것은 아니다. 그러나 아버지에 대한 실제 체험이 희미할수록 이념화의 대상으로서의 아버지가 신비화되리라는 것은 자명하다.

실제로 한 인간의 성장과정을 그 부모와의 관계에서 바라보자면, 그것은 부모에 대한 절대적 의존과 신비화가 걷혀지는 과정이자, 우상으로서가 아닌, 자신과 동일한 한 인간으로서 이해하고 포용하는 인식이 증대되는 과정이기도 하다. 그런데 이태준은 그러한 체험을 얻기 이전에 아버지와 결별한다. 또한 어린 시절에나마 아버지는 바깥출입을 자주 하셔서 대면의 기회조차 많지 않았다. 육친으로서의 아버지를 체감할 기회란 애초에 없었다고 보아도 무리가 아니다.16) 이 점은 이태준이 고아로서, 부모 없는 설움을 토로하는 자리에 아버지의 모습이 보이지 않는다는 사실로도 증명 가능하다.

> 나는 새삼스레 북극의 겨울이 그리워졌었다. 그 눈이 추녀 밑까지 올려 쌓이어 길이 막혀 서당에도 안 가고 집에서 구수한 '수수알'을 삶아 먹던 일, 이글이글하는 장작불에 참새, 꿩을 구워 먹던 일, 그리고 어머니 생각이 더욱 솟아올랐었다. 지금도 어머니 산소는 소청에 있다. 지금도 눈을 보면 소청의 그때가 그립다.17)

> 그날 졸업식장에서는 내가 제일 빛나는 아이였다. (… 중략 …) 상장을 타고 답사를 하는 아이도 나뿐이었다. 나는 제일 빛나는 졸업생이었다. 그러나 졸업식이 끝난 뒤 졸업장과 상장과 상품을 안고 구경시킬 이도 없는 일가 집 사랑 윗방에 돌아와 혼자 문을 닫고 앉을 때 나는 한없이 쓸쓸하였다. 그날 처음 '나는 왜 어머니가 없나?' 하고 울었다. 종일 울었다.18)

---

16) 앞서 인용한 『사상의 월야』 첫 장면에도 아버지의 죽음을 체감하지 못하는 어린 송빈의 모습이 상세히 묘사되어 있다. 그런 송빈도 아버지 대신 할머니가 먼저 죽었어야 한다는 동네 아이의 말에 "저윽 가슴에 파동이 생긴다"(『사상의 월야』, 을유문화사, 16면).

17) 「남행열차」, 『신동아』, 1932.12.

　이태준에게 부모를 상실한 상실감의 전형은 어머니의 부재로 나타난다. 이태준이 고아로서 역경에 처할 때마다 자신의 처지를 뼈아프게 환기시켜준 것은 어머니의 부재였지 아버지는 아니었다. 그러니까 이념의 상징으로서의 아버지란 성장기 이후 자신의 사회적인 지향을 확립해 가는 과정에서 만들어진 존재, 즉 신비화된 관념에 불과하다.19) 이렇게 신비화된 관념이 이태준의 삶을 버팅기는 이념적 상징으로 자리잡을 수 있는 것은 무엇보다도 식민지 조선이라는 당대적 현실이 직접적인 근거를 제공한다. 요컨대 개화와 민족이란 두 명제는 아버지의 시대나 이태준의 시대 모두에 통용되는 절대절명의 과제로 용인되는 것이다. 아버지의 개화당으로서의 전력(前歷), 망명(亡命)의 경험 등은 고스란히 개화(근대)와 민족이라는 당대 지식인의 보편적인 가치지향과 대응하며, 이태준에게도 비판적 의식 없이 그대로 투영된다.

　이념적 상징으로서의 아버지가 신비화된 관념의 형태로 '만들어진 존재'였다는 사실은 이태준의 문학에 뿌리 깊이 잠재한 관념성을 암시하고 있다. '개화(근대화)'와 '민족(의 해방)'은 당대 민족사적 과제다. 그러나 그것은 추상적인 차원의 정언명령에 불과하다. 근대화와 민족의 해방은 무엇보다 실천의 차원이요, 실천을 위한 구체적인 행동방침, 그리고 미래에의 전망과 직결된다. 그런 차원에서 식민지시대 민족운동은 근대화와 민족의 해방이라는 동시적 과제를 해결하기 위한 다양한 방법론과 사상의 격돌과정이라고 볼 수도 있다.20) 그런데 이태준은 여전히 정언명령의 수준을 벗어나지 못하고 있다. 한때 개화당이었던 아버지의 삶이 신비화

---

18) 「나는 왜 어머니가 없나?」, 『신가정』, 1933.5.

19) 최혜실 역시 아버지에 대한 상허의 인식을 '미화된 관념'으로 파악하고 있다. 최혜실, 「이태준 장편소설에 나타난 애정의 삼각구도」, 『한국근대장편소설연구』(한국현대문학연구회), 모음사, 1992 참조.

20) 식민지시대 민족운동을 주도했던 각 사상들의 의미와 문제점에 대해서는 김동춘 「사상의 전개를 통해 본 한국의 '근대' 모습」, 『한국의 '근대'와 '근대성' 비판』(역사문제연구소 편), 역사비평사, 1996 참조.

된 관념으로 수락된 이후, 또한 당대 보편적인 가치지향에 의해 그것이 존재근거를 인정받은 이후, 이태준은 그 당위성을 구체화하는 데에는 이르지 못하고 있는 것이다. 왜냐하면 개화와 민족이라는 정언명령이 의미 있는 한 그것의 상징으로서의 아버지의 모습은 훼손될 수 없는 가치의 전형으로 인식되기 때문이다. 따라서 상허에게는 아버지로 표상되는 세계에 대한 비판과 극복이란 존재하지 않는다. 오히려 아버지로 표상되는 세계에 대한 일방적인 흡입이 주요한 과제로 제기될 수밖에 없다.

> 우리 집엔 웃어른이 아니 계시다. 나는 때로 거만스러워진다. 오직 하나 나보다 나이 더 높은 것은, 아버님께서 쓰시던 硯滴이 있을 뿐이다. 저것이 아버님께서 쓰시던 것이거니 하고 고요한 자리에서 쳐다보면 말로만 들은, 글씨를 좋아하셨다는 아버님의 風儀가 참먹 향기와 함께 자리에 풍기는 듯하다. 옷깃을 여미고 入定을 맛보는 것은 아버님이 손수 주시는 교훈이나 다름없다.[21] (강조-인용자)

여기에서 '연적(硯滴)'은 이미 물을 따르는 도구가 아니다. '아버지의 풍의'를 전해 주는 매개체이자, 손수 손을 들어 삶의 '교훈'을 주는 아버지 그 자체이다. 이것은 유품(遺品)을 통해 선친(先親)의 자취를 더듬는 일반적인 태도와 차원을 달리한다. 왜냐하면 그것은 아버지라는 존재에 대한 표상이라기보다는 아버지로 대표되는 이념과 삶의 방식에 대한 표상물이기 때문이다. 이것은 '말로만 들은' 즉 신비화된 아버지의 모습이 육친으로서의 형상이 아니라 이념의 상징으로 자리잡았음을 보여주는 것이다.

그의 작품에서 민족운동을 지향하는 인물들의 실천형태가 교육운동의 수준을 벗어나지 못하는 것도 이러한 인식의 반영으로 보인다. 「어떤 날 새벽」이나 「실락원 이야기」 그리고 「제2의 운명」이나 「불멸의 함성」과 같은 장편에서 계몽성을 중심에 놓는 교육운동이 반복적으로 나타나는

---

21) 「고완」, 『무서록』, 깊은샘, 1994. 138면.

것은 좋은 예이다. 이는 그의 문제의식이 구한말의 운동형태로부터 크게 달라지지 않았다는 사실의 표현이다. 이태준의 가치지향에는 시간이 흐르지 않는 것이다.

그러나 아버지가 그 실존적 자태를 벗고 이념적 상징으로 자리잡는 순간, 역설적으로 가정은 이념에 의해 해체 당하고 만다. 즉 육친으로서의 아버지가 이념적 상징으로서의 아버지에게 자리를 빼앗기고 마는 것이다. 이것은 작품 속에서 가정의 부차화 내지는 의미 제한으로 나타나게 된다. 일반적으로 말해서 한 사람의 사회화 과정은 개인 → 가정 → 사회(민족)의 방향을 거치며, 그러한 체계를 이루기 마련이다. 그러나 이태준에게는 가정과 민족이 '개화당이었던 아버지'의 모습 속에 응축되어 있다. 그 결과 육친으로서의 아버지가 대표하는 가정(가족)은 이념적 상징(개화, 민족)의 힘에 묻혀 버린다. 이태준의 대부분의 작품에서 가정(가족)이 부차화되거나, 이념(민족)을 구현하는데 한갓 방해물로 설정되는 까닭의 근원은 이로써 설명할 수 있을 것이다.

(2) 진정한 근대화로서의 정신주의

상허가 고아였다는 점을 고려해 본다면, '민족'이라는 대의명분 앞에서 가정의 의미를 축소 내지는 왜곡시키는 태도는 이해하기 어렵다. 상식적으로 생각할 때 고아란 가정의 상실에서 심각한 상처를 입은 사람들인 바, 그들의 가치지향 속에서 가정의 의미는 중차대한 것일 수밖에 없기 때문이다. 그럼에도 상허의 작품들은(특히 초기) '가정'의 의미를 상대적으로 홀시하거나 어떤 '전제'들을 붙인 상태에서만 용인하는 태도를 보여준다. 가정 혹은 결혼은 그 자체로 의미를 획득하는 것이 아니라 사회(민족)와의 관련 속에서 의미를 갖는다. 그의 초기 작품에서 결혼(가정을 꾸리는 일)은 민족을 위하는 행동, 혹은 보다 가치 있는 일과 대비되는 차원에서 다루어진다.[22] 이러한 성향이 어디에서 연유하는 것인가를 살필 때 이태준의 작가정신의 출발점이 보다 명확해질 수 있을 것이다.

이를 위해서 몇 편의 초기작을 검토해 볼 필요가 있다. 특히 「결혼의 악마성」23)은 가정(결혼)에 대한 홀시라는 이태준의 독특한 성향이 명징하게 표출된 작품이다. 여주인공 S는 결혼 상대로 들어오는 '재상의 자식'이나 '황주 제일 가는 부자', 그리고 '세브란스를 나와 미국에서 박사학위를 받은 의사'를 차례로 거절한다. 거절의 이유는 "사람의 행복은 재물에 있지 않다는 관념"24) 때문이다. S의 결혼 상대로 제시되는 인물들은 작품 속에서 주체적 대상으로 존재하지 않는다. 살아 있는 '인물'로서 작품 속에 등장하기보다는 하나의 은유이자 관념으로 '거명'될 뿐이다. 그것은 각각 권력·돈·거짓된 명예의 표상이다. 대비되는 것은 무엇인가.

> 진실하게 살려는 노력! 그것 만이면 고만이라 하였다. 오늘의 조선사람들과 같이 인격적 자존심을 헌신짝처럼 굴리고 사는 비열한 생활자들이 어디 있으랴. 하늘을 싸덮은 검은 구름짱 같은 한 거대한 굴욕 아래에서 누구가 명예를 가진 자이며 누가 부귀를 가진 자이냐. 바람 같은 거짓 것에 배불리지 말자.25)

이때 '진실하게 살려는 노력'이란 표현은 두 가지 의미를 갖고 있다. 첫째는 '정신적 삶에의 지향'이다. S는 가난한 문학 지망생에 불과한 T와 결혼하기로 결심한 이후 주위에서 쏟아지는 부귀위주의 평가방식에 환멸을 느낀다. 그럴 때면 S는 T가 들려준 베에토벤의 일화를 생각하곤 한다. 그것은 "地主 아무개라고 박어 가지고 다니는 명함을 받고, 그 아니꼬움에 분노하여 그 명함 뒤에다 '나는 두뇌의 소유자 루드위히 반 뻬에

---

22) 물론 이러한 성향이 초기작에 국한된 것은 아니다. 오히려 이태준의 작품세계 전반에 걸쳐 드러나는 특징이라 해야 옳다. 다만 그러한 성향이 보다 적극적으로 표출되는 시기가 초기인 만큼 이 시기에 초점을 맞춰 설명하고자 한다.

23) 이 작품은 작품집 『달밤』에 실릴 때 「결혼」으로 改題된다. 그러나 작가의 의도를 밝히는 데는 최초의 제목이 더욱 시사적이다. 『달밤』, 한성도서주식회사, 1934.

24) 『달밤』, 한성도서주식회사, 1934. 22면

25) 『달밤』, 한성도서주식회사, 1934. 32~3면.

토벤'이라고 적어서 면회도 거절하고 돌려보낸, 그 뻬에토벤의 분노와 자존심"[26]에 관한 것이다. 이러한 회상을 통해 S는 "자기의 사랑, 자기의 생활 전부를 좀더 정신화시키기에 노력"할 것을 다짐한다.

베에토벤의 일화와 이를 통한 S의 다짐은 이태준의 사유구조의 특색을 보여주는 대목이다. 그것은 일종의 '정신주의'라고 칭할 수 있는 것이다. 이때의 정신주의란 모든 가치의 척도를 인간의 정신세계에 설정하는 태도를 지칭한다. 그렇기 때문에 돈이나 권력, 사회적 명성 등은 그것들이 한 인간에게 비본질적이란 차원에서 거부된다.

인간을 그 정신의 가치로 판단하는 태도는 지극히 계몽적이며 그런 연유로 근대적이기도 하다. 계몽주의가 모든 것에 대한 의존상태로부터 정신을 해방시킴으로써 봉건주의의 철학적 근거들을 타파했을 뿐만 아니라, "사유의 그 자체로 자율적이고 공적인 본성의 명백화로 특징지어진다"[27]는 사실은 널리 알려져 있다. 계몽주의는 이를 통해 봉건적 특권의 타파를 합리화하였고, '다른 사람의 지도 없이도 자신의 지성을 사용할 수 있는' 계몽을 그 표어로 채택하였던 것이다.[28]

상허의 정신주의적 성향 역시 이러한 계몽성에 연원을 두고 있다. 주변의 유혹과 빈축을 물리치고 S가 T와 결혼한 것은 "너 자신의 지성을 사용할 용기를 가져라!"고 역설한 계몽의 표어와 상통하는 것이며, 베에토벤의 일화를 들어 자신의 생활 전부를 '정신화'시킬 것을 다짐하는 것은 이른바 "과감히 알려고 하라!"는 계몽적 교양주의와 상통하는 것이다.

이러한 정신주의는 근대적인 현실이 만개하지 못한 상태에서 동경유학 등을 통해 이론적으로 근대성을 선취한 당대 지식인들에게는 일반적

---

26) 『달밤』, 한성도서주식회사, 1934. 33면.
27) J. 코퍼, 최인숙 역, 『계몽철학—그 이론적 토대』, 서광사, 1995. 75면.
28) I. 칸트, 이한구 편역, 「계몽이란 무엇인가에 대한 답변」, 『칸트의 역사철학』, 서광사, 1992 참조.

인 성향이었던 것으로 보인다. 여전히 반봉건적(半封建的) 현실에 침잠해 있는 당대 조선사회는 근대성을 선취한 지식인과 길항관계에 놓일 수밖에 없다. 더욱이 식민지적 근대화의 결과 '근대성'은 왜곡된 형태로 모습을 드러내었던 바, 그 정점은 모든 가치를 '돈'에 집약시키는 물신숭배·속물근성의 형태로 현현되었다. 따라서 이러한 물신숭배·속물근성에 대한 비판과 저항은 식민지시대 작가들의 가장 보편적인 사유방식이었다고 할 수 있다.29)

식민지적 근대화의 진행에 따라 신분이나 명예와 같은 전통적 가치 척도들이 사라지고 그 자리를 '돈'이 메우는 광경을 목도하면서, 당대인들은 근대화를 돈이 지배하는 세상으로 인식한다. 이는 주체적으로 근대화를 진척시킴으로써 사회뿐만 아니라 개인의 의식도 근대적인 것으로 변화하는 경험을 겪지 못했던 타율적 근대화 과정의 산물이라 할 수 있다. 이런 상황에서 진정한 근대화의 척도는 '겉개화'가 아닌 '속개화' 즉 정신의 근대화로 인식될 수밖에 없다. 식민지시기에 이른바 문화주의적 사고가 면면히 생명력을 유지할 수 있었던 것은 바로 이같은 왜곡된 근대화의 현실이 존재했기 때문이다.

그러므로 이러한 정신주의는 필연적으로 반속물근성(反俗物根性)을 주된 표현 양태로 내포한다. 이태준의 작품세계에서도 반속물근성은 지속적으로 드러나는데, 특히 「서글픈 이야기」30)는 상허가 지닌 정신주의와

---

29) 변화되는 세계, 곧 식민지적 근대화 과정의 부정적 측면들이 '돈' 개념에 응축되어 표출되는 것은 경향을 달리하는 여러 작가들에게서 공통적으로 나타나는 현상이라고 할 수 있다. 물론 작가의 세계관에 따라 돈에 대한 접근방식은 다양한 양상을 보여주지만 그것이 식민지적 근대화의 부정적 측면들의 상징이라는 의미는 공통된 것이라고 할 수 있다. 이 점은 이태준이나 염상섭, 그리고 카프계열의 작가들을 비교해 보면 쉽게 알 수 있다.

30)『신동아』, 1932. 9(여기서는『달밤』, 한성도서주식회사, 1934. 참조). 이 작품은 여러 작품집에 무려 4번이나 게재된다. 꽁트성에 가까운 소품으로는 유일한 예이다. 이는 상허가 이 작품을 몹시 아꼈다는 것을 의미한다. 이때의 애착이란 상허가 이 작품으로 표상되는 그 '어떤 것'(정신주의)을 자신의 문학적 특성으로 인정했음을 보여준다. 이러한 판단은 이 작품과 함께 4번 게재된 작품목록(「불우선생」, 「아담의 후예」, 「촌뜨기」, 「손

반속물주의의 전형으로 읽힐 만하다. 동경에서 알던 강군은 '자기의 주으린 창자를 남의 신세로만 채우려 드는 것 같'아서 '딱한 친구'라고 불리기도 했지만, 그래도 "그에겐 늘 맑음과 서늘함과 향기가 있었다. 그의 사상의 최고봉을 어루만지는 듯한 빼어난 기골을 나는 한결같이 존경하여 마지 않았다."[31] 그의 노자(老子)와 장자(莊子)와 맑스를 종횡하는 높은 학식하며, 부자인 아버지와도 절연하고 살만큼 탈속한 경지는 '나'에게 "나중에는 그를 보기만 하여도 물처럼 시원"한 감정을 주는 것이었다. 그러나 몇 년만에 차안에서 다시 만난 강군은 놀랄 만큼 변해 있었다. 안경을 쓰고 "더구나 금니를 박은 것, 「지금 같아서는 풍년인데 가을에 곡가가 어떨는지」 하던 말, 동서남북표가 달린 금시계줄, 아들애에게 줄 것이라고 세발 자전거를 사들은 꼴"[32]로 나타난 것이다.

> 인생의 무상이란 생사에만 있는 슬픔이 아닌 것을 나는 새로 알았다 할가. 나는 강군으로 말미암아 인생의 새로운 슬픔, 인생의 새로운 미움을 깨달은 듯하다. 그 고치기 쉬운 손에 헌디 하나도 고치려 하지 않던 그가 자개 물린 말처럼 아가리를 떡 벌리고 앉아, 금니를 박았을 광경을 상상해보니 몹시 강군의 얼골이 미어지는 것이다. (… 중략 …) 나는 몹시 불쾌하다. 차라리 강군이 전날의 그 면목으로 밥값에 붙잡힌 누추한 여관방에서 나를 기다린다면 나는 얼마나 반가워 뛰어가랴. 그러나 강군은 지금 금시계를 차고 금니를 박고 시원한 사랑을 치고 맛난 음식으로 나를 기다리겠노라 한다.
>   허허 얼마나 서글픈 일인가![33]

이 작품에서 선명히 대비되는 것은 물질적, 일상적 삶 대(對) 정신적, 추상적 삶이다. 아울러 정신적 가치에 대한 옹호는 예술에 대한 옹호로

거부」, 「복덕방」)을 보면 쉽게 알 수 있다. 즉 「서글픈 이야기」는 적어도 작품집에 수록되는 횟수만으로 보면 그의 대표작들과 동등한 대우를 받고 있는 셈이다. 민충환, 「단행본 수록작품 대조표」, 『이태준연구』, 깊은샘, 1988. 339~41면 참조.
31) 「서글픈 이야기」, 『달밤』, 한성도서, 1934. 47면.
32) 『달밤』, 한성도서, 1934. 48면.
33) 『달밤』, 한성도서, 1934. 48~9면.

이어지며, 이는 곧 진정한 근대화의 정도를 나타내는 척도로 작용한다. 왜냐하면 근대는 봉건주의 시대에 오직 귀족들만이 향유했던 제반 정신적 가치들을 모든 인간들이 자유롭게 접근할 가능성을 열었다는 차원에서 또한 정신의 비약이기도 했던 것이다. 교육의 강조는 경제행위에 종사하는 사람들의 업무 추진력을 향상시키는 결과만이 아니라, 독서를 통한 정신의 해방을 수반하였고, 궁극적으로는 새로운 예술 소비자들을 양산하였던 것이다.34) 이런 점에서 비실용성과 반일상성을 특질로 하는 예술에 대한 심미(審美) 능력의 정도는 한 인간의 정신적 수준을 예증하는 주요한 척도로 작용할 수 있었던 것이다. 예술의 가치를 인식하고 그것을 향유하는 능력은 이제 한 인간의 근대화 정도를 측정하는 척도로 작용하게 된다. 이 점, 파행적인 근대화 과정으로 점철된 한국의 근대문학사에서 문학(예술)이 지닌 독특한 위상이라 할 수 있다.

「결혼의 악마성」의 남자 주인공 T가 그저 이름 없는 문학 지망생으로 설정된 것을 단지 작가와의 전기적(傳記的) 연관 속에서만 파악할 수 없는 것은 이 때문이다. 그것은 돈과 권력과 같은 속물적 가치 기준에 맞서 비실용적인 정신행위(예술)의 존재가치를 드러내는 행위이며, 그런 까닭에 정신까지 개화됐음을 증명하는 진정한 근대화의 상징이다. 그래서 작품 속에서 원고료를 주는 신문사는 바로 그 "원고료를 주는 바람에 그 앞을 지나가기도 싫던"35) 장소로 서술된다. 예술의 이름 앞에 경제적 대가가 붙는 것은 예술을 속물화시키는 일로 파악하기 때문이다.

'진실하게 살려는 노력'의 두 번째 의미는 식민지 현실과의 관련이다. 앞의 「결혼의 악마성」에서 인용한 "하늘을 싸덮은 검은 구름짱 같은 한 거대한 굴욕"이라는 표현은 식민지 현실에 대한 은유이다. 이태준은 당대 조선사회의 본질이 식민지인 한 그 속에서 부귀와 명예를 다투는 일이 부질없는 것임을 강조하고 있다. 식민지 백성으로 사는 한 부귀권세

---

34) 이언 와트, 전철민 역, 『소설의 발생』, 열린책들, 1988. 제1장과 2장 참조.
35) 『달밤』, 한성도서, 1934. 36면.

의 개인적인 차이는 의미가 없다는 발상이다. 따라서 민족을 위하는 일이 모든 것에 우선하며 최고의 가치로 옹호된다. 그러나 문제는 그 당위성이 아니라 방식일 터인데, 이태준은 그것을 일상의 배제를 통해 제시하고 있다.

여주인공 S는 실제로 결혼생활을 함으로써 "이십 여 년 동안 어머니의 입으로도 넣어 주려다 넣어 주려다 넣어 주지 못하고만 돈의 욕심을 일조일석"에 깨우친다. 일상적 삶은 돈의 소비를 통해 영위되는 것이며, 욕망은 돈의 풍요를 요구하는 것이다. 돈의 필요를 절감한 S는 T에게 취직을 요구하고 결국 어느 친구가 소개한 관청자리가 부부에게 선택을 강요하게 만든다.

> 그래서 T는 개성으로 이것을 S와 의논하러까지 왔다.
> "경찰서는 아니지만 아무튼 조선사람을 이 모양대로 다스리는 데지……"
> T는 풀이 죽어 이런 소리를 하였다.
> "아무튼지 난 몰라…… 난 따러 갈테야……"
> S는 그런 사정은 아불관언이라는 듯이 대답하였다.36)

당시의 관청이란 지식인들에게는 어떤 의미를 지니고 있었던가. 그것은 폭력을 사용해 조선인을 직접적으로 핍박하는 경찰서는 아니지만 '아무튼 조선사람을 이 모양대로', 즉 식민지의 현실을 고착, 유지시키는 지배기구일 수밖에 없다. 그러기에 의논하러 — '까지'라는 조사 속에는 민족을 배반할 수 없다는 남주인공의 안타까운 시선이 담겨져 있고, '그런' —사정이란 관형어 속에는 일상의 힘에 굴복한 여주인공의 의도적인 외면이 담겨져 있다.

따라서 이 대목은 민족을 위해 일해야 한다는 당위(當爲)와, 저 거대한 일상(日常) — 먹고, 입고, 자고, 생활을 유지해야만 삶이 지속된다는 — 이

---

36) 『달밤』, 한성도서, 1934. 37면.

충돌하는 역사적 현장이다. 당위와 일상의 충돌이란 식민지하에 사는 지식인들에게는 어쩌면 가장 기본적인 결단의 문제였으리라. 요컨대 민족해방을 위해 복무해야 한다는 당위가 삶을 지배할 때, 일상이란 남루하기 짝이 없는 껍데기요, 마땅히 희생되어야 할 무엇이다. 가족을 버리고 중국과 러시아의 대륙에서 풍찬노숙(風餐露宿)한 독립운동가의 삶이란 바로 이런 차원에서 일상의 희생이요, 당위의 현실화라고 할 수 있다.

그러나 독립운동가로서의 삶이 아니라 식민지 체제 내에서, 그것도 발표를 전제로 하는 작가로 살아간다는 것은 좀더 다른 차원의 선택을 요구한다. 거기에는 당위에 의한 일상의 배제보다는 둘 간의 변증법적인 통합, 요컨대 일상 속에서의 당위의 현실화가 요청되기 때문이다. 따라서 「결혼의 악마성」에서 보여준 이 갈등은 단순히 한 작가의 문제에 그치는 것이 아니요, 당대 작가들의 현실인식과 그 타개 방향을 헤아리는 가늠자의 역할을 하는 것이다.

문제의 해결은 의외의 곳에서 온다. 일요일 날 교회에서 S는 함께 찬송가를 부르는 서양 사람들과 조선 사람들 간의 확연한 차이를 인식하게 된다. 서양 사람들의 생활이란 스팀과 선풍기, 침대와 햄의 세계요, 민족적 자부심과 교육받을 기회와 직업을 선택할 가능성이 충만한 세계이다. 그러나 조선 사람들에겐 이 모든 것이 박탈되어 있다는 것을 깨달으면서 S는 "모두가 속임수!"임을 깨닫는다.

그러나 S의 깨달음은 인식의 질적 고양이 아니라 실상 서두에서 제기되었던 '정신적 삶'에 대한 재확인에 지나지 않는다. 질적 차원에서는 인식의 변화가 없는 것이다. 다만 서구인이 삶의 조건과 조선인의 그것을 비교함으로써, 근대화에 대한 민족적 당위를 확인하는 것이 첨가되어 있을 뿐이다. 결혼생활에서의 유혹은 오히려 '정신성'의 가치를 확인하는 역할을 가졌을 뿐이다. 말하자면 상허는 일상을 해체함으로써 당위를 승리하게 하고 있다. 그러나 이런 승리가 결코 진정한 승리일 수는 없다. 일상이란 당위의 이름 앞에서는 진부하며 사소하고 끊임없이 반복되는 형체 없는 것으로 보이지만, 그러나 그것은 또 다른 의미에서는 가장 심오한 것이며, 결코 이론적으로 단순화될 수 없는 적나라한 '삶'이자, 실존이다.[37] 따라서 당위의 가치를 확인했다는 사실만으로 일상이 배제되는 것은 문제의 해결이기보다는 회피이며 잠복을 의미할 뿐이다.[38]

이상에서 우리는, 신비화된 관념으로서의 아버지를 통해 이태준의 민족주의가 지닌 관념성을 가늠하였고, 그의 정신주의를 통해 타율적 근대화 과정이 당대 양심적인 지식인들에게 각인 시킨 독특한 성향을 감지하였다. 신비화된, 그리하여 절대화된 민족주의와 반속물근성을 내포로 하는 정신주의(문화주의)는 이태준의 작가정신에서 출발점을 이룬다. 이것들은 이태준의 성향일 뿐만 아니라 당대 조선의 현실이 파생시킨 것인데, 이후로도 현실과의 관계에 의해 형태를 달리한 채 지속, 혹은 변주되는 것으로 사려된다.

2. 단편양식의 근대문학사적 위치와 이태준

단편양식의 주류성은 한국 근대문학사의 특수한 측면이다. 물론 한국의 근대소설사가 진정으로 단편양식의 주류성을 특질로 하는가에 대해서는 보다 엄정한 학문적 검증이 필요하다. '주류성'의 개념이 단순히 양

---

37) 박재환, 「일상생활에 대한 사회학적 조명」(M. 마페졸리 외저, 박재환 외편, 『일상생활의 사회학』), 한울아카데미, 1995. 25면.

38) 물론 이 점을 이태준만의 문제라고 말할 수는 없다. 당위에 의한 일상의 은폐는 식민지시대 작가들에게 만연된 것이며 특히 이념적 삶을 살고자 노력했던 카프계열의 작가들에게서 더욱 현격히 드러나는 표징이다. 30년대 후반 일제의 억압에 의해 이념적 실천이 차단된 상황에서 카프계열 작가들에 의해 논위되는 '생활의 발견'이란 이런 점에서 은폐되었던 일상이 '당위'에게 복수하는 형상이라고 말할 수도 있겠다.

적 측면만을 의미할 수 없기 때문이다. 그러나 한국 근대소설의 출범을 알리는『무정』이 장편이었음에도 불구하고, 뒤이어 등장한 김동인부터는 단편양식이 가치의 차원에서 보다 선택적인 위치에 있었음을 부정하기는 어렵다. 김동인·현진건·나도향으로 이어지는 근대소설사의 전개는 곧 단편양식의 확립과정이자 그것이 장편에 비해 예술적으로 우위를 점해 가는 과정이라고 할 수 있다. 또한 양적인 측면에서도 단편양식의 압도적인 우세는 단순히 출판 환경의 문제만으로는 설명될 수 없다.

　게다가 이같은 단편양식의 주류적 경향은 타율적 근대화에 직면한 동아시아의 국가, 곧 중국과 일본, 한국이 공유하는 공통된 경향이었다.[39] 이를 고려한다면 양식의 문제가 단순히 출판 환경이나 개별 작가의 취향에 그치는 문제가 아니라 문학의 근대성에 연관되는 핵심적인 과제임을 짐작할 수 있을 것이다. 왜냐하면 양식이란 형식을 통해 드러난 정신의 형질이라고 정의할 수 있는 바, 특정한 양식의 주류적 경향은 그러한 양식으로 표현될 수밖에 없었던 동아시아 근대문학의 정신사가 스며 있기 때문이다.

　따라서 왜 단편양식이 주류적인 경향을 띄게 되었는가 하는 문제는 보다 면밀한 탐구가 요망되는 과제이다. 특히 고전문학에 면면한 '한문단편'과의 연관문제, 그리고 개화기 이래의 지배적 장르와의 관련 등은 새롭게 검토해야 할 과제이다. 직접적으로는 1910년대의 단편과 함께 '근대'에 대한 당대 작가들의 수용양상을 논구해야 할 것이다.[40] 그러나 본고는 주어진 과제와의 연관을 고려하여 논의를 한정시키고자 한다. 그

---

39) 일본과 중국에서 근대적 소설양식의 확립과정과 전개에 대해서는 아래의 책을 참조할 것.
　　中村光夫, 유은경 역,『일본의 근대소설』, 동인, 1995.
　　陳平原,『중국소설서사학』, 살림, 1994.
40) 1910년대의 단편 연구는 다음의 글을 참조할 것.
　　주종연,『한국소설의 형성』, 집문당, 1987.
　　김복순,「1910년대 단편소설 연구」, 연세대 박사학위논문, 1990.
　　김현실,『한국근대단편소설론』, 공동체, 1991.

래서 단편을 중시하는 소설관이 어떠한 문학사적 형성기반 속에서 탄생되었는가를 김동인을 중심으로 살펴보았다. 이를 통해 이태준 소설관의 특성과 그것이 한국 근대 단편양식의 확립과정에서 갖는 의미도 밝혀질 수 있을 것이다.

1) 단편 중시 소설관의 문학사적 형성기반

(1) 식민지적 특수성과 사회와의 관계

현재까지, 한국 근대문학사에서 단편소설이 왜 보다 문학적인 양식으로 평가받게 되었는가 하는 문제를 본격적으로 탐색한 연구는 그리 많지 않은 듯하다. 그러나 부분적으로 문제가 제기된 바 있고 일정한 논의도 있었다.[41] 특히 단편양식의 예술성을 본격적으로 주창한 최초의 작가가 김동인이었기에, 이 문제는 김동인과 연관되어 논의된 바 있다. 주지하는 바와 같이 김동인은 단편을 장편에 비해 '보다' 근대적이고 예술적인 양식으로 천명하였다.[42]

그렇다면 김동인은 왜 이러한 주장을 하게 되었는가. 이 문제는 지금까지 주로 일본문학과의 영향관계 속에서 논구되어 왔다. 그 이유로 제시되는 것이 김동인이 유학했던 대정기(大正期) 일본 소설이 단편을 중심으로 하였다는 것, 또한 그가 존경했던 개천용지개(芥川龍之介)가 단편만을 예술로 인정했다는 것, 여기에는 단편이 장편보다 밀도 높은 표현양식을 가지고 있다는 인식이 근거로 작용했다는 점이다.[43]

---

41) 서론의 주 3)의 문헌을 참고할 것. 아울러 임규찬, 「1920년대 소설사 연구」, 성균관대 박사학위논문, 1993 참조.

42) 이것은 김동인의 여러 글에서 거듭 반복되는 사항이다. 특히 「조선근대소설고」, 「소설학도의 서재에서」, 「소설계의 동향」 등을 참조할 것. 이상은 『김동인전집』 16권, 조선일보사, 1988 참조.

43) 김동인과 대정기 일본문학과의 관련양상은 김춘미의 『김동인 연구』(고려대 민족문

한국의 근대문학이 일본의 강력한 영향 속에서 생성·발전돼 왔다는 사실을 고려할 때, 이러한 해명은 타당성을 지닌 듯하다. 그러나 이것은 보다 근본적인 문제를 그것과는 층위가 다른 부분의 설명으로 대체하였다는 혐의를 지울 수 없다. 요컨대 이런 해명법에는 일본을 포함하여 타율적인 근대화에 직면한 동아시아의 특정 국가들에서, 특정한 시기에, 왜 단편이 장편을 제치고 문예 소설의 본령으로 공공연하게 자리잡게 되었는가 하는—보다 본질적인 문제가 은폐되어 있는 것이다.

때문에 이런 관점은 우리 근대문학사를 일본 문학의 직수입 내지는 일본을 경유한 서구문학의 수입으로 설정하는 이식문학적(移植文學的) 관점을 더욱 강화하는 한편, 타율적 근대화 과정을 공유한 여타 국가들과의 보편적인 조망을 차단할 우려 또한 지니고 있다. 아울러 이것은 형성기의 원인만을 피상적으로 설명해 줄 뿐, 이후에도 지속적으로 관철되는 단편 양식의 주류적 경향을 해명할 수 없는 설명법이다. 오늘까지도 은근히 잠재돼 있는 예술성=단편, 통속성=장편이라는 암묵적인 도식의 근원을 도저히 해명할 수 없는 것이다. 그러므로 단편을 소설의 주류적인 양식으로 받아들이고 이를 관철시켜 가는 우리 근대문학사의 주체적인 계기들을 살펴보는 것이 문제 해명의 출발점일 수밖에 없다.

이와 관련하여 일본 근대소설의 주된 특징으로 불리는 이른바 '사소설(私小說)'이 타율적 근대화 과정과 밀접하게 연관되어 있음은 시사하는 바 크다.44) 가령 사소설을, 예술과 실생활의 상관성을 둘러싼 이율배반적 모순을 공공연하게 드러내는 장치로 이해하는 히라노 켄[平野謙]의 견해라든지, 현세와의 조화를 거부할 수밖에 없었던 일본 문학자들의 '본능적 회피'의 결과로 보는 이토 세이[伊藤整]의 견해 등이 이를 암시하고 있다.45) 일본은 명치유신이래 국가, 혹은 천황이라는 공적(公的) 생활이

화연구소, 1985) 참조.

44) 石阪幹籽, 오상현 역, 「사소설의 이론」, 『소설과 사상』, 1993년 봄호와 가을호 참조

45) 이토 세이, 유은경 역, 『일본문학의 이해』, 새문사, 1993. 제4, 5, 6장 참조

압도적이었던 바, 이러한 압력에 대한 문학자 측의 일종의 대항이 '사(私)'의 범람으로 표현되었다는 것이다.46) 일본 근대화의 특징이라 할 수 있는 국가 주도적인 근대화 과정으로부터 격리된 지식인의 무력감과, 근대화 과정을 통해 창출된 사회에 대한 비판적 도피 심리 등이 결합하여 비사회적(非社會的) 자아에의 탐구라는 새로운 형태를 만든 것이다.

이는 프랑스 문학에서도 쉽게 발견되는 사소설(私小說)이 '사회화(社會化)된 사(私)'를 전제로 한 것임에 반해, 일본의 그것은 사회에 대한 단절을 수반한다는 사실에서도 짐작할 수 있다.47) 이러한 사실은 단편과 장편 중 어느 것이 주도적인 양식으로 선택되는가에 있어서 '사회와 개인의 관계'가 중심 원인임을 말해 준다. 그도 그럴 것이 대체로 장편이란 인물이 세계와 마주치게 되는 전면적인 갈등을 다룸으로써 사회와 연관을 맺지만 단편은 그 본성상 집단사회보다는 개인이 부딪치는 삶의 단면을 묘파하기에 적합한 양식이기 때문이다.48)

이런 관점에서 당대의 식민지 조선을 본다면 거기에는 개인과 사회의 화합할 수 없는 간극이 존재하였음을 알 수 있다. 일본의 문학자들이 국가 주도로 형성되어 가는 사회에 대한 고립과 모순을 의식했다면, 식민지 조선의 문학자들은 사회 자체의 반봉건성(半封建性)과, 그것의 변화에 기여할 기회가 차단되어 있다는 이중의 단절감에 시달려야 했다. 일본 유학 등을 통해 근대적 인식을 선취했노라고 자부하던 지식인들에게 당대의 조선사회는 타파되어야 마땅한 반봉건성(半封建性) 그 자체였다. 그러나 그러한 사회를 스스로의 힘으로 개혁할 수 있는가 하는 작용 가능성의 문제에서 그들은 본질에서 억압당하는 식민지 백성일 따름이었다. 따라서 반봉건적 사회와 근대적 개인간의 간극은 심대할 수밖에 없다.

---

46) 김윤식, 「근대적 자아와 '私'의 개념」, 『한일문학의 관련양상』, 일지사, 1993 203~4면.

47) 김윤식, 『한일문학의 관련양상』, 일지사, 1993. 195면.

48) F. 오커너, 최상규 역, 「고독한 목소리」, 『단편소설의 이론』(찰즈 E. 메이 편), 정음사, 1990 참조.

> 사회생활 가운데 半封建性의 두터운 잔재가 침적되어 있는 한 전체에의 관심은 개성을 떠나서는 순수히 시민적일 수 없는 것이다. 왜 그러냐 하면 인간적인 요구를 제출하는 當者인 시민 자신이 개인으로서는 근대적일지라도 사회적으로는 半封建的이기 때문이다. …… 그러한 곳에서는 전체가 아직 개인을 너그러히 포섭할 수 없고, 개인은 또한 전체 가운데 자기의 질서를 발견하는 것보다 그 반대의 질서와 충돌된다.[49]

개화기로부터 식민지 시기를 거치는 동안 주체성의 문제가 중심문제일 수밖에 없음은 이와 같은 사정에 의해서이다. 반봉건적(半封建的) 사회에서 섬처럼 고립되어 있는 지식인(근대적 개인)의 삶이란 자신의 근대적 인식과 사회의 반봉건성(半封建性)이 매번 충돌하는 삶일 수밖에 없다. 임화의 표현대로 '개인은 전체 가운데 자기의 질서를 발견하기보다는 그 반대의 질서와 충돌'하는 것이다. 그러므로 주체성의 문제는 근대성의 일차적인 특성이라는 차원에서보다 반봉건적 사회에 저항하는 지식인의 실존적 의미로서 더욱 중요시하지 않을 수 없다. '개성'에의 침잠은 반봉건적 사회에서 자신의 근대성을 수호하는 방파제였던 것이다.

소설이 한낱 '도청도설(道聽塗說)'에서 예술의 경지로 승격한 것은 근대의 일이다. 더욱이 타율적 근대화에 직면한 동아시아의 국가들에서 소설은 '사회 개량의 도구'라는 차원에서 그 효용성이 널리 강조된 바 있다. 양계초 같은 이도 "한 나라의 백성을 새롭게 하려면 먼저 그 나라의 소설을 새롭게 하지 않으면 안 된다"[50]고 역설하였다. 우리의 경우에도 개화기 '신소설'의 활성화와 정치소설의 도입에 이런 의식이 존재한다. 그러나 조선은 식민지가 되었다. 효용성의 차원에서나, 예술성의 차원에서나 소설의 가치가 주체적으로 고양될 기회가 차단되었다. 따라서 작가의 존재가치는 항상 서구를 기반으로 하는 근대성의 보편적인 차원으로부터 연역하지 않으면 안되었다. 소설에 대한 봉건적 인식의 만연은 식민

---

49) 임화, 「소설문학의 20년」, 『동아일보』, 1940.4.13.
50) 陳平原, 『중국소설서사학』, 41면에서 재인용.

지 권력에 의해 왜곡되게 진행되었던 파행적 근대화가 예술과 같은 정신적 차원의 근대화를 동반하지 않고 있음을 입증한다. 이런 상황에서 당대 문학인들이 반봉건적인 사회와 맺을 수 있는 관계는 대략 두 가지로 도식화할 수 있다.

하나가 대중과의 유대를 의식하면서 계몽성을 전면에 내세우는 방식이다. 대략 춘원으로 대표되는 이 방법은 지식인이 선취(先取)된 근대성을 가지고 대중의 수준에서 그들을 끌고 가는 것이다. 이런 관점에서 『무정』의 의의는 "개인과 전체와의 통일에서 인간을 형성할 수 있는 요소"가 "맹아로써 있었"던 시기의 산물이라는 점에 있다. 이 점이 춘원을 후대의 작가들과는 달리 "스케일이 큰 작가로 만든 점"이다.[51] 말하자면 춘원에게 문제되는 것은 사회 전체이며, 그것의 변화이며, 대중과의 결합이다. 춘원의 득의의 영역이 장편에서 구현되는 것도 이처럼 사회와의 관련을 문학행위의 근본으로 설정한 그의 문학관에서 연유한다.

그러나 바로 이 점이 그의 소설을 통속성과 값싼 이상주의에 매몰되게 한 원인이다. 왜냐하면 그 길은 당대 대중의 인식수준과 반봉건성으로 말미암아 항상 근대성의 수위(水位)를 끌어내릴 위험을 안고 있기 때문이다. 대중의 수준으로 하강함으로써 춘원은 대중과의 결합을 공고히 할 수 있었지만, 그 때문에 그가 천명하는 근대성의 수위는 현저히 낮아질 수밖에 없었던 것이다. 춘원은 계몽을 전면에 내세우는 방식으로 '시대'와 결합하지만, 다른 한편으로는 여전히 옛 소설의 흔적을 작품 곳곳에 남겨 두는 방식으로 대중과의 결합을 유지한다. 『무정』에서 보여주는 정신의 새로움과 형식의 낡음은 춘원이 서고자 했던 사회적 위치를 소설의 양식차원에서 나타내는 여실한 증거이다. 춘원의 장편소설이 지닌 여러 문제점이 스스로 대중 소설가로 자리매김한 그 자위에 의해 반복된다고 보는 것은 이 때문이다.

---

51) 임화, 「소설문학의 20년」, 『동아일보』, 1940.4.12.

두 번째 길은 대중과의 결합 가능성을 차단한 채 선취된 근대성을 심화·정제(精製)하는 것이며, 김동인으로 대표되는 길이다. 여기에서 사회란 부정되어야 할 대상으로 존재하며, 근대성의 심화는 개인에의 집착, 그리고 형식의 세련화로 드러난다. 예술가의 존엄성을 사회가 인정하지 않을 때, 혹은 사회가 인식할 수 있는 예술성의 수준이 천박한 것일 때, 작가는 사회와 절연한 채 스스로 예술의 존엄성을 천명하고 그 안에서 자신의 근대성을 증명한다. 따라서 이 길은 근대성의 수위를 유지할 수 있는 장점이 있다. 그리고 근대성의 수위를 높였다는 자긍은 당대의 민족적 과제였던 근대화에 스스로 복무하고 있다는 인식에 의해 정당성을 확인 받는다.

이것은 당대 조선이 식민지라는 사실, 이를테면 현실의 전체적인 측면에서 통일적으로 요구하던 근대화에의 의지가 한일합방으로 차단되었다는 사실과 연관이 깊다. 근대화란 정치·경제·사회·문화의 모든 영역을 포괄하는 전방위적(全方位的) 과제이다. 주체적인 근대화의 우선적인 조건은 정치적인 자립이다. 이를 통해서 각 민족은 근대화의 방식과 속도를 조절할 수 있고, 또한 직접적인 참여에 의해 구성원들의 정신 자체가 근대적 인식에 도달할 계기를 만들 수 있다. 그러나 식민지가 되면서 근대화의 방식과 정도가 일제(日帝)에 의해 조절되는 파행성을 초래하였다. 특히 정치방면의 봉쇄는 개혁과제 내의 위상에 혼란을 초래하며, 사회 각 부분의 변증법적 관계에 대한 인식을 왜곡시킨다.

근대화 과정의 주도권을 장악한 일제는 자신들의 이익에 부합하는 범위와 정도 내에서만 식민지 사회를 변화시킨다. 그 결과 얼마간의 제도적 근대화의 진행에도 불구하고 사회 각 방면은 불균등 발전의 양상을 더욱 노정하게 된다. 근대화 과정에 주체적으로 참여하지 못한 민족 구성원들은 스스로의 체험에 의해 정신이 근대화되는 경험을 갖지 못한다. 제도로서의 근대와 정신으로서의 반봉건성(半封建性)이 공존하게 되는 것이다. 한일합방 후 이른바 '문화운동'이 보여준 운동과정과 그 한계는 이

러한 식민지 근대화 과정의 파행성을 증명하는 것이다.52)

그러나 역설적으로 사회 전반의 반봉건성(半封建性)은 이같은 부분적이고 파편적인 인식의 정당성을 추인한다. 근대화의 필요성이 전면적인 까닭에, 제한적인 영역 내에서나마 근대화를 시도하는 것 역시 의미 있는 것으로 인식되는 것이다. 김동인이 『창조』를 창간하면서 표명했다는 다음과 같은 진술, 즉 "정치운동은 그 방면 사람에게 맡기고 우리는 문학으로"53)라는 진술의 진의(眞意)는 여기에 있다. 따라서 사회와의 연관을 차단하고 개인의 영역 내부에서 근대성의 수위를 유지하려는 김동인이 단편양식을 중심에 놓은 것은 당연하다 하겠다. 이것은 기본적으로 단편양식의 주도성이 반봉건적(半封建的) 사회와 근대적 개인간의 불협화음에서 이루어진다는 본고의 가정을 확인해 주는 주된 증거이다.

(2) 전대(前代) 양식(樣式)과의 관계와 기교의 의미

물론 앞에서 인용한 임화의 지적대로 반봉건성에 침적된 사회에서는 개인으로부터 출발한 김동인의 입장이 보다 근대적일 수 있다. 특히 당시의 지배적인 서사장르와 독자들의 수용 양태를 고려할 때, 김동인의 입장은 소설의 근대성을 지켜 내는 한 방식일 수 있었다.

주지하듯이 1910년대의 지배적인 서사물은 신소설이다. 그러나 출판현황만을 놓고 본다면 활자본 고소설 역시 무시할 수 없는 형편이다. 예를 들면 1912년부터 1919년까지 간행된 신소설이 대략 110여 편이었음에54) 반해, 활자본 고소설은 같은 시기에 195종에 육박하고 있다.55) 신

---

52) 박찬승의 『한국 근대 정치사상 연구』(역사비평사, 1992) 2, 3장과 M. 로빈슨의 『일제하 문화적 민족주의』(김민환 역, 나남, 1990) 참조.
53) 김동인, 「문단30년의 자취」, 『김동인평론전집』(김치홍 편), 삼영사, 1984. 422면. 김동인은 자신의 이러한 관점이 당시의 '실력양성론'과 같은 맥락에서 이루어졌음을 암시하고 있다. 같은 책, 421면 참조.
54) 한기형, 「1910년대 신소설에 미친 출판·유통 환경의 영향」, 『한국학보』 84집

소설의 반봉건성(半封建性)이야 널리 알려진 사실이지만 고소설의 활황은
신소설의 반봉건성마저 위협하는 것이었다. 이것은 당시 독자들의 반봉
건적 인식수준을 정확하게 보여줄 뿐 아니라 근대소설이 얼마나 척박한
환경에서 생성되었는가를 나타낸다. 비단 개화기나 식민지 초기뿐만 아
니라 식민지 시기 전기간을 걸쳐서 활황을 구가하는 신소설과 활자본 고
소설의 존재는 근대 문예를 확립하고자 했던 당대 문학인들에게 직접적
인 부정의 대상으로 인식되었다.56)

그런데 이들 소설이 주로 장편양식이었으며 사건을 중심에 놓는 '이야
기책'이었다는 사실은 주목을 요한다. '이야기(Story)'는 모든 소설의 공통
된 요소이기도 하지만 가장 단순한 요소이기도 한다.57) 그러기에 이야기
에 대한 상대적 홀시(忽視)는 소설의 근대적 방향과 부합한다고 말할 수
있다. 소설을 '이야기책'으로 폄하하는 현실에서 근대적 작가들에게 자
신의 작품을 기존의 서사양식과 구별해야 할 필요성은 절박한 것이었다.
특히 고소설이 압도적인 영향력을 행사하는 당시의 상황에서 '이야기성
(性)'의 문제는 근대소설과 고소설을 구별하는 하나의 준거점이 됐으리란
추정도 가능하다. 말하자면 이야기를 배제하는 것은 아니지만, 그것을
중심에 놓는 소설에 대한 거리감으로부터 근대소설이 자신의 출발점을
확인했다는 것이다.

실제로 김동인은 전대(前代)의 작가 중 이인직을 고평(高評)하면서도 그
평가의 항목이 '이야기'를 제외한 부분, 이를테면 표현기법이나, 현실성,
배경의 활용 등에 집중되어 있으며,58) 근대 이전의 '이야기'와 근대 '소

1996년 가을호, 2장 참조.

55) 권순긍, 「1910년대 활자본 고소설 연구」, 성균관대 박사학위논문, 1990. 14면 참조
56) 가령 김기진은 1929년 4월에 발표한 「대중소설론」에서 이러한 구소설들의 시장장
악에 대해 카프문학이 대응해야 한다고 주장하고 있다. 그러나 이것은 단지 카프계열
에게만 문제가 되는 것이 아니라 근대문학 전반에 걸친 문제라 보아 틀리지 않을 것
이다.
57) E. M. 포스터, 이성호 역, 『소설의 이해』, 문예출판사, 1991. 32면.
58) 김동인, 「조선근대소설고」, 『김동인전집』 16권, 조선일보사, 1988. 14~8면 참조.

설'의 차이점을 진실성과 성격에 두고 있다. 이것은 '이야기'에 대한 상대적 홀시가 근대소설양식에 대한 관심을 환기시켰음을 보여주는 사례이다.

또한 이야기 과잉상태로서의 신소설이나 고소설에 대한 대항의식은 장편을 단순히 사건의 집적물 내지는 이야기의 산만한 연속물로 보는 관점을 형성하였다. 김동인은 자신의 여러 소설론에서 단편의 특성에 대해서는 자주 언급하고 있지만 장편에 대해서는 본격적인 접근을 하지 못하고 있다. 그런 그가 파악하고 있는 장편이란 "비교적 산만한 인생의 기록"이며, 그렇기 때문에 "정서며 인상의 통일은 필요도 없으며 그런 것을 요구하는 것이 도리어 무리"59)라고 강조한다. 이것은 김동인이 장편을 '이야기'와의 연속선상에서 바라보고 있음을 말해 주는 사례이다.

여기에서 김동인이 '근대'를 인식하는 근본적인 기제가 무엇이었나를 살펴 볼 필요가 있다. 이것이 그의 근대관, 나아가서는 근대적 예술에 대한 인식을 구획할 것이기 때문이다. 불과 14살의 나이에 일본유학을 간 김동인의 눈에 비친 근대는 무엇보다 기차와 연락선과 같은 문명의 이기(利器)로 표상된다. 그러나 이런 것들을 근대의 상징으로 보는 것은 개화기 이래의 일반적인 통념이기도 하다. 김동인은 여기서 자연과 인간이 만든 과학품 중에서 무엇이 더 위대한가를 물음으로써 한발 더 나아간다. 그 답은 "생명 없는 위대가 무엇이 그리 훌륭"할 수 없으므로, "사람의 살은 모양의 표현보담 더 위대한 것이"60) 없다고 말한다. 즉 과학품이 더 위대하다는 것인데, 상식적으로 생각하면 과학품보다는 오히려 자연에 생명이 있는 것이 아닌가. 이 역시 답이 주어져 있다.

어떤 작은 과학품이든지 그것은 사람의 혼연한 살아 있는 모양의 상징이다. 예술의 목적이 ─ 사람의 살아 있는 모양의 표현 ─ 이면 어떤 과학품이라도 부지불

---

59) 김동인, 「소설학도의 서재에서」, 『김동인전집』 16권, 조선일보사, 1988. 213면.
60) 김동인, 「사람의 사른 참 모양」, 『창조』 8호, 1920.8, 26면.

각 중에 예술이 되어 버린 것은 정한 일이다. …… 사람, 그 물건이 예술의 덩어리
라 한다. 그것이 낳은 물건이 어찌 예술의 반대야 되리오. 모든 과학품(이라는 것)
이 그 기술에 의하여 예술인 동시에 그 물건 자신도 또한 예술이다. 예술의 위대가
자연의 위대보담 생명이 있고 더 큰 것은 정한 일이 아니냐.61)(강조—인용자)

자연의 생명성보다 과학품의 인공성이 더 생명적인 것은 그것이 인간
삶의 표현이자 상징이기 때문이라는 답이다. 자연과 과학을 대비적으로
고찰하는 것이 근대의 산물임은 주지하는 바와 같다. 무엇보다 근대는
자연에 대한 대자화(對自化)를 의미한다. 이런 의미에서 자연과학의 발달
이 끼친 결정적 역할은 자연에 대한 지식의 확대에 있기보다는 인간정신
이 정신 자신을 새롭게 인식하도록 만들었다는 데서 찾을 수 있다.62) 즉
자연과학의 발달 결과 세계상은 무한히 확대되었지만, 더 중요한 것은
이러한 확대 속에서 인간 정신이 자신 속에 새로운 힘을 깨닫게 되었다
는 점, 곧 자기 자신으로의 새로운 집중을 하게 되었다는 것이다.

위 인용문에서 보이는 김동인의 생각도 이러한 인식에 기반을 두고
있다. 자연과학의 발달을 인간정신의 지평 위에서 사고한다는 점에서 그
렇다. 그러나 '모든' 과학품을 예술과 동격에 놓는 것은 선뜻 수긍하기
어려운데, 스스로 가장 고귀한 것이라고 믿었던 예술의 자리에 모든 과
학품을 놓을 때에는 둘 간의 상동성(相同性)이 전제되어야만 할 것이다.
김동인은 이를 예술이나 과학품 모두 '사람의 살아 있는 모양의 표현'이
기 때문에 그러하며, '기술(技術)'에 의하여 그러하다고 설명한다.

일반적으로 기술은 자연 재료에 노동·기능·경험·지식을 대상화하
는 데서 생겨나며, 사회의 자연 지배 수준을 재는 척도로 작용한다.63) 그
것은 대상에 대한 의식적 개입을 통해 재료를 인간적으로 의미 있는 사
물로 변화시키는 수단과 체계를 통칭한다. 김동인이 모든 과학품이 '기

---

61) 김동인, 「사람의 사는 참모양」, 『창조』 8호, 1920.8, 26~7면.
62) E. 카시러, 박완규 역, 『계몽주의 철학』, 민음사, 1995. 2장 참조.
63) 한국철학사상연구회 편, 『철학소사전』, 동녘, 1990. 64면.

술'에 의하여 예술이라고 말하는 것은 바로 이러한 '의식적 개입'과 '대상에 대한 지배의 개념'을 염두에 두고 있다. 예술이나 과학품이 모두 '사람의 살아 있는 모양의 표현'일 수 있는 것도 이러한 의식적 개입에 의해 대상이 인간적 삶의 투영물로 전환되었기 때문이다. 여기에서 김동인의 근대관이 드러난다. 즉 그는 대상에 대한 의식적 개입의 문제를 근대를 파악하는 핵심적인 기제로 설정하고 있다. 이에 의거해 상이한 범주인 예술과 과학품이 동일한 반열에 서는 것이다.

이러한 인식은 김동인이 단편양식을 '보다' 근대적이고 보다 예술적인 양식으로 설정하게 된 근본원인을 이룬다. 그가 장편을 '산만한 인생의 기록'으로 파악했다는 것은 곧 장편은 '삶을 있는 그대로의 형식으로 담아내는 양식'이라는 말이 된다. 삶이 존재하는 방식 그대로 예술의 자리에 오르게 되면 작가는 창조자에서 일개 증인의 위치로 격하하게 된다. 이것은 김동인이 파악하는 근대의 요체, 즉 '대상에 대한 의식적 개입과 지배 가능성'에 반하는 것이다. 이런 의미에서 단편의 여러 양식적 특성 —예를 들면 기교와 플롯에 의한 소재의 인위적 변조—들은 소설에서 작가를 창조자의 위치로 올려놓는 필수적인 관건이자, 봉건적인 소설과 근대적 소설을 구분시켜 주는 핵심적인 요소이다.

김동인은 대상에 대한 의식적 개입과 지배 가능성을 의미하는 '기술'을 근대의 요체로 파악함으로써 그러한 개입의 가능성이 극대화된 단편을 보다 근대적인 소설양식으로, 나아가 작가의 의도가 훨씬 많이 투영되었다는 의미에서 보다 예술적인 양식으로 선언한다. 그가 염상섭을 평가하면서 "한 장면의 大點과 主點을 파악하여 가지고 불필요한 자는 전부 略하여 버리는 調理的 재능이 그에게는 결핍"[64]되어 있다고 비판한 까닭은 이 점을 보여준다. 서술의 산만은 작가의 의도의 약화를 초래하기 때문이다. 플롯과 기교의 중요성은 이 대목에서 솟아오른다. 이것이

---

64) 김동인, 「조선근대소설고」, 『김동인전집』 16권, 조선일보사, 1988. 25면.

야말로 흐트러져 있던 삶의 재료를 작가가 의식적 개입을 통해 예술로 승격시켰음을 증명하는 증거이기 때문이다. 고로 김동인은 "소재를 문예로 化케 만드는 유일의 방도는 기교"[65]라고 잘라 말한다.

아울러 그가 플롯과 기교로서의 단편을 강조했던 것이 근대적 직업인으로서 작가의 전문성을 확립하는 계기가 되었음도 간과해서는 안 된다. 널리 알려져 있듯이 근대적인 의미에서 작가가 된다는 것은 자신의 이름을 작품에 표시하여 스스로를 상품으로 정립해 간다든지, 작가로서의 전문성과 창조성을 증명하는 일을 의미한다.

애국계몽기 이래 '문필가'의 범람으로 역설적으로 '작가'의 전문성이 확립되지 못한 당시의 상황에서 근대적 작가로서의 직분의 논리를 확립하는 것은 반드시 필요한 일이었다. 1910년대에 초기 근대단편을 일구었던 사람 중에 끝내 문학을 '업(業)'으로 삼은 이가 이광수밖에 없었다는 사실이나,[66] 작가의 권위를 인정해 주는 권위 있는 집단(문단)이 형성되기 이전이라는 사실이 이를 뒷받침한다. 작품에 이름을 밝히는 것은 신소설 때부터 비롯되었지만, 작품 내적 전문성의 증명은 몇몇 현상 응모의 심사자에게만 기대는 수준이었다.[67] 따라서 기교의 강조는 예술가로서의 숙련성을 강조하면서 직업에 엄격함을 부여하려는 근대적 노력으로 평가할 수 있다.

실제로 김동인은 당시 조선의 출판 조건이나 관례, 그리고 저작권 문제와 같은 근대적 문학의 제도적 장치에 대해 남다른 감각을 소유하고 있었다. 이것은 그가 자신이 종사하는 직업의 사회적 의미와 그것이 근

---

65) 김동인, 「소설계의 동향」, 『김동인전집』 16권, 조선일보사, 1988. 197면.
66) 양건식·현상윤·백대진·진학문과 같이 10년대 단편의 精髓를 보여줬던 사람들 대부분이 작가의식을 뚜렷이 지니고 창작을 한 것은 아니었으며, 넓은 의미의 문필활동 나아가 계몽활동의 일환으로 작품을 창작했음은 주지의 사실이다. 당연한 귀결로 이들은 20년대 이후에 작품창작에서 손을 뗀다.
    김복순, 「1910년대 단편소설 연구」, 연세대 박사학위논문, 1990 참조.
67) 당시의 대표적인 심사위원이 춘원이었다. 당시의 현상응모와 그 영향에 대해서는 주종연, 『한국소설의 형성』, 집문당, 1987. 132~52면 참조.

대적 의미를 획득하기 위해 필요한 요건이 무엇인지를 인지하고 있었음을 말해 주는 증거들이다.[68]

이상에서 우리는 한국 근대소설사의 특수한 국면이라고 할 수 있는 단편양식의 주류성이 어떠한 원인에 의해 배태되었는지를 짧막하게 살펴보았다. 특히 그러한 인식을 최초로, 공공연하게 천명한 김동인의 소설관을 분석함으로써 이후 지속되는 단편양식의 주도성을 이해할 수 있는 단초를 마련하였다.

가장 근본적인 원인은 반봉건적(半封建的)인 사회와 근대적 개인간의 길항관계에 있다. 지식인들은 자신이 소속된 사회의 반봉건성을 변혁하고 계몽하려는 의도를 갖고 있었다. 그러나 그러한 의지가 근대화를 주도하는 권력에 의해 차단 당할 때 지식인들은 사회와의 관계를 어떻게 정립해야 하는가 하는 과제를 안게 된다. 사회에 대한 작용 가능성이 차단 당할 때 지식인들은 보다 개인적인 단편양식을 선택함으로써 자신의 근대성의 수위를 낮추지 않고도 적대적인 사회와 대면할 방식을 마련한다. 초기의 단편들이 그 양식의 특성에도 불구하고 계몽적인 성격을 띄고 있는 것은 이와 연관이 깊다. 아울러 단편의 형태를 띄면서도 장편의 내용을 지니고 있는 소설들의 출현은 이러한 과도기의 징후로 읽혀질 수 있다.[69] 말하자면 단편을 통해서도 사회와의 결합 가능성을 놓치지 않고 있는 것이다.

조선은 식민지로 전락함으로써 또 다른 현상을 노정한다. 전방위적(全方位的)인 근대화의 가능성이 차단되고 식민지 종주국의 이익에 의해 근

---

68) 김동인, 「조선의 소위 출판문제」, 김치홍 편, 『김동인평론전집』, 삼영사, 1984. 참조. 이외에도 그의 많은 문단 회고기에는 당시의 서적상과 출판 현황에 대한 날카로운 통찰이 곳곳에 배어 있다. 그가 '최초주의'적 발언을 빈번히 한 것도 근대문학의 제도적 장치에 대한 남다른 자의식을 갖고 있었음을 보여주는 증거다.

69) 일찍이 임화는 이러한 '장편형 단편소설'의 존재는 동양 신문학만의 독특한 현상이라고 지적하였다. 우리의 경우, 조명희의 「낙동강」을 떠올리는 것만으로도 이같은 현상을 짐작할 수 있다. 임화, 「조선문학 연구의 일과제」, 『동아일보』, 1940.1.16. 379면 참조.

대화의 방식과 정도가 조절되는 것이다. 이러한 상황에서 여전히 반봉건적인 사회는 작가들에게 예술의 영역에서의 근대화도 여타 부분의 근대화와 마찬가지로 중요하다는 인식이 확립된다. 주체적인 권력(독립국가)을 통한 근대화가 차단 당했을 때에도 근대화에의 과제는 의연히 남는 까닭이다. 따라서 여타 방면과는 구별되는 예술만의 자립적 근대화라는 환상이 강요된다.

여기에 결정적인 영향을 끼치는 것이 전대(前代) 문학의 양식적 특성들이다. 우리의 경우 신소설과 활자본 고소설의 활황은 근대적인 문학양식을 확립하고자 노력하는 작가들에게는 하나의 부정적 준거였다. 이로부터 근대소설은 '이야기'를 배제한 부분에서 자신의 근대성을 증명하기 위해 분투하게 된다. '이야기'란 고소설이나 근대소설 모두에 공통된 요소이므로 '근대'소설의 차별성은 이야기 외적인 요소에 의해 증명받을 수밖에 없기 때문이다. 기교와 플롯의 강조는 인위성, 곧 제작으로서의 예술을 증명하는 형식적 거점이 되었다. 그리고 이것은 근대적 직업인으로서의 작가의 탄생과 연관되는 것이다.

근대란 무엇보다도 주체성의 세계이며, 세계를 타자화 함으로써 형성된 시대이다. 그러므로 단편의 여러 양식적 특성에 의한 세계의 변조와 작가의 주관적 의도의 표출 가능성은 작가들에게 단편을 가장 근대적이고 따라서 그런 의미에서 가장 예술적인 소설양식으로 인식하게 만들었다.70) 따라서 김동인에 의해 최초로, 공공연하게 천명된 단편양식의 주류성은 그의 개인적인 문학성향이라기보다는 한국 근대문학사의 형성조건에 의한 특수한 국면이라고 해야 옳다.

---

70) 여기서는 상론하지 않았지만 당시 잡지를 위주로 하던 출판 상황도 단편의 융성을 부추킨 외적인 요인이다. 이에 대해서는 「한국 근대 단편양식과 김동인(Ⅰ)」(박헌호, 『작가연구』 2호, 새미, 1996. 2장 2절) ;『단편소설』(Ian Reid, 서울대 출판부, 1982. 1장 ; 「소설의 서면화 경향과 서사양식의 변천」(陳平原, 『중국소설서사학』, 살림, 1994) 참조.

2) 이태준 소설관의 특성

(1) 청각성에서 시각성으로

한국 근대소설사에서 이태준이 차지하는 위상은 무엇보다도 "근대적인 단편소설의 한 완성자"[71]라는 평가와 관련된 것이다. 문학사에서의 논의들을 더 열거하지 않더라도 상허는 단편소설로 한국의 근대문학을 풍성히 한 작가요, 문학사적 의미를 획득한 작가라는 사실은 재론의 여지가 없다. 이태준 역시 자신의 문학적 본령이 단편이라는 점을 분명히 자각하고 있었다.

> 그간 長篇도 몇 쓴 것이 있다. 그러나 나는 아직은 이 적은 작품들에게 더 애정을 느낀다. 짜날리슴과의 타협이 없이 비교적 순순한 나대로 쓴 것이 이 단편들이기 때문이다. 내가 쓰고 싶은 것을, 내가 쓰고 싶은 때에, 내가 쓰고 싶은 투로, 쓰는 것은 나의 생활에서 가장 질겁고 가장 안전하고, 가장 神聖하기도 한 일이었다. 그래 내 생활에 다소 가치가 있었다면 그 가치의 貨幣가 곧 이 단편들이라 해 마땅할 것이다.[72]

당시 장편이 대부분 신문 연재소설이었으므로 장편에서는 '저널리즘'과 타협할 수밖에 없었다고 하는 이태준의 고백은 설득력이 있다. 특히 단편의 원고료로는 생계를 유지할 수 없고 보면 신문 연재 장편소설은 빈한한 작가들에게는 생계유지의 방편이었던 만큼 저널리즘과의 타협, 즉 통속성에의 매몰은 피할 수 없는 사실로 짐작된다.

이태준도 조선의 소설들을 작가의 입장에서 '쓰는 소설(단편소설)'과 '씨키는 소설(신문연재소설)'로 구분하고 " '쓰는 소설'만으로는 경제적으로 불리하니까 '씨키는 소설'에 붓을 대지 않을 수 없는 노릇"[73]이라고 토

---

71) 이재선, 『한국현대소설사』, 홍성사, 1979. 364면.
72) 「머리에」, 『가마귀』, 한성도서주식회사, 1937.
73) 「조선의 소설들」, 『무서록』, 깊은샘, 1994. 68면.

로하고 있다. 따라서 순수한 문학의 본령이 단편이라고 주장하는 것은 당연한 논리의 귀결로 보인다.

> 그러므로 작가들의 직업이 아니라 작가들의 예술을 보려면 아직은 단편을 떠나 구할 데가 없다. 그만치 현재 조선에서도 단편은 모든 작가들의 예술을 대표하고 따라서 조선문학을 대표하는 자라 하여도 과언이 아닐 정도다.[74]

하지만 한국 근대문학사에서 의미 있는 장편 대부분이 신문 연재소설이었다는 사실 하나만으로도 이러한 주장은 설득력을 상실하고 만다. 따라서 우리는 장편을 '씨키는 소설'이란 명명으로 폄하하고 단편을 중시했던 인식의 원인을 당시의 출판 상황보다는 그의 문학관으로부터 찾아야 한다.

단편에 대한 이태준의 인식도 앞에서 살펴본 것처럼, 한국 근대문학사의 특수한 형성 지반과 관계가 깊다. 여전히 반봉건적(半封建的) 사회였으며, 고소설이 독서 시장의 주류를 형성하고 있었고, 식민지였던 것이다. 이것은 곧 이태준에게 있어서도, 그가 반봉건적 식민지 조선사회에 대해 어떤 관계를 설정하느냐의 문제가 양식 선택의 일차적인 조건이었음을 의미한다. 또한 신소설이나 활자본 고소설에 대한 양식적 대타의식과, 이를 바탕으로 '근대'소설의 특성을 무엇으로 인식했는가 하는 문제가, 단편을 보다 예술적인 양식으로 인식케 하는 근본 요소였음을 의미하는 것이다.

소설가라는 직업은 아직 대중의 존경 어린 인정을 받지 못한 상황이었다.[75] 반봉건성에 침윤된 대중들의 심미적 경향이 근대적 지식인이었

---

74) 「단편과 掌篇」, 『무서록』, 깊은샘, 1994. 59면.

75) 수필집 『무서록』의 「소설」이란 글에 보면, 여러 해만에 뵈는 친구의 아버님이 이태준이 소설을 짓는다는 말에 "거, 소설은 뭘허러 짓는가? 자고로 소설이란 건 稗官雜記로 돌리던 걸세. 워낙 道聽塗說類에 불과"하다는 핀잔을 하는 대목이 소개된다. 이태준은 "그 때, 소심한 생각에 우선 톨스토이 같은 이가 얼마나 고마운지 몰랐다"고 고백하고 있다. 이것은 소설가에 대한 당시 사회의 인식수준을 보여줄 뿐만 아니라

던 소설가의 그것과 같을 수는 없었다. 이태준이 신문소설에 대해 강한 불만을 피력했던 것도 독자층의 미적 기대 심리와 작가의 지향이 너무나 현격한 차이를 지니고 있었기 때문이다.

> 더구나 조선 신문 독자의 대부분은 남녀를 물론하고 겨우 한글이나 부쳐 읽는 사람들이다. 따라서 이상의 '강한 인상'이니 매력이니 하는 것들도 대다수인 그런 독자의 취미와 교양을 표준하는 것도 물론이다. 이런 정도의 제 조건을 살리며 자기의 창작의욕도 살릴 수 있는 소설이란 거의 공상이 아닐 수 없다.[76]

이런 상황에서 독자에의 영합이란 근대성의 몰락이며, 예술성의 투기(投棄)이다. 이태준은 당시 독자들은 근대소설을 감상할 만한 심미안(審美眼)이 없다고 판단한다. '겨우 한글이나 부쳐 읽는 사람'들에게, 다시 말해서 아직 반봉건적 인식에서 벗어나지 못한 사람들에게 근대적 미의식을 체득(體得)하라고 요구하는 것은 '거의 공상이 아닐 수 없다.' 그들에게는 "물건 싸 온 신문지에서 중간의 어느 한 회 치를 읽고라도 그 소설 때문에 곧 그 신문의 새 독자가 되"[77]게 만드는 통속소설이 잘 어울리는 것이다.

더욱이 단편이 그들의 감수성을 기준으로 할 수는 없는 일이었다. 이태준이 "소수를 위해서 쓴다는 말은 얼마나 내세우기 불리한가. 그래서 겁내는 작가가 많은 것"[78]이라고 피력한 것은 바로 이와 같은 사정을 집약한 발언이다. 단편을 중시하고, 이를 통해 자신의 예술성을 증명하고자 했던 상허의 소설관은 이처럼 김동인에 의해 확연한 모습을 처음으로 드러냈던 한국 근대문학사의 특수한 국면의 소산이다.

그러나 단편을 중시하는 소설관이 한국 근대문학사의 특수성의 반영

그러한 사회의 반응에 대해 서구의 경우로부터 존재 근거를 찾아와야 했던 당대 작가들의 처지를 보여준다.

76) 「조선의 소설들」, 『무서록』, 깊은샘, 1994. 69면.
77) 「조선의 소설들」, 『무서록』, 깊은샘, 1994. 69면
78) 「누구를 위해 쓸 것인가」, 『조선일보』, 1937.5.26.

이라고 해도 그것이 모든 작가들에게 획일적으로 적용되는 것은 아니다. 상허에게는 상허 나름의 고유한 인식적 특질이 있으며, 이 부분이 그의 문학적 업적의 성과와 한계를 규정짓게 만들었다. 가장 특징적인 것이 장편과 단편을 근대성의 차원에서 분리하여 인식하는 것이다. 이태준은 미적 근대성과 사회적 근대성을 각기 개별적인 영역으로 분리하여 인식했으며 여기에 단편과 장편을 조응시켰다.[79]

이것은 당시 신문의 독자들을 '겨우 한글이나 부쳐 읽는 사람'이라고 판단했던 맥락과 상통하는 것이다. 말하자면 아직도 반봉건적 인식에 젖어 있는 사람들에게 필요한 것은 근대적인 의미에서 세련된 미적 감식능력이기보다는 사회 전반의 근대화 과제에 부응하는 계몽적 '이야기'라는 판단이다. 이태준의 장편에서 빈번히, 노골적으로 선양(宣揚)되는 계몽성과 민족주의의 주창은 반봉건적인 사회에 대한 작가의 결합의 의지와 방식을 선보인 것이다. 임화가 상허의 작품을 두고 춘원의 전통이 "연약하게 세련된"[80] 것이라고 평가한 것은 이와 무관치 않다.

이태준이 단편을 보다 근대적인 소설양식으로 선택했을 때, 그것은 김동인 이래 우리 근대소설사가 추구해온 '형식을 통한 근대성의 심화'를 자신의 예술적 과제로 선택했음을 의미한다. 이것이 그를 김동인 이래 근대소설의 형식적 발달과정의 계보 속에 위치 지우는 것이며, 동시에 이 대목에서 그의 문학사적 기여가 확연해지는 것이다.

그러면 어떻게 소설을 읽을 것인가? 나는 간단히 한가지 주의할 사실을 지적하려 한다. 소설도 다른 모든 예술과 함께 '표현'이라는 점이다. 주인공의 운명이 어떻게 될까? 이 사건의 결말이 어떻게 떨어질까? 이런 것은 다음 문제로 돌려도 좋다. 그런 것은 다 읽기만 하면 결국 알고 말 사실이다. 읽어 나려 가면서 맛보고 질기고 할 현대소설의 중요한 일면이 있는 것을 알아야 한다. …… 소설도 마찬가지다. 내용에만 소설의 전부가 있는 것은 아니다. 교양 수준이 일률적으로 높아 가

---

79) 이 점은 <구인회>의 성격을 다루면서 다음 절에서 상론할 것이다.
80) 임화, 「본격소설론」, 『문학의 논리』, 학예사, 1940. 374면.

는 현대인은 너머나 똑같은 사람들이 많다. 그래 무엇에나 자기의 존재를 드러내려면 개성을 강작하지 않을 수 없게 되었고, 또 개성과 개성의 교제처럼 현대인의 생활 발전에 필요한 것은 없다. …… 이 맛이란 흔히 스타일, 문장에 들어 있는 것이다. 문장을 맛볼 줄 알아야 현대소설을 완전히 음미하는 것이라 볼 수 있다.[81]

위 인용문은 흔히 문장(스타일)을 강조한 상허의 문학관을 예증하는 대목으로 애용돼 왔다. 그러나 이 글은 상허의 문장 강조가 어디에서 비롯되었으며 또 그것이 앞서의 문학전통과 어떠한 차별성을 갖는지를 보여줬다는 의미가 더 크다. 이 글에서 대립하고 있는 두 개의 개념은 '서사'와 '표현'이다. 주인공의 운명이나 사건의 결말을 문제삼는다는 것은 아직 독자의 심미안(審美眼)이 이야기의 문맥, 즉 서사의 기본 형태에 놓여져 있음을 말한다.

이태준은 이로부터 벗어나는 것이 '현대소설'을 감지하는 최초의 단계라고 강조한다. 이것은 이야기를 배제 혹은 부차화 시키면서 형식을 통한 소설양식의 근대화를 지향했던 김동인 이래의 전통이 배어져 있는 태도다. 신소설이나 활자본 고소설이 여전히 근대 단편양식의 부정적 준거로 작용하고 있다는 증거이다.

문제는 그것이 '표현'의 문제, 즉 문장의 단계에 놓여져 있다는 사실이다. 이 점은 이태준의 문학이 이전의 소설들과 어떠한 차별점을 갖는지를 예시하는 대목이므로 좀더 면밀한 분석이 요청된다.

먼저 전대(前代) 문학전통과 맞서는 방식을 살펴보도록 하자.

"…… 춘향이 하릴없이 따라온다. 치마꼬리 휘루쳐 胸膛에 떡 붙이고 玉步 방신 緩步할 제 石逕山路 험준하다. 邯鄲市上의 壽陵의 걸음으로 百越叢中의 西施의 걸음으로, 백모래 밭에 금자라 걸음, 양지 곁 마당에 씨암탉 걸음(… 중략 …)"

이것은 古本 춘향전 중의 일부이다. 修辭란 표현을 위한 것이 아니요 익살과 현학을 위한 典故뿐이다. 그래서 목청을 내어 읽기에 멋이 나게 하고 또 문학에의

---

81) 「소설독본」, 『여성』, 1938.7(여기서는 『상허문학독본』, 서웅출판사, 1988. 266~7면).

> 의식이 없는 독자에게 '문자'를 잘 쓰는 것으로 흥미를 주었을 뿐이다. 사실 구식 소설의 독자들인 부인네들이나 농군들이 소설을 문학으로 읽기에는 근본적으로 문학의식을 갖지 못한 것이다. 이야기 책, 즉 귀로 듣는 책일 뿐으로, 뉘 집에서 얘기책을 본다 하면, 누구의 작품이라거나, 무슨 책이란 것은 문제가 아니다. …… 이런 민중은 애초부터 讀者가 아니라 聽家이었다. 일명 '얘기책'인 그 소설들은 이런 청중을 위한 낭독자의 대본으로서 발달된 것으로 볼 수 있다.[82]

이태준은 우선 고소설이 " '진실'이란 염두에 두지 않은" 것임을 비판한다. 리얼리티(Rearlity)의 문제를 제기한 것이다. 고소설에 대한 일반적인 비판의 방식이다. 그러나 상허의 리얼리티는 '표현'의 문제에 집중되어 있다. 그리고 그렇게 표현의 리얼리티가 없는 이유를 낭독조의 문체로부터 찾아내고 있다.

한문학(漢文學)을 제외한 한국의 과거 서사문학이 구연(口演)을 전제로 한 문학이었으며 특히 판소리계 소설들은 창(唱)으로 연행(演行)되어 온 사실은 주지하는 바와 같다. 이같은 구연문학(口演文學)은 구술성(口述性)이 지니는 본질적인 성격에 의해서 판에 박힌 형태의 수사(修辭)와 진부한 상투구를 반복할 수밖에 없다. 왜냐하면 구술문학은 자신의 정신 밖 어디에도 돌아갈 곳이 없으므로 한 번 획득된 지식을 잊지 않도록 하기 위해서 고정되고 형식화된 사고 패턴에 의지해야 하기 때문이다.[83] 다시 말해서 구술문학의 패턴화된 표현형태는 질적 차원의 문제가 아니라 문자의 도움 없이 기억을 유지하기 위해 고안된 장치였다.

J. Ong은 이런 의미에서 구술성으로부터 문자성으로의 전환은 기억을 분절화 시켜 주고, 반성적 사고를 고양시키며, 동시에 개인의 고독한 내면으로의 전환을 유도했다고 평가하고 있다. 문자, 특히 인쇄를 통한 정

---

82) 「조선의 소설들」, 『무서록』, 앞의 책, 66~7면(강조는 인용자).

83) 월터 J. Ong, 이기우 외역, 『口述文化와 文字文化』, 문예출판사, 1995. 41면. 이 책의 저자는 과거 쓰이던 口碑文學의 '碑'라는 말은 문자 문화의 영향에 의해 거꾸로 규정된 것이라고 한다. 따라서 문자와 연관을 맺지 않는다는 의미에서 '말'만을 의미하는 '口述文學'이 타당한 용어라고 말하고 있다.

보의 축적과 소통이 가능해지면서 구술성이 지닌 상호 간의 대화적 맥락은 사라지고 그 대신 개인이 혼자서 묵독(默讀)할 가능성이 생기면서 '말의 사적(私的)인 소유라는 새로운 감각'이 탄생하였다.[84] 구술성의 세계에서는 인간의 정신 내부에만 깃들어 있던 정신이, 문자와 인쇄를 통해 정신 바깥의 공간에 물화(物化)되면서 인간은 스스로의 정신을 객관화시킬 수 있었던 반면에 정신과 정신의 분신(分身 ; 문자화된 언어) 간의 괴리를 인식할 수 있게 되었고, 이를 통해 자신의 정신의 분신에 대한 독자성(소유권)을 인식하게 되었다. 따라서 구술성의 세계에서는 기억을 돕는 장치였던 동일한 표현 패턴의 반복이 문자성의 세계에서는 말의 사적인 소유라는 의식에 위배되어 표절의 문제로까지 비화되게 된 것이다.

이런 문맥에서 이태준은 소설에서 '문자성(文字性)'이 지닌 의미를 본격적으로 제기하고 그것을 자신의 문학관의 근본으로 삼은 첫 작가라고 할 수 있다. 이태준은 옛 소설의 향유 형태를 통해서 독자(讀者)와 청중(聽衆)을 구분해 내고 나아가 낭독(朗讀)과 묵독(默讀)의 차이를 감지하고 있다.[85] 그가 보기에 부인네나 농군들이 옛 소설을 향유하는 것은 본질적으로 '읽는 것'이 아니요, '듣는 것'이다. 소설이 듣기의 차원에 존재한다는 것은 원시성의 발현이며 근대 이전의 것이다. '누구의 작품'인지 '무슨 책'인지를 따지지 않고 낭독의 현장에 참여할 수 있는 것은 바로 전형적인 표현의 문맥만을 즐기고자 하는 욕구 때문이다. 개인으로서의 작가가 사라지고 한 집단이 공통적으로 소유한 전형적인 감수성이 되풀이 향유되는 것이다. 따라서 근대소설이 작가의 개성과 창조성을 생명으로 한다는 것은 표현의 영역에서는 전형적이고 상투적인 전고법(典故法) 위주의 표현을 불식시키는 일이며, '말을 사적(私的)으로 소유'하는 일이다.

근대소설은 무엇보다도 인쇄물의 형태로, 묵독(默讀)을 통해서 독자에

---

84) Ong, 이기우 외역, 『구술문화와 문자문화』, 문예출판사, 1995. 181~99면 참조.
85) 이러한 인식은 그의 『문장강화』에서 상세히, 반복적으로 다루어지고 있다. 임형택 해제 『문장강화』, 창작과비평사, 1988 참조.

게 전달되고 향유된다. 따라서 그러한 문자성이 지닌 특질을 자각하고 이를 전면화 시키는 것이 근대소설의 근대성을 증명하는 최초의 출발점이 아닐 수 없다. 이것을 자각하고 명시적으로 드러냈다는 점에서 이태준 문학의 성과는 평가되어야 한다. 이태준이 표현을 강조하고 그 중에서도 '묘사'의 의의를 재삼 강조하는 것은 문자성이 기반한 시각적 이미지의 문제에 남다르게 착목했다는 것을 말한다.

따라서 이태준이 현대소설을 감상하는 방법을 '계몽'하면서 문장(스타일)을 즐겨야 한다고 말했던 것은 논리의 당연한 귀결이다. 이태준의 문학론이 '표현'과 '문장'이라는 비슷한 함의공간을 맴돌았던 것도 같은 맥락에서 이해해야 한다.

(2) 소설 구성요소의 분화

아울러 이 대목은 상허의 단편 소설관이 김동인의 '기교'와 같은 '구성적' 측면에서 '문장'의 문제로 전환되는 내적 추동력이기도 하다. 다시 말해서 상허는 '이야기'에 맞서는 것으로 '표현'을 채택함으로써 김동인과 구분된다. 김동인이 표방했던 '기교'는 단편양식의 형식적 특질들을 아우르는 개념이었다. 특히 그가 강조하는 기교는 '플롯'개념과 상통하는 면이 많았다.

그러나 상허에 오면 단편의 예술성(근대성)은 여타의 기법적 장치들을 제치고 표현의 문맥에 정지하게 된다. 이것은 한 작품 내에 존재하는 여러 요소들 간의 '구성의 문제'보다는 그것들의 '표출의 방식'에 주목한다는 말이다. 작품을 구성의 문제에서 바라본다는 것은 하나의 작품을 인물·배경·사건·주제·플롯과 같은 작품 내적 요소들이 작품 전체의 차원에서 긴밀히 짜여지고 유기적인 역할을 수행하도록 만든다는 것을 의미한다. 다시 말해서 요소들은 작품의 의도(주제)에 유기적으로 '종속'된다. 그런데 표현의 문제로 조망되면 구성보다는 요소 각각의 존재가치를 극대화시키는 데 관심의 초점이 모아진다. 즉 요소가 그 자체로 의도에 갈음하게 된 것이다. 그런 만큼 한 단편소설의 성패는 '한 요소'의 성패만으로도 평가될 수 있으며, '부분'에 집착하는 작품도 쓰여질 수 있다. 요컨대 기교로부터 표현으로의 전화(轉化)는, 과거에는 주제에 종속되었던 소설의 구성요소들이 이제는 한 작품의 핵심으로 독립할 자격을 획득하였음을 의미한다.

> 단편이란 소설 형태 중에서 인물 표현을 가장 경제적이게, 단편적이게 하는 자라 생각하면 고만이다. '인물, 행동, 배경이 전체적으로 균등하게 취급되는 것이 아니라 인물이면 인물에만 치중하고 행동이면 행동, 배경이면 배경에 강조해서 단일적인 효과를 거두는 것이 단편의 약속이다.' 단일적이게 어느 한 가지가 강조되도록 만 구상을 한쪽으로 치우치게 해 가지고 시간과 공간을 절약하는 것이다.[86]

이제 소설은 한 부분의 효과적인 표현을 통해서도 자신의 존재가치를 증명 받게 되었다. 표현에의 강조는 인물·행동·배경의 유기적인 총합보다는 그 하나만의 효과에 의해서도 자신의 예술성을 증명할 수 있게 된 것이다.

이것은 필연적으로 주제의 약화, 곧 작품의 사상성을 감소시킨다. 아무리 단편이 삶의 단면을 묘파하는 것이기는 해도 그 단면은 나무의 나이테와 같이 삶 전체를 조망하는 단면이다. 동시에 그 단면은 삶 전체를 조망할 수 있는 계기로서의 인물과 행동, 그리고 배경을 동반하는 것이다. 그런데 강조점이 각각의 요소의 표현에 놓여지게 되면 작품은 정신의 제시보다는 부분의 회화화(繪畵化)·이미지화에 치중할 수밖에 없다. 대상의 시각적 재현을 목표로 삼는 '묘사'가 상허의 문학론에서 유독 강조되는 이유는 여기에 있다. 상허의 단편들이 '인물사전'을 보는 것처럼 다양한 인간상을 여실한 묘사력에 의해 그려 놓을 수 있었던 것도 마찬

---

86) 「단편과 掌篇」, 『무서록』, 깊은샘, 1994. 59면.

가지의 연유이다. 그러나 그것은 또한 그의 작품이 묘사에 승한 대신에 "사상이 없다"[87]고 평가받게 만든 원인이기도 하다.

그는 자신의 사상에 관계되는 부분은 장편을 통해 표출하였다. 그러면서 가장 근대적이고 가장 예술적인 단편은 사상의 문제가 아니라 예술성의 문제에 진력해야 한다고 생각했다. 스스로 작가로서 영구히 변치 않을 태도로 "문예에 있어서는 철학(사상)적이라는 이보다 예술적이 되어야 한다는 태도"[88]를 꼽고 있는 것, 이것은 소설의 근대성을 '묵독'의 문제 곧 문자를 통한 시각적 이미지의 구현으로 파악한 그의 문학관 내에서는 당연한 결론이기도 하다.

그가 생각한 예술성은 묵독을 통해 독자의 정신 속에 형성되는 '이야기' 너머의 세계, 즉 문자가 고정된 정보를 전달하는 기능을 넘어 순간 속에 명멸하는 정서와 이미지를 환기하는 단계를 의미한다. 또한 이러한 특질은 이태준의 작품을 활발한 사건의 전개와 그에 따른 복잡한 심리의 표출보다는, 장면과 인물의 묘사를 중요시하는 평면적인 작품구성으로 내몰은 요인이기도 하다. 상허에게 중요했던 것은 사건이나 인물의 심리가 아니라 장면이 환기시켜 주는 정서의 포착에 있었던 까닭이다.

> 말을 그대로 적은 것, 말하듯 쓴 것, 그것은 언어의 錄音이다. 문장은 문장이기 때문인 것이 따로 필요한 것이다. 언어 형태가 아니라 문장 자체의 형태가 문장 자체로 필요한 것이다. 언어미는 사람의 입에서요, 글에서는 문장미가 요구될 것은 자연이다. 말을 뽑으면 아무 것도 남는 것이 없다면 그것은 문장의 허무다. 말을 뽑아 내어도 문장이기 때문에 맛있는, 아름다운, 매력 있는 무슨 요소가 남아야 문장으로서의 본질, 문장으로서의 생명, 문장으로서의 발달이 아닐까?[89]

'말'을 뽑아도 남아 있는 요소란 바로 문자가 단순히 언어정보의 전

---

87) 최재서, 「단편작가로서의 이태준」, 『문학과 지성』, 인문사, 1938. 175면.
88) 「'인격존중' 비평을 대망」, 『조광』, 1937.9. 59면.
89) 『문장강화』, 창작과비평사, 1988. 297면.

달체로써가 아니라 그 자체로 심미적(審美的) 자질들을 환기시킬 수 있는 요소를 간직해야 한다는 의미이다. 이 심미적 자질들의 환기를 위해서 문장의 가치는 강조되어 마땅하며, 그것을 통해 작가는, 존재하면서도 '문자'로 고정될 수 없는 인간 정신의 오묘한 속내를 펼쳐 보일 수가 있는 것이다. 이태준 단편의 예술적 성과는 이처럼 순간 속에서 잠시 반짝했다가 사라지는 정서와 이미지를 포착하는 데서 얻어진다.

(3) 조선적 정서의 소설화

이와 더불어 이태준은 이른바 '조선적인 것'에 대한 인식을 통해서 단편의 주류성과 구성상의 평면성을 변명하고 있다.

> ① 더구나 조선과 같이 공간적으로나 시간적으로나 대국적이게 취급하려면 가지가지 난점에 봉착되는 환경에 있어서는 가장 일부분적이요, 일 단편적인 단편밖에는 최적의 문학형식은 없다 하여도 과언이 아닐 것이다.90)

> ② 동양소설에서는 삼국지류의 武勇傳이기 전에는 서양에서처럼 고층건축과 같은 입체적 설계는 어렵다. 생활형식이 저들은 동적인데 우리는 정적이요 저들은 입체적인데 우리는 평면적이다. (… 중략 …) 이렇게 조용한 인물과 생활을 가지고 변화를 부린댔자 작자의 뒤스럭만 보이기가 십상팔구다.91)

인용문 ①에서 이태준은 단편이 최적의 문학형식인 이유로 '조선의 환경'을 들고 있다. 공간이나 시간상으로 '대국적이게 취급'하지 못할 여러 가지 난점이 존재한다는 것이다. 이것은 '은자(隱者)의 나라'로 불리던 우리의 역사를 의식하고 있는 발언이다. 물론 이 표현에서 '식민지'라는 당시의 '난점(難點)'이 암시되어 있음도 간과할 수 없다. 대서사(大敍事)를 통

---

90) 「단편과 掌篇」, 『무서록』, 깊은샘, 1994. 59면.
91) 「명제 기타」, 『무서록』, 깊은샘, 1994. 62면.

해 현실의 총체적인 국면을 다루고자 할 때, 식민지라는 조건이 음으로 양으로 걸림돌이 될 수밖에 없음은 상식에 속한다.

그러나 이 문맥이 그보다는 조선의 역사를 평면적인 것, 정적(靜的)인 것, 그리하여 삶의 역동이 존재하지 않는 것으로 인식하는 데 초점이 가 있음도 부인할 수 없다. 인용문 ②에서 이 점은 증명된다. 이러한 인식에서 일제에 의해 조장된 이른바 '정체성론(停滯性論)'의 여파를 감지하기란 어렵지 않다. 즉 상허가 '의고주의'를 통해 조선적인 것의 중흥을 부르짖고 스스로 난(蘭)과 고완취미에 젖어 살았지만, 그것이 역사에 대한 올바른 인식을 의미하지는 않았음을 말해 준다. 우리의 생활형식을 평면적인 것, 정적인 것으로 판단하는 사고가 비록 명시적인 가치판단을 내포하고 있지는 않지만, 서양의 '고층건물과 같은 입체'성과 비교된다는 사실은 암묵적인 가치판단이 내재해 있음을 암시한다.

이것을 단편에 대한 인식과 연결시켜 볼 때에도 문제는 남는다. 설사 상허의 판단이 옳다 하더라도 그것이 소설의 양식선택이라는 문제와 어떻게 논리적 연관을 맺을 수 있는지 알 수 없기 때문이다. 만일 이러한 논리를 따른다면 19세기 미국에서의 단편의 활황과 유럽의 경우는 무엇으로 설명할 수 있는가.92) 문제는 조선의 역사와 현실이 실제로 평면적이고, 정적인가의 여부에 관계없이 그러한 현상으로부터 양식의 선택을 추론한다는 데에 있는 것이다.

아울러 단편이 장편에 비해 현실의 일면에 초점을 맞추는 것은 사실이지만, 이것이 단편 자체의 '역동성'을 저해하는 것과는 상관이 없다는 점도 지적되어야 한다. 오히려 이러한 점들 때문에 단편은 어떤 통찰의 순간에 집중할 수 있는 것이며, 이를 통해 삶의 본질을 섬광처럼 제시할 수 있는 것이다. 장편과 단편의 차이는 작품이 제시하는 '인식의 방식과 넓이'에 있는 것이지, 특정 민족의 삶의 형식과 관계 있는 것은 아니다.

---

92) Ian Reid, 『단편소설』, 서울대 출판부, 1982. 46~8면 참조.

　그렇다면 이태준의 이와 같은 인식은 어디에서 연유하며 궁극적으로 무엇을 말하려고 했던 것일까. 위 인용문의 주어진 문맥을 꼼꼼히 읽어보면 상허가 '역사'나 '생활형식'으로 말하고자 했던 것이 근본적으로는 이른바 '민족성' 내지는 그 민족의 '심미적(審美的) 경향(傾向)'과 관계가 있다는 것을 짐작할 수 있다. 보다 명확한 논의를 들어보자.

　　명상은 동양인이 천재다. 명상은 본질상 생활에 어둡고 운명에 밝았다. 나올 것은 悲觀이었다. 불도는 현실로 본다면 비관의 종교다. 동양의 교양으로 高度의 것이면 고도의 것일수록 禪의 경지를 품지 않은 것이 드물 것이다. 서구 사람들은 방 속에서 나체를 그리고 있을 때 동양 사람은 정원에 나와 怪石을 사생하고 있지 않았는가? …… 돌이란 情物이 아니다. 情物인 사람이 어찌해 정물이 아닌 것과 사귀고 굳이 정을 통하려 하였는가? 거기에 東方情趣의 진수가 숨었을 것이다.93)

　이태준의 인식은 조선, 나아가 동양의 심미적 경향이 서구의 그것과는 판이하다는 생각에 뿌리를 대고 있다. '생활에 어둡고 운명에 밝'으면서 선(禪)의 경지를 품고 있는 교양, 이것은 정신의 영역에서 삶의 가치를 찾아내는 전통적인 동양적 사고를 집약한 표현이다. 정물(情物)이 아닌 돌에서 정을 감지하는 심미안은 주체와 대상을 단절의 관계로 파악하는 데카르트적 사고로는 감지할 수 없는 동양적 물아일체론(物我一體論)의 반영이다.94) 앞에서 조선의 역사와 생활형식을 운운한 것은 실상 그가 파악한 동양의 심미적 경향이 표현을 달리한 채 나타난 것뿐이다. 이 점은 상허의 '고완취미(古翫趣味)'와 함께 분석되어야 할 것이다.

　그러나 여기서 먼저 살펴봐야 할 것은 이처럼 조선인(동양인)의 심미적 경향을 작품창작의 영역이나 주된 정서적 특질로 삼은 것이 상허가 처음이 아니라는 사실이다.

---

93) 「동방정취」, 『무서록』, 깊은샘, 1994. 56면.
94) L. 골드만, 김현 외역, 『인문과학과 철학』, 문학과지성사, 1993. 32면.

원래 역사적으로 많은 학대와 냉시 앞에 고통을 겪어 온 조선 사람은 생활이나 생에 대한 번민을 그다지 느끼지 않는다. 모든 것을 八字라 하는 무형물에게 넘겨 버리고 명일의 조반을 준비한다. 이러한 조선사람의 산출한 소설이 햄릿식 多悶 多恨이 있을 리가 없었다. 필자는 이를 의심치 않았다. …… 그리고 조선문학의 윤 곽으로서 생활에 대한 단념적 忍從과 정열과 연애에 대한 반항적 무시를 정의하 였다. 이는 결코 '이렇게 짓겠다'는 노력 아래에 될 것이 아니고 저절로 여기에 도 달할 것이라 하였다.95)

이것은 김동인이 염상섭의 초기작을 보면서 느낀 위기감을 '조선문학 의 윤곽'이란 개념으로 변호하고 있는 대목이다.96) 김동인은 이를 통해 자신의 작품에 '내면적 번민'이 미약한 사실을 작가 자신의 문제에서 찾 기보다는 '조선문학의 윤곽'이라는 민족 전체의 '심미적 경향'97)에 돌리 고 있다.

여기에서 이러한 '조선문학의 윤곽'이 존재하는가를 따지는 것은 별도 의 논의를 필요로 한다. 중요한 것은 김동인이나 이태준 같이 단편을 중 요시하고 그것을 자신의 주요 창작무대로 설정하며, 단편의 양식적 특성 들을 효과적으로 이용할 줄 알았던 작가들이 대부분 이러한 '심미적 경 향' 속에 위치한 작품들을 창작해 왔다는 사실이다. 「벙어리 삼룡이」나 「 메밀꽃 필 무렵」, 그리고 상허를 거쳐 김유정과 김동리로 이어지는 근대 단편의 발전선상에는 김동인이 조선문학의 윤곽이라 명명했던 심미적 경향의 작품들이 주된 계보를 형성하고 있음을 부인하기 어렵다. 이들 작품은 당대 삶의 모순을 극명하게 보여주는 시대의 현장으로부터 떨어

---

95) 김동인, 「조선근대소설고」, 『김동인전집』 16권, 조선일보사, 1988. 25면.

96) 이에 대해서는 김윤식, 『한국근대문학양식논고』, 아세아문화사, 1980. 138면과 박 헌호, 「한국 근대단편양식과 김동인(Ⅱ)」, 구중서 외편, 『한국근대문학연구』, 태학사, 1997. 188~92면 참조.

97) 김윤식 교수는 앞의 글에서 같은 의미로 T. S. 엘리어트의 「전통과 개인적 재능」에 서 따온 '創造的 心意 傾向(creative turn of mind)'이란 용어를 사용했다. 그러나 필자 는 그것을 예술적 創造와 享有의 두 측면을 모두 포괄하는 審美性의 원형적 자질로 보아 '심미적 경향'이라 명명한다.

져 있다는 의미에서 반리얼리즘적이라 할 수 있겠지만, 파행적 근대화의 진행에 따라 민족 내부에 심화된 미적 감수성의 차이를 뛰어넘을 수 있었다는 점에서 긍정적이기도 하다. 국가 상실의 시대에 국가를 대신했던 '향토성(鄕土性)'의 의의가 여기에서 비롯된다.98)

3. <구인회>의 성격

이태준(李泰俊)이 습작기, 나아가 초기작의 세계를 벗어나 자신의 독자적인 세계를 완숙하게 구가하기 시작한 시기는 <구인회> 결성(1933. 8) 이후이다. 상허(尙虛)의 대표작이라 일컫는 「달밤」이나 「촌뜨기」, 「손거부」와 같은 작품 대부분이 이 시기에 발표된다. 그런 점에서도 <구인회> 결성은 이태준 문학의 전환점으로 중요시 할 만하다.

그러나 <구인회>는 이태준 작품의 시기구분으로써만 의미 있는 것은 아니다. 상허 문학의 여러 가지 특징들은 1930년대 한국 모더니즘 문학의 진지(陣地)로 평가받는 <구인회>의 특성들과 긴밀히 연관되어 있다는 것이 본고의 판단이다. 말하자면 문학단체로서의 <구인회>의 성격과 그 문학사적 의미는 작게는 이태준 문학의 특성을 밝히는 데 긴요한 일일 뿐 아니라, 크게는 30년대 모더니즘 운동의 의미를 헤아리는 일에 해당한다. 그도 그럴 것이 현재 연구자들을 괴롭히는 상허 문학의 온갖 착종된 모습들이 비단 상허에게만 국한된 것이 아니라, <구인회>의 구성원이었던 작가들 대부분에게 일반적인 현상으로 나타나기 때문이다.

상허(尙虛)의 호고취향(好古趣向)은 정지용이나 박태원에게서도 엿볼 수

---

98) 이우성, 「고려대시와 현대시의 교차점」, 『한국근대문학사론』(임형택 외편), 한길사, 1987 참조.

있는 일이요, 해방 이후의 궤적들은 과거 <구인회> 출신의 모더니스트들 대부분이 동일한 양상을 나타내고 있다. 이런 맥락에서 한 연구자는 이태준에 대한 과학적 규명이 "우리 모더니스트의 정신사적 면모를 규명하는 것과 동일한 작업"[99]이라고 말한 바 있다. 이런 차원에서 이들이 함께 활동했던 <구인회>에 대한 분석과 평가는 이태준 문학의 특성을 해명하는 중심과제이기도 하다.

그렇다면 <구인회>의 성격을 올바르게 파악하기 위해서는 어디에서 시작해야 하는가. 아마도 한국 근대문학의 현장에서 다시금 출발하는 자세가 필요할 것이다. 이것은 반제(反帝)와 반봉건(反封建)이라는 이중의 문제에 대한 숙고를 재삼 요청한다. 이처럼 우리 근대사의 원초적인 문제로 회귀하는 것은 한국 근대문학의 특수성을 좀더 명료하고 실체적으로 이해하기 위해서이다.[100] 모더니즘의 경우만을 놓고 보더라도 그것을 세계사적 보편성의 차원에서만 해명하려 할 때, 우리는 현실이 이론을 배반하는 경험을 숱하게 겪어 왔다. 그렇다고 보편성을 방기하는 것이 해결이 아님은 당연하다. 우리의 개별적 현실 속에는 보편성과 특수성이 변증법적으로 매개되어 있음을 새삼 확인하자는 것이다. 그래야만 서구 이론과의 대비를 통해서 한국의 모더니즘을 옹호 혹은 평가 절하하였던 원전 확인형의 연구나, 작품에 나타난 기법을 중시하여 그 의의를 부각시키는 기법 중시형의 경향들을 극복한 연구로 나아갈 수 있을 것이다.

이 때, 떠오르는 것은 한국의 근대문학에 나타난 근대성에 대한 착종된 인식이다. 그것은 다음의 두 가지 전제에서 출발한다. 즉 한편으로 보면 여전히 봉건적 삶의 양식이 주도하는 현실이면서, 다른 한편으로는 민족적 생존이 근본에서 억압받고 있는 식민지적 현실이라는 사실이다.

---

99) 류보선, 「역사의 발견과 그 문학사적 의미」, 『한국의 전후문학』(한국현대문학연구회), 태학사, 1991 참조.
100) 한국 근대문학의 특수성에 관한 최근의 논의로 주목할 만한 것은 「1930년대 후반기 문학비평 연구」(류보선, 서울대 박사학위논문, 1996) 참조.

이러한 전제가 당대의 지식인들에게 뜻하는 바는 그들에게 현실에 대한 부정이 즉자적으로 주어지게 됐다는 점이다. 이는 의미 있는 대안을 모색하기 위해서라면 반드시 거쳐야 할, 현실에 대한 천착이 무시된 채 당위적이고 추상적인 차원에서 대안이 모색되었음을 뜻한다. 조선적 현실의 열등함이 강조되는 만큼 맹목적인 근대화 논리가 횡행하여, 끝내는 춘원의 경우에서 알 수 있듯이 친일의 논리로 귀결되는 파행상을 드러내기도 하였다.

그러나 근대성에 대한 착종된 인식이 친일론과의 연결 속에서만 문제되는 것은 아니다. 식민지 현실의 광폭함은 근대성에 대한 올바른 인식을 원천에서 봉쇄하였다. 일제는 철저하게 식민지 경영의 이해관계에 입각하여 조선사회를 변모시켰기 때문에 현실의 곳곳은 그야말로 착종과 왜곡의 일대 장관을 연출하였다. 제도로서의 근대가 진척되는 한편으로, 일제의 필요에 의해 반봉건적 현실 논리 역시 유지되고 있었다. 이러한 사회적 관계의 이중성은 식민지적 파행성을 형성하면서, 개별적인 인간에게는 상충되는 의식의 형태로 현상한다. 즉 서로 모순되는 의식이 한 개인 속에서 동시적으로 발현되거나, 사회 제반 영역에 대한 인식이 서로 유기적인 관계를 형성치 못한 채, 각기 파편화된 형태로 온존하는 것이다.

결국 식민지적 파행성이 초래한 의식의 이중성은 식민지 해방에 복무해야 한다는 당위적 갈등을 잠재의식 깊은 곳에 숨겨 둔 채, 개인에게는 ‘생활의 논리와 인식의 논리 사이의 분열’을 초래하였고, 더 나아가 예술가에게는 ‘사회적 영역의 논리와 예술적 영역의 논리가 분리’되는 현상을 빚어냈다. 춘원의 문학에 대해 동인이 자신만만하게 짓고 있던 포즈의 본질도 바로 이러한 인식의 파편성에 기인한 것이다. 그 결과 우리의 근대문학은 작가의 인식수준이 작품의 수준을 결정짓는 순환을 되풀이해 왔다. 이 말은 당연한 언급 같지만, 그것은 곧 우리의 근대문학에는 발자크식의 ‘리얼리즘의 승리’가 존재하기 어려웠다는 것을 의미한다.

작가가 현실을 총체적으로 전유하지 못한 상태에서 또한 사회 각 영역에 대한 의식이 유기적인 관련을 갖지 못한 상태에서 작가의 세계관을 뛰어넘는 작품의 승리란 기대할 수 없었던 것이다. 작가의 세계관과 현실 상황이 작품의 수준을 결정짓는 기본조건이 되어 왔으며, 동시에 동일한 시기에도 다루는 대상 영역의 차이에 따라 작가의 인식수준은 천차만별의 편차를 보여줬다. 하물며 식민지적 상황의 변화에 따라 그나마 토대가 허약한 작가의 분열된 인식이 끊임없이 요동쳐 왔음에랴.

<카프>의 존재가 선명해지는 것은 이 때문이다. 문학을 통해 정치를 대신하고자 했던 <카프>의 여정이란 자신의 현실(문학) 속에서 당위의 논리를 관철시키는 행로에 다름 아니다. 따라서 <카프>의 문학운동은 지식인의 잠재의식 깊은 곳에 자리잡은, 직접적인 투쟁에 몸담고 있지 못하다는 열등감을 일거에 잠재울 만한 것이었다. 더군다나 그들이 준거로 삼은 이론은 '근대'의 문제들을 뛰어넘은 것 ― 프롤레타리아의 해방 ―이라 믿고 있었으므로, 그들의 선구자적 인식은 단순히 '광복'을 문제 삼는 논리를 극복한 것으로 자부하였다. 이러한 대목에 예술의 근대적 성격이 개재할 여지는 없으며, 문학의 독자성은 지배계급의 음험한 음모로 인식될 뿐이다. 사정이 이러하다면 문학이 수단적 의미로 전락한다는 것은 오히려 자기충실성의 표현이었으리라. 팔봉이 '소설건축론'을 제기했을 때 회월이 당당한 표정을 지을 수 있었던 것도, 단지 당대 맑시즘 미학의 문제만이 아니라, 이처럼 식민지 현실이 강제한 파행적 근대 인식이 가로 놓여져 있기 때문이었다.

이같은 상황은 회월 박영희의 유명한 전향선언, "얻은 것은 이데올로기요, 잃은 것은 예술"이라는 말속에 압축되어 나타난다. 회월 개인에 대한 평가를 차치하고 이 문맥을 들여다보자.101) 거기에는 '이데올로기'와

---

101) 이 말은 그 진정성을 따져보는 절차 없이, 오랫동안 <카프> 문학에 대한 폄하의 언사로 사용되어 왔음은 주지의 사실이다. 그러나 역설적으로 이 말이 지니는 광범위한 대중적 영향력이야말로 한국 근대문학의 특수성을 나타내는 한 징표라고 생각한

'예술'을 서로 배타적인 관계로 인식하는 당대의 사유방식이 선연히 드러나 있다. 서로 분리될 수 없는 것들이 대타적으로 인식되는 것도 문제이다. 그러나 이데올로기가 현실에 대한 인식 전반을 규정하는 것이라 했을 때, 이것은 예술이 그 자신을 제외한 현실 세계 전반과 배타적인 관계에 있다는 의식을 표현한다는 점에서 더욱 문제적이다. 즉 사회적 영역과 미적 영역이 선연히 분리되었음과 아울러 두 영역이 선택적·억압적 관계로 자리잡았음을 나타낸다. 두 가지 영역이 통합되지 못했다는 것, 아니 배타적인 관계로 인식됐다는 것부터가 우리 근대문학의 특수성을 보여준다. 우리는 이것을 식민지적 파행성이 문학의 자리에 남겨 놓은 가장 뚜렷한 흔적이라고 부를 수 있다.

따라서 <카프>가 '미'를 한낱 배부른 부르주아의 사치물로 치부해 버린 그곳에서 <카프>와는 다른 문학적 경향들이 배양되었다는 역설을 만나게 된다. 이 점에 <카프>가 한국 근대문학의 형성과정에 미친 역편향적 영향관계가 놓여 있다. 요컨대 <카프>에 대항하고자 했던 이들이 자신의 정당성을 주장할 수 있었던 것은 그들 역시 근대성의 체현자라는 인식이 깔려 있었기 때문이다. 춘원에 대해 동인이 그러했던 것처럼 <카프>에 대항하고자 했던 작가들은 '미의 영역'에 자신의 존재 가치를 두었다. 그것은 미의 영역에서 근대성을 추구하는 일이며, 근대성을 추구한다는 점에서 민족의 발전을 선도하는 것이다. 또한 그것은 근대적 가치의 측면에서 사회의 제반 영역과 등가를 이루는 것이며, 심지어는 그것들을 능가하는 것이기도 하다.

경향문학과의 대립이 다만 정치 이념적 차원에 그치지 않고 문학적 신념화될 수 있었던 것은 이처럼 미적 근대성(문화적 근대성)이라는 또 다른 근대성의 광채가 빛나고 있었기 때문이다.[102] 즉 <카프>가 사회적

다. 왜냐하면 거기에는 예술과 이념을 양립불가능한 것으로 상정하는, 이항대립적 사유의 원형이 선명하게 드러나기 때문이다.

102) 미적 근대성에 대해서는 M. 칼리니스쿠, 이영욱 외역, 『모더니티의 다섯얼굴』(시각

영역에서 이론적으로 선취한 근대 극복을 시도하고 있었다면, <구인회> 작가들은 미적 영역에서 근대성을 추구했던 셈이다.103) 이런 점에서 이른 바 <구인회>의 문학과 경향문학은 동전의 양면과 같다. 외형적으로 보면 이들의 대립은 근대 극복과 근대 추구의 충돌이자 사회적 영역과 미적인 영역의 충돌로 보이지만, 결국 근대 인식의 불철저성과 식민지적 파행성 이라는 측면에서는 한 아비의 자식이었던 것이다.104)

  이러한 인식을 <구인회>에 적용시켜 본다면 상황을 이해하는데 도움이 될 수 있다. 이태준의 문장에 대한 집착, 박태원의 기법에 대한 자의식, 김기림의 시론과 작품이 보여주는 모더니티에 대한 갈망은 예술의 영역에서 근대적인 것을 달성하려는 노력의 표현이다. 이들이 표현론적 문학관에 의거했다든지, 문학은 '제작되는 것'이라는 의식을 견지했다든 지, 형식을 통해 드러나는 '작가적 개성'을 중요시했다든지 하는 것들이 이를 보여준다. 이상이 「오감도」에 대한 독자들의 항의에 분노할 수 있었던 것도 기실 미적인 영역에서의 선구자로서의 의식 때문이 아니었는 가.105) 미적 근대성의 영역에서 자신의 존재 가치를 찾고 그것을 구현하는 것으로 임무를 삼는 것, 또한 그것을 자각적으로 강렬하게 인식하고 있었다는 점, 여기에 <구인회>의 일차적인 존재 의의가 놓여 있다고 본다.

과언어, 1993. 53~72면) 참조. 또한 이태준을 '두 개의 근대성'에 대한 인식을 토대로 다루고 있는 것으로 서영채, 「두 개의 근대성과 처사의식」(상허문학회, 『이태준문학 연구』, 깊은샘, 1993) 참조.

103) 이 때, 동반자 문학이란 이미 개별화된 것으로 인식한 두 층위를 산술적으로 조합 하려던 시도라고 볼 수 있다. 박헌호, 「유진오 문학연구」(『반교어문연구』 5집, 반교어 문연구회, 1994) 참조.

104) <카프>의 문학여정을 근대 추구의 식민지적 형태였는가, 아니면 맑시즘의 이론적 성격에 걸맞게 진정한 근대극복의 형태였는가는 논란의 여지가 있다. 그러나 해산기 에 벌어진 일련의 창작방법 논쟁의 성과라든지, 임화의 문학사 서술과 「본격소설론」 에 개진된 근대성에 대한 통찰, 그리고 해방 이후 '전국문학자대회'에서 보고된 내용 들을 종합해 볼 때, 그것이 근대극복의 형태였다고 보기는 어렵다.

105) 박태원, 「이상의 편모」, 『조광』, 1937.6 참조.

하지만 이들이 인식한 '미적 근대성'도 식민지적 파행성을 담지한 것이란 점을 주목해야 한다. 일반적으로 말해서 미적 근대성(문화적 근대성)은 사회적 근대성(부르주아 모더니티)에 대한 철저한 거부 및 부정적 열정으로 표현된다. 그것은 산업혁명을 거치면서 확립된 부르주아 모더니티의 일반적인 원리—진보의 원리, 과학과 기술에 대한 신뢰, (계산 가능한) 상품으로서의 시간, 이성숭배, 그리고 실용주의적 행동과 성공의 숭배를 지향하는 자유의 이상—에 대해 자신의 역겨움을 공공연히 드러낸다.[106] 그것은 보들레르에게서 보여지듯이 중산층의 가치척도를 혐오하며, 근대생활의 일상이 지니고 있는 천박함과 진부함을 강렬하게 비난한다.[107] 그렇다면 <구인회> 작가들의 의식도 이러한 기반 위에 서 있었던가?

우선 <구인회> 작가들의 미적 근대성에 대한 인식이 서구의 그것과 갖는 공통성을 주목해 보자. 그들은 한편으로는 예술의 독자성을 옹호하며 기법에 대한 자의식이 강하고, 실용성을 중심에 놓는 중산층의 물신숭배적 가치척도를 혐오한다는 점에서 모더니즘의 보편적인 측면을 공유한다. 특히 속물근성에 대한 강렬한 혐오와 정신성에 대한 숭상, 그리고 장식적 미학과 비극적 취향을 내포하는 당디즘(Dandyism)적 경향을 같이 한다는 점에서 그러하다.

이 점은 이들 중 몇몇이 일제 말기에 이른바 '동양적 고전주의' 혹은 '상고주의'에 침잠하는 것과 관련하여 주목할 만하다. 흔히 이러한 침잠을 문학관의 변모로 보거나 혹은 그것이 복고적이라는 데 착안하여 반근대적인 것으로 평가하는 것이 일반적이다. 그러나 상허나 지용, 심지어 구보에게서 보여지는 이러한 경향은, 그들의 삶의 생래적인 습속에서 발현되는 측면과 아울러 30년대 후반의 야만화하는 현실을 맞이하여, 이들

---

106) M. 칼리니스쿠, 『모더니티의 다섯얼굴』, 시각과언어, 1993. 53~4면 참조.
107) 보들레르의 미학에 대해서는 M. 칼리니스쿠의 앞의 책과, 김붕구, 『보들레에르』(문학과지성사, 1994. 제2편) 참조.

이 지녔던 당디즘의 반속물적 · 귀족적 반항정신이 발현된 것으로 이해
함이 타당하다.

보들레르에 따르면 당디즘은, "신흥 부르주아의 민주주의가 아직 전능
일 수 없"는 타락한 과도기에, "부르주아 속물들의 야비성과 싸우고 격
파하려는 욕구의 반항정신을 바탕으로 삼으며, 따라서 의식적으로 자기
네를 그들과 절연히 갈라놓으려는 고고한 정신 자세와 취미를 강렬히 드
러내려는 미학"이다. 또한 그는 당디즘을 평가하면서 그것이 "어떤 면으
로는 정신주의와 금욕주의와 인접하기도 하지만 여하간 당디는 결코 속
된 인간일 수 없다고 반속물성을 거듭 강조"[108]하고 있다. 따라서 이들
의 동양적 고전주의로의 침잠을 모순적인 것으로 파악하기보다는 당디
즘의 조선적 발현양상으로 이해하는 것이 사실에 즉할 것이다. 이 점은
상허나 지용의 상고주의가 같은 문장파 안에서도 가람의 그것과 비교했
을 때 훨씬 '장식적'인 모습을 띤다는 사실로도 증명 가능하다.

그러나 동시에 <구인회> 작가들의 미적 근대성에 대한 인식은 서구
의 그것과는 상당한 차이를 갖는다. 즉 그들은 근본적으로 사회적 근대
성의 원리를 수용하며, 자본주의 문명의 반항아로 자임하기보다는, "문
명의 아들", "도회의 아들"[109]임을 자처하였다. 그들이 포지한 미적 근대
성의 개념은 사회적 근대성에 대한 전면적인 반발에 의거한 것이 아니었
다. 따라서 이들이 표방한 모더니즘도 해체과정에 있던 당대 사회에 대
한 문학적 대응으로써 해체된 세계를 재통합할 수 있는 새로운 이념을
찾고자 했던 서구적 의미의 그것과 사뭇 다르다. <구인회>의 그것은 근
본적인 차원에서 사회적 근대성에 대한 수락이자 지향을 뜻하면서 동시
에 예술적 세련화를 통해 미의 영역에서 근대적인 것을 선취하려는 의식
의 산물이다. 이들이 자신의 문학관을 밝히는 자리에서 주로 문학원론에
대한 계몽적 담론을 전파하며, 또한 기법과 같은 문학 형식적 관점에 치

---

108) 김붕구, 『보들레에르』, 문학과지성사, 1994. 402면.
109) 김기림, 「모더니즘의 역사적 위치」, 『김기림전집』 2권, 심설당, 1988. 56면.

중하는 것은 이 때문이다.

또한 그들의 문학관이 사회현실에 대한 냉철한 인식의 소산이라기보다는 예술적 세련화와 '작가적 개성'을 중심에 놓는, 이른바 전문가적 문학관에 그치고 마는 것도 이 때문이다. 이러한 인식의 뒤안에는 사회적 근대성을 미처 체득하지 못한 조선의 현실과, 예술의 영역과 사회적 영역이 끊임없이 배타적 관계로 작용하던 식민지적 파행성이 자리잡고 있음은 두말할 나위가 없다. <구인회>의 문학이 한국 근대문학 형식의 개척자 내지는 완성자로 평가받을 수 있었던 것도 이러한 분열된 인식에 기초한 것이지만, 또한 분열의 당연한 결과로 '작가적 개성'을 한 주체의 전인격적 개성과 구별함으로써 얻어진 것이다.

이 점을 분명히 보여주는 것이 <구인회> 작가들의 현실인식이다. 지금까지 흔히, 적어도 초창기의 <구인회> 작가들에게는 현실인식이 희박했다는 혹은 무지하다는 식의 예단이 암묵적으로 만연돼 왔다. 그러나 이것은 사회적 근대성과 미적인 근대성이 파행적으로 전개돼 온 한국 근대문학의 특수성을 몰각한 단정에 지나지 않는다. 즉 미적인 것에 대한 집착이 곧 사회적 현실에 대한 무지와 연결되는 것은 아니다. 생활인으로서, 식민지하에 사는 지식인으로서 그들도 현실에 대한 인식이 있다. 문제는 그 현실인식의 철저성과 그것이 자신의 문학작업과 어떠한 관계를 맺고 있는가에 있다. 당대 현실에 대한 관념적 인식이라면 <카프> 작가들에게서도 쉽사리 발견되는 것이 아닌가. 따라서 <구인회> 작가들의 현실인식은 다른 차원에서 검토할 필요가 있다.

> '구인회 작가여 용감하여라. 민중도 생각하여라' 하는 것들은 참으로 무엇에 그렇게 놀랜 사람들인지 알 수가 없다. 우리도 그만한 민중 관념 그만한 자기 반성에 게을리 하지 않는다. 그냥 막연히 민중 운운한다고 지금은 수가 아니다.[110]

---

110) 이태준, 「구인회에 대한 난해. 기타」, 『조선중앙일보』, 1934.8.10.

이 글처럼 <구인회>의 현실인식 방법을 명확히 보여주는 것도 없다. 이것은 지식인으로서의 삶의 방식을 뚜렷이 자각한 자의 현실대응 태도이며, 존재론적 결단을 거치지 않은 채 입만 떠벌리는 이들에 대한 조롱이다.

그렇지만 위의 글에서 더욱 중요한 것은 문학과 현실에 대한 <구인회> 작가들의 인식방식이 드러난다는 점이다. 즉 그것은 예술적 자아로서의 작가가 작품을 통해 표현하는 현실인식과, 사회적 자아로서 지니고 있는 현실인식을 확연히 구별하는 태도이다. 말하자면 작품을 통해 사회현실에 대한 작가의 인식을 읽어 내려는 질문방식 자체를 거부하면서 그와는 다른 영역에 자신들의 현실인식이 존재함을 역설한다. 그렇기 때문에 작품을 통해 자신들의 세계관을 단정하려는 것을 '무엇에 그렇게 놀랜' 것이냐고 비웃는 것이며, '우리도 그만한' 생각은 갖고 있다고 자부하는 것이다.

<카프>가 식민지 현실의 과제를, 그 당위성이라는 곤봉의 이름으로 미의 영역에 휘둘러 왔다면, <구인회> 작가들은 미의 영역과 사회의 영역을 확연히 구분함으로써 식민지 현실에 대한 지식인적 양심을 견지하면서도 예술의 근대성을 달성할 수 있었다. <구인회> 작가들이 이룩한 형식상의 발전들은 이같은 의식에 기인한다. 즉 문학은 민족 현실과 상관없이 그 자체로 근대화되어야 할 또 하나의 대상으로 상정된다. 대상인 한 그것은 자신의 자신다움을 증명하는 방법으로부터, 구성요소에 대한 분석과 발전에 대한 가능성들이 독자적으로 탐색될 수 있는 무엇이다. 마치 기계의 구성원리를 파악한 기계공이 그것을 분해·조립하며, 성능의 향상을 위해 부품을 교환하고 기름칠을 하는 행위와 크게 다를 바 없다. <구인회> 작가들이 전대(前代) 문학의 '자연스러움'과 '편내용주의'에 강력히 반발하면서 과학(제작)으로서의 문학을 주장한 의미가 여기에 있다.

그렇다면 <구인회> 작가들의 현실인식의 구체적인 내용은 무엇이며 이것이 그들의 문학작업과 어떤 관련을 맺는가. 이와 관련해 우리는 '하

스코프'에서 열린 혁명작가회의를 국내에 처음 소개한 이가 박태원이라
는 것,111) 파시즘에 맞서 문화옹호를 위한 국제작가대회가 파리에서 열
렸을 때 가장 흥분한 것이 이상(李箱)이었다는 김기림의 회고,112) 그리고
죽음 직전의 유정(裕貞)이 예술을 위한 예술을 비판하면서 "크로포토킨의
상호 부조론이나 맑스의 자본론이 훨씬 새로운 운명을 띠이고 있"113)다
고 갈파한 것이라든지, 김기림의 전체시론, 상허의 장편 등을 증거로 제
시할 수 있다.

　여기에서 확인할 수 있는 것은 이들의 현실인식이 시대의 변화에 매
우 민감하게 반응했었다는 사실과, 이들이 자신의 주된 창작의 공간에서
는 이와 같은 인식을 피력하는 것을 자제해 왔다는 점이다. 이 둘을 종
합해 보면 사회적 영역과 문학의 영역을 분리하는 이들의 사유방식을 재
삼 확인함과 동시에 분리된 상태에서나마 이들의 사회인식은 끊임없이
민족의 현실과 교섭하고 있었다는 점을 확인할 수 있다. 다만 그 구체적
인 내용에서는 각 작가별로 여러 가지 차이가 존재한다. 이런 점에서 30
년대 후반에 강화되는 이들의 현실적 경향은 돌출적인 것이기보다는 잠
재했던 것이 상황의 악화에 따라 전면화된 것으로 파악해야 한다.

　더욱 문제적인 것은 이와 같은 분리적 사유방식이 문학 양식상의 구
별을 통해서도 드러난다는 사실이다. <구인회> 구성원들이 집단적 의
사표시를 최초로 드러낸 글이라고 할 수 있는「흉금을 열어 선배에게 일
탄을 날림」114)이라는 글에서 이들은 단편에 대한 애착을 공통적으로 드
러내고 있다.

　　내가 정작 씨를 존경하고 기대하는 것은 장편보다도 저 '체홉'을 연상시키고

---

111) 박태원,「'하스코프'에 열린 혁명작가회의」,『동아일보』, 1931.5.6~10.
112) 김기림,「故 이상의 추억」,『조광』, 1937.6(『전집』 5권, 심설당, 1988. 416면).
113) 김유정,「병상의 생각」,『조광』, 1937.3(전신재 편,『원본 김유정전집』, 한림대 출판
　　부, 1987. 449면).
114)『조선중앙일보』, 1934.6.17~29.

'오. 헨리'를 무안케 할만하든 단편이다.115)

선생의 창작적 소질은 장편보다도 단편에 잇다 생각하는 소생인지라 근래에 수
삼 발표하신 그 저속한(감히 이러한 형용사를 사용합니다) 통속소설 말고 왕년에
「배따락이」「목숨」「감자」 등에서 보혀 주신 그 '바른길'을 거러 가시라 뭄믐을
들일까.116)

足下도 불행히 이 '짜리슴'의 暴威에 휩쓸리어 「암야」「해바라기」 당시의 모든
조흔 작가적 자질을 배반하고 완전히 한 개의 통속소설 작가로 전환하야 버렷습
니다. 족하는 족하의 진지하야온 幾多의 신문소설에 단편소설에서와 가튼 작가적
긍지를 늣기십니까? (… 중략 …) 족하는 신문소설 이전의 족하의 단편소설에서 보
여주엇든 稀有한 작가적 자질을 거의 일허버릴드시 차침 저 속의 길을 혼미하야
가니 대체 어쩐 까닭입니까?117)

위의 인용문을 살펴볼 때 단편양식에 대한 애착은 <구인회> 구성원
들에게 집단적인 공감대였다고 할 수 있다. 이들이 자신의 주된 창작영
역을 단편에 국한시킨 것도 이를 반영한다. 특히 이태준은 단편과 장편
의 양식적 특성을 꾸준하게 문제삼으면서 이를 자신의 작품 속에서 철저
하게 분리하고 있다. 이것은 이미 앞에서 지적했듯이 왜곡된 근대인식의
문학적 반영이다.

이상에서 살펴본 <구인회>적 인식의 특성은 김기림의 '전체시론'에
서 논리적 표현을 얻는다. 즉 조선적 현실과 모더니즘의 기법을 종합하
는 것, 다시 말해서 미적인 영역 속에 사회적인 영역을 물리적으로 결합
하는 것이다.118) 이것의 관념성은 둘째 치고라도, 근대성에 대한 총체적
인 인식이 부재한 상태에서 이미 개별적인 것으로 인식한 것들의 산술적

---

115) 이종명, 「빙허 현진건씨에게」, 『조선중앙일보』, 1934.6.23.
116) 박태원, 「김동인씨에게」, 『조선중앙일보』, 1934.6.24.
117) 조용만, 「염상섭씨에게」, 『조선중앙일보』, 1934.6.27.
118) 이에 대해서는 김윤식이 「전체시론」(『한국근대문학사상사』, 한길사, 1984)에서 적
    절하게 비판하고 있다.

조합이란 본질적으로 불가능한 것일 터이다. 덧붙여서 김기림은 새로운 진로의 모색이란 "무슨 의미로든지 '모더니즘'으로부터 발전이 아니면 아니"된다고 강조(「모더니즘의 역사적 위치」)하고 있어서, 여전히 모더니즘을 문학 형식적 차원에 국한하여 이해하고 있음을 보여준다.

전체시론의 이론적 결함은 해방 직후 무정형의 정치상황에서 그 허상을 여지없이 폭로 당하고 만다. 말하자면 「해방전후」와 『농토』를 남긴 상허를 제외하고는 <구인회> 출신 작가들 대부분이 의미 있는 창작을 수행하지 못하며 거의 절필 상태에 이른다. 그들이 파악하고 있던 미적 근대성의 범주 내에는 이러한 현실에 대응할 창작방법론 상의 대안이 없었음을 보여주는 것이다. 조선적 현실과 모더니즘의 종합은 자신의 효용성을 증명할 수 있는 터전에서 스스로 좌초하고 만다.

윤동주라는, 이름조차 처음 듣는 시인의 유고시집을 대한 뒤에 정지용은, "무시무시한 고독에서 죽었고나! 29세가 되도록 시도 발표하여 본 적도 없이!"119)라고 신음 같은 탄식을 내뱉고 만다. 윤동주의 고독과 시와 사상이 지용의 전 문학생애에 일타를 가하는 형국이 아닐 수 없다. 그러기에 지용은 "무엇이라고 써야 하나? 재조도 탕진하고 용기도 상실하고 8·15 이후에 나는 부당하게도 늙어 간다. …… 아직 무릎을 꿇을 만한 기력이 남았기에 나는 이 붓을 들어 시인 윤동주의 유고에 분향하노라"120)고 적고 있다.

남은 것은 식민지시대부터 각자 간직해 왔던 현실인식이 전면화 되는 길이다. 여기에서 해방 이후 이들이 보여준 행로가 공산주의 사상으로의 귀의가 아니라는 점은 지적해 둘 필요가 있다. 유물사관을 "인류가 먹고 살아 온 법칙과 사실"121)에 대한 원칙적 긍정으로 이해한다든지, 혹은 그것을 "인간의 정신관계를 전혀 몰각하는, 모든 정신문화나 전통에 대

---

119) 정지용, 「윤동주시집 서」, 『정지용전집』 2권, 민음사, 1991. 315면.
120) 정지용, 「윤동주시집 서」, 『정지용전집』 2권, 민음사, 1991. 313면.
121) 정지용, 「평화일보 기자와의 일문일답」, 『정지용전집』 2권, 민음사, 1991. 408면.

한 선전포고로 알아 온 것"122)을 반성하면서 유물사관도 "정신의 존엄성"을 인정하더라며 안도의 한숨을 쉬는 것을 보아도 알 수 있다.

그렇다면 이들의 변모를 어떻게 이해할 것인가. 해방 이후 발표된 이들의 글에 일관되게 흐르는 것은, 도덕성과 정치·문화적 민주주의에의 지향이다. 인민 대중이 역사의 주체여야 한다는 주장도 대체로 인민 대중이 정치적·경제적·문화적으로 착취의 대상이었다는 인식을 근거로 하고 있다.123) 또한 『농토』라는 작품을 통해, 토지개혁을 진정한 문명화를 위한 경제적 축적의 가능성으로 파악한다든지, 정신적 노예상태로부터의 해방으로 받아들이는 상허의 인식이 이를 증명한다.

아울러 식민지시대 이들이 지녔던 현실인식이 동일한 것이 아니었듯이 해방 이후의 모습에서도 미세한 편차가 있다는 사실이 강조되어야 한다. 지금까지 해방 이후 이들의 행동을 '좌익화'라는 일방적인 말로 통칭해 왔기에 혼란이 더욱 가중되었던 것으로 보인다. 정지용은 신탁통치 문제에서 반탁의 입장에 서면서 미·소 양군의 조속한 철수를 주장하는 백범노선에 가까운 반면에, 이태준은 찬탁의 입장에 서면서 문화적·정신적 차원에서 누가 더 민주적일 수 있는가를 초점으로 삼는다. 그러기에 정지용은 단정 수립 후에 이태준의 서울 귀환을 촉구하는 성명을 발표하면서 '조국의 통일 독립'과 '완전자주'를 강조하고 있는 것이다.124) 한편 김기림은 1939년 이후의 전쟁이 근대를 파산할 계기라는 식민지시대의 인식을 연장하여 이 시기야말로 '초근대인'으로 나설 때라고 웅변하면서도, "대중의 말에 통하는 새로운 문체를 구비"125)할 것을 요청하

---

122) 이태준, 『쏘련기행』, 백양당, 1947. 266면.

123) 정지용의 「민족해방과 '공식주의'」(앞의 책, 385면)와 김기림의 「우리 시의 방향」, 「시와 민족」(『김기림전집』 2권, 심설당, 1988) 참조.

124) 정지용, 「소설가 이태준군 조국의 '서울'로 돌아오라」, 앞의 책, 415~6면. 이 글은 단정 수립 후 보도연맹에 가입할 수밖에 없었던 정지용이 자신의 입장을 고려하여 발표했다고 볼 수 있다. 그러나 글의 내용은 45~48년간에 그가 발표했던 글들에서 보여줬던 정세인식과 동일하다는 점에서 인식상의 변화로 볼 수는 없다.

125) 김기림, 「시와 민족」, 『김기림전집』 2권, 심설당, 1988. 154면.

는 등, 자신이 기존에 지녔던 인식을 크게 수정하지 않고 있다.

요컨대 해방 이후 이들의 여정은 문학관의 급격한 변모가 아니라, 식민지시대부터 견지해 오던 현실인식이 새로운 상황을 맞이하여 현실화된 것으로 파악해야 한다. 그리고 이것은 그들의 미적 근대성이 어떠한 정신적 지반 속에 자리잡은 것인가에 대한 지금까지의 논의를 증명해 주는 것이기도 하다. '그냥 막연히 민중 운운한다고 지금은 수가 아'니었던 식민지시대, 그들은 미적인 영역에서 근대성을 추구함으로써 스스로 근대화의 과제에 복무하고 있다고 믿었다. 따라서 사회적 근대성이 달성될 수 있는 가능성이 열려진 공간 속에서는 그동안 '그만한 민중 관념 그만한 자기 반성을 게을리 하지 않'았음을 자신들의 방식으로 증명하였다. 그러므로 당연히 해방 이후의 여정도 식민지시대에 보여줬던 근대성에 대한 파행적 인식이 근본적인 동인이었다고 말할 수 있을 것이다.

4. 1930년대 '조선주의 문화운동'과 이태준의 의고주의(擬古主義)

1) 1930년대 '조선주의 문화운동'의 성격

1931년 신간회의 해소는 당시 국내외의 정치상황과 객관적 정세의 변화에 대한 국내 운동계, 사상계의 대응의 방식이었다. 당시 사회주의계열은 이른바 '자본주의 제3기론'에 입각하여 대중의 혁명적 역량을 사회주의의 기치 하에 결집하기 위한 '계급 대 계급' 전술로 선회하면서 부르주아 민족주의자와의 협동을 철회하고 비합법적인 활동 영역을 개척하여 갔다.126) 당시의 세계 경제 대공황이나 일본의 만주침략과 같은 정

---

126) 차석동(고경흠), 「조선'공산당' 볼셰비키화의 임무」, 『식민지시대 사회운동론 연구』

세변화는 사회주의자들에게 자본주의의 붕괴 가능성을 예시하는 사건으로 받아들여졌고 따라서 사회주의 혁명이 임박한 것으로 인식했다. 신간회 해소를 사회주의자들이 주도한 것이나 <카프>가 '볼셰비키화'를 내걸고 방향전환을 했던 것들은 이러한 인식의 소산이었다. 이에 반해 부르주아 민족주의 진영은 신간회 해소에 따른 대응방안을 가시화 하지 못한 채 합법적인 공간에서의 활동을 모색하고 있었다. 이 모색의 결과가 1932년부터 『동아일보』를 필두로 전개되기 시작한다.[127]

『동아일보』는 신간회가 해소된 다음 해 초, 「민족적 중심단체 재조직의 필요와 방법」[128]이라는 글에서 민족적 중심단체의 결성 필요성을 제기하였다. 민족문제에 대해서 현재까지 민족 구성원 전체가 그 구성의 필요나 요소나 방안에 대해 통일된 지침이 없었다고 전제하고, "장래를 위한 意를 튼튼히 할 源泉"[129]으로서 민족운동에 대한 구체적인 지침을 내릴 수 있는 행동이론이 모색되어야 한다고 주장하였다. 그리고 이러한 힘의 원천은 물질적인 것, 정치적인 것이 아니라 정신적인 것, 문화적인 것에서 온다고 파악하였다.

　　精神的 기초가 없이 세워놓은 문화는 허수아비에 지나지 안는다. 문화의 건전한 발전은 오직 그 文化思想의 철저한 이해와 실행을 가진 사회에서라야 가능한 것이다. 보라. 歐洲諸國의 신문화는 르네상스(문예부흥)를 거치어서 비로소 성숙하엿스며, 일본의 新文化도 명치유신의 사상적 一轉換期를 거치어서 비로소 발전

　　(배성찬 편역), 돌베개, 1987. 247~62면 참조. 이 시기 사회주의 진영의 운동에 대해서는 한국역사연구회, 『일제하 사회주의 운동사』, 한길사, 1991 참조.
127) 『동아일보』는 1920년대로부터 자치운동과 같은 민족주의 우파 운동의 한 중심세력을 형성하고 있었다. 이에 대해서는 박찬승, 『한국근대정치사상사연구』, 역사비평사, 1991. 제4장 참조. 또한 『동아일보』 계열뿐만 아니라 민족주의 좌파의 조선학 운동도 다소의 이념적 차이를 갖고 활발하게 전개된 바 있다. 이에 대해서는 이지원, 「1930년대 전반 민족주의 문화운동론의 성격」, 『국사관논총』 51집, 국사편찬위원회, 1994 참조.
128) 『동아일보』, 1932.1.1~4.
129) 「力의 源泉」, 『동아일보』, 1932.2.1.

하지 안핫는가? 조선 신문화의 수립에도 이 思想的 基礎工事가 그 선결조건이 아니될 수 없을 것이다.130)

'사상적 기초공사'를 세우자는 논의는 과거운동의 실패 원인을 정신적 기초의 부재로 파악하고 운동의 새로운 출발과 발전을 위해서는 모든 민족 구성원들에게 통일적인 지침으로 작용할 수 있는 행동이론이 모색되어야 한다는 것이다. 당시 『동아일보』 사장이었던 송진우(宋鎭禹)는 사상의 불일치가 정치적 결사(結社)의 분열을 야기한다면서 신간회의 해소를 그 예로 들었고 이에서 알 수 있듯 향후 민족운동이 나아가야 할 방향은 정치운동의 기본운동, 준비운동으로서 문화운동임을 강조하였다.131) 이처럼 이 시기 제창된 문화혁신운동은 정치운동의 준비운동이란 성격을 띠면서 기본적으로 뒤떨어진 자본주의적 근대문명의 역량을 강화하되 주체적인 의식을 제고하는 것을 주 내용으로 하는 사상개혁운동이었다.

> 近世文明에 뒤진 관계로 異國文化를 정당히 咀嚼할 여유가 없엇거니와 최근 십 수년을 두고 온갖 문화를 수입하면서 아직 그 귀추에 헤매임은 조선의 후진을 말한다. 중국을 보는 자 三民主義를 칭하고, 인도를 보는 자 간디주의를 贊하며 露國을 보는 자 공산주의를 禮하엿다. 이리하여 조선이 조선을 표시할 위대한 사상을 가지지 못하고 설사 잇다 할지라도 신념과 행동이 박약하여 그 實을 이루지 못햇다.132)

위 인용문에서 알 수 있듯이, 이들은 조선의 후진을 근대문명에 낙후된 것에서 찾으면서 조선인이 조선 자체를 구명하기 전에 남의 사상을 모방하려 함으로써 혼란과 방황을 초래했다고 비판한다. 이러한 비판은 구체적으로 사회주의를 겨냥한 것이었다. 즉 "소위 新思想運動을 한다는 지식분자들 중에도 그 대다수는 운동의 형태만 新思潮를 표방햇슬

---

130) 「문화혁신을 제창함」, 『동아일보』, 1932.4.18.
131) 송진우, 「無風的인 현하 국면 타개책」, 『삼천리』, 1932.4.
132) 「사상과 행동」, 『동아일보』, 1932.1.25.

따름으로 그 근본적 思想 及 行動에 잇서서는 2백년전 色黨爭을 그대로 인계"[133]하였다고 비판하고 있다. 말하자면 자본주의적 문명개화가 충분히 성숙되지 못한 상황에서 사회주의가 수용되어 그것은 조선의 정신적 힘을 강화하는데 하등의 도움이 되지 못하였다는 것이다. 또한 이러한 외래사조의 수입은 유교 5백년의 '구식사대(舊式事大)'로부터 '신식사대(新式事大)'로의 변화만을 의미할 뿐, '주체'를 방기(放棄)한다는 점에서는 동일한 기반에 서 있다고 비판하고 있다.

이것은 조선의 지도원리가 반봉건(反封建)에 입각한 자본주의적 문명화를 기본으로 한다는 부르주아적 사고에 근거한 것이면서, 동시에 사회주의 계열의 보편주의·국제주의적 사조에 대응하는 부르주아 민족주의의 이념적 재창출을 뜻하였다. 이러한 관점에서 『동아일보』에 의해 주도된 이 시기 문화혁신운동의 목표는 부르주아적 의식과 '조선적인 것'의 결합을 통해 조선의 지도원리를 창출하는 것이었고,[134] 구체적인 방안으로 제기된 것이 '조선적인 것'의 선양(宣揚)이었다.

> 우리가 우리를 철저히 안 일이 잇엇던가? 알아보려고 한 일이 잇엇던가? 有史후로도 반만년의 생명을 계속하였거늘 걸어온 자취를 제가 되어서 저를 관찰하고 저를 반성하고 저를 宣揚한 일이 잇엇던가? 長短優劣을 일괄하여 不問에 붙여 오늘에 이르니 커다랗게 남은 존재는 自我의 완전한 喪失이요, 自我의 철저한 空虛 뿐이다.[135]

지금까지 조선의 정신사를 '자아의 철저한 공허'로 파악하면서 개인으로나 국가로나 "'自'가 있고 '他'가 있는 이상 우선 '自'가 되어서 '自'부터 알자"는 주장이 제기되었다. 그리하여 민족을 알리는 문화, 역사, 회화, 건축 등 문화적 산물을 보존, 발달시키는 사업이 권장되었다. 민족문

---

133) 「문화혁신을 제창함」, 『동아일보』, 1932.4.18.
134) 이지원, 「1930년대 민족주의 문화운동론의 성격」, 『국사관논총』 51집, 국사편찬위원회, 1994. 166면.
135) 「조선을 알자」, 『동아일보』, 1933.1.14.

화의 상징적 존재로서 '한글'에 대한 연구와 보급,[136] 그리고 민족정신의 구체적인 증표인 고적지나 문화유산에 대한 보존과 발굴이 강조되기도 하였다.[137] 특히 한글에 대한 선양사업은 계몽운동적 성격을 띤 브나로드 운동이나 조선어강습회 등을 통해 활발히 전개되었다.

> 말과 글은 개인생활의 생명인 동시에 민족문화의 기초이다. 사람의 문화는 말로 시작되고 글로 본존, 전달되는 것이다. 말과 글이 발달된 곳에 문화의 발달이 있고, 문화가 발달되려면 말과 글의 발달이 필요한 것이다. 어느 나라에서나 보통교육이 말과 글의 교육을 중심으로 하는 것도 이 때문이다.[138]

'민족문화의 기초'로서 한글의 중요성은 십분 강조되었고 조선어학회의 맞춤법 제정작업에는 여러 방면의 사람들이 물심양면의 후원을 아끼지 않고 있다.[139] 이처럼 '조선적인 것'의 의의를 강조하고 '전통(傳統)과 자아(自我)'의 가치를 드높인 것은 우리의 근대사 전체를 볼 때 중대한 국면이 아닐 수 없다. 그도 그럴 것이 개화기이래 우리의 정신사는 '조선적인 것=봉건적인 구사상·구관습'이라는 도식에서 벗어난 적이 거의 없기 때문이다. 그리하여 이광수에게서 명확하게 보이는 것처럼 전통의 타파는 우리 민족이 근대화되기 위해선 반드시 넘어야 하는 필수적인 과제로 제기되었고, 이 점은 사상적 기반을 달리하는 사회주의자들에게도 공유되는 인식이었던 것이다.

따라서 30년대에 열화와 같이 전개되었던 '조선주의 문화운동'[140]은

---

136) 박병채의 「1930년대의 국어학 진흥운동」(『민족문화연구』 12집, 고려대 민족문화연구소, 1977)과 이준식의 「일제 침략기 한글 운동 연구」(『사회변동과 성·민족·계급』 한국사회사학회 논문집 49집, 문학과지성사, 1996) 참조.
137) 이에 대해서는 이지원, 「1930년대 민족주의계열의 고적보존운동」, 『동방학지』, 77~79합집, 1993 참조.
138) 「조선 말, 글과 조선문화」, 『동아일보』, 1932.8.1.
139) 이에 대해서는 이준식, 「일제침략기 한글운동연구」(한국사회사학회논문집 49집, 문학과지성사, 1996) 참조.
140) 30년대를 장식한 이러한 운동은 현재까지 통일된 명칭을 부여받지 못하고 있는 것

근대화의 과정에서 우리 민족이 민족의 주체성을 자각하고 그것을 문화
의 차원에서 복권시키고자 했던 운동으로서 가치가 있다.[141] 1920년대
이래로 전통과 근대를 상호 배제적인 범주로 파악하여 후자에 매몰된 나
머지 전자를 부정적인 것으로 인식했던 태도가 비판, 반성되었던 것이다.
특히 문화 혁신을 통해 민족 문화를 강조하고 민족 의식을 고취하는 것
은 내선일체로 대표되는 일제의 동화 정책에 대한 민족적 저항으로서의
의미를 지니고 있었다.

  그럼에도 불구하고 조선주의 문화운동은 당시 세계대공황기에 발흥하
고 있던 국가주의, 반계급주의, 파시즘 사상과 동질성을 공유하고 있다.
1930년대는 제1차 세계 대전 이후의 세계 평화와 이상주의가 퇴색하고
세계 공황이라는 자본주의의 위기 앞에서 미국이나 영국과 같은 제국주
의 국가들을 중심으로, 한 국가나 국민의 이해가 세계의 이해보다 더 중
요하다는 국가주의와 국민주의적 입장이 강화되던 시기였다. 독일이나
일본과 같은 후발 자본주의 국가들은 보다 퇴행적인 나치즘이나 파시즘
과 같은 전체주의로서 이에 대응하였다.

  조선주의 문화운동이 국수주의적 성격을 띠었던 것은 바로 이러한 세

으로 보인다. 통상적으로 볼 때 대상과 내용에 주목하는 측에서는 '조선학(국학)부흥
운동'이란 명칭을 주로 쓰며, 주체의 이념적 지향을 문제삼을 때는 '민족주의 문화운
동'이란 표현을 쓰기도 한다. 또한 성격을 규정하면서 '전통주의'나 '反近代主義'라
는 규정을 내리기도 한다. 그러나 본고는 이상의 규정들이 이 운동의 전체적인 측면
들을 담아낼 수 없다고 본다. '민족주의 문화운동'이란 규정은 20년대를 포함하여 식
민지시대 전기간 동안 이루어진 민족주의 계열의 문화운동과의 차별성을 드러내기
어려운 개념이며, '조선학(국학)부흥운동'은 이 운동의 의의와 영향을 제한하는 한계
를 갖는다. '전통주의'나 '반근대주의'라는 규정은 이 운동이 지닌 의의를 일면만을
강조하여 오히려 왜곡시킬 가능성조차 있다. 따라서 본고는 이 운동의 다양한 갈래들
의 공통점이 '조선적인 것'에의 강조에 있다고 보아 '조선주의'라 칭하며, 나아가 운
동의 형태와 방법이 문화방면에 국한된 것임을 규정하기 위하여 '문화운동'이란 규정
을 함께 사용하고자 한다.

141) 이 점을 '특히' 강조한 것으로 김윤식, 「『문장』지의 세계관」, 『한국근대문학사상비
   판』, 일지사, 1978과 황종연, 「한국문학의 근대와 반근대」, 동국대 박사학위논문,
   1992가 있다.

계적 사조의 식민지적 반영이었다.[142]

> 파시즘은 일면으로 國民主義 본래의 속성인 國家主義이면서 타 일면으로는 反
> 階級主義이다. 위선 파시즘은 '인터내셔날리즘'과 대립한다. 파시즘의 중심관념은
> 언제나 '民族國家' '祖國'에 있는 것이오 '世界國家'에 잇는 것이 아니다. 僞善的
> 國際主義에 대하야 파시즘은 모멸을 아끼지 않는다.[143]

위의 인용문은 당시 민족주의 진영에서도 조선주의 문화운동의 국수
주의적 성격을 인지하고 있었음을 보여준다. 그러나 이러한 인식이 비판
적 대상이기보다는 세계사적 성향으로써 민족경쟁의 정당성을 추인해
주는 근거로 작용하고 있다. 즉 1919년 윌슨에 의해 제창된 민족자결주
의나 '국제연맹'의 이념은 이제 유명무실해졌으며, 만주사변 이후의 일
본이나 이태리의 파시스트, 영국의 제2차 맥도날드 내각, 독일의 히틀러
등의 등장은 바야흐로 세계가 "다시 국민주의로 變復"[144]하는 것을 증명
하는 것이라고 파악한다. 국민주의와 반계급주의(반사회주의)라는 차원에
서 파시즘이 거론되면서 그것의 문제점은 상대적으로 은폐되고 있는 것
이다.

또한 '민족의 지도원리'로서 국수성(國粹性)의 복원을 통한 민족주의의
수립을 강조하였는데, 여기서 민족주의는 "개인주의·가족주의·세계주
의를 모두 버리고 민족을 '큰 나', '우리'라는 단일체로 인식하는 주
의"[145]로서, 이러한 인식은 일제가 주장하던 대일본주의(나아가서는 대동아
공영권)의 논리와 흡사한 인식을 공유하고 있었다.[146] 이런 차원에서 조선

---

142) 김경일, 「근대성과 헤게모니의 역사적 변화」(『설화와 의식의 사회사』한국사회사학
    회 논문집 47집), 문학과지성사, 1995) 174~6면 참조.
143) 「世界五大運動展望」, 『신동아』, 1932.5.
144) 「국민주의의 범람」, 『동아일보』, 1932.2.7.
145) 「조선민족의 지도원리」, 『동아일보』, 1932.12.27.
146) 김경일, 「근대성과 헤게모니의 역사적 변화」(『설화와 의식의 사회사』, 한국사회사
    학회 논문집 47집, 문학과지성사, 1995), 174~6면 참조.

주의 문화운동이 전통에 주목했다고 해서 봉건적 유교를 옹호했던 것은 아니다. 오히려 조선시대 주자학이 '유교적 봉건성'만을 발달시키고 국수정신을 탄압함으로써 사대주의(보편주의)에 빠져 국가주의, 국민주의를 발달시키지 못함으로써 낙후된 근대사를 초래하였다고 비판하고 있다. 사회주의를 비판하는 맥락이 유교에도 그대로 통용되고 있는 것이다.

그렇다면 이러한 현상이 왜 발생했는가를 따져보지 않을 수 없다. 우선 신간회의 해소와 이에 따른 비타협적 민족주의자들의 헤게모니가 위축된 사실을 지적할 수 있다. 말하자면 신간회 활동에 보다 적극적이었던 비타협적 민족주의자들은 신간회가 사회주의자들의 주도에 의해 해소되면서 민족주의 운동의 주도권 쟁탈에서 패배를 자인해야 했다. 안재홍(安在鴻)·서정희(徐廷禧) 등으로 대표되는 이 계열은 신간회 해체 이후 민족 단체 통제 협의회(民族團體統制協議會)의 조직을 시도하는 등 정치투쟁을 모색했으나 성공하지 못한 채 개인적인 불운 등으로 별다른 활동을 보이지 못하였다.147) 따라서 20년대 이래로 실력 양성론이나 자치운동 등을 주도했던 것에서 알 수 있듯이 본질적인 측면에서 일제에 타협적이었던 민족주의 우파에 의해 조선주의 문화운동이 제창된 것은 그 태생적 한계로 지적될 수 있겠다.

그러나 보다 직접적인 원인은 당시가 이른바 '만주경기(滿洲景氣)'에 의해 식민지 조선의 부르주아들이 상대적으로 경제적 호황을 구가하던 시절이었다는 점이다. 1931년 만주사변 이후 조선은 대륙침공을 위한 병참기지로서의 가능성이 현실로 대두되었고, 이에 따라 식민지 당국도 이른

---

147) 안재홍은 1931년 5월 『조선일보』 사장에 취임한 이후 1932년 3월 만주동포구호 의연금 유용혐의로 영업국장 이승복과 함께 구속, 4월 중 옥중에서 『조선일보』 사장직 사임, 그해 11월 징역 8개월을 선고받고 미결통산으로 출옥, 그후 요양생활을 하였다 천관우, 「민세 안재홍연보」, 『창작과비평』, 1978년 겨울호 참조. 그후 안재홍은 1934년경 '조선학운동'을 제기하면서 다시 민족운동에 뛰어들고 있다. 이 시기 안재홍이 이끈 '조선학운동'의 사상적 성격에 대해서는 이지원, 「1030년대 민족주의 문화운동론의 성격」, 『국사관논총』 51집, 국사편찬위원회, 1994. 3장 참조.

바 '조선공업화정책'에 의거하여 조선인 자본가들의 투자와 공장 증설을 어느 정도 허용하게 되었다. 이러한 사실은 1920년대 '물산장려운동'으로 대표되는 자립적 근대화 전략에 일대 수정이 가해지게 되었음을 의미한다.[148] 즉 토산품 장려운동과 같은 자립적 근대화 전략은 이 시기에 이르러 급속히 지지기반을 상실하고, 그 대신 '만주 붐'에 편승한 종속적 근대화 전략 혹은 일본화 전략이 헤게모니를 장악하게 된 것이다. 실제로 1930년에 2,175개였던 조선인 공장 수는 1936년에 이르면 3,415개로 폭발적인 증가세를 나타내고 있다.[149] 또한 다음과 같은 『동아일보』의 기사들은 이 시기를 전후하여 경기가 급격히 회복되었음을 단적으로 보여준다.

① 躍進하는 朝鮮物産, 各處에서 注文殺到 금년 이래 점차로 증가경향, 問議는 件數 2千件(1934. 5. 18)
② 朝鮮物産 萬歲 / 滿洲로도 大進出, 昨年의 記錄을 벌써 突破, 鐵道局에서는 貨物輸出에 奔忙, 반면에 滿品輸入은 激減(1934. 6. 19)
③ 景氣 好轉 顯著, 各 商店의 買上 激增, 식료품은 4할 증가(1934. 7. 15)
④ 朝鮮 對外國 貿易 10월중에 천여 만원, 輸出總額은 未曾有의 新記錄(1934. 11. 7)[150]

이같은 상황은 민족주의자들, 특히 자본가 계층들에게 식민지 체제 내에서의 경제개발의 가능성이라는 환상을 심어 주기에 충분하였다. 그래서 식민지에서 자신의 고유한 경제영역의 확립을 위한 노력을 포기하고 일제의 만주 침략에 편승하여 '2등 국민'으로서의 지위를 누리는 대신에 정치적으로는 예속하는 길을 선택하였다. 조선주의 문화운동의 저변에

---

148) 이 시기의 조선 부르주아들의 근대화전략의 변화에 대해서는 지수걸, 「1930년대 전반기 부르주아 민족주의자의 '민족경제 건설전략'」(『국사관논총』 51집, 국사편찬위원회, 1994) 참조.
149) 姬野實, 『조선경제도표』, 1940. 328면(지수걸, 앞의 글, 44면에서 재인용).
150) 지수걸, 「1930년대 전반기 부르주아 민족주의자의 '민족경제 건설전략'」(『국사관논총』 51집, 국사편찬위원회, 1994), 48면 참조.

깔린 사고가 부르주아의 주도에 의한 자본주의적 문명화였다는 사실은 이같은 사정을 말해 준다. 이를테면 조선주의 문화운동의 궁극적인 목표는 부르주아의 주도에 의한 자본주의적 문명화를 달성하는 데 있는 것이지 '복고(復古)' 그 자체로의 회귀를 염원한 것은 아니었다. 조선적인 것의 강조는 이러한 상황을 주도하기 위한 지도원리의 차원에서 제출되었으며, 민족 의식을 민중에게 주입시킨다는 계몽주의적 관점에 여전히 서 있었다.

이러한 사고는 당시 신문지상에 빈번하게 소개되던 만주에서의 중국인과 조선 이민과의 충돌과 같이 중국(만주) 민족에 대한 상대적 차별화 상황과 무관하지 않은 것이라 할 수 있다.151) '만주경기'라는, 일제의 정치·군사적 보호막에 의해 전개된 한시적인 경제 활황에 자극 받아 당시 부르주아 민족주의자들은 중국민족에 대해 같이 일제에 의해 억압받는 피압박 민족으로서의 보편성에 입각하기보다는 '2등 국민'으로서의 차별화에 더 관심을 기울였던 것이다. 그 결과 이들이 주장했던 반(反) 국제주의·보편주의로서의 조선주의는 중일전쟁 이후 조선의 모든 경제권이 일제에 의해 통제되면서 물거품처럼 사그러들었다.

하지만 본질적인 차원에서 보자면 이러한 문제들은 타율적인 근대화 과정에 직면한 후발 국가들 일반에서 볼 수 있는 현상이기도 하였다. 세계사를 볼 때, 후발 민족에게 서구적 의미의 근대화란 지상명령이었다. 그러나 이를 위해 동원될 수 있는 자원이 없었다는 것 역시 역사적 사실이다. 딜레마의 초점은 주어져 있는 것이 아무 것도 없다는 점, 요컨대 근대화를 위해 필요한 근대적 제도나 자원이 전무하다는 사실이다. 후발 지역에서 민족주의가 양면성을 갖는 것은 이러한 사정에 기인한다.152)

---

151) 대표적인 것이 '만보산 사건'이라 할 수 있다. 이 사건에서 기인된 평양에서의 華僑殺害事件은 조선 민족주의의 부정성을 여지없이 드러낸 사건이었다. 총독부 경무국의 발표에 따르면 이 사건으로 119명의 화교가 공공연하게 살해되었고, 289채의 가옥이 방화·파괴되었다고 한다. 오기영, 「평양폭동사건 회고」, 『동광』 제25호, 1931.9 참조.

있는 것은 다만 민족과 그 민족의 특징들뿐이다. 이른바 민족성이라 할 수 있는 고유한 언어나 풍속, 공통된 정서, 기질 등은 지배적인 외세에 맞서 자신의 독립된 주체를 파악하게 만드는 거의 유일한 매개항이었다. 민족주의가 계몽사상의 합리주의와는 거리가 먼 낭만주의적 문화와 나란히 진행된 것은 이러한 사정을 말해 준다.

이를 통해 민족주의는 자신들의 목표(산업화, 번영, 다른 구민들과의 평등, 등등)를 달성하기 위해 "일정한 종류의 퇴행"[153]을 치르지 않으면 안 된다는 역설과 대면한다. 전진하기 위해서 동원될 수 있는 것이 과거의 것이란 사실은 후발 지역에서의 민족주의에 관념론적이고 문화적인 색채를 부여한 근본원인이라 하겠다. 이런 측면에서 30년대 민족주의자들에 의해 진행된 조선주의 문화운동은 민족주의의 양면성을 보여주는 실례가 아닐 수 없다. 운동의 주체들은 '만주 붐'으로 대표되는 근대화(공업화)의 가능성을 과대 평가했으며, 이를 위해 일정한 종류의 퇴행, 즉 '조선적인 것'이라는 복고성(復古性)·국수성(國粹性)의 관념적 자원을 동원하여 헤게모니를 장악하려 하였다. 그러나 그 헤게모니는 정치권력을 장악한 일제에 의해 언제든지 폐기처분될 수 있는 임시적인 것임을 인식하지는 못했다.

이러한 사정들에 의해 1930년대 조선주의 문화운동은 왜곡된 모습을 피할 수 없었다. 더욱이 조선의 경우는 일찍이 식민지가 되어 상당한 시간 동안 왜곡된 근대화 과정을 경과하였을 뿐 아니라, 일제의 대륙침략이 노골화되면서 최소한의 생존권도 침해받던 시기였다. 따라서 조선주의 문화운동은 일제에 의한 민족 동화정책에 대항하고, '조선적인 것'의 부흥을 통해 민족정신의 주요한 부분들을 복구한 긍정적인 의미에도 불구하고, 그 근시안적 사고와 관념성, 그리고 반국제주의적(反國際主義的)

---

152) 톰 네언, 「민족주의의 양면성」(백낙청 편, 『민족주의란 무엇인가』, 창작과비평사, 1981) 참조.

153) 톰 네언, 「민족주의의 양면성」(백낙청 편), 『민족주의란 무엇인가』, 창작과비평사, 1981. 243면.

사고로 말미암아 '일본적 예외주의'에 귀속하고 마는 결과를 초래하였다.

이들은 물질과 정치에서의 예속을 아무런 매개 없이 정신과 도덕에 대한 강조에서 보상받고자 하였다. 이것은 정신이 현실과 유리되었음을 직접적으로 표현하였다는 의미를 지닌다. 이 때문에 조선주의 문화운동은 "마치 1920년대 문화 운동에서 전통에 대한 부정이 일본적 근대의 추구를 반영한 것이었듯이, 이 시기 문화 운동에서 전통에 대한 재인식과 자아의 새로운 발견은 일본적·동양적 특수주의와 대동아 공영권의 주장에 대한 식민지판 모사"154)였다는 비판으로부터 자유롭지 못하다.

2) 이태준의 의고주의(擬古主義)

이태준에게 골동품을 완상(玩賞)하며, 난(蘭)을 키우고, 고색 창연한 옛 서적을 어루만지며 '선인들이 정독한 자취'를 엿보는 취미가 있었다는 사실은 잘 알려져 있다. 뿐만 아니라 "冊만은 '책'보다 '冊'으로 쓰고 싶다. '책'보다 '冊'이 더 아름답고 더 '冊'답다"155)라고 한다든지, "서양화보다는 동양화를 더 즐길 줄 아는 이가 문화가 좀 더 높은 사람"156)이라는 평가에 이르면 옛 것, 동양적인 것을 즐기는 상허의 고완취미(古翫趣味)는 단순히 '호고성(好古性)'을 넘는 문제임을 알 수 있다.

> 나는 酒德을 굳이 貶하는 者는 아니로서, 焚香하여 室宇를 신선케 하듯 淸酌하여 降神을 陶然케 함에 이르런 술의 음료 이상인 바를 어찌 부정하리오. 다만 嗜人貪酒하는 소위 酒鬼를 厭惡할 따름이다.157)

---

154) 김경일, 「근대성과 헤게모니의 역사적 변화」, 『설화와 의식의 사회사』, 문학과지성사, 1995. 180면.
155) 「책」, 『무서록』, 깊은샘, 1994. 90면.
156) 「동양화」, 『무서록』, 깊은샘, 1994. 135면.
157) 「憫酒」, 『무서록』, 깊은샘, 1994. 126면.

상허의 호고취미(好古趣味)는 문체에까지 영향을 미쳐서, 스스로 술을 많이 못할 뿐, 술의 가치를 모르는 것이 아니란 말을 이렇게 옛스럽게 표현하게 만든다. 호고 취향이 취미의 단계를 넘어 본받아야 할 지향점, 즉 정신의 문제에 닿아 있음이다. 이것은 내간체(內簡體) 문제를 자신의 것으로 삼아 한껏 멋을 부렸던 정지용의 경우와 더불어 30년대 후반 우리 문학사의 진기한 풍경중 하나이다. 그 때문에 이 점은 상허의 문학을 논하는데 빠질 수 없는 논점으로 자리잡아 왔다.

일찍이 김현도 이것을 딜레탕티즘으로 이해하여 "그의 딜레탕티즘은 개인의 안위와 골동품에 대한 기호심의 소산"158)이라 하였고, 이재선도 이태준의 "문학세계의 강한 정신적 기반이 되고 있는 것은 상고주의와 연민의 정조"159)라 평가하였다. 또한 김윤식은 이태준을 포함한 이른바 <문장>파의 세계관을 문제삼으면서 '근대적 생활과 무관한 완결성의 세계' 혹은 "反近代主義"160)라 평가하였다. 특히 황종연은 <문장>파로 대표되는 "30년대 후반기 문학의 전통주의는 한국학의 성장을 통해 강화된 전통의식과 서양 추수적 근대주의에 대한 회의의 결합 형태"161)라고 의미를 부여하고 있다.

> 문장파의 사례가 우리의 주목을 끄는 것은 그것이, 비록 조선조 사대부문화에 대한 체계적인 인식을 결여한 것이라고 하더라도 어쨌든 식민지의 지식인들이 생각했던 근대적 변혁의 방향과 정면으로 어긋나는 것이라는 점이다. 굳이 이광수 이래의 유교비판을 상기하지 않더라도 식민지시대 문화변혁의 설계자치고 조선조 유교문화의 타도 없이 근대화의 건설이 가능하다고 믿었던 사람들은 없다. 이것은 결국 문장파의 전통주의가 식민지시대의 문화운동에서 가히 절대적 권위를 지니

---

158) 김윤식·김현, 『한국문학사』, 민음사, 1990. 199면.
159) 이재선, 『한국현대소설사』, 홍성사, 1979. 100면. '尙古主義'란 표현은 이재선이 처음으로 쓴 것으로 보인다. 그러나 본고에서는 이태준의 好古趣向이 부분적이며, 방편적, 비본질적인 것이라 보아 擬似 古典主義 즉 擬古主義라 칭한다.
160) 김윤식, 「『문장』지의 세계관」, 『한국근대문학사상비판』, 일지사, 1995. 173면.
161) 황종연, 「한국문학의 근대와 반근대」, 동국대 박사학위논문, 1992. 219면.

고 있었던 '근대'라는 가치와의 모종의 갈등을 내포한다는 것을 암시한다.[162]

황종연은 추사(秋史)를 숭상하던 문장파의 정신적 지향과 상고취미 등을 이러한 판단의 주요 근거로 제시한다. 또한 이태준의 경우 그의 작품이 근대의 파도 속에 스러져 가는 인물들을 내세웠음을 들어 이태준이 "근대화는 한마디로 인간 타락의 무자비한 전일화 과정"[163]으로 파악하고 있었다고 예증한다. 이태준의 의고주의가 한 개인의 취미 문제를 떠나 30년대 후반의 문학사, 나아가 우리 근대문학의 정신사에서 간과할 수 없는 대목임을 말해 주는 증거다. 따라서 이 부분에 대한 논의는 지금까지 논의해 왔던 30년대의 조선주의 문화운동과의 연장선상에서 논의되어야 한다. 다만 <문장>파 전체를 다루는 것은 본고의 영역을 벗어나는 일이므로 이태준에 한정하여 논의를 진척시키고자 한다.

문제의 핵심은 이태준의 의고주의가 갖는 성격이다. 다시 말해서 이태준의 의고주의는 '근대'에 대해 어떤 상관관계를 갖는가 하는 점에 모아진다.[164] 이를 살펴보기 위해서 우선 그가 '옛 것'을 향유하는 태도로부터 출발해 보자.

> 수일 전에 大慧普覺師의 「書狀」을 얻었다. 4백여 년 전인 嘉靖年間의 板으로 마침 내가 가장 숭앙하는 秋史 김정희 선생의 보던 책이다. 그의 藏印이 남고 그의 親蹟인진 모르나 全卷에 토가 달리고 군데군데 주석이 붙어 있다. 「서장」은 워낙 난해서로 한 줄을 제대로 음미할 수 없지마는 한참 들여다보아야 冊題가 떠오르는 太古然한 표지라든지, 장을 번지며 선인들의 정독한 자취를 보는 것이나 또 일획 일자를 써서 絲欄을 쳐가며 칼을 갈아가며 새기기를 몇 달 혹은 몇 해를 해서 비로소 이 한 권의 책이 되었을 것인가 생각하면 인쇄의 덕으로 오늘 우리들은 얼마나 버릇없이 된 글, 안 된 글을 함부로 박아 돌리는 것인가 하는, 일종 참회를

---

162) 황종연, 「한국문학의 근대와 반근대」, 동국대 박사학위논문, 1992. 182면.
163) 황종연, 「한국문학의 근대와 반근대」, 동국대 박사학위논문, 1992. 204면.
164) 김윤식과 황종연에 대한 비판은 장영우, 『이태준 소설연구』, 태학사, 1996. 2장 2절 2항을 참고. 다만 이 글 역시 상허의 현실인식의 존재유무를 비판의 근거로 삼은 점에서 필자와 의견을 달리한다.

느끼지 않을 수 없는 것이다.165)

　한 권의 옛 서적에서 이태준이 무엇을 보고 있는가를 잘 보여주는 글이다. 4백여 년 된 옛 서적을 손에 든 이태준의 표정은 희귀한 자료를 발견한 학술 연구자의 그것이 아니다. 내용이야 '한 줄을 제대로 음미할 수 없지'만 그것은 문제되지 않는다. 그런 의미에서 고완취미는 실용성이나 대상의 직접적인 효용성과는 거리가 멀다. 더구나 골동품을 투자의 대상으로 보는 것은 상허가 가장 경멸해마지 않는 것이다. 그보다는 '한참'을 들여다보아야 제목이 떠오르는 '표지', 그리고 군데군데 주석이 달린 선인들의 정독한 '자취'를 완상(玩賞)하는데 초점이 있다. 이것은 한 권의 책을 보는 것이 아니라 그 대상 위에 누적된 세월의 무게를 즐기는 태도이다. 곧 대상은 대상 그 자체로 의미의 영역으로 들어오지 않는다. 대상 속에 잠겨 있는 심미적(審美的) 반향(反響)이 향유의 초점이다. 이때의 심미적 반향은 대상에 누적된 세월을 향유자가 자신의 의식 속에서 재구성할 때 발생한다. 즉 옛 물건을 완상하는 일은 대상을 보면서 그 대상과 함께 한 인간과 사건, 그리고 그 인간이 대상에 대해 투영시켰던 정서의 흔적을 추적하는 일을 의미한다. 이러한 작업이 향유자의 머리 속에서 상상적 이미지로 재구성되는 과정을 통해 미적 지각을 불러일으킨다. 또한 '재구성된 의식'은 대상의 역사성과 향유자의 실존적 삶의 형태가 부딪치어 현실로부터 일탈하는 즐거움과 함께 현실을 판단케 하는 미적 준거물이 되기도 한다. 이런 점에서 대상(고완품)은 그 대상 위에 축적된 시간과 정서의 퇴적층을 열고 들어가는 열쇠에 비유할 수 있다.

　이태준이 "옛 물건의 옛 물건다운 것은 그 옛사람들과 함께 생활한 자취를 지녔음에 그 德潤이 있는 것"166)이라고 말한 것이나, "옛사람들의 생활의 때[垢]는 늙은 여인의 주름살보다는 오히려 황혼과 같은 아름다

---

165) 「고완」, 『무서록』, 깊은샘, 1994. 140면.
166) 「고완」, 『무서록』, 깊은샘, 1994. 139면.

운 색조가 떠오르는 것"167)이라고 말한 이유가 여기에 있다. 그래서 고서(古書) 한 권을 보면서 그것을 소장했던 인간의 자취를 더듬어 보는 작업은, 이내 '칼을 갈아 가며 새기기를 몇 달 혹은 몇 해'를 했던 인쇄공의 노고를 반추하는 데로 이어지며, 급기야 현재의 삶의 태도에 대한 비판으로 연결된다.

이러한 인식의 과정은 비단 고완품의 감상행위에만 작용하는 것은 아니다. 그것은 예술적 인식의 보편적 작동원리로 일반화시킬 수 있는 것이다. 이런 점에서 하나의 고완품을 감상하는 행위는 언뜻 비예술적인 것으로 보이는 사물에서 예술적 심미안을 체득하는 일이며, 향유자의 미적 지각능력을 무한대의 영역으로 확대, 훈련시킬 수 있는 일이다. 사회의 제도나 통념에 의해 예술품으로 공인된 것들에서 미적 지각을 획득하는 것은 일상적인 일이다. 또한 대상 내에 향유자의 미적 지각을 자극하고 계발할 요소들이 명시적으로 내포되어 있는 것에서 심미성을 감득하는 일 역시 어려운 것이 아니다. 그러나 그러한 통념이나 장치가 부재한 '단순한' 옛 물건에서 미적 감각을 체득하고 그것을 무한대로 확장시킬 수 있다는 것은 '미(美)'를 지각하고 그것을 향유하는 경지에서 보자면 보다 높은 경지일 수밖에 없다. 그런 점에서 고완(古翫)행위는 미적(美的) '지각(知覺)의 어려움과 지속을 증가시키는' 가장 고도의 행위이며, '대상의 생성을 느끼는' 가장 차원 높은 심미방식(審美方式)이다.

> 빈 접시오, 빈 병이다. 담긴 것은 떡이나 물이 아니라 靜寂과 虛無다. 그것은 이미 그릇이라기보다 한 天地요 宇宙다. 남 보기에는 한낱 破器片皿에 불과하나 그 주인에게 있어서는 無窮한 山河요 장엄한 伽藍일 수 있다.168)

깨어지고 손때 묻은 접시, 이미 '떡이나 물'을 담아 내지 않는, 즉 실용

---

167) 「고완」, 『무서록』, 깊은샘, 1994. 138면.
168) 「고완품과 생활」, 『무서록』, 깊은샘, 1994. 142면.

성을 박탈당한 대상이 그것을 미적인 것으로 향유하는 인간에게는 '한 천지요 우주'가 될 수 있는 것이다. 이것은 엄밀하게 말하면 대상이 스스로의 예술적 가치를 과시하기에 가능한 것이 아니다. 그것은 '남 보기에는 한낱 파기 편명에 불과'할 수도 있는 것이다. 거기에서 천지와 우주를 느끼고 정적과 허무를 감지하는 것은 순전히 향유자의 의식 속에서 재구성된 심미적 능력일 뿐이다. 어쩌면 그것들은 만들어질 때의 의도가 예술적 목적과는 거리가 있다는 평가가 사실에 부합할 것이다. "특히 이조의 그릇들은 중국이나 일본 내지 것들처럼 상품으로 발달되지 않은 것이어서 도공들의 손은 숙련되었으나 마음들은 어린아이처럼 천진하였다."169) '상품으로 발달되지 않은 것' 즉 대상의 실용성 이외에 다른 외장(外裝)을 뒤집어쓰지 않은 것에서 역설적으로 미적 감각을 감득하는 것은 향유자의 심미성의 차원을 증명하는 것이 될 수 있다. 이것이 '현대'를 사는 우리들에게 '옛 물건'이 갖는 의미이다. 곧 심미안(審美眼)을 계발, 진작시키기 위한 '방편'으로서 고완취미는 상찬될 수 있는 것이며, "취미 중엔 上席"이란 평가를 내릴 수 있는 것이다.

> 고전이라거나 전통이란 것이 오직 보관되는 것만으로 그친다면 그것은 '주검'이요 '무덤'일 것이다. 우리가 돈과 시간을 들여 자기의 서재를 묘지화시킬 필요는 없는 것이다. 청년층 지식인들이 도자를 수집하는 것은, 고서적을 수집하는 것과 같은 의미를 나타내야 할 것이다. 완상이나 소유욕에 그치지 않고, 미술품으로, 공예품으로 정당한 현대적 해석을 발견해서 古物 그것이 주검의 먼지를 털고 새로운 美와 새로운 생명의 불사조가 되게 해주어야 할 것이다. 거기에 정말 고완의 생활화가 있는 줄 안다.170)

고완취미가 '생활화'가 되어야 한다고 애써 주장했던 상허가 그 생활화의 목표가 무엇에 있는지를 분명히 설명해 주고 있는 대목이다. 요컨

---

169) 「고완」, 『무서록』, 깊은샘, 1994. 139면.
170) 「고완품과 생활」, 『무서록』, 깊은샘, 1994. 143면.

대 고완품은 미술품이나 공예품으로 즉 심미적 반향을 불러일으키는 예
술품으로 취급해야 하며, 예술품으로서 정당한 '현대적 해석'을 가함으
로써 '새로운 미'를 창출하는 대상으로 자리매김해야 한다는 것이다.

따라서 심미성의 대상인 고완품을 투자대상으로 인식하거나 '제 눈이
불급(不及)'한 것을 소장하려 하는 것은 '허욕과 허영'으로 비판받는다.
이때 '미술품으로, 공예품으로'의 자격을 강조하는 것은 아직 고완품이
심미적 대상이기보다는 투자의 대상으로 더 많이 인식되어 있는 현실을
비판하고자 하는 의도가 깔려 있다. 또한 '현대적 해석'의 강조는 고완품
을 통해 체득하는 심미성의 내용이나 방식이 현대적인 예술을 통해 얻는
그것과 혼용되지 못한 현실을 의식한 발언이기도 하다.

고완취미를 현대적인 의미의 심미성으로 받아들일 수 없었던 인식은
당시의 가장 근대적인 작가들에게서도 만연된 것이었다.

① 가령 신라나 고려적 사람들이 밥상에다 콩나물도 좀 담고 또 장조림도 담고
또 약주도 좀 많고 해서 조석으로 올려 놓고 쓰던 식기나부랑이가 墳墓 등지
에서 발굴되었다고 해서 떠들썩하나 대체 어쨌다는 일인지 알 수 없다. 그게
무엇이 그리 큰 일이며 그 사금파리 조각이 무엇이 그리 가치 높이 평가되어야
할 것이냐는 말이다. …… 항아리나부랑이는 말할 것도 없이 그 시대에 있어서
意識的으로 美術品으로 만들어진 것은 아니다. 간혹 꽤 미술적인 요소가 풍부
히 섞인 것이 있기는 있으되 역시 여기 정도요 하다못해 꽃을 꽂으려는 實用
이라도 실용을 목적으로 된 것임에 틀림없다. …… 어느 박물관에서 허다한 出
土品을 年代順으로 진열해놓고 또 傾向이며 여러가지 分類方法을 適確히 區
分해서 一目瞭然토록 해 놓은 것을 구경하고 처음으로 그런 출토품의 아름다
움과 가치 있음을 느꼈다.[171]

② 진실한 가치로 보아서 아무 곳도 보잘 데가 없는데, 단지 옛 것이라 하여 좋
게 보려는 것은 희극일 따름이다. …… 고구려 기왓장이라 하는 데 값을 붙일

---

171) 李箱, 「조춘점묘」, 『매일신보』, 1936.3.3~26(『이상수필 전작집』, 갑인출판사, 1977.
     50~1면).

곳이 어디 있느냐 하면, 그 기왓장의 원료, 구어 내는 법, 외형, 彫形 등으로 미루어서 당시의 건축제도, 미술, 문화정도, 취미 등을 짐작하여 보자는 데 있다. …… 고물에 또 한가지의 희극은, 고물이면 무엇이든 그것을 가지고 그 시대의 미술을 논의하고자는 것이다. 옛날 무덤의 벽화를 보고는 즉시 그 시대의 미술을 운운하는 喜劇學者가 적지 않다.172)

인용문 ①은 당대 최고의 모더니스트였던 이상(李箱)이 옛날 사람들이 식기나부랑이로 쓰던 물건을 발굴하고 '떠들썩한' 모습을 보고 그것이 '대체 어쨌다는 일'이냐며 반문하고 있는 글이다. 그의 판단의 기준은 그러한 물건들이 '의식적으로 미술품으로 만들어진 것이 아니'라는 사실에 놓여 있다. 이 점은 인용문 ②의 김동인에게도 동일하게 나타난다. 김동인은 고분의 벽화를 보고 그 시대의 미술을 판단하는 학자들을 '희극학자'라고 희롱하면서 만일 옛날의 고구려에서 이런 사실을 알았다면 '국령(國令)'으로라도 전문적인 화공(畵工)을 시켜서 벽화를 그리게 했을 거라고 비꼬고 있다.173)

'의식성(意識性)'의 문제를 예술성의 핵심으로 보는 것은 근대적이라 할 수 있다. 특히 유클리드 기하학을 통해 '제작적 정신'을 배웠고 이를 통해 투철한 제작의도에 의해 설계도가 먼저 있고 그것에 의해 환원될 가능성이 있는 제작물일 경우에만 예술품이라 불렀던 이상(李箱)의 경우나,174) '인형조종술'을 기치로 내걸고 작가에 의한 완벽한 조종가능성을 예술성의 핵심으로 파악했던 김동인의 경우에는 더 말할 나위가 없다. 이상의 서술전략이라 일컬어지는 '위티즘'이 제작으로서의 예술관에 입각한 철저히 작위적인 것이었음은 이와 연관이 깊은 것이다.175)

그러나 이 점을 들어 이태준의 의고주의가 전통주의, 나아가 반근대주

---

172) 김동인, 「古物」, 『김동인전집』 10권, 홍자출판사, 1964. 310~2면.
173) 김동인, 「古物」, 『김동인전집』 10권, 홍자출판사, 1964. 312면.
174) 김윤식, 「이태준론」, 『현대문학』, 1989.5, 348면.
175) 이에 대해서는 서영채, 「이상의 소설과 한국문학의 근대성」(민족문학사연구소 편, 『민족문학과 근대성』, 문학과지성사, 1995) 참조.

의(反近代主義)라고 평가하는 것은 사태의 일면만을 관찰한 것에 지나지 않는다. 왜냐하면 이태준 역시 '제작(製作)으로서의 예술'이란 의미에서 예술의 근대적 측면을 누구보다 터득하고 있었던 작가이기 때문이다. 상허의 문장의식이 '작위성(作爲性)'을 핵심으로 한다는 사실은 이미 본고도 분석한 바 있다. 이태준은 여기에서 한 발 더 나아가는데 그것은 대상의 인식적·효용적 가치를 넘어선 존재, 즉 대상의 심미성을 통해 향유자의 미적 지각능력을 한 차원 향상시키는 것이 그것이다. 이상(李箱)이 골동품의 가치를 박물관에서야 감득했다는 것은 어디까지나 대상에 대한 인식지향이 논리적·학술적 차원에 있음을 의미한다. 김동인에게서도 옛 물건의 가치는 당대의 제도나 문화정도를 나타내 주는 '증거' 이상의 의미를 획득하지 못한다. 골동품은 그 자체로 목적이 되지 못하는 것이다.

이것은 예술의 영역과 다른 영역을 확연히 구분한다는 점에서는 보다 근대적일 수 있으나, 서로 다른 대상 속에 존재하는 미적 측면들을 계발, 고양시키는 측면에서는 상대적으로 제한적일 수밖에 없다. 이태준은 근대적 예술의 특성들을 체득했지만 그의 심미적 영역은 사물 일반으로 확장된다. '미(美)' 뿐만 아니라 인간의 정서조차 묘사라는 시각화의 방법을 통해 미적 상태로 고양시키고자 했던 그의 입장에서 보자면 구체적인 대상 속에 내재한 미적 측면들을 감지하는 일은 예술에서의 미를 체감하는 일을 뛰어넘는 고차원의 심미행위가 아닐 수 없다. 특히 근대적인 예술의 영역에 속하지 못한 것에서도 미적 감각을 체득하는 일은 심미성의 차원에서는 다른 것과 어깨를 견줄 일이 아니다.

이런 점에서 이태준의 의고주의는 심미성의 차원을 계발, 확장시키는 일과 관련이 있음을 알 수 있다. 이러한 심미성의 계발은 물질 숭상의 풍조에 빠진 저급한 조선의 현실에 비추어 보면 정신의 진정한 근대화를 이룩하는 일이며, 삶의 격조를 단숨에 끌어올리는 역할을 수행한다. 따라서 상허는 고완취미가 지닌 정신적 측면을 강조하면서도 그것이 반근대적인 퇴행과 결부되지 않도록 자신의 저작 곳곳에서 경계의 말을 잊지 않고 있다.

　　젊은 사람이 그야말로 玩物喪志하는 것도 반성해야 할 것이다. 그렇지 않아도
각 방면으로 早老하는 동양인에게 있어서는 청년과 고완이란 경계할 필요부터 있
을는지 모른다. …… 젊은 사람이 '현대'를 상실하는 것은 늙은 사람이 古翫境을
領有치 못함만 차라리 같지 못하다.176)

　　孤古飄逸한 東方詩文에다 셰익스피어나 도스토예프스키의 모든 작품들을 견주
어 보라. 얼마나 그 살덩어리와 피의 비린내로 찬 閭風巷俗類에 墮한 것뿐이랴.
그러나 현대의 승리는 서구 저들에게 있다. 下視는 하면서도 저들의 뒤를 슬금슬
금 따라야 하는 데 東方의 歎息이 있는 것이다.177)

　　이태준도 근대화란 거역할 수 없는 지상명령으로 인식되었다. 그러나
그 근대화가 물질화·속물화의 형태로 현현되는 것은 동의할 수 없었다.
식민지적 자본주의화로 인해 더욱 조장된 근대의 추악한 모습은 '정신
성'을 인간적인 것의 근본항으로 인식하고 있는 상허에게는 수용할 수
없는 현상이었다. 이태준에게는 물질적인 욕망충족을 목표로 하는 삶은
인류의 진보에 반하는 것이며, 그런 점에서 오히려 반근대적이기 조차
한 것이다. 그러므로 정신성의 강조는 '미흡한' 근대에 대한 '본격적인'
근대의 요청이다. 정신적인 것, 특히 심미성의 질적 차원을 승격시킴으
로써 '근대'라는 시간단위 속에 내재한 인류의 진보는 확증될 수 있는
것이다. 그러기에 식민지적 자본주의화의 타락한 방식에 대항하는 차원
에서 '정신성'이 강조되었던 것이다. 따라서 의고주의를 반근대주의로
규정하는 것은 근대에 대한 비판적 시각 모두를 반근대로 치부하는 일만
큼이나 단조로운 사고이다.
　　이것은 앞에서 살펴보았던 조선주의 문화운동의 성격과 상통하는 바
가 있다. 조선주의 문화운동은 본질에 있어 자본주의적 문명화를 지향하
면서 이를 위해 민족의 사상적 분열을 방지하고 민족의 역량을 총동원하

---

176) 「고완품과 생활」, 『무서록』, 깊은샘, 1994. 142~3면.
177) 「동방정취」, 『무서록』, 깊은샘, 1994. 56~7면.

기 위한 이데올로기적 방편으로 '조선주의'를 내걸었다. 이때의 조선주의는 복고성을 내용으로 하지만 그 지향에 있어 명백히 근대 지향적이다. 목표 자체가 근대적이며 '민족'을 단위로 내세우는 것부터가 근대적이라 할 수 있다. 따라서 이때의 조선주의는 근대화를 위해 '일정 정도의 퇴행'을 감행하지 않을 수 없는 '민족주의의 양면성'에서 비롯된 것으로 판단한 바 있다.

이태준의 의고주의 역시 심미성의 영역과 질을 확대, 고양시키고자 의도했다는 점에서 인간정신의 근대적 방향과 동궤에 놓인 것이다. 또한 미의 이름으로 타락한 자본주의적 현실을 비판한다고 해서 이것이 곧 사회적 근대성에 대한 전면적인 거부를 의미하는 것은 아니다. 문제는 미적(문화적) 근대성과 사회적 근대성을 분리적으로 파악한 이태준의 파행적인 근대인식에 있는 것이다.

서구적인 의미에서의 미적 근대성은 사회적 근대성에 대한 거부의 형태를 띠고 있다. 그러나 반봉건적(半封建的) 현실에서 자란 식민지 작가에게는 부정되어야 할 사회적 근대성이 없거나 생성 도중에 있을 뿐이다. 근대적인 것에 가장 예민했던 작가 중의 하나였던 박태원조차 근대성의 화신(化身)으로서의 '경성(京城)'과 '어머니'라는 두 개의 뛰어넘지 못할 공간을 왕복해야만 했던 것이다.[178] 말하자면 근대적 삶과 반봉건적(半封建的) 삶의 혼재는 당시 지식인들의 삶의 조건 자체였던 것이다. 따라서 미의 영역이나 사회의 영역 모두 근대화되어야 할 대상으로 자리잡는 것이지 이 둘이 배타적 관계에 놓이지 않는다. 그러므로 사회의 근대화만큼이나 심미 능력도 계발되어야 할 과제이며, 이를 통해 속물적 근대화만이 아닌 정신의 근대화까지 이루어야 한다는 것, 이것이 상허의 의고주의가 지닌 본질적인 의미이다.

이같은 의미를 뚜렷이 보여주는 작품이 「영월영감」이다. 이 작품의 작

---

178) 문홍술, 「의사 탈근대성과 모더니즘」(『외국문학』, 1994년 봄호) 참조.

중 화자인 성익의 호고취미는 금광을 캐러 다니는 일가친척 '영월영감'
에 의해 비판의 대상이 된다. 젊어서 영월군수를 지냈던 그는 한일합방
이 되자 "세도가 정상시가 아닌 때에 득세를 하는 것은 소인잡배의 무리
라 하고, 읍에 한번 가는 일이 없이 온전히 출입을 끊었다가 기미년 일
에 사오 년 동안 옥 생활을 거친 후로는, 심경에 큰 변화를 일으킨 듯,
논을 팔고, 밭을 팔고, 가대와 宗中의 位土까지를 잡혀 쓰면서 한동안
경향각지로 출입이 잦았"179)던 인물이다. 즉 그는 민족의 독립과 관련된
일에 종사했거나 혹은 종사하기 위한 준비작업으로 금광을 개발하고 있
는 사람으로 그려진다. "홍경래두 돈을 만들어 뿌리지 않"았느냐는 말이
나 "금을 금답게 쓰지 못하는 자들이 얼마나 많이들 금을 캐내니? 땅이
울게다! 땅이"라는 하소연은 그의 금광작업이 일신의 안녕을 위한 것이
아니라는 표증이다. 그런 영월영감은 성익에게 돈을 빌리러 와서도 그의
처사취미를 비판하는 것을 잊지 않는다.

> "넌 너의 아버닐 너무 닮는구나! 전에 너의 아버지께서 고석을 좋아하셔서 늘
> 안협으로 사람을 보내 구해 오셨지 …… 그런데 난 이런 處士 취민 대반대다."
> "왜 그러십니까?"
> "더구나 젊은이들이 …… 우리 동양사람은, 그중에두 우리 조선사람이지. 자연에
> 들 너무 돌아와 걱정이야"
> "글세올시다"
> "자연으루 돌아와야할건 서양사람들이지. 우린 반대야. 문명으루, 도회지루, 역
> 사가 만들어지는데루 자꾸 나가야 돼 ……"180)

'문명으로, 도회지로, 역사가 만들어지는 데로' 나가야 한다는 것은 바
로 근대화가 벌어지는 한 복판, 또한 민족의 운명을 개척하는 역사의 현
장으로 뛰어 들어가야 한다는 것을 의미한다. 이미 근대화를 완수한 서

---

179) 「영월영감」, 『이태준단편선』, 박문출판사, 1939. 136면.
180) 『이태준단편선』, 박문출판사, 1939. 139~40면.

양사람들은 저 근대의 멀미에 겨워 '자연'으로 돌아올 수 있는 것이지만 아직 반봉건의 삶에 허덕이는 조선 사람들은 우선 근대의 복판으로 뛰어드는 것이 급선무라는 생각이다. 그러나 작중 화자 성익은 생각은 이중적이다. "억만에 하나기루 그 하나이 자기가 되길 계획해 못쓸까? 사람이란 그다지 계획력이 미약한건가?"181)라는 영월영감의 계획력과 실천력에는 경의를 표하면서도, "이분도 시대의 운명을 어쩌기는커녕 자기 자신이 그 운명 속에 휩쓸리고 마는 것이 아닌가 하는 서글픔"182)도 남기 때문이다. 개인의 욕망 충족이 아닌 보다 가치 있는 일을 위해 금광을 캐러 다니는 영월영감의 계획력과 실천력은 마땅히 존경받아야 할 것이지만, 식민지시대 작가로서의 삶을 선택한 상허에게는 미칠 수 없는 것이다. 존경은 동경으로 남아, 아끼던 골동품을 팔아 자금을 대 드리고 죽음의 순간에 광산사무소에서 사 온 금붙이를 보여 드리며 거짓 희망을 갖게 만들어 드린다. 하지만 작품 전체는 그러한 동경이 '동경(憧憬)'의 상태로 남아 있을 뿐, 현실과의 접점을 쉽사리 찾지 못하고 있다.

> 성익은 아저씨의 화장장에서 돌아오는 길 뻐스 안에서 맞상제 봉익에게 물었다.
> "자넨 몇이지 올에?"
> "형님보다 내가 두 살 아래 아뉴?"
> 성익은 눈을 감고 잠깐 멍청히 흔들리다가 중얼거리었다.
> "서른! 서른 둘! 호랭이같은 ……"183)

'호랭이같은' 나이에 영월영감의 계획력과 실천력을 갖지 못한 스스로에 대한 반성은 뼈아픈 것이다. 그러나 이 반성은 자신의 의고주의가 반근대적이기에 다가오는 것은 아니다. 문제의 초점은 실천력에 있고 그러한 실천을 감행하지 못하는 자신의 삶의 형태에 놓여 있다. 작가로서 사

---

181) 『이태준단편선』, 박문출판사, 1939. 146면.
182) 『이태준단편선』, 박문출판사, 1939. 137면.
183) 『이태준단편선』, 박문출판사, 1939. 162면.

회적 근대성을 성취하는 일을 장편을 통한 민중의 계몽에서 찾은 상허로
서는 현실에서의 실천은 이미 작가의 영역을 뛰어넘는 것, 즉 존재론적
선택의 문제 이외에 다른 것이 아니다. 따라서 이때의 반성을 반근대성
(反近代性)으로서의 의고주의에 대한 반성으로 읽는 것은 지나친 추론이
다.

의고주의는 오히려 이러한 폭압적 현실을 버팅기는 의지의 대상이자,
심미성을 갈고 닦는 계기로써 의미를 갖는다. 그러기에 해방 이후 상허
는 자신의 복고취향을 회고하는 자리에서 그것이 "정신이 추하지 않게
용신할 도원경"184)이었다고 고백하면서 그러나 "이제는 우리에게도 현
실을 호흡할 자유는 왔다"고 강조함으로써 미적 근대성의 의장(意匠)없이
사회적 근대성이 만개한 현실에 뛰어드는 자신의 심정을 토로하고 있다.
따라서 상허의 의고주의는 심미 능력을 고양시키는 방법론이자 사회적
근대성으로의 매진이 차단된 현실에서 자신의 정신적 견결함을 지탱하
는 버팀목이었다고 평가하는 것이 타당한 평가일 것이다.

---

184) 『쏘련기행』, 백양당, 1947. 260면.

제3장   작품세계의 특성과 그 전개

1. 초기작의 구성원리

데뷔작 「오몽녀」를 발표한 1925년 7월로부터 「불우선생」과 「달밤」을 발표한 1933년 가을 이전의 시기를 이태준의 초기라고 할 수 있다. 이 시기의 작품에는 다양한 경향들이 혼효되어 있다. 동화(童話)나 꽁트 형식의 작품 대부분이 이 시기에 발표되며, 작가 자신을 화자(話者)로 하는 심경소설(心境小說)이나 현실인식을 그대로 드러내는 작품도 많은 비중을 차지하고 있다. 이는 이 시기가 이태준 고유의 '스타일'을 확립해 가는 습작기임을 의미한다. 그러나 이 때문에 이 시기의 작품들은 그의 작품 세계 전반의 맹아적 단계로서 섬세한 고찰이 요망된다. 다양한 형식실험이나 정제되지 않은 인식의 표출과정에서 오히려 이태준 문학관의 원형을 감득할 수 있기 때문이다.

여기에서는 지금까지의 연구에서 소홀했던 동화(童話)나 꽁트, 그리고 초기 단편소설들을 세밀하게 분석함으로써 이태준 문학의 특성을 따져 보고자 한다. 이는 작품의 구조와 서사전략의 분석을 통해 이루어질 것인데, 이를 통해 식민지 현실을 사는 양심적 지식인으로서의 이태준의 현실인식 방식이 보다 선명하게 드러날 것으로 믿는다.

1) 극적(劇的) 반전(反轉)과 정감(情感)의 묘출(描出)

(1) 동화(童話) 창작의 원인과 의미

상허의 초기작들은 대략 몇 가지의 특성들을 보이고 있다. 그 첫째는 동화류(童話類)가 많다는 것이다. 일본에서 돌아온 상허가 직장을 얻지 못해 방황을 하다가 처음 잡은 직장이 <개벽사>였다. 이곳에 취직한 이래 상허는 『학생』이나 『신생』과 같은 잡지의 편집에 관여하는 한편 『어린이』 등에 동화(童話)를 많이 발표한다.[1] 「어린 수문장(守門將)」, 「불쌍한 소년 미술가」, 「슬픈 명일 추석」, 「쓸쓸한 밤길」, 「불쌍한 삼형제」, 「외로운 아이」와 같은 작품들이 그것이다.

이처럼 작가로서의 활동을 본격화하는 시기에 왜 동화를 많이 발표했는가에 대해서는 아직 명확한 이유가 밝혀져 있지 않다. 상식적으로 생각해 보면 4년 전에 데뷔작 「오몽녀」를 발표했을 뿐, 문단적으로 이름이 알려져 있지 않은 상허로서는 아직 본격적인 작품발표 창구가 충분하지 않았을 것이다. 따라서 고아체험에 의거한 이야기를 통해 어린아이들을 계몽하는 한편, 부분적인 형태로나마 자신의 창작의욕을 표출하는 기회

---

1) 상허문학회가 편한 『이태준 문학연구』와 깊은샘 출판사가 펴낸 『이태준 문학전집』에 부록으로 실린 작품 목록에는 이들 작품이 '수필, 기타 잡문'의 항목으로 처리되어 있고, 민충환의 『이태준연구』에는 '소년물'로 처리되어 있다. 많은 연구들은 민충환의 명명법에 따라 소년물이라고 부르고 있다. 그러나 이들 작품은 '童話'로 장르규정을 주어야 한다.

로 이러한 글들을 쓰게 되지 않았나 생각할 수 있다. 여기에 덧붙여 본고는 동화창작의 보다 직접적인 이유를 소파(小波) 방정환과의 관계에서 찾아야 할 것으로 추정한다. 추정의 근거는 다음과 같다.

1927년 11월에 귀국한 이태준은 1929년에 이르러서야 <개벽사>에 취직을 한다. 작품 「고향」에 서술되고 있는 것처럼 취직문제는 동경유학생 이태준이 직면한 최초의 현실이었다. 취직은 생계와 직결된 문제일 뿐만 아니라, '의식청년'으로서의 그의 운명을 시험하는 계기였던 셈이다. 그러므로 취직을 못하고 방황하던 생활은 고통스럽기도 하거니와 그의 의식이 현실과 대면하면서 굴절되는 과정으로 이해할 수 있다.

이러한 고통에서 그를 구원해 준 것은 나도향과 박종화로 이어지는 인맥이었으리라 추정된다. 나도향은 최원식 교수의 발굴을 통해 드러났듯이2) 집안끼리 아는 사이였고, 박종화는 휘문고보의 일년 선배로 같은 학예부원이었다. 그런데 당시 <개벽사>는 천도교 교주 손병희의 사위였던 소파 방정환이 운영하고 있었으며, 방정환은 도향·월탄과 함께 <백조(白潮)> 동인이었다.3) 특히 월탄 박종화는 방정환을 백조 동인으로 천거한 장본인이었다. 이러한 관계를 볼 때 이태준이 <개벽사>에 취직하게 된 것은 이태준과 박종화, 그리고 박종화와 방정환의 관계 속에서 이루어진 것으로 추정할 수 있다.

이때 방정환은 어린이 운동을 활발히 전개하는 한편, 천도교의 자금을 바탕으로 『어린이』, 『학생』, 『신여성』, 『별건곤』 등 각 영역의 잡지를 발간하고 있었다.4) 따라서 이태준이 <개벽사>에 입사하여 『어린이』나 『학생』의 편집을 담당하면서 동화를 발표했던 했던 것은 자연스러운 일

---

2) 최원식, 「철원애국단 사건의 문학적 흔적」(『광산구중서박사화갑기념논문집』, 앞의 책) 참조.
3) 홍사용, 「백조시대에 남긴 여화」, 김동인 외, 『한국문단이면사』, 깊은샘, 1983 참조
   윤병로, 『박종화의 삶과 문학』, 서울신문사, 1993 참조.
4) 소파 방정환의 활동에 대해서는 「소파 방정환 특집」(『나라사랑』 제49집, 1983년 겨울호) 참조.

로 보인다. 필자난으로 허덕이던 당시 아동문학의 현실에서는 불가피한 일이기도 했다.

이러한 추정에 설득력을 더하는 증거로 세 가지를 들 수 있다. 첫째는 1931년 7월 23일 방정환이 죽자 이태준은 『별건곤』 1931년 9월호에 「평안할지어다」라는 추도문을 발표하고 있는 점이다. 이 글에서 상허는 소파의 천재성을 찬양하고 소파가 걸어갔던 길을 따를 것을 암시하고 있다. 통상 추도문이 고인(故人)과 각별한 관계를 가졌던 사람들에 의해 집필된다는 점을 고려할 때, 이것은 본고의 추정을 뒷받침한다.

둘째는 이태준이 해방 이후 연재하다가 월북으로 중단됐던 장편 『불사조』에서 방정환의 활동이 작품 속에 그려질 뿐만 아니라 그의 활동을 어린이를 통한 민족주의 운동의 전개로 고평하고 있다는 점이다.5) 『불사조』는 상허 스스로 "우리 민족 수난의 십자가를 지고 우리 새 건국의 초석이 된 몇몇 거룩한 청춘 이야기"6)를 그리겠다고 피력했던 작품으로, 『백조(白潮)』의 동인이자 상허의 친구였던 나도향이 '담향(覃香)'이란 이름으로 등장하는 등 누구인지를 추론할 수 있는 인물이 몇몇 등장하고 있다. 따라서 작품에 방정환이 등장하는 것은 추도문을 쓸 정도로 인연이 있었던 상허로서는 당연한 일이라고 할 수 있다.

세 번째 근거는 방정환이 죽은 1931년 7월 이후에는 이태준의 작품목록에서 동화류를 발견하기 어렵다는 점이다. 이 시기에 이태준은 직장을 『중외일보』로 옮기며 작가로서의 입지도 점차 넓어지고 있었다. 거기에 방정환의 죽음이 겹치면서 그와의 인간관계에 의해 지속되던 동화창작이 중단되고 본격적인 작품창작에 매달리게 된 것으로 보인다. 짧은 기

---

5) 『불사조』는 해방후 『현대일보』에 1946년 3월 27일부터 월북 무렵인 7월 19일까지 연재된 미완의 장편소설이다. 현재 남아 있는 부분의 맨 마지막 대목은 주인공 여란이 방정환의 이야기 모임에 참석하여 아동교육이 민족해방에 얼마나 중요한 역할을 하는 지를 깨닫게 되는 대목에서 끝나고 있다.

6) 『현대일보』, 1946.3.27[여기서는 『해방전후・고향길』(이태준문학전집 3권), 깊은샘, 1995 참조].

간 동안 집중되던 동화창작이 갑자기 중단된 것은 이러한 사정과 연관하여 살펴봐야 할 것이다.

이상에서 이태준이 초기에 왜 동화를 다수 창작했으며 또 갑자기 중단하게 되었는가에 대한 해명을 시도하였다. 이것은 사실관계에 대한 해명일 뿐만 아니라 이태준의 사상을 구명하는 데에도 일정한 의의가 있을 것으로 보인다.[7]

방정환과 이태준의 관계가 전혀 논의되지 않았던 것과 마찬가지로 동화류들은 그동안 별로 주목받지 못했다.[8] 기껏해야 상허의 '고아의식'을 예증하는 목록으로 이용될 뿐이었다. 물론 작품 제목에서 알 수 있듯, 이들 작품의 내용은 고아, 혹은 불행한 어린아이들의 슬픈 이야기들이 주류를 형성하고 있다. 그러나 그러한 표면적인 것을 제외하고도 이들 작품은 상허의 문학세계에서 또 다른 의미를 지닌다. 이들 작품은 현상과 그 이면(裏面)의 비동질성, 혹은 의도와 결과의 상이성을 드러내는 데 초점을 두고 있다. 이는 이후 상허 작품에서 형태를 달리하면서 일관되는 구조적 특징으로 세심한 관찰이 요구되는 부분이다.

가령 「외로운 아이」[9]에서는 병을 앓으시는 아버지에게 가져다 드리기 위해서 담배꽁초를 줍던 인근이가 동무의 고자질로 담배를 피운다는 누명을 쓰고 벌을 선다. 그 이후로 인근이는 학교에 나오지 못하는데 사람들은 담배 피운 것이 들통나 창피해서 학교에 안 나오는 줄 알지만 사실은 아버지가 돌아가셨기 때문이다. 이 작품에서 현상(담배꽁초를 줍는 것을 담배를 피우는 것으로 인식하는 것)은 실상(병을 앓으시는 가난한 아버지의 욕망을

---

7) 앞에서 거론한 『불사조』나 『성모』는 특히 아동의 교육문제가 중심에 놓인 작품이다. 또한 30년대 후반의 장편에서 빈번히 드러나는 '여성'과 '가정', '육아'문제에 대한 관심 표명은 방정환과의 연관 속에서 새롭게 논의될 필요가 있을 것이다.

8) 작가론에서의 간략한 언급을 제외하고 동화만을 집중적으로 거론한 것으로 다음의 글을 참조할 수 있다. 이재복, 「삶의 한 조각을 쓰자—이태준 이야기」, 『우리 동화 바로 읽기』, 한길사, 1995., 이명희, 「상허 이태준의 동화연구」, 『아침햇살』 7호, 1996년 가을호.

9) 『어린이』, 1930.11.

채워 드리려는 효심)과 대비된다. 이러한 대비는 사회의 통념과 진실 사이에 얼마만큼의 거리가 존재하는지를 보여주고, 또한 자신의 인식체계에 갇혀 있는 인간들의 행동양상을 '진실'의 기준에서 되돌아보게 만든다. 담배꽁초를 줍는 것이 담배를 피우는 것으로 오해되는 일이 그리 몰상식적인 것도 아니기에, 이것은 역설적으로 일상인들의 인식체계의 협소함과 관성적 경향이 지닌 문제점들을 폭로하는데 이바지한다.

여기에서 구체적인 상황의 진실은 대부분의 사람들의 '인식(認識)의 관성(慣性)' 때문에 진실성을 증명 받지 못하는 것으로 설정된다. 이 때문에 이해 받을 수 없는 세계에 처한 주인공의 처지는 더욱 슬픔을 유발한다. 이처럼 이 동화의 서사는 인식의 관성과 구체적인 상황에 대한 이해가 대비되는 방식으로 구성되어 있다. 이를 통해 이태준은 개별자의 구체적인 상황에 대한 이해에 기반해 있을 때 인간적인 정감(情感)이 소통될 수 있다고 말하고 있는 것이다.

다른 작품들도 이와 비슷하다. 「슬픈 명일 추석」[10]에서는 '기쁜 명절 추석'을 맞이하여 좋은 옷을 입고 뛰노는 아이들과, 고아로 작은어머니네 집에서 구박만 받는 을손과 정손이가 대비된다. 「쓸쓸한 밤길」에서는 "데리고 있으면서 길러 주겠다는 핑계"[11]로 자기 집을 빼앗은 작은어머니의 명분과 실제 행동이 대비된다.

또한 「불쌍한 소년미술가」에서는 거지 소년이 그린 그림과 그의 현실이 대비된다. 이 작품에서는 대비가 이중적 차원에서 전개되는데, 하나는 그림과 소년의 형상과의 대비이다. 즉 그렇게 약한 아이가 그린 것으로 보기에는 그림 속의 장수(將帥)가 너무 무섭게(씩씩하게) 그려졌다는 것이며, 다른 하나는 샛별처럼 반짝이는 눈을 지닌 소년의 형상과 차가운 현실과의 대비이다. 시간이 지나 추운 겨울이 되어서 "저렇케 무서운 장사를 그린 그 약하되 약한 어린 미술가가 지금은 어디서 울고 잇슬가!"[12]를

---

10) 『어린이』, 1929.5.
11) 『어린이』, 1929.6. 27면.

떠올려야 했던 것이다. 무서운 그림은 거지의 신세에도 굴복하지 않는 소년의 정신자세를 암시하며, 겨울이란 그러한 의지를 지닌 소년조차 견디기 어려운 현실의 광폭함을 비유한다. 현실에 굴하지 않는 정신의 생명력이 빛을 발하는 한편, 그런 정신을 위협하는 현실의 무게가 제시된다. 여기에서도 정신과 현실은 길항관계를 맺고 있는 것이다.

비록 소품(小品)들이지만 초기 동화에서 보이는 현상과 실상의 대비방식은 시사해 주는 바가 크다. 이것은 '인식의 관성'에 제동을 가함으로써 실상에의 조망(眺望)을 촉구하는 것이다. 또한 '인식의 관성'이 일반적이고 상식적인 사유형태를 지향한다면, 이태준의 이러한 구조가 지향하는 것은 개별자들의 구체적인 상황에 대한 천착, 즉 인간 삶에 대한 미시적(微視的)인 조망(眺望)을 지향하고 있다. 하지만 이런 것들은 아직 명확한 자기구조를 확보하지 못하고 있다. 아무래도 동화라는 장르상의 문제들이 이러한 상허의 인식을 전면적으로 표출하는데 장애로 작용했을 것이다. 하지만 이러한 인식은 꽁트를 거쳐 이태준의 대표작들에까지 면면히 이어지고 있음을 확인할 수 있다.

(2) 꽁트 창작의 배경

방정환의 죽음을 고비로 상허의 작품에서 동화류는 사라진다. 그 대신 이른바 꽁트[掌篇 小說]들이 다수 발표되고 있다. 그리고 본격적인 단편소설들도 창작된다. 그런데 이들 꽁트와 초기 단편들이 거의 대부분 현상과 본질의 날카로운 대비를 생명으로 하는 극적 반전 기법을 주로 채택하고 있음은 흥미롭다.[13] 동화류(童話類)에서 보인 작품 구조상의 특질들이 꽁트와 단편으로 오면서 좀더 고도화되고 하나의 내적 원리로 자리

---

12) 「불상한 소년미술가」, 『어린이』, 1929.2. 45면.

13) 유철상도 상허 초기작의 구성원리로 극적반전을 제시하고 있다. 유철상, 「이태준 단편소설 연구」, 서울대 석사학위논문, 1992 참조.

잡게 됨을 보여주는 대목이다.

우선 상허가 꽁트를 많이 창작하게 된 원인을 살펴보자. 「달밤」(1933.
11) 이전만을 따져보면 꽁트는 무려 7편에 이른다. 「모던걸의 만찬(晚餐)」,
「백과전서(百科全書)의 신의의(新意義)」, 「은희부처」, 「천사의 분노」, 「미어
기」, 「어떤 화제(畫題)」, 「마부(馬夫)와 교수(敎授)」가 그것들이다. 특히 「달
밤」 이후에는 「빙점하의 우울」[14]을 제외하고는 꽁트가 사라진다는 사실
도 고려해야 한다.

특정 기간 동안 꽁트가 집중된다는 사실은 분석이 요청되는 사안이다.
이 점을 중시한다면 우선, 아직 문단적 지위가 확고하지 않은 이태준의
입장에서 원인을 찾아볼 수도 있다. 즉 동화류(童話類)에서와 마찬가지로
아직 문단적으로 입지가 확고하지 못한 상허에게는 본격적인 단편보다
는 꽁트를 집필해 달라는 청탁이 많았으리란 추정이다. 실제로 1927년부
터 1930년에 이르는 시기에 『조선지광』이나 『조선일보』, 『신소설』 등에
는 다수의 장편(掌篇)소설들이 게재되었고, 여기에는 유명작가뿐만 아니
라 신진작가의 작품들도 다수 실렸다. 당시 잡지(신문도 예외는 아니다)들은
잡지의 상품성을 높이기 위해서 보다 많은 작가의 작품을 수록하고자 하
였고, 이것이 꽁트의 주요한 창작동기로 작용하였음을 비춰 보면 이는
수긍할 수 있는 일이다. 그러나 상허의 창작 목록에서 짧은 기일 내에
꽁트가 집중적으로 나타났다가 사라지는 현상은 이러한 설명으로는 충
분치 못하다.

당시 문단 내외적 상황도 꽁트의 활성화와 관련이 있는 듯하다. 이 새
로운 상황은 주로 <카프>계열의 운동방침의 변화와 연관을 갖고 있다.
주지하듯이 <카프>는 1927년에 제1차 방향전환을 하여 이른바 목적의

---

14) 三枝壽勝 같은 이는 이 작품을 수필로 취급한다. 이것은 이 작품이 장르구분이 어
　려울 만큼 허구와 실제의 구별이 어렵다는 것을 의미하기도 한다. 이 견해를 따르면
　「달밤」 이후에는 상허의 작품에 꽁트가 없는 것이 된다. 三枝壽勝, 「이태준작품론—
　장편소설을 중심으로」(신동한 역, 『이태준전집』 4권, 깊은샘, 1988.) 참조

식기에 돌입한다. 목적의식기란 자연발생적인 문예운동의 단계를 맑스주의 문예운동으로 방향성을 명확히 하는 것을 말한다.[15) 이 과정에서 무정부주의자들과의 이론투쟁과 같은 이념의 정예화 작업과 함께 이념의 대중화 사업이 강력히 요구된다. 김기진이 논의의 선편(先鞭)을 쥔 대중화론은[16) 이와 같은 정황에서 대두되며, 당시 문예운동의 중심적인 사업으로 자리잡는다.[17) 이 시기의 신문이나 잡지에 꽁트가 집중적으로 많이 게재되는 것은 이와 같은 문단적 상황과 연관된 측면이 많다. 대중화론은 대중에게 맑스주의를 주입시키려는 의도로 내용과 표현의 문제뿐만 아니라, 겉표지에 대한 논의까지 진행시키고 있으며, '벽(壁)소설'이나 팜플렛과 같은 전달 매체에까지 신경을 쓰고 있다. 꽁트의 필요성이 제기된 것은 두말 할 나위가 없다.

> 조선에 있어서는 掌篇小說의 제작은 최근의 신유행인 동시 아직 시험기를 과정치 못하고 있다니보다도 이제 맹아기에 있다고 봄이 합당하겠다. (… 중략 …) 간단한 단편적 재료와 내용을 간결히 처리치 못하고 지리하게 늘어놓는 것은 작가의 수완에 의함도 多하나 第一은 재래의 단편소설 형식이란 것에 거의 의식적 무의식적 拘泥에 緣由한 것이 아닌가 한다. 이에서 단편내용을 단편소설답게 緊縮하여 쓸 신형태인 掌篇小說[꽁트] 형식은 출현된 것이다.[18)

김홍희는 계급운동의 관점에서 꽁트의 필요성을 열거하고 있는데, 그

---

15) 방향전환에 관한 이 시기의 글로는 다음을 참조할 것.
　　박영희, 「문예운동의 방향전환」, 『조선지광』 66호, 1927.4.
　　조중곤, 「비맑스주의 문예론의 배격」, 『중외일보』, 1927.6.18~23.
　　이북만, 「예술운동의 방향전환은 과연 진정한 방향전환이었는가?」, 『예술운동』 창
　　　간호, 1927.11.
16) 김기진, 「문예시대관 단편」, 『조선일보』, 1928.11.9~12.20.
　　＿＿＿, 「대중소설론」, 『동아일보』, 1929.4.14~20.
　　＿＿＿, 「프로시가의 대중화」, 『문예공론』 제2호, 1929.6.
17) 이에 대해서는 류보선, 「1930년대 예술대중화론 연구」, 서울대 석사학위논문, 1987
　　참조.
18) 金鴻熙, 「掌篇小說論」 1, 『동아일보』, 1929.4.19.

에 따르면 꽁트[掌篇]는 독자에게는 정서적·시간적·경제적인 필요에 의하여, 또한 작가에게는 시간상, 창작기술상의 문제와 발표매체 획득의 문제 등을 고려할 때 단편소설에 비해 보다 용이한 양식이라고 한다. 즉 독자는 "간단한 것을 애호하는 근대적 공통성으로 지리한 것을 不好하고", "시간상으로 긴 것을 독파할 여유가 없는 생활을 영위"하고 있으며, 경제적으로도 "잡지 한 권도 못 사 읽는 사람이 서점에서 立讀을 하려면 긴 것은 읽을 수 없"[19]기 때문에 그들에게 다가가려면 단편보다는 꽁트 양식이 더 효과적이라고 말한다. 또한 작가의 입장에서도 제대로 창작할 여유가 없을 때 사용할 수 있고, 또 예술적 완성도와 관련된 "잡다한 소설 상 조건"이 희박하기 때문에 기성문인이 아닌 사람도 창작하기 쉬우며, 신인에게도 발표의 기회가 많은 점들이 그 장점이라고 말하고 있다.

이러한 논의들은 당시의 문단상황과 이에 따른 발표 매체들의 부응을 설명해 준다는 점에서 시사하는 바가 있다. 특히 꽁트의 활황이 대중에의 접근과 의식의 계몽이라는 의도 아래 시도되었다는 사실은 상허의 꽁트에서 보여주는 경향과 일맥상통하는 바가 있다. 그러므로 이러한 설명은 특정 시기에 우리 문학사에서 꽁트가 성하게 되는 이유를 설명하는 데에는 충분한 것으로 보인다. 그러나 이런 접근은 그것이 문학 외적인 것이라는 점에서, 또한 상허의 꽁트가 보여주는 경향과 <카프>계열의 그것이 세계관적 차원에서 지반을 달리하고 있다는 점에서 완벽한 설명이라고 보기는 어렵다.

해결의 실마리는 이태준의 문학관, 나아가 그것의 변전과정 속에서 찾아져야 할 것이다. 우선 상허의 문학수업에 미친 외국문학의 영향관계를 추적해 보자.

여기에는 일본의 '신감각파'와 모파상이 영향의 주요한 원천으로 제시될 수 있다. 신감각파는 유럽의 다다이즘과 미래파, 표현주의의 영향을

---

19) 金鴻熙, 「掌篇小說論」 1, 『동아일보』, 1929.4.21.

받아서 새로운 문체의 성립을 주장한 일파로, 1924년『문예시대』를 창간하여 의인법과 비유 등의 참신한 표현방법으로 각 방면에서 신선한 이미지를 그려 나간 문학파였다.[20] 이들은 기교파라고 불릴 만큼 기교를 중시했으며 이 때문에 단편소설보다 기교에 치중할 수밖에 없는 꽁트에 관심을 가졌었다.[21] 이태준이 일본에 유학간 시기가 이들의 활동기였고, 또 <구인회>가 이들이 만든 '13인 구락부'와 유사한 형태를 지향했다는 지적[22]을 고려한다면, 신감각파의 영향은 잠재된 것으로 인정할 만하다.

또한 모파상 역시 상허의 문학수업에 인상깊은 영향을 끼친 것으로 판단된다. 이태준은 그의 소설관을 피력하는 자리에서 모파상의 소설에서 받은 인상을 자주 토로하였다.[23] 특히 톨스토이의 작품과 비교하면서도 "그는 문예가라기보다 사상가인 편에 치우친 것 같아서"[24] 모파상의 작품처럼 "얼른 책에 손이 끌려지지 않았다"고 고백하고 있다. 이 대목은 비교문학적 관점에서 보더라도 우리 근대소설사의 의미 있는 전환점을 암시하는 대목이다. 김동인이 톨스토이를 예찬하고 그를 예로 들어 '인형조종술'을 운운했던 것은 널리 알려진 사실이다. 또한 염상섭에게서 도스토예프스키의 영향을 추출하기란 그리 어려운 일이 아니다. 그런데 상허는 톨스토이의 "작품은 하나도 변변히 읽은 것이 없다"[25]고 말한다. 이는 작품의 사상성보다는 기법과 표현을 중시하는 상허 문학관과 연관되는 대목이다. 더욱이 결말 부분에서의 극적 반전을 사용한 작품을 다수 창작한 모파상의 작품세계를 고려하면, 이 역시 상허의 꽁트 창작과 극적 반전 기법의 중시가 모파상으로부터 영향을 받았음을 짐작할 수 있다.

---

20) 加藤周一, 김태준·노영희 역,『일본문학사서설』2, 시사일본어사, 1996. 514면.
21) 앞에 거론한 김흥희도 일본 평론가 武野의 말을 인용하면서 신감각파의 "기교로 시작되어 기교로 종료"하는 태도를 비판하고 있다.「掌篇小說論」,『동아일보』, 1929. 4.20.
22) 조용만,「구인회의 기억」,『현대문학』, 1957.1 참조.
23)「평필의 초조성」,「누구를 위해 쓸 것인가」,『조선일보』, 1937.5.25~26.
24)「내가 본 톨스토이, 그의 25週忌를 당하야」,『조선중앙일보』, 1934.11.20.
25)「내가 본 톨스토이」,『조선중앙일보』, 1934.11.20.

(3) 극적 반전구조의 의미

그렇다면 이제 이태준의 작품 자체에서 그 이유를 분석하도록 하자. 상허가 꽁트 창작에 주력한 이유는 무엇보다 꽁트의 양식적 특질에서부터 출발해야 할 것이다. 주지하듯이 꽁트는 결말에서의 극적(劇的) 반전(反轉)을 생명으로 하는 양식이다. 그런데 극적 반전구조는 꽁트뿐이 아니라 이태준의 초기 단편소설에도 지속적으로 나타나는 주요한 구조적 특질이다. 특히 이것은 이태준의 대부분의 작품에 관철되는 '아이러니'의 의미와 연관하여 꼼꼼히 살펴봐야 할 과제이다.

본고가 파악하기에 이태준의 초기작에서 보여지는 극적 반전구조는 대략 세 가지의 의미를 띠고 있다. 그 첫째가 현상과 본질의 대비를 통해서 인물(혹은 상황)의 본질을 폭로하는 것이다. 이는 극적 반전구조의 전형적인 효과이다. 상허는 이를 통해 인물의 허위의식이나 속물근성을 비판한다.

「모던껄의 만찬」26)에서는 기대에 들뜬 '모던껄(신여성)'의 저녁약속이 풀누룽갱이로 대체되면서 그녀의 허영이 통렬하게 비판받는다. 모던 걸 꽃분이는 낯선 남자의 초대를 받고 자기를 여왕으로 하여 벌어질 밤의 낙원을 꿈꾸며 저녁도 굶고 나갔지만 약속 장소가 교도소(KK동 일번지)임을 알게 된다. 상상 속의 화려한 만찬은 사라지고 꽃분이는 거리를 방황하다가 고픈 배를 쥐고 집에 돌아온다. 집에서는 어머니가 내일 팔 풀을 끓이고 있다. 그녀는 풀가마를 대신 저으면서 아무 맛도 없는 풀누룽갱이로 '만찬'을 대신한다.

꽃분이의 허영은 풀을 팔아 간신히 생계를 유지하는 현실과 대비되면서 비판받는다. "제 집을 나서면서도 남의 집에를 몰래나 들어왔던 것처럼 밖에 인기부터 살피고 살짝 뛰어나서는"27) 태도는 밤의 낙원이 교도

---

26) 『조선일보』, 1929.3.19(여기서는 『달밤』, 한성도서주식회사, 1934 참조).
27) 『달밤』, 한성도서, 1934. 247면.

소로, 만찬이 풀누룽갱이로 대체되면서 대가를 받는다. 이 작품은 결말 부분에서의 갑작스러운 전환을 통해 주인공의 인식태도가 비판받는 구조를 취하고 있다. 극적 반전구조가 지향하는 첫 번째 의도는 이러한 비판성에서 찾을 수 있다. 동일한 계열의 작품으로 「천사의 분노」나 「미어기」, 「서글픈 이야기」를 들 수 있다.

두 번째 의미는 결말의 극적 반전을 통해 삶의 비극적 정조를 환기시키는 데 있다. 여기에 해당하는 「행복」과 「기생 산월이」의 주인공들은 비판의 대상이 아니다. 대구역전에서 군밤장사를 하는 「행복」의 주인공 황영감은 오랜 세월 고생만 하던 사람이다. 그의 고생은 그가 머슴노릇이나 하던 천민출신이라는 사실과 범죄자로 굴러다니는 아들을 두었다는 데 있다. "눈이 어두어 부엌 심부름도 제대로 못하던 그의 마누라는 벌서 오륙 년 전에 주인집 애기 첫돌 때 고깃점이나 주어 먹은 것이 체해서 그날 저녁으로 급사하고 말엇다."[28] 황영감이 지나온 세월은 이 한마디로 넉넉히 짐작할 수 있다. 게다가 황영감에게 하나밖에 없는 아들은 아버지에게 도움을 주는 존재이기는커녕, 누구에게나 손가락질 받는 범죄자일 뿐이었다. 그러기에,

> 어떤 술집에서 친구들을 만나 술을 마시다가도 그들이 "자네는 그래도 자식이나 잇지……" 할 때는 그것이 자긔를 비웃는 말갓해서 "흥 이사람 번연히 알면서 그러나 난 자식업네 그게 자식이야……"[29]

하고 부정했던 것이다. 그런데 그런 아들에게서 아버지를 북간도로 모시고 가서 편안하게 모시고 살겠다는 편지가 오고 돈이 온다. 황영감은 기차 안에서 지난 세월의 고생을 상기하고, 그동안 아들을 욕하던 자신의 경박함을 뉘우치며 이런 좋은 일도 못보고 죽어 간 아내를 애석해 한다. 이 과

---

28) 「행복」, 『학생』, 1929.3. 109면.
29) 『학생』, 1929.3. 111면.

정에서 과거의 불행과 앞으로 전개될 행복은 더욱 극명하게 대비된다. 그러나 마지막 순간에 반전이 일어남으로써 이 행복은 깨어지고 만다.

> "오!"
> "아버지!"
> 이 때다. 이 황령감이 눈을 싯츠며 만석이를 만나보게 되는 즉 그가 행복된 새 천지에 첫거름을 듸려 노흐려는 이 순간이엿섯다. 남 몰으는 클클한 정이 가슴속에 가득한 이 아버지와 아들이 서로 손을 잡아 보기도 전에 이 두 사람 새이를 썩 가로막으며 나서는 사람이 잇스니 그는 엇떠한 사람이인가? 황령감은 그 사람을 바라볼 때 오늘 아츰 대구에서 편지를 보아주고 돈까지 차저주던 그 친절한 신사가 틀니지 안엇스나 만석의 눈에는 그 독사갓치 무서운 낫닉은 형사가 틀니지 안엇든 것이다.[30]

최고의 행복을 전달해 준 사람이 바로 그 행복을 빼앗아 갈 사람이었다는 것, 여기에서 불행하기만 했던 삶이 뜻밖의 행복으로 전환되었지만, 그 행복은 또다시 뜻밖의 사실 때문에 깨어지고 만다. 따라서 다시 마주치는 불행은 처음의 불행보다 배가 된 불행, 곧 이젠 희망(자식)조차 사라진 완전한 불행이다. 작품의 비극성은 황영감이 기차 안에서 떠올렸던 행복에의 예감이 소박한 것이며, 인간적인 것이었다는 사실에서 더욱 증폭된다. 이를 통해서 운명의 불가사의는 더욱 강조되고 삶의 비극적 정조는 독자의 뇌리에 오래도록 여운을 남기게 된다.

「기생 산월이」 역시 삶의 비극적 정조에 기반을 둔 작품이다. 기생으로는 환갑의 나이를 훨씬 넘긴 스물 일곱의 기생 산월이는 비록 얼굴은 못생겼지만 육자배기 솜씨로 버텨 왔었다. 그러나 "제법 화채 한푼 이렇다 못하는 뚝건달녀석 하나가 꿈껼같이 하룻밤 지내고 간 뒤에"[31] 그녀의 목청은 결단나고 생활은 비참하게 몰락한다. 몸을 팔러 밤거리를 헤매면서 그녀는 온갖 모욕과 수모를 당한다. 그러다 '의외에도 훌륭한 신

---

30) 『학생』, 1929.3. 113면.
31) 「산월이」(작품집 『달밤』에 실으면서 改題), 『달밤』, 한성도서, 1934. 53면.

사'인 '구레나룻'을 만나 집으로 돌아오지만 그녀의 집은 이미 불타고 없
어진 뒤였다. 흉하게 벗겨진 앞이마를 머리털로 가리기 위해서 '아이론'
하던 알콜 등잔에 의해 몇 안 남은 가재도구는 물론 두 달치나 세도 못
낸 여관방마저 홀랑 타 버린 것이다. 그녀의 못생긴 외모를 가려 주는
도구인 '아이론'에 의해 의외의 기회(구레나룻)는 물론 삶의 최저 조건마
저 무너진다는데 반전의 초점이 있다. 그리고 이 작품의 의미는 이곳에
서 더 나아간다.

> "아! 그이!" 하고 좌우를 둘러보았다. 구레나룻은 보이지 않았다.
> "여보세요?"
> 하고 나즉이 그러나 힘을 주어 불러 보았으나 대답도 들리지 않았다. (… 중략 …)
> 그제야 산월이는 제 방에서 불이 난 것도 처음 안것처럼 울음이 복받혀 나왔다.
> 산월이는 그만 살어름이 잽히는 진창 우에 그대로 주저앉었다. 그리고 꺼이꺼이
> 소리를 내여 울고 말었다. 몇십년이나 정디리고 살아오던 제 남편이나 다라난 것
> 처럼 구레나루가 없어진 것이 무엇보다도 산월이의 가슴을 찢어 놓는 것처럼 쓰
> 라림과 외로움을 주었던 것이다.[32]

산월이의 욕구는 돈을 넘어 인간적인 정감에 대한 그리움으로 사무친
다. 이것은 가난과 고독의 절정에서 용솟음치는 인간적인 소통에의 그리
움이다. 그러기에 반전으로 끝나는 결말부분은 단순히 산월이의 생활근거
의 몰락일 뿐만 아니라, 최소한의 인간적 욕구마저 배반당했다는 의미에
서 비극성을 고조시킨다. 따라서 이 작품의 진정한 파국은 '화재(火災)'가
아니라 인간의 부재다. 결말을 화재에서 끝내지 않고 사라진 구레나루에
대한 산월의 애절한 상실감에 놓음으로써, 이렇게 상허는 자신의 강조점
을 분명히 밝힌 셈이다. 그것은 정신적인 측면의 우선성이며[33] 인간적인
정감의 강조이다. 그것은 「행복」이나 「기생 산월이」에 그려졌듯이 광폭한

---

32) 『달밤』, 한성도서, 1934. 62면.
33) 유철상, 「이태준단편소설연구」, 서울대 석사학위논문, 1992. 21면.

현실에 마땅히 패배할 수밖에 없는 것들이지만, 또한 동시에 인간적인 것의 근원이며 예술적 지각에 의해 복원되어 마땅한 가치들이다.

극적 반전의 세 번째 의미는 인식의 관성에 대한 거부이자 구체적인 상황에 대한 미시적인 조망에 놓여 있다. 「마부와 교수」[34]에서는 쓰러진 말을 채찍질하는 마부를 윽박지르던 교수가 도리어 면박을 받는다. "말이란 것은 쓰러졌을 때 이내 일으켜 세지 못하면 죽고 마는 짐승이오. 그래서 병이 들어 약을 먹이고도 눕지 못하게 허리를 떠 복고개에 매달아 놓는 것"[35]이라는 진실에 의해 교수의 체면이 구겨지고 마는 것이다.

일반적으로 교수는 사회적 지위로나 학식으로 마부보다 월등한 지위에 있다. 그러나 이런 일반적 인식을 구체적인 상황에서 뒤집는 것에 이 작품의 의도가 있다. 그것은 교수의 학식으로 대변되는 일반이론의 세계에 대해 구체적인 삶의 경험을 대비시키는 것이며, 이를 통해 거대담론보다는 미시적인 조망을 우선시하는 태도이다. 이는 이태준의 동화(童話)에서도 보여줬던 태도이다. 「아무 일도 없소」 역시 같은 경향을 보여준다.

「아무 일도 없소」[36]에서 '신춘 에로 백경'을 취재하기 위해 유곽으로 나갔던 잡지사 기자 K는 사연 많은 창녀를 접하고는 인식의 관성과 현실과의 차이를 절감하게 된다. 여기에서 인식의 관성이란, 창녀란 도덕적으로 타락한 여자라는 일반적인 인식이요, 현실이란 합방 전에는 충청도 서산고을의 사또요, 만세 후에 대동단(大同團)에 끼어 중국으로 망명했던 아버지를 둔 딸이 밀매음녀로 전락하게 된 구체적인 상황이다. 그녀는 유리공장에 다니다 감독의 추근거림 때문에 쫓겨나다시피 했고, 싸전집 주인에게 몹쓸 병을 얻었으며 그와 싸우다가 밀매음녀로 구속되어 유치장 신세도 진다. 결국 생계를 위해 거리의 여자로 나서게 되었고 그

---

34) 『학등』, 1933.10(여기서는 『달밤』, 한성도서주식회사, 1934. 234~6면 참조).
35) 『달밤』, 한성도서, 1934. 236면.
36) 原題는 「불도 나지 안엇소, 도적도 나지 안엇소, 아무 일도 업소」, 『동광』, 1931.7.

사실을 알게 된 어머니는 스스로 양잿물을 마신다. 그녀는 어머니의 송장을 안방에 둔 채 장례비를 마련하기 위해 다시 거리로 나섰던 것이다. 이 작품에서는 여러 차원에서 대비가 이루어지고 있다.

> '나의 붓은 칼이 되자. 저들을 위해서 칼이 되자. 나는 한 잡지사의 기자가 된 것보다 한 군대의 군인으로 입영한 각오가 있어야 한다.'
> 이러한 감격으로 가슴이 울렁거리던 것을 생각하고 오늘 저녁에 유곽으로 에로 재료를 찾아 나설 것을 생각할 때 K는 자기 자신과 M사에 대한 적지 않은 실망과 분노를 느끼지 않을 수가 없었다.[37]

조선 민중의 칼이 되겠다는 입사 당시의 포부와 에로물을 취재하러 유곽을 향해 가는 현실 사이에서 최초의 간극은 발생한다. 그러나 이 간극은 "밥값도 싫으니 방이나 내어 놓으라고 밀어내듯 하다가 취직이 되었다는 말을 듣고부터는 갑작이 딴 사람처럼 상냥스러워진 그 주인마님의 얼굴을 마주칠 때, K의 그 뗄리케트한 번민은 봄바람 앞에 눈슬 듯 사라지고 말은 것이다." 의도와 현실의 차이는 삶의 일상성이라는 보다 거센 물결 앞에서 사라지고 마는 것이다.

이어지는 간극은 서슴없이 저고리를 벗는 어린 계집애와 당황하는 K의 사이에서 발생한다.

> K는 그 계집애의 속몸을 보고 다시 한 번 놀라지 않을 수 없었다.
> "너 몇 살이냐?"
> "그렇게 노려보지 말어요. 무서워요. 호호 ……"
> 그 계집애는 제 손으로 K의 눈을 가리며 어리광을 떨었다. 그 애티 있는 목소리엔 그렇게 어리광을 부리는 것만은 천연스러웠다.
> "너 몇 살이냐?"
> 계집애는 나 암만 살이오 하고 묻는 대로 대답하는 것은 승거운 줄을 알았다.[38]

---

37) 『달밤』, 한성도서, 1934. 163면.
38) 『달밤』, 한성도서, 1934. 167~8면.

여기에서 계집애의 천연스러운 태도와 나이에 비해 성숙한 몸은 "너 몇 살이냐?"라는 질문만을 단조롭게 반복하는 K의 태도와 대비된다. 같은 질문의 반복은 K의 단순함과 관념성을 예시해 준다. 즉 "애티 있는 얼굴을 보고 불쌍하게만 생각하였던 K"는 계집애의 속몸이 완전히 성숙한 것을 보고 "묵살하기 어려운 새로운 흥분"에 빠지고 만다. 주인공의 예상은 깨져 버리고 현실이 알몸으로 주인공의 관념을 통박하는 것이다. 현실(매춘)의 현실성은 이 점에 있다.

그러나 이것은 주인공이 예상했던, 정확히 말하면 그의 의식 속에 예비된 현실은 아니다. 그가 "일원 짜리 지전 한 장을 빼어 놓고 그대로" 도망치듯 빠져 나오는 것은 알몸의 현실에 대한 관념의 후퇴인 셈이다. 그러므로 밀매음녀로 몰락한 독립운동가의 딸의 등장은 그 자체로 현실이면서 동시에 주인공의 관념과 부합하는 현실이기도 한 것이다. 이것은 어린 나이이면서도 천연덕스럽게 매춘을 하는 계집애—이는 곧 그런 존재를 발생시키고 필요로 하며, 그녀에게 천연덕스러움을 부여한 사회 구조의 표상일텐데—보다는 몰락한 독립운동가의 딸에게서 현실을 보고자 하는 작가의 관념의 소산이다.

이 작품에서 가장 공들인 대비이자 극적 반전의 묘미를 보여주는 부분은 결말부분이다.

> 그러나 K는 얼굴이 화끈하였다. '저들을 위해서 나의 붓은 칼이 되리라한 그 붓을 들고 자기는 무엇을 쓰려 나섰던 길인가? 고약한 놈이다!' 하고 K는 얼마 안되는 시재를 털어놓고 사람 살리라고 소리나 질을 것처럼 주먹을 쥐고 서둘러 그 집을 뛰어 나왔다.
>
> 그러나 세상은 얼마나 고요하랴. 얼마나 평화스러우랴. 어디선지 야경꾼의 딱때기 소리만이 '불도 나지 않았소, 도적도 나지 않았소, 아무 일도 없소' 하는 듯이 느럭느럭하게 울려왔을 뿐이다.[39]

---

39) 『달밤』, 한성도서, 1934. 175면.

일상에 파묻혔던 입사 당시의 의지가 한 밀매음녀의 기막힌 사연에 자극 받아 되살아난다. '사람 살리라고 소리나 지를 것' 같은 심정은 불쌍한 여인의 처지와 자기 자신에게 모두 적용되는 호소인 것이다. 이 점에서 최초의 번민을 몰고 왔던 "석달치의 밥값! 뒷축이 물러앉은 구두!"로 표상되는 일상의 힘은 사라진다. 비참한 현실을 확인함으로써, 민중을 위해 살겠다던 최초의 의지가 지닌 정당성을 새삼 확인 받게 된 것이다. 그러나 그 정당성이 관념의 차원이라는 사실도 지적하지 않을 수 없다. 즉, 일상의 힘을 극복한 깨달음이 아니라, 일상을 외면함으로써 얻어진 깨달음이라는 것이다. 이런 차원에서 현실에 대한 주인공의 인식의 깊이는 작품 초두와 별다른 차이를 가질 수 없다.

반전은 여기서 그치지 않고 새로운 차원으로 확대된다. 그것은 개별자의 처지에서 보면 이토록 비참한 현실임에도 겉으로는 고요하고 평화로운 세상과의 대비이다. 이 대비는 진실을 외면하고 현상의 평화를 탐하는 무리들에 대한 통렬한 비판을 담고 있지만, 다른 한편으로는 K의 새로운 깨달음에 상관없이 세상은 여전히 변하지 않을 수도 있다는 사실을 암시하고 있다.

이상에서 극적 반전구조가 지닌 의미를 대략 세 가지로 나누어 살펴보았다. 하나는 현상과 본질의 대비에 의해 대상의 허위성을 폭로하는 것이다. 이런 작품들은 대상의 은폐된 속성들을 드러낸다는 점에서 인식론적 지향을 보여준다. 다음으로는 삶의 비극적 국면들을 표현함으로써 인간의 존재조건을 환기시키고 이를 비극적 정조의 심화를 통해 미적 정서로 고양시키는 의미를 갖고 있다. 여기에서 극적 반전은 정서의 비극화에 기여한다. 마지막으로 극적 반전은 일반적인 인식과 구체적인 상황과의 괴리를 대비함으로써 개별자에 대한 미시적 조망을 강조하는 의미를 갖고 있다. 강조되는 것은 관성적인 인식이 아니라 낱낱으로 존재하는 인간들의 존재조건이며 구체적 상황의 개별성이다.

분석이 여기에 미치면 우리는 이태준이 초기에 왜 꽁트를 많이 창작했으며, 꽁트 이외의 소설에서도 극적 반전구조가 지속되는지를 파악할 수 있다. 상허는 상식, 혹은 일반이론이라는 이름으로 현실을 지배하는 인식의 관성에 회의적이며, 개별자들이 처해 있는 구체적인 상황에 대한 천착을 강조한다. 이것은 보여지는 것과 의미하는 것의 차이로 현현한다. 이러한 사유는 존재와 의미의 간극을 강조한다는 점에서 아이러니적이며, 구체적인 표현방식에서 대비(對比)와 반전(反轉)으로 드러난다. 극적 반전이 단순히 놀람 내지는 의외성을 추구하는데 그치지 않고 대상에 대한 비판적 인식으로 나아갈 수 있는 것은 이처럼 현상과 본질간의 간극(거리감)을 인식하는 데서 비롯하는 것이다.

이것은 존재(현상)보다는 의미를 추구한다는 점에서 정신주의적 성향을 가지며, 인식의 관성에 저항한다는 점에서 구체적이고 미시적인 조망을 중요시한다. 이러한 특질들은 인간적인 측면에서는 섬세한 삶의 결을 파악하는 데 치중한다는 것을 의미하며, 예술적 차원에서는 '부분과 순간'에 명멸하는 미(美)에 대한 심미안(審美眼)의 문제와 연결된다. 또한 이러한 미시적인 조망의 주요 내용이 주로 인간적인 정감의 소통에 닿아 있다는 점도 놓쳐서는 안 되는 대목이다. 현상과 실상의 대비, 혹은 의도와 결과의 상이성을 통해 드러난 새로운 인식은, 주어진 상황이나 사건에 대한 새로운 정보나 지식을 제공하기보다는, 각자 놓여진 처지와 정서에 대한 공감을 통해서 보다 인간적인 정감을 소통시키고자 하는 열망으로 채워져 있다.

이러한 특징을 본고는 '구체성(具體性)의 중시(重視)'와 '정감(情感)의 미시적(微視的) 조망(眺望)'이란 개념으로 일반화시키고자 한다. '구체성의 중시'란 지금까지의 분석 결과 드러났듯이, 인식의 관성을 비판하면서 개별자들의 구체적인 상황에 대한 통찰을 촉구하는 경향을 의미한다. 이는 이태준이, 삶의 근본적인 형태를 규정하는 거대담론에 대한 탐색보다는 삶의 구체적인 국면을 서사의 주요한 대상으로 삼고자 했음을 뜻한다. 또한 '정감의 미시적 조망'이란 '구체성의 중시'를 통해 그 속에 흐르는 인간적인 정감의 미세한 국면들을 포착해 내고, 이의 형상화를 통해 정감의 소통을 희망하는 상허의 서사전략을 규정하기 위한 개념이다. 이는 정서에의 지향과 아울러 순간성에서 삶의 진면목을 포착해 내는 이태준의 특질을 보여준다.

이러한 개념들을 통해 이태준의 초기작을 규정해 볼 때, 우리는 그의 작품이 1931년 이전까지의 한국 근대소설사의 주류적 흐름과 동떨어져 있음을 간파할 수 있다. 이광수와 <카프>로 대변되는 10년대와 20년대 문학을 도식화하자면, 그것은 민족과 계급과 같은 거대담론에 대한 뚜렷한 경사로 요약할 수 있다. 말하자면 그들의 문학은 '역사의 방향성'과 그에 대한 '민족적 대응방안의 모색'이라는 시대정신의 틀과 결합되어 있었다. 때문에 개별 작가와 작품마다 성향이 다름에도 불구하고, 작품의 서사중심은 시대문제의 은유이며 인물은 시대정신의 한 측면을 드러내는 상징이기 십상이었다.

그러나 지금까지의 분석을 통해 밝혀졌듯이 이태준의 초기작들은 이러한 중심으로부터 '개별자(구체성)'와 '정감'으로의 전이 양상을 보여준다. 이는 김동인과 염상섭이 행했던 바, 근대적 개인의 발견이나 근대적 현실에 대한 자아 내면적 응시와도 차이를 갖는다. 이를테면 김동인이나 염상섭의 작품에는 근대적 현실을 수용하고, 반응하며, 사색하는 근대적 자아의 내면이 전제되어 있는데 반해, 이태준의 초기작에는 자아의 내면성보다는 인간의 관계망 사이에 흐르는 정감의 왜곡이 그 중심에 있는 것이다. 그의 작품에 심리묘사가 희박할 뿐만 아니라, 그나마 있는 것이 사건에 대한 표면적 반응 이상을 넘지 않는 것은 이와 연관이 깊다. 김동인이나 염상섭의 초기작에서 보여줬던 자아의 '근대성' 자체에 대한 천착은 보이지 않는 것이다.

이 점은 전성기의 작품들과 더불어 좀더 논구되어야 할 것이다. 다만 서둘러 말한다면, 한국 근대소설사는 이태준을 통해서, 근대적 자아의 내면과 사회 현실이라는 두 개의 서사영역으로부터, 한 발 비켜서서, 순

간에 명멸하는 삶의 국면이라는 새로운 영역을 개척한 작가였다고 말할
수 있을 것이다.

(4) 극적 반전구조의 문제점

극적 반전은 결말에서의 뒤집기를 생명으로 한다. 따라서 작품은 서두
에서부터 주도면밀하게 결말을 향해 응축되어야 하며, 반전을 강화시키
는 요소가 아닌 것들은 당연히 구성단계에서 생략되어야 한다. 따라서
구성의 치밀함은 전제조건이다. 꽁트나 단편소설이 이 기법의 본무대이
며, 또한 습작기의 작가들에게 이 기법의 연습이 널리 권장되는 것은 이
때문이다.40) 그러나 그 선별성(選別性)과 단소성(短小性) 때문에 재현되는
현실의 다양성과 깊이는 줄어들 수밖에 없다. 극적 반전의 가벼움과 새
로움은 날카로운 인식의 터전이지만 종종 신기성(新奇性)에 그치고 마는
까닭이 여기에 있다.

이와 관련하여 김동인이 이태준의 초기작이 한낱 '기벽(奇癖)'에 치우
치고 있다고 비판하고 있어서 주목을 요한다.

> 세상의 畸形的 일면을 붙들어서 소설화하는 것이 이 작가(이태준—인용자)의 특
> 색이다. 그러나 씨의 작품은 전부가 모두 너무도 '기오고노무(奇を好む—奇를 좋
> 아)'하는 편으로 흐른다. 그것은 엄숙한 의미로 소설이라기보다 한 '에피소드'에
> 지나지 못한다. 그 용어는 풍부치 못하나 상당히 숙련된 문장이요, 표현도 상당한
> 域에까지 이르렀으나 그의 작품 전체가 모두 한결같이 인생의 너무도 기이한 한
> 면만을 골라내기 때문에 일종의 奇癖師라는 느낌을 더 많이 주는 작가다. (…중
> 략…) '오 헨리'를 정당한 소설가로서 인정할 만한 관대심을 못 가진 톰人은 씨에
> 게도 방향의 전환을 바라지 않을 수가 없다.41)

---

40) 상허도 掌篇을 초심자들을 위한 간편한 학습재료로 인정하고 있다. 「단편과 掌篇」,
『무서록』, 깊은샘, 1994. 60면.
41) 김동인, 「소설계의 동향」, 『매일신보』, 1933.12.27(여기서는 『김동인전집』 16권, 조
선일보사, 1988. 202면 참조).

이러한 비판의 의미를 제대로 이해하기 위해서는 인용문 말미에서 거명되고 있는 미국작가 'O. 헨리'에 대한 김동인의 비판 내용을 알아 볼 필요가 있다. 김동인은 O. 헨리의 유명한 단편소설 「크리스마스 선물」 (The gift of magi)을 평하는 자리에서 소설이 "한 개의 奇譚이 아닌 이상에는 奇譚 이상의 다른 가치를 가지지 못한 이야기를 우리는 소설로서 용인할 수가 없다"고 말한다. 왜냐하면 "이것은 인류의 道德性이라 하는 것을 유린하여 버리려는 불쾌한 일"[42]이기 때문이다. 주지하듯이 이 작품은 가난한 두 연인이 서로의 자랑인 아름다운 머리카락과 줄 없는 시계를 팔아 상대방에게 시계줄과 빗을 사준다는 내용이다. 김동인은 이 소설의 결말처리 방식에 불만을 느낀다. 즉 독자의 마음에서 동정심을 일으킬 기회를 박탈함으로써 순수한 두 '인물의 성심(誠心)에 대한 보수(報酬)'를 찾아볼 수 없게 만들었다는 것이다.

비판의 핵심은 기교 위주의 태도에 놓여 있고 소설의 정서적 반향(反響)의 문제에 놓여 있다. 말하자면 김동인은 작가가 직접 나서서 교훈을 늘어놓는 소설에도 반대하지만, 도덕적 감응(感應)을 봉쇄하는 기담적(奇譚的) 작품에 대해서도 비판하고 있다. 특히 이러한 비판이 소설의 본령을 사회성과 계몽성에 대비되는 의미에서의 '인생 문제 제시'로[43] 국한시켰던 그의 순수문학관을 구체화하는 자리에서 산출된 것임을 주목할 필요가 있다.

이를 통해 김동인은 한편으로는 작가의 관념이 소설을 지배하는 계몽적 작품들을 일소하고 소설을 세련화시키면서, 다른 한편으로는 소설을 삶의 기이(奇異)한 일면의 제시로 여기거나 혹은 그 근대적 장치(기교)에만 매달리는 태도 역시 배제한다. 김동인에 따르면 인생 문제 제시를 목표로 하는 소설이 다룰 수 있는 인생의 국면이란, 인간사(人間事)의 보편적인 맥락에서 탐구될 수 있는 문제여야 하며, 그것을 소설화하는 방식 역

---

42) 김동인, 「소설학도의 서재에서」, 『김동인전집』 16권, 조선일보사, 1988. 209~210면.
43) 김동인, 「조선 근대 소설고」, 『김동인전집』 16권, 조선일보사, 1988. 23면.

시 독자들이 작품을 통해 자신의 삶에 반향을 일으킬 수 있는 어떤 도덕적 판단을 내포하는 구조라야 한다는 것이다. 이것은 삶의 보편적, 형이상학적 문제에 대한 탐구를 소설의 중심에 두는 그의 문학관에서 기인하는 것이다.

이런 맥락에서 위의 인용문을 다시 읽어보면 김동인의 비판은 상허의 초기작에서 자주 보이는 취재(取材)의 기이(奇異)함과 극적 반전구조가 지닌 반정서적(反情緒的) 경향에 대한 비판임을 알 수 있다. 「만찬」이나 「미어기」, 「슬픈 승리자」, 「어떤 젊은 어미」 등이 취재의 기이함에 문제가 있다면 「행복」이나 「기생 산월이」 계열의 작품들은 독자들의 정서적 반향을 봉쇄했다는 지적을 받을 만하다. 문제는 이러한 비판에 상허가 예민하게 반응을 나타냈다는 점이다. 상허는 훗날 평론가의 지적에서 영향받은 것을 말하면서 김동인의 지적을 거론하고 있다.

> 언제 한 번 김동인씨가 나의 작품을 평하였는데 取材에 있어서 너머 奇驚을 취한다고 하였더군요. 그래서 再三 생각해본 결과 옳은 말이라고 반성하였습니다. 그리고 백철씨의 「인간탐구론」을 보고 내용은 보지 못하였으나 그 제목에 느끼는 바가 있어 「손거부」니 「우암노인」이니 「색시」니 하는 인간적 제목을 가진 소설을 썼습니다.[44]

상허는 김동인이 자신의 작품을 '한 번' 평하였다고 하지만 실제로 이태준에 대한 김동인의 관심과 비평은 지속적인 것이었다.[45] 그리고 상허 역시 훗날 "아직 작가의 工作 속을 들여다본 비평가는 없다. 김동인을 除하고는"[46]이라고 말할 정도로 김동인의 안목을 높이 사고 있었고 상당한 영향을 받았다. 실제로 김동인의 이러한 지적이 나온 이후 이태준

---

44) 「'인격존중' 비평을 대망」, 『조광』, 1937.9, 60면.
45) 예를 들면 「소설학도의 서재에서」(『매일신보』, 1934.3.15~7)와 「3월의 창작」(『매일신보』, 1935.3.24~8), 「문단 30년의 자취」(『신천지』, 1949.7), 「亡國人記」(『백민』, 1947.3) 등을 들 수 있다.
46) 이태준, 「文化現勢總檢討—좌담회」 其四, 1940.1.1.

은 꽁트 창작을 중지했고 단편소설에서도 극적 반전구조가 사라졌다. 남은 것은 인간적인 정감의 미시적인 조망이다. 그도 그럴 것이 김동인의 위와 같은 비판은 원래 이태준의 초기작의 극적 반전구조에 잠재돼 있던 여러 경향 중에서 인간적인 정감을 강조하는 내용과 결합할 가능성이 가장 높은 것이기 때문이다.

이러한 평가는 상허가 초기작의 세계로부터 벗어나는 것이 곧 김동인의 비판에서 연유한다고 단정하는 것은 아니다. 여기에는 상허의 초기작 세계에 잠재돼 있던 것 중에서 한 부분이 전면화 되었다는 측면도 있고, 또한 그렇게 부분이 전면화 되게 만든 시대적 요인도 있다. 가령 위의 인용문에서 백철의 글을 운운하는 것은, 실제로는 김동인의 비판의 맥락과 상허의 수용방식이 시대의 흐름과 한 데 어우러진 대목이 아닐 수 없다. 요컨대 김동인이 O. 헨리 비판의 맥락에서 상허에게 방향전환을 요구했다 함은 곧 도덕적인 반향(反響)을 내적 구조로 포괄하는 작품을 창작할 것을 요망했던 것이다. 또한 그가 백철의 「인간탐구론」(실제로는 「인간묘사론」이다)47)을 내용은 보지 못하고 제목만으로 느끼는 바가 있어 '인간적 제목을 가진' 소설을 썼다고 말하는 것은 <카프>해산 직전의 문학적 상황과 김동인의 비판이 어우러져 방향의 선회가 이루어졌음을 시사한다. 다시 말해서 백철의 글은 하나의 계기일 뿐이며, 변화의 근본원인은 상허의 잠재된 성향이며 이를 일정한 방향으로 일깨워 준 김동인의 비판이었다고 할 수 있다.

---

47) 백철의 인간묘사론은 1933.8월부터 35년에 걸쳐 「인간묘사시대」(『조선일보』, 1933.8.29~9.1), 「문학, 인간, 자연, 현실 — 인간탐구의 도정 — 인간 묘사론 2」(『동아일보』, 1934.5.24~6.2) 등 모두 세 차례 연재된다.

2) 현실인식(現實認識)의 방식(方式)과 그 변주(變奏)

(1) 초기 작품의 현실인식에 대한 평가방식

초기작의 또 다른 특징은 강렬한 사회인식을 보여주는 작품이 많다는 점이다. 이것은 지금까지의 선행연구에서 논란이 많았던 부분이다. 당대의 평가나 초기 연구는 상허의 사상성 부재를 주로 공박하는 논의를 펼쳐 왔는데,[48] 이에 반하여 최근의 연구는 상허의 작품에도 현실인식이 농후함을 논증하고 있는 것이다. 이는 이태준의 작품세계를 일관된 논리로 해명하려는 의도의 산물이다.

실제로 최근의 연구들은 이태준의 해방 이후의 변신을 설명하려는 의도를 갖고 있으며, 그러한 의도가 30년대 후반의 작품들과 아울러 초기작에 주목하는 원인을 제공하였다.[49] 그 결과 데뷔작 「오몽녀」에서도 "친일 모리배의 반민족적 행위에 대한 작가의 비판적 시각이 내재해 있"[50]는 것으로 천명되며, 나아가 상허의 문학관을 예술성과 사회성의 '중간적 존재'로 파악하는 견해도 제출되었다. 또한 이태준이 좌장 역할을 했던 <구인회> 작가들의 문학관을 따지는 자리에서 이들은 "이광수 식의 '지식인 문학관'을 부정하면서 점차 문학의 자율성과 작가의 개성을 중시하는 '문인 문학관'의 특성을 보여주지만, 신세대 작가들처럼 그것을 지고의 가치로 숭상하지는 않은 중간적 존재"[51]라는 평가도 제출되었다. 이태준은 '문인 문학관' 이외에도 '지사적 열정'을 동시에 가지고 있었기에 중간적 존재인데, 이러한 지사적 열정이 해방 이후의 정치적 변모를 가능케 했다는 설명이다. 초기작에 다수 존재하는 사회적 인식이 강한

---

48) 대표적인 것이 최재서와 김우종의 논의를 들 수 있다. 서론의 주 16)과 19)의 글 참조.

49) 강진호의 석사학위논문에서부터 이선미·장영우 등의 논의가 여기에 해당한다.

50) 장영우, 『이태준 소설연구』, 태학사, 1996. 78면.

51) 강진호, 「1930년대 신세대 작가 연구」, 고려대 박사학위논문, 1994. 42면.

작품들에 대한 평가가 상허 문학 전체에 대한 평가로, 나아가서는 <구인회>의 문학관에 대한 평가에까지 관련되어 있음을 시사해 주는 대목이다.

이러한 논의들은 문학에서의 '사상' 내지는 '현실인식'에 대한 판단을 너무 조급하게, 그리고 너무 단순하게 내리고 있는 것이 아닌가 의심스럽다. 이태준의 현실인식을 폄하했던 과거의 연구 경향에 대한 반발이 또 다른 편향을 낳은 게 아닌가 생각한다. 가령 장영우는 데뷔작 「오몽녀」와 그것이 개작(改作)되어 실린 1939년판 『이태준 단편선』과의 차이점을 중시한다. 그리고 퇴고의 원인이 시대상황의 악화에 따른 검열을 피하기 위한 방법이라고 말한다. 예를 들면 원작에서는 "남순사라는 자는"이란 표현이 개작에서는 "남순사는"으로 바뀌었고, 방순사(方巡査)는 "술만 먹으면 유무죄간에 백성을 함부로 치든 이다. 지금 이 남순사도 사람을 잘 치고 제 부모가튼 노인을 욕 잘하고 이 거리를 네 세상으로 알고 돌아다니지마는"과 같이 일제 관헌에 대한 비난이 사라진 것을 지적한다.

특히 장영우가 문제삼고 있는 것은 이 소설의 결말 부분에서 금돌과 오몽녀가 도망가는 곳이 원작에서는 '해삼위'였는데 개작에서는 "별빛 푸른 북쪽하늘"이란 서정적 문구로 대체된 부분이다. 해삼위(블라디보스톡)가 일제하 항일투사들의 망명처이자 강력한 무장투쟁기지였다는 사실을 환기시키면서, 그는 이로써 퇴고의 원인이 문학 외적인 데 있음을 증명하고 있다.52)

그러나 이런 평가는 분명 과민한 것이다. 한 작품의 의미는 전체적인 차원에서 논의되어야지 부분에 대한 과대평가로 판단할 수 없다. 오히려 개작본은 원작의 서투른 부분을 제거하여 작품의 완성도를 높였다는 의미에서 평가해야 할 것이다.53) 개작을 통해 오몽녀는 '윤락된 탕녀'로부

---

52) 장영우, 『이태준소설연구』, 태학사, 1996. 74~7면.
53) 이 점은 이미 강진호의 석사논문에서 改作의 원칙을 제시하면서 자세히 비교검토

터 '건강한 생명력을 가진 여자'로 선명히 살아난다. 또한 방순사에 관한 부분이 삭제됨으로써 작품의 긴밀도는 더욱 높아졌으며, 일제 관헌에 대한 비난이 삭제된 것 역시 중심사건으로의 집중을 위해 군더더기를 제거했다는 의미가 크다.54) 만일 이러한 사실 — 일제 관헌에 대한 비난 문제 — 에서 작가의 현실인식을 찾아야 한다면 일제 관헌[南巡査]을 억압의 주체로 설정했다는 사실 자체가 반일(反日)감정의 표출이라고 해석해야 할 것이다.55)

아울러 '해삼위'를 항일 투쟁기지와 연관시켜 사고하는 것은 작품 내적으로 의미 없는 일이다. 금돌과 오몽녀의 도망은 항일운동과는 연관이 없다. 이것은 식민지시대에 북간도가 항일운동의 근거지였다고 해서 간도로 간 모든 사람들이 항일운동가가 아니었던 것과 같다. 차라리 그것은 국경을 넘는 일, 즉 '주어져 있는 모든 경계선을 뛰어넘는다는 의미'에서 이들의 탈출의 성격을 상징하는 것이다. 그러므로 개작에서의 '별빛 푸른 북쪽하늘'이란 표현은 작품 내 탈출의 성격과 지향점에 부합하는 적당한 표현이 아닐 수 없다.

또한 식민지시대 작가들의 문학관을 이른바 '지식인 문학관'에서 '문인 문학관'으로의 발전방향으로 상정하고, 이태준이나 <구인회> 작가들은 문인 문학관적 성향에다 지사적 열정을 갖고 있는 '중간적 존재'로 파악하는 방식 역시 문제적이다. 이러한 논의 구도에는 문인 문학관이 지식인 문학관보다 근대적인 문학관이라는 판단이 전제되어 있는데, 그렇다면 이태준이나 <구인회> 작가들의 문학적 특징은 반근대적(半近代的)인 것이며 이후 신세대 작가에 가서야 근대적인 문학이 본격화된 것으로 판단될 소지가 있다. 이는 우리 근대문학사의 전반적인 흐름을 왜

___

된 바 있다. 강진호, 「이태준연구」, 고려대 석사학위논문, 1987. 12~23면 참조.

54) 이런 의미에서 개작 「오몽녀」는 자기의 성향을 뚜렷이 확립한 이태준이 자신의 데뷔작을 다시 '이태준화'시킨 것이라고 평가해야 옳겠다.

55) 일본인 주재소 소장이 사사건건 트집을 잡아 결국 뜻을 이루지 못하는 「실락원 이야기」는 1934년 『달밤』에 실려 있다.

곡하는 것이며 특히 지사적(志士的 ; 지식인적) 열정을 가진 문학은 저급한 것이라는 단선적인 생각으로 환원될 위험도 안고 있다.

일반적으로 말하면, 예술가로서의 자의식이 확고한 소위 '문인 문학관'이, 문학을 여기(餘技) 내지는 계몽의 수단으로 생각하는 '지식인 문학관'에 비해 보다 근대적이라 할 수 있다. 이런 개념들은 서구의 경우에 자본주의의 발전에 따라 예술이 사회의 다른 영역으로부터 분리되는 과정에서 비롯된 것이며, 동시에 예술의 소외화(전문화) 과정과 맞물려 있다. 이러한 과정을 통해 예술은 사회의 다른 영역에 비해 상대적인 자율성을 획득하며 부르주아적 가치에 대한 비판의 양상도 지니게 된다. 본래 '예술을 위한 예술'의 기치는 이와 같은 예술의 소외화와 사회 비판적 양상 속에서 출현한 것이다.56) 다시 말해서 예술의 상대적 독립성에 대한 인식상의 발전은 예술에 대한 '태도'의 차이만이 아니라 그러한 태도를 결정해 주는 사회의 제반 상황과의 관계가 중요한 요인이 된다.

이런 관점에서 따져 본다면, 반봉건(反封建)과 반제(反帝)의 역사적 과제를 동시에 지고 있던 식민지 조선의 상황에서 '문인 문학관'적 특질을 가졌다고 해서 그것이 곧 보다 근대적이라고 평가하는 것은 문제가 있다. 왜냐하면 이렇게 평가하게 되면 '지식인 문학관'에 내재한 근대적 고민들을 사장(死藏)하게 되며, 또한 그들의 문학 속에 담겨 있는 민족적 위기 국면을 타파하기 위한 노력들을 반근대적(半近代的)인 것으로 규정할 위험이 있다. 이는 자칫하면 의식 환원론적 발상에 떨어져 문학사의 현실과 위배될 수 있으며, 민족의 위기에 대응하려는 근대적인 노력들을 폄하하게 된다. 따라서 일찍이 민족국가를 건설했던 서구의 경험을 근거로 '지식인 문학관'과 '문인 문학관'으로 이분(二分)하여 그 근대성의 수

---

56) A. 하우저, 백낙청·염무웅 역, 『문학과 예술의 사회사—현대편』, 창작과비평사, 1981. 제1장.
　　G. 루카치, 반성완·심희섭 역, 「시민성과 예술을 위한 예술」, 『영혼과 형식』, 심설당, 1988 참조.

위를 판별하려는 것은 우리 문학사의 특수성을 해명하기 어려운 분류법이다. 이런 분류법에 따르자면 만해나 육사(陸史)·윤동주가 놓일 위치가 묘연하지 않겠는가?

아울러 우리 근대문학사에서는, 민족의 현실을 담아 내고자 하는 열망과, 형식의 새로움을 통해서 자신의 문학적 근대성을 증명하고자 했던 욕구가 흔히 선택적으로 받아들여졌다는 사실을 상기할 필요가 있다. 이는 '문인 문학관'의 담지자로 분류되는 작가들에게서 발견하게 되는 예술상의 근대의식이, 종종 근대적 현실과의 치열한 대결에 의해 얻어진 것이 아니라는 사실로도 증명된다. 그러므로 '지식인 문학관'과 '문인 문학관'의 문제의식은 우리 문학사의 특수성을 효과적으로 담아 내기 어려운 개념틀이라고 할 수 있다.

이렇게 상허의 작품에서 강렬한 사회인식을 추출하고 이를 통해 해방 이후의 변모과정을 역으로 설명하려는 경향들의 근저에는, 식민지시대 우리 문학에 사상이 존재하는 방식에 대한 편향된 인식이 존재한다. 즉 사회인식의 표현은 이광수나 <카프>작가 같은 계몽적·사회적 경향의 작가들의 고유한 영역이며, 또한 그 표현방식 역시 작품의 소재나 직접적 언술에서 즉자적으로 드러나는 것으로 파악하는 인식이다. 이러한 문제의 책임은 엄격하게 말한다면, 연구자나 작가가 짊어질 수 있는 범위를 넘어선 것이라고 생각할 수도 있다. 그러한 인식의 뒤안에는 작품에 사회적 인식이 충만한 것은 이념적 문학(가령 <카프>와 같은)의 본령이요, 이른바 순수문학은 비사회적(非社會的) 나아가 반사회적(反社會的) 영역에서 자신의 영역을 가꾸는 것이라고 암암리에 전제해 왔던 우리 근대문학사의 왜곡된 인식이 어려 있기 때문이다.

본고는 이것이 한국 근대사의 문학적 반영이라고 생각한다. 계급문학 대 민족문학, 혹은 순수와 참여라는 이름으로 명칭만을 바꾼 채 끝없이 변주돼 왔던 이러한 인식은 파행적 근대화 과정의 문학적 반영이다. 거기에는 제2장 2, 3절에서 살펴보았듯이, 식민지라는 근본조건 속에서 사회의 각 영역이 유기적인 관계를 갖지 못한 채 파행적으로 근대화를 추진해 왔던 우리의 근대역사가 동인(動因)으로 작용하고 있는 것이다. 그러므로 이른바 순수문학이 이념적 내용의 배제로부터 자신의 영역을 개척했다는 것은, 정치적 담론의 표현 자체를 억압했던 식민지 상황의 문학적 모사판이다. 전제해야 할 것은 식민지시대를 사는 지식인이라면 현실인식이 없을 수 없다는 것이다. 문제는 그 내용이며 그것이 나타나는 방식이다.

(2) 초기작에 나타난 현실인식의 성향

① 정신주의의 관념성

정신주의는 이미 앞에서 이태준 작가정신의 출발점으로 분석한 바 있다. 여기서는 그것이 당대 현실을 인식하는데 있어 어떠한 방식으로 작용하는지를 구체적인 작품분석과 함께 알아보기로 한다.

「누이」[57]는 상허 스스로 1928년 12월 작(作)이라고 명기해 놓은 초기작이다. 이 작품은 '손가락이라도 드나들 만큼 이 구석 저 구석에 틈이 벌어져' 있는 이웃방에 '식탁과 잠자리에만 충실한' 젊은 부처(夫妻)가 이사오면서 가난한 젊은이인 '나'가 겪게 되는 갈등을 소재로 하고 있다. 갈등의 핵심은 욕망에 있다. 젊은 부처(夫妻)는 매일같이 고기 지지는 냄새를 풍기며 저녁식사를 하고, 그들의 쓰레기통은 이름 모를 통조림통과 과일껍질, 닭뼈다귀들로 일주일이 멀다 하고 차고 넘친다. 이것은 고구마나 '다꾸앙'쪽으로 식사를 하는 '나'로서는 견디기 어려운 유혹이다. 그러나 더욱 문제인 것은 그들이 밤마다 벌이는 육체의 향연이다. 젊은 '나'는 하루에도 몇 번씩 벽에 붙어 서서 그들의 쾌락을 훔쳐보면서 뻗치는 성욕을 자제할 길이 없어 밤마다 잠을 설친다.

---

57) 『문예공론』, 1929.6(여기서는 『이태준문학전집』 1권, 깊은샘, 1995 참조).

어느 날, 그날도 옆방에서 벌어지는 육체의 향연에 자극되어 "모욕적 산보"58)를 나선다. 묘지를 거닐다가 한 여자와 마주치게 되고, 정욕을 식히지 못한 '나'는 그녀를 강제적으로 유인하나 오히려 침착하게 따라 주는 데에 이상한 생각을 갖는다. 몇 마디 나누지 않은 대화로도 그녀가 자신과 같이 고독한 여자임을 직감한 '나'는 자신의 행동을 반성한다. 그러나 이러한 사건 진행은 독자에게 명료한 의미를 전달해 주지 않는다. 의미의 해독은 마지막의 다음과 같은 구절에 의해 어렴풋하게나마 모습을 드러낸다.

> 나는 이 말 한마디만은 번역하지 않고 그 입술에서 울려나 온 대로 적어 두려 한다.
> "妾もこれから淋しい人人の 味方になりますわ"
> (저도 이제부터 외로운 사람들의 편이 되겠어요—인용자)
> 이 한마디 말을 생각할 때마다 나는 더욱 그가 갖추고 있던 모든 수수께끼를 풀어낸 듯이 기쁘면서도 한편으로는 마치 섧게 자라난 남매끼리 다시 만날 기약도 없이 흩어지고 만 것과 같이 사라진 그의 그림자가 몹시도 그리워지는 것이었다.59)

'나'에게 여자의 의미는 욕정의 대상에서, 고독감의 '반려(伴侶)'로 옮겨졌다가, 결국엔 삶의 지향점을 공유하는 인간으로 자리잡는다. 작품의 초점은 당연히 마지막 부분에 놓여 있다. 그런 의미에서 젊은 부부에 의해 자극된 식욕이나 성욕과 같은 욕망의 세계는 다른 세계의 고상함을 증명하기 위한 비교의 대상이다. 말하자면 작품 전반부에 묘사된, 식욕과 성욕으로 대변되는 욕망의 세계가 강력하면 강력할수록 후반부에서 획득되는 정신의 세계가 더욱 빛을 발하게 되는 구도이다.

그 고상함의 첫 단계는 삶의 전반적인 존재조건, 즉 존재의 본질적인 고독함에 있다. 낯선 남자에게 반항은커녕 순순히 손을 내여 주고 이끄

---

58) 『이태준문학전집』 1권, 깊은샘, 1995. 73면.
59) 『이태준문학전집』 1권, 깊은샘, 1995. 77면.

는 대로 입을 맞춰 주는 여인의 태도는 고독의 극치에서 오는 자기 투기
(自己投棄)다. 이러한 여인 앞에서 주인공은 들끓는 성욕의 배후에 있는
진정한 욕망, 아니 그러한 욕망을 못 이겨 밤거리를 헤매게 만드는 동인
(動因)인 존재의 고독을 감지한다. 자기의 성욕은 고독의 다른 표현이며,
여자의 반항 없는 태도 역시 고독의 다른 표현이었던 것이다.

> "저는 고독한 사람입니다."
> 나도 이러한 의미 막연한 말을 어색하게 흘렸다.
> "저도……"
> 그는 말을 내다말고 흐리마리하게 끊어 버리고 말았다. 그리고 몸을 잠깐 소스
> 라치며 나를 한 번 정답게 쳐다보고 고요히 내려 까는 눈에는 '피차에 신세타령
> 같은 것이야 설명해서 무엇합니까' 하는 듯한 빛이 어렸었다.[60]

그러나 이 고독은 인간이라면 누구나 벗어날 수 없는 본질적인 것인
만큼 그것의 강조는 사태의 무화(無化)이며 논의의 원점회귀와 다름없다.
때문에 '피차에 신세타령 같은 것이야 설명해서 무엇'하느냐는 서술은
바로 존재의 근본조건인 고독을, 또한 그러기에 종종 애상조(哀傷調)로 끝
을 맺고 마는 고독을 감상(感傷)으로부터 건져내는 장치인 것이다. 여기
서 상허는 한발 더 나아가는데 그것은 바로 현실에서 어떤 힘을 발휘할
수 있는 비욕망적 체계, 즉 욕망의 세계를 비속한 것으로 확인시켜 주는
보다 정신적인 가치의 발견으로— '외로운 사람들의 편'이 된다는 것—
즉 도덕성과 당위성이라는 이름으로 그 존재가치를 검증 받은 그 무엇
으로 귀착한다. 여기에 도달함으로써 들끓던 욕망은 비속한 것임을, 예
컨대 도덕성과 당위성의 휘광에 비추어 보면 한낱 사소하며, 순간적이며,
동물적인 것임을 재차 확인 받는다. 욕망은 소멸하고, 그 욕망의 가열함
에 온 몸을 달구던 정신은 자신이 진정 몰두해야 할 가치를 확인하며 안
정한다.

---

60) 『이태준문학전집』 1권, 깊은샘, 1995. 75면.

그 가치가 무엇인가. '외로운 사람들의 편이 되겠다'는 진술 역시 하나의 실마리에 불과하다. '외로운 사람'이 외로운 사람들의 편이 되겠다는 데 핵심이 있다. 그것은 '자기'의 세계를 넘어서는 것, 자기의 개인적인 고독의 차원을 넘어서는 것을 지향한다. 주인공이 몇 마디 대화를 나눠 보지 않고도, 그리고 외로운 사람들의 편이 되겠다는 단 한마디의 말에 '그가 갖추고 있던 모든 수수께끼를 풀어낸 듯이' 기쁠 수 있었던 것은, 그녀의 수수께끼가 자신의 수수께끼, 즉 자신의 갈등과 같은 것이기 때문이다.

> 나는 이 며칠동안 그 비열한 정욕을 못 이겨 이 쓸쓸한 밤중 행길을 거닐었었다. 그러나 그것만으로써 내가 고독하다면 그 고독은 도야지나 개에게도 있는 그러한 고독에 지나지 않았을 것이다. 나에겐 도야지나 개의 고독과 같을 수 없는 고독이 있었다. 우리 이웃집에 그 젊은 부처가 이사오기 전에도 나는 몇 번이나 몇 번이나 이 밤중 묘지의 행길을 나 홀로 어정거렸었다.[61]

이 작품의 의미는 이 대목에 이르러서야 뚜렷해진다. 그 젊은 부처(夫妻)가 이사오기 전에도 '몇 번이나 몇 번이나' 밤길의 묘지를 홀로 방황한 이유가 무엇이겠는가. 욕망의 문제가 아닌 또 다른 갈등이 있었던 것이다. 사건의 모티브는 '비열한 정욕'에 있으나 그것에 그친다면 이는 도야지나 개와 같은 것, 그에게는 '도야지나 개의 고독과 같을 수 없는 고독'이 있다. 그 고독의 내용은 외로운 사람'들의 편'이 된다는 것, 곧 삶의 지향점에 관계된 것이다.

일반적인 의미에서도 그러하지만, 식민지시대의 지식인은 선각자이자 기득권층이다. 선각자라 함은 반봉건(半封建)과 식민지 상태에 시달리는 조국의 현실에 눈을 뜬 인간, 말하자면 자기의 운명을 집단(민족)의 운명과 동일시할 줄 아는 인간임을 말한다. 또한 기득권층이라 함은 자신의

---

61) 『이태준문학전집』 1권, 깊은샘, 1995. 76면.

지식으로 신분상승이 가능하다는 것, 즉 자신의 욕망을 충족시키며 살 가능성이 열려 있는 사람이란 뜻이다. 이 둘 사이의 갈등은 그가 반민족적(反民族的) 인간이 아닌 한, 식민지시대 지식인의 본질적인 갈등요소다.

더욱 문제적인 것은 이 둘의 갈등이 날이 선 칼로 자르듯 선명히 구분될 수 있는 문제가 아니라는 점이다. 채만식이 그의 수작(秀作) 「레디메이드 인생」에서 갈파했듯이 식민지 지식인의 신분상승 가능성은 본질에서 허위이며, 그 역시 통치 이데올로기의 조작에 의한 것이다. 또한 선각자로서의 삶도 그가 '작가'이기를 작정한 이상 독립운동사의 한 페이지를 쓰듯 살수도 없는 일이다. 여기에서 갈등은 존재론적 선택의 범위를 넘어선다. 작가가 된다는 것 자체가 하나의 선택이기 때문이다. 따라서 작가에게는 그들만의 고유한 고민의 방식이 있고 고유한 표현의 방식이 있을 터이다.

그러나 초기작의 상허에게는 본질적인 고민만이 존재한다. 요컨대 자기 자신만을 위해 살 것인가 아니면 더 큰 것, 더 고상한 가치를 위해 살 것인가라는 고민만이 존재하는 것이다. 몇 번이고 밤길의 묘지를 방황하는 것은 이러한 고민의 드러냄이다. 그리고 그의 고독은 개인의 욕망충족만을 위해 사는 인간들과 자신을 비교할 때 발생하는 것이다. 동일한 정신을 낯선 여인에게 발견했을 때 주인공은 진정한 고독에서 벗어날 수 있었다. 뜻을 같이하는 인간, 즉 동지(同志)를 발견한 것이다. 따라서 작품 말미의 '그리움'은 당연히 이성(異性)으로서의 그리움이 아니라 동지(同志)로서의 그리움인 바, 그 때문에 주인공은 외로운 사람들의 편이 되겠다는 그 여자의 말을 '생각할 때마다', '기쁘면서도', '그리워지는 것'이다. 동지(同志)의 존재는 자신의 삶을 반추할 때마다 자신의 가치지향이 올바름을 증거 하는 실존적 증거가 된다. '고독'은 이제 자존(自尊)의 지표로 전화(轉化)한다.

이태준은 이와 같은 작품의 구도에 의해 자신의 욕망을 당위(當爲) 속에 소멸시킨다. 그가 발견한 당위는 개인의 욕망이 억제된 자리에서 비롯한다. 욕망은 당위의 휘황한 정신성에 의해 비열한 것, 동물적인 것으로 폄하된다. 욕망과 당위는 적대적이며, 상허가 이러한 당위를 가치 있는 것으로 판단한다는 점에서 그는 금욕주의자(禁慾主義者)다.

이때의 금욕은 본질적이다. 그가 스스로 맞서야 하는 욕망으로 설정한 것이 식욕과 성욕 같은 본능적인 것임을 볼 때, 그에게 문제되는 것은 욕망의 사회화된 형태가 아니라 욕망 자체이다. 상허의 금욕주의를 본질적이라 함은 이것을 일컬음이다. 따라서 그에겐 사회화된 욕망을 알아차리고, 그것을 정당하게 비판하는 태도가 보이지 않는다. 사회가 욕망을 창출하고 그 사회화된 욕망이 다시 개인을 강제하는 현실을 이해할 수 없는 것이다. 어떤 사람의 욕망선택은 개인의 선택이라는 존재론적 문제로 회귀하며, 모든 것은 당위의 이름 아래 판단될 뿐이다.

이태준의 문학에 면면히 흐르는 반일상성(反日常性)과 정신성(精神性)의 고취는 이러한 금욕주의와 동궤의 것이다. 그를 만나본 사람들이 서술한 인상기(印象記)를 종합해보면, 그는 차고, 깔끔하며, 말이 없고, 고고하며, 술자리를 꺼리고, 건방지다.62) 욕망의 배제는 이렇게 그의 삶을 고결하게 만들었다. 그러나 문제는 그의 성격이나 취향에 있기보다는 그의 금욕주의가 개인의 욕망과 당위라는 양극단만을 자기의 영역으로 하는 관념적이라는 데 있다. 요컨대 그것은 두 개의 추상 사이를 배회하는 뿌리 없는 개념일 뿐이다.

이것은 작품의 내용만이 아니라 형식과도 짝을 이룬다. 즉 「누이」는 사건에 의해 진행되기보다는 화자(話者)의 직접적인 서술에 의해서, 이심전심(以心傳心)이라고 표현할 수밖에 없는 침묵과 짧은 대화에 의해 주제의식을 드러낸다. 사건으로 표현되지 않는, 혹은 표현될 수 없었다는 것은 개념이 육체를 얻지 못했다는 것, 곧 개념이 현실화되지 못한 상태라는 것을 증명한다.63) 이는 아직 육화되지 못한, 즉 현실화되지 못한 관념

---

62) 조용만의 회고나 각종 잡지에서의 訪問記를 참고할 수 있다.
63) 상허 정신의 본질적인 측면들을 나타낸다고 할 수 있는 「결혼의 악마성」이나 「코

이 서사화될 때 나타나는 필연적인 서사구조이다. 상허 문학의 특장인 섬세한 묘사와 대화를 통한 성격 제시 등이 이러한 계열의 작품에는 드러나지 않는 점도 이를 반증한다. 이러한 관념성은 앞에서 「결혼의 악마성」과 「서글픈 이야기」 등을 분석하면서 예증된 바 있거니와, 금욕주의와 함께 상허가 현실을 인식하는 근본적인 좌표축을 이룬다.

② 관념의 현실화 과정

그러나 이러한 금욕주의는, 그러니까 욕망을 개인의 문제이며, 그들의 선택의 문제로 보는 시각은 자신의 정신 속에서만 견결한 자태를 자랑할 수 있다. 관념성이란 바로 이것을 의미할 터인데, 현실의 힘으로 전화(轉化)될 수 없는 까닭이다. 흔히 자전적(自傳的) 소설로 지칭되고, 그 때문에 이태준의 현실인식을 예증하는 작품으로 거론되는 「고향」이 바로 이 점을 보여준다.[64]

주인공 김윤건은 "M대학 정치학부에서 교수들이 혀를 차는 훌륭한 논문을 써 들여놓고 누구보다도 빛나는 졸업장을 받아 들"고 고향에 돌아왔다. 어려서부터 고아로 여기저기를 떠돌아다닌 윤건은 조선 땅 전체가 고향이라 생각하며, "당신만은 몸을 사리고 저편에 붙지 말고 용감하게 우리 속에 와 끼여 주시오. 이렇게 부르짖는 힘차고 씩씩한 친구들이 나를 맞아 줄 것"[65]이라는 기대에 차서, "戰場에 나가는" 심정으로 귀국길에 오른다. 그러길래 ××은행 본점에 취직해 가는 동료 졸업생을 마음

스모스 이야기」, 「서글픈 이야기」, 「누이」 등과 같은 작품들이 뚜렷한 사건이 아닌 관념 그 자체의 각성에 의해 결론에 도달했음을 상기하자.

64) 『동아일보』, 1931.4.21~29(여기서는 깊은샘 판, 앞의 책 참조). 이 작품은 염상섭의 『만세전』과 더불어 일본 유학생들의 귀국체험을 다룬 계보에 속하는 소설이다. 『만세전』이 냉혹한 관찰과 일본으로의 회귀를 통해 자신의 정신적 입지를 보여줬다면, 상허는 '의식'을 앞세우고 그 의식이 현실에 의해 좌절되는 과정을 우선시한다. 『만세전』의 원점회귀형 구조와 「고향」의 상승과 하강으로 이어지는 단선구조는 이러한 인식상의 차이를 구조화하고 있다.

65) 『이태준문학전집』 1권, 깊은샘, 1995. 124면.

껏 경멸하고, 검문을 하는 형사와 무력하게 보이는 흰옷 입은 동족들을 보면서 조선의 현실을 선명하게 감각하기도 한다.

그러나 현실은 냉담하다. 모교나 신문사에서 취직 말도 꺼내 보지 못한 윤건은 신간회를 찾아갔지만 "그러나 그곳에는 명함 달라는 수부도 없이 문이 잠겨 있었다" 아니, 현실은 비정(非正)하다. 동맹 휴학 때 스파이 질을 하던 친구는 모교교사가 되어 있고 정의롭던 친구들은 감옥에 가 있다. 울분에 쌓인 윤건은 사회 운동 이론가로 소문난 '박철'에게 찾아가 "네 후진들은 모조리 감옥으로 갔는데 너는 떠들기는 허투루 떠드는 놈이 어째 오늘까지 남아 있니?"[66] 하며 귀쌈을 욱지른다. 그러고도 울분이 풀리지 않은 그는 우연히 만난 은행원과 함께 요릿집에 가서 술김에 그곳에 모인 사은회(謝恩會) 패거리와 마작을 하는 손님들을 향해 맥주병을 휘두른다. 결국 "육 년만에 돌아온 고향이나 의탁할 곳이 없던 김윤건의 몸은 그날 저녁부터 관청의 신세를 지게 되었다."[67]

자신의 내부에서만 견결함을 보장받던 정신은 비속한 현실에 부딪치면서 그 비정(非正)함에 울분을 느낀다. 그러나 그 울분은 본질적으로 '개인'에게 향해져 있다. 모든 것이 결국 개인의 선택일 수밖에 없다는 사고로 말미암아, 그에게 보이는 세계는 감옥에 간 인간과 자신의 욕망을 쫓는 두 부류의 인간으로 구획될 뿐이다. 그러므로 즐거이 감옥에 갈 수도 없고, 또 세속적 욕망의 세계로 돌아갈 수도 없을 때 작품의 공간은 닫히고 만다.

이같은 폐쇄성의 원인은 일차적으로 식민지 현실의 폭압성에서 찾아야 할 것이다. 그러나 '현실'에 원인을 전부 돌릴 수는 없다. 김윤건이 '전장(戰場)'에 나가는 심정으로 귀국한다고 했을 때부터 현실이 그에게 적대적일 것이란 사실은 충분히 예감할 수 있는 일이었다. 식민지시대의 운동이란, 그 운동의 성격과 지향점이 무엇이었나에 관계없이 적대적인

---

66) 『이태준문학전집』 1권, 깊은샘, 1995. 137면.
67) 『이태준문학전집』 1권, 깊은샘, 1995. 140면.

현실과의 투쟁, 바로 그 자체일 수밖에 없기 때문이다.

그렇다면 '당신만은 몸을 사리고 저편에 붙지 말고 용감하게 우리 속에 와 끼여' 달라는 '우리', 즉 동지(同志)를 발견하지 못했기 때문인가. 그것도 하나의 원인이다. 정신은 다른 정신 속에서 자기 동일성을 발견할 때, 자신의 존재가치를 더욱 긍정하게 되는 것이며, 생명력의 신장(伸張)을 맛보기 때문이다. 「누이」에서 발견한 여자에 대한 그리움은 이와 상통한다. 인간의 정신이 홀로 존재하지 않고 수많은 단체와 조직, 결사체의 형태를 띠고자 하는 것, 이를 통해 자신의 정신을 현실화시키고자 하는 것은 바로 이 때문이 아니겠는가? 그러나 정신의 동일성을 발견할 가능성은 그 정신의 지평이 어디에 놓여 있는가에 따라 다를 수밖에 없다. 취직 말을 제대로 꺼내 보지도 못하고 나온 학교와 신문사에서, 졸업생들의 진로를 열어 준 모교와 스승에 감사하는 사은회(謝恩會)가 열리는 자리에서, 김윤건의 정신이 동일성을 발견하지 못한 것은 당연하다.

김윤건은 자신의 정신과 동일한 정신으로 충만된 인간들로 가득 찬 '조선'을 기대한다. 자신이 욕망충족의 유혹을 떨쳐 버린 순간, 세계는 자신의 결단에 환호하고 자신의 정신을 현실화시킬 무대를 제공할 것으로 믿는다. 그러나 그것이 벽에 부닥쳤을 때—정확하게 얘기하면 이 때의 벽은 허위이다. 왜냐하면 그의 기대 자체가 관념이었으며, 작품에 나열된 좌절의 내용들은 자신의 정신이 지닌 고결함을 확인하는 일종의 '절차'에 지나지 않기 때문이다—정신은 급격히 위축되고 문제의 근거는 부박한 욕망만을 쫓는 '세태' 그 자체가 된다. 문이 닫힌 신간회와 감옥에 간 정의로운 친구들의 후일담은 문제가 자신의 내부에 있지 않고 세태에 있음을 예증하기 위해 채택된 일화이다.[68]

---

68) 「고향」을 自傳的 소설로 보는 것은 물론 세세한 부분이 실제 체험과 유사해서 그런 것은 아니다. 그러나 상허가 귀국하여 취직을 알아보던 시기(1927~29)와 신간회의 해소 시기(1931.5.16)가 차이 난다는 점은 주목해야 한다. 실제의 시간과 작품 속의 시간이 차이나는 것인데, 상허가 귀국하여 취직을 알아보던 시기는 신간회가 창립되어 막 활동을 벌이던 시점이었다. 이는 이 작품의 발표시기가 신간회 해소 논의가

이 부박(浮薄)한 세태를 확인한 정신이 나갈 수 있는 길은 무엇인가. 온몸을 던져 파열함으로써 갱생하는 길도 있겠으나, 작가는 맥주병을 들어 부질없는 한풀이를 하는 데서 멈춰 선다. 이러한 한풀이는 세계의 부정성에 직면한 정신이 자신의 정체성을 유지하기 위한 방편이다. 금욕주의와 정신성의 가치로 표상되는 그의 정신은 손상될 수 없는 정언명령인 까닭이다.

남은 길은 하나다. 동지(同志)가 없이도, 자신의 정신을 자신의 방식대로 현실화시켜 보는 일, 「실락원 이야기」는 이 작업의 보고서이다.

> 나는 동경서 나올 때 오직 한줄기 희망이 있었을 뿐이다. 그것은 '어느 한적한 산촌, 차에서 내려 며칠을 걸어가도 좋고, 전신줄[電線]도 아직 이르지 않은, 신작로 하나 나지 않은, 그런 궁벽한 산촌이 있다면 거기 가서 원시인의 양심과 순박한 눈동자를 그대로 지니고 있는 숫된 아이들을 상대로 그들을 가르치고 나도 공부하고, 이 상업 문명과 거의 몰교섭한 그 동리의 행복을 위해서 手工業의 문화를 일으키리라' 이것이 나의 유일한 이상이었다. 이것을 생각할 때만 나의 팔뚝에는 힘줄이 일어섰던 것이다.
> 그래서 나는 P촌을 발견하였을 때, P촌에 있던 K교사가 그만두고 그 자리가 나에게 물려질 때, 나의 기쁨은 형언할 수 없었다. 나 혼자 유토피아에 든 듯했었다.[69]

주인공의 희망은 이루어지는 듯하다. 주민들은 그를 완전히 신뢰하고, 그는 자신의 지혜를 다하여 P촌의 무지와 빈곤을 타파하기 위해 노력한

분분하던 1931년 4월이라는 점과 연관이 있다. 즉 작가는 신간회에 대한 짤막한 서술을 통해 직접적인 실천을 유보하는 자신의 판단을 합리화시키고 있는 셈이다. 그럼에도 최원식은 최근에 이 부분을 예로 들며 이태준의 '민족주의 좌파'적 현실인식을 논증하고 있다. 필자 역시 이태준의 사상적 좌표를 민족주의 좌파로 규정하는 데는 찬동하나, 「고향」을 근거로 채택하는 것은 명백한 오류라고 판단한다.
스칼라피노 외저, 『신간회 연구』, 동녘, 1987 참조.
최원식, 「한국문학의 근대성을 다시 생각한다」(민족문학사연구소 편, 『민족문학과 근대성』, 문학과지성사, 1995) 59~61면 참조.
69) 「실락원 이야기」, 『달밤』, 한성도서주식회사, 1934. 179면.

다. 주민들의 소망이 그러하듯 그 역시 P촌에서 영주(永住)하고 싶어한다. '정서방네 큰갖난이'와 혼담도 무르익어 간다. "장식함이 없이 진정 그것이 향기를 풍기는 듯한"[70] 정간난이의 외모는 그의 이상향과 부합하는 것이었다. 그러나 식민지라는 조건은 그의 희망을 좌절시킨다. 일본인 주재소 소장의 의심과 방해로 결국 그는 P촌을 떠나게 되고, 정갖난이와의 혼담도 무산되고 만다.

「고향」이 개인의 욕망만을 쫓는 천박한 지식인들과 그러한 상황을 더욱 조장하는 '세태'에 비판의 초점을 맞추고 있다면, 「실락원 이야기」는 식민지 권력(주재소)의 방해를 직접 거론한다. 개인의 욕망을 쫓는, 그러나 적어도 동족(同族)인 지식인들에게 좌절을 맛본 상허의 정신이, 일본인인 식민지 권력의 하수인에게서 승리의 가능성을 찾기란 불가능하다. 작품의 패배는 불문가지이다. 그러므로 이 작품에서 주인공이 현실을 개조하는가 좌절하는가를 따지는 것은 무의미하다. 문제는 그가 현실과 부딪치는 방식이고, 그런 방식의 원인이며, 얻은 교훈이다.

이 작품에서 주인공이 소장을 대하는 태도는 언뜻 보기에는 자신의 '낙원'을 잃지 않으려는 염원 때문에 겸손하고 부드러운 것으로 묘사되어 있다. 그러나 찬찬히 들여다보면 주인공은 "그저 그에게 겸손"하고자 하면서도 소장의 무식함을 폭로시키며, "요행으로 얻은 내 낙원을 잃지 않으려"고 공손히 말한다면서도 "이것은 나를 모욕하는 것 같소! 내가 당신한테 교사시험을 치러야 하오?"[71]라고 반박하고 있다. 말하자면 그가 소장에게 맞서는 방식은 자신의 정신적 동일성이 손상 받지 않는 범위 내에서의 겸손과 공손인 것이다. 따라서 작품은 주인공의 별스럽지도 않은 행동들을 일일이 트집잡는 소장에게 문제가 있는 것으로 묘사되지만, 실제로는 현실로서 존재하는 식민지 권력의 속성을 전혀 파악하지 못한 한 지식인이 자신의 억울함을 호소하는 것으로 이루어져 있다.

---

70) 『달밤』, 한성도서, 1934. 181면.
71) 『달밤』, 한성도서, 1934. 196면.

추방의 직접적인 계기가 된 홍수처리 문제에서도 식민지 권력을, 주권 국가에서나 가능한 행정관청의 당위적 업무라는 차원에서 접근하는 방식이 뚜렷하다. 이러한 태도가 그것 자체로 문제가 될 수는 없다. 오히려 그의 방식은 인간이 하나의 독립된 인격체로서 이런 대우를 받을 수 있겠는가 하고 울부짖고 있다는 점에서 일제 지배의 폭압성과 몰상식을 웅변적으로 드러내 주는 효과를 갖는다. 그러나 그 때문에 주인공의 현실 인식이 관념적이란 사실도 드러난다. 늦게 나온 소장에게 "公益"을 운운하며 호통을 치는 것, 그것은 어디까지나 정상적인 주권국가에서 따져져야 할 '당위의 세계'이다. 주인공이 억울한 것은 물론 온갖 트집을 잡아 그를 내쫓는 식민지 권력 때문이지만, 보다 내밀한 영역에는 이론으로 얻어진 보편적 근대의 모습으로 식민지 현실에 뛰어든 한 관념적 지식인의 비현실성이 놓여 있는 것이다. 따라서 이때의 패배는 일제에 의한 조선 지식인의 패배라는 의미도 있지만 그보다는 주인공의 관념성이 적나라한 현실에 패배한 것으로 이해되어야 한다.

그러므로 이 작품의 궁극적인 지향도 자신의 의지를 받아들여 주지 않는 현실의 제시에 있다.[72] 주인공은 독립운동을 하려고 P촌에 간 것도 아니었는데 패배하였다. 항차 독립운동은 어떠하였겠는가. '원시성'과 '수공업 문화'를 염원했다는 서두의 서술은 그조차도 허락하지 않는 현실의 엄정함을 역설적으로 드러낸다. 그렇다면 이 정도도 허락하지 않는 식민지 지배의 간악함을 확인한 이상 보다 근본적인 투쟁으로 나아가는가.

> 나는 정간난이를 잊지 못한다. 그러나 그에겐 나를 단념하라고 일르고 온 것이다. 웨? 나는 P촌과 같은 낙원을 잃어버린 이상, 내 한 입도 건사하기 어려운, 경제적으로 철저한 무능자인 조선청년의 하나인 것을 깨닫기 때문이었다.[73]

---

72) 앞에서 분석했던 「아무 일도 없소」나 「고향」도 동일한 계열의 작품이라고 생각한다
73) 『달밤』, 한성도서, 1934. 190면.

교훈은 개인적이다. 패배를 통해 개인적인 경제능력을 상기하는 것은 그의 인식이 주어진 조건을 결코 뛰어넘을 수 없음을 의미한다. 그의 의지는 '낙원'과 같이 모든 조건이 갖추어진 곳에서 출발할 수 있는 무엇이다. 「고향」에서 천박한 세태에 울분을 느낀 이태준의 정신은, 이 작품을 통해 세계의 폭압성이 더욱 선명히 확인되는 동시에 자신의 무능도 선명히 드러나는 결과에 도달한다.

만일 이러한 경제적 무능의 문제를 돌보지 않고 계속 낙원에서 머물고자 하면 어떤 결과를 초래할 것인가. 이 작품보다 먼저 발표된 작품이긴 하지만 「어떤 날 새벽」[74]은 그 후일담의 성격을 띠고 있어서 흥미롭다. 이 작품은 고결한 희생정신으로 뭉친 민족주의적 교육자의 전형으로 이태준의 작품에 자주 등장하는 인물의 원형이 제시되어 있다. 따라서 '원시성(原始性)' 운운의 낭만적 외피는 아예 없고 "기미년 이후부터 감옥에 가 있"[75]는 교장이 서술되는 등 좀더 작가의 사상적 지향이 명백하게 제시되어 있다. 그러나 작품의 결말은 씁쓸하다. 무너져 가는 학교를 재건하기 위해 온갖 궂은 일을 마다 않던 윤선생은 결국 재정의 곤란을 이유로 학교가 문닫게 되자 통곡을 하며 떠나게 된다. '어떤 날 새벽' 그는 도둑으로 찾아오고 결국 동네사람들에게 붙잡혀 피투성이가 된 채 끌려간다.

이 작품에서도 뜻 있는 지식인의 고결한, 그러나 개별적인 희생정신은 찬양되지만 여전히 의지와 실행은 한 개인의 정신 범위를 넘어서지 못한다. 윤선생의 개인적인 희생이 빛나면 빛나는 만큼 민중의 모습은 어둠 속에 파묻혀 있다. '신흥학교'를 둘러싼, 따라서 마땅히 그들의 운명과 상관 있는 마을 주민들이 작품의 배경으로도, 삽화로라도 등장하지 않는다는 사실은 작품의 지향점과 한계를 명백히 보여주는 증거이다. 이를테면 윤선생에게 마을주민은 수혜자(受惠者)요, 무지(無知)한 사람일뿐이다.

---

74) 『신소설』, 1930.5(작품 말미에 6월 25일 作으로 표시한 것으로 보아 아마도 1929년경 창작된 것으로 보인다).
75) 「어떤 날 새벽」, 『달밤』, 한성도서, 1934. 98면.

그가 둑을 쌓고 산을 깎은 대가로 난로를 사 오고, 지붕을 고치는 동안 민중은 미담(美談)을 소곤거리며 주고받는 수동적 존재일 뿐이다. 이 때문에 이 작품의 비극성은 더욱 창연하다. 왜냐하면 윤선생(지식인)은 식민지 권력이나 민중의 어느 편에도 속하지 못한 고독한 존재이기 때문이다. 그리하여 작품의 비극은 집단의 비극으로 승화되지 못하고 고결한 개인의 좌절과 비틀린 인생역정 속으로 사라질 뿐이다. 이 작품에서도 강조되는 것은 한 지식인의 희생정신이요, 그것을 받아 주지 못하는 엄혹한 현실이다.

이상에서 상허의 초기작에 나타나는 현실인식의 구조와 내용을 살펴보았다. 그것은 한마디로 관념이 현실에 패배해 가는 과정이라고 말할 수 있다. 그러나 '작가'로서 평가하는 이상 패배 여부는 논의의 초점이 되기 어렵다. 문제는 패배의 원인과 방식인데, 여기에서 이태준의 특질은 드러난다. 금욕주의에 기반한 그의 당위 지향은 개인적 욕망의 세계는 뛰어넘을 수 있었지만, 현실을 구조적으로 파악하는데는 장애가 되고 만다. 그래서 그의 작품은 그가 현실로부터 왜 걸어나와야 했었는지를 제시하는 자기 합리화의 절차에 그친다. 상허는 자기의 의지가 전개될 수 없는, 속물(俗物)과 무지(無知)한 인간들이 판치는 현실을 발견하며, 이를 통해 의지를 빼고 나면 아무 것도 가진 게 없는 자신의 현실을 발견한다. 개인의 고상한 정신은 현실에 부딪쳤다가 다시 정신 내부로 돌아온다. 그때의 정신은 비록 패배했지만 패배의 원인이 자신 내부에 있다기보다는 일반인들의 천박한 욕망과 식민지 권력의 억압과 당대 조선사회의 반봉건성(半封建性)에 있다고 판단함으로써 자기 동일성을 잃지 않을 수 있었다.

(3) 현실인식의 변주

작가는 혁명가와 구분될 수밖에 없으며 그가 민족을 위해 일하는 방식 또한 달라질 수밖에 없다. 혁명가의 삶과 구분되는 작가로서의 삶을 염두에 둔다면, 민족해방 운동에의 직접적인 동참 여부는 한 작가를 판단하는 결정적인 지표일 수는 없다. 따라서 현실의 폭압성과 반봉건성(半封建性)을 발견하고 직접적인 실천의 길을 포기한 이태준의 선택을 그 자체로 폄하할 수는 없다. 이런 전제 아래서 그의 미적 실천이 어떠한 양상을 띠게 되는지를 살펴보기로 하자.

> S군. 나의 존경하는 위대한 남아여!
> 과연 그대의 팔 다리는 울암하기 기중기 갓소.
> 과연 그대의 가슴은 큰 화륜선의 기관실 갓치 지나기만 하여도 화끈화끈 뜨겁소. 위대한 남아여!
> 무서운 즘성이여!
> 그러나 S군. S군이여
> 군은 왜 여태 우리에게 짜증만 주는가
> 왜 활동사진쟁이처럼 예고만 하는가
> 왜 당치 안케 나 갓흔 사람처럼 붓 작난만 하는가
> 우리는 한낫 로맨티스트 그대는 영웅.
> 우리는 그대의 이름을 X표로 찬 논설 아래에서 보고 싶지 안네. 그대는 그대 이름을 쓰지 안어도 상관업네
> 좀 그대 이름은 신문사 윤전기에서 벽돌만큼식한 활자로 굴러저 나오렴아(…중략…)
> S군 때가 아니기 때문인가
> 그러면 차라리 침묵하구려. 땅 속에 불처럼 그리다가 한 번 소리를 치러거든 3년을 울지안튼 새가 산을 울리듯 하소구려
> 활동사진쟁이오?
> 예고 또 예고 'ＸＸ' 또 'ＸＸ' ……
> 오―락도 업는 권태여![76]

위 인용문만큼, 말만 앞세우고 직접 실천으로 뛰어들지 못하는 사람들을 지독하게 조롱하는 글을 찾아보기는 어렵다. 상허는 X표로 가득 찬

---

76) 「편지」, 『여성』, 1932.10.

글을 쓸 뿐, 자기 이름이 벽돌만큼식한 활자로 보도되는 것 ─ 곧 실천의 결과 활동상이 보도되거나 검거되지 않는 '예고'뿐인 '영웅'에 대해 조롱하고 있다. 그러면서 그럴 바에는 차라리 침묵할 것, 그 침묵은 때를 기다리는 자기 계발의 침묵이요, 모색과 축적의 침묵을 권한다.

이러한 인식은 직접적인 실천을 포기한 이태준이 민족의 과제에 어떠한 방식으로 대응코자 하였는지를 잘 보여주는 대목이다. 초기작에 혼융되어 있던 민족적 열정과 문학적 갈망이 이제 폭압적인 현실과 부딪치면서 작가로서 민족의 근대화에 복무하기 위한 효율적인 영역을 찾아 나서는 것으로 변모한다. 상허가 정신이나 문화를 강조하고, 나아가 미적 근대성에 몰입하는 것은, 주어진 조건 내에서 민족의 근대화 과제를 실행하고자 했던 의지의 소산인 것이다. 이 지점이 그가 변모하는 지점이며 그의 문학적 특성이 발현되기 시작하는 지점이다.

중요한 것은 변화의 원인을 반봉건적인 현실 자체에서 찾았기 때문에, 정신은 변하지 않고 자신의 특성과 한계를 반복하게 된다는 점이다. 사회의 근대화와 예술의 근대화는 모두 포기될 수 없는 민족적 과제이다. 현실의 폭압성에 의해 직접적인 실천이 잠복한 것이지 정신은 그러한 과제에 대한 인식을 놓치지 않고 있었던 것이다. 계몽적 민족주의를 거침없이 토로하는 상허 장편의 추동력은 여기에서 기인한다. 그렇다면 스스로 자기 예술의 '화폐'라고 지칭했던 단편의 경우에는 어떠했던가. 「불우선생」과 「꽃나무는 심어 놓고」가 그 변화의 방향을 예시하고 있다.

「불우선생」은 이태준이 습작기를 마무리하고 자신의 고유한 스타일을 만들어 가고 있음을 보여주는 작품이다.[77] 이 작품의 가장 큰 특징은 사건보다는 인물이 중심에 서 있으며 서술자의 위상이 서사의 중심에서 벗어나 있다는 점이다. 이것은 이후 그의 이른바 대표작들에서 공통되게 나타나는 특징이다. 이 작품은 '나'라는 1인칭 관찰자의 시점으로, 뜻은

─────────────

77) 『삼천리』, 1932.4(여기서는 『달밤』, 한성도서, 1934. 참조).

있으나 때를 못 만난(不遇) 송선생의 이야기를 전달해 준다. 관찰자(서술자)는 화자(話者)의 역할만을 할 뿐 사건과 인물에 대한 적극적인 가치평가를 배제하고 있다.

서사의 중심은 식구들은커녕 자기 입하나 건사하지 못하는 송선생의 처지와, "조선의 최근 정변이며 현대 사상 문제의 여러 가지와 일본엔 백년지계를 가진 정치가가 없느니 중국에 孫逸仙이가 어떠했느니 하고 밤이 깊도록 떠버"[78]리는 그 사람의 정신과의 대비에 있다. 처지의 입장에서 볼 때 그의 정신은 허영에 불과하다. 가족이 굶어 죽든지, 집을 몰수당해 쫓겨났든지 상관없이 무전취식으로 여관주인에게 쫓겨나면서도 "동지라 할까 나 같은 사람을 알어 주는 사람을 만"나기 위해 돌아다닌다는 그의 말은 진실하게 받아들여지기 어렵다. 삼청동 골짜기에서 거의 알몸이 되어 털럭털럭 자기 빨래를 밟고 서 있는 그의 모습은 그의 현실의 진면목이다.

그러나 그는 다른 의미에서는 범상한 인간들이 근접 못할 풍모를 지니고 있다. 무전취식을 작정하고 들어오면서도 점잖고 위풍스럽게 '이리 오너라'를 외쳐 댄다든지, '굴 속 같은 어두운 방 속에서' 굴원(屈原)의 '어부사(漁父辭)'를 왕—왕 소리내어 읽는 것, 또한 죽을 고비를 넘겼다면서도 이내 화제를 바꿔 시국을 논하는 것은 일상에 찌들은 생활인들의 정신을 타매 하는 자세이기도 한 것이다.

> "네 …… 그런데 요즘 일 · 중문제가 꽤 주의를 끌지요?" 한다.
> "글쎄요. 저는 그런 방면엔 문외한이올시다" 하니
> "그럴 리가 있소, 저렇게 발발한 청년 시기에 …… 요즘 극동풍운이 맹랑해지거든 ……" 하는 데는 불우선생은 돌연히 지난 의신여관에서 보던 때와 같이 炯炯한 정렬에 눈이 빛나기 시작하였다. 그리고 그는 나의 음식을 먹으면서도 나를 자기가 먹이는 듯 무엇인지 나를 압박하는 것이 있었다.[79]

---

78) 『달밤』, 한성도서, 1934. 6면.
79) 『달밤』, 한성도서, 1934. 16면.

이 소설의 마지막을 장식하는 이 장면은 앞에서 말한 '처지와 정신의 대비'가 선명히 드러나는 부분이다. '처지'와는 도무지 어울릴 것 같지 않은 정신의 전개는 자신의 처지를 좀체 못 벗어나는 일상인들에게는 멸시의 대상일 수도 있지만 한편으로는 일상과는 비교되지 않을 높이를 지닌 존경의 대상이기도 하다. 더구나 불우선생의 정신은 민족의 운명에 관계된 것, 즉 개인적 욕망을 뛰어넘는 것이다. 그러므로 서술자('나')가 느끼는 압박의 정체는 탈일상성에 기반을 둔 정신의 높이이다. 이 대목에서 소설은 멈춰 선다. 그 때문에 인물이 주는 여운은 오래 지속되지만, 그것은 또한 그만큼 서술자의 판단이 진척될 수 없는 지경에 다다랐음을 말해 준다. 다시 말해서 「누이」나 「고향」에서 보여준 것과 같은 공공연한 자기 입장의 표식은 사라졌다.

그런 의미에서 '그런 방면엔 문외한'이라는 서술자의 대답은 이중적이다. 하나는 불우선생의 입장을 더욱 극화시키기 위한 작품 내적 필요이고, 다른 하나는 현실을 받아들인 작가의 입장이다. 그러나 정신의 지향 자체는 사라지지 않아서 '불우선생'의 풍모는 그것대로 지켜져야 마땅한 것으로 자리잡는다. 처지와 정신의 아이러닉한 대비가 그 어느 한쪽을 과중하게 편드는 법 없이 팽팽한 긴장 상태에서 멈춰 서게 되는 것은 작가의 이러한 정신 상태를 반영하는 것이다.

하지만 이 작품이 완벽한 판단 정지에 놓여 있는 것은 아니다. 암시적이지만, 그럼에도 명백하게 불우선생의 정신은 존중받아야 할 무엇으로 인정받는다. 다만 그것은 더 이상 현실 속에서, 현실의 힘으로 전화될 수 없는 정신일 뿐이다. 현실일 순 없지만 사라져서도 안 되는 것이라면, 그것이 차지할 수 있는 영역은 어디인가. 답은, 예술이고, 문학이다. 사라져서는 안 되는 현실의 인물은 문학 속에서 정신의 빛깔로 다시 태어난다. 「불우선생」이 여타의 작품들과 갈라서는 대목은 바로 이 지점이다. 작가는 자신의 의지를 확인하는 단계에서, 또한 그러한 의지를 받아들여 주지 않는 현실을 확인하는 절차에서 벗어나, 정신을 작품 속에서 문학의 방식으로 살아 있게 만듦으로써 작가로서 현실과 교섭하는 방안을 창출했던 것이다.

「꽃나무는 심어 놓고」에 이르면 이 방식이 뚜렷한 패턴을 창출했음을 알 수 있다.

> 지주가 일본사람의 회사로 갈린 다음부터는 제 땅마지기나 따루 가진 사람 전에는 배겨나기가 어려웠다. 터세가 몇갑절이나 올라가고 논에는 금비를 써라 하고, 그것을 대여주고는 가을에 비싼 이자를 쳐서 벼는 헐값에 따져가고 무슨 세납 무슨 요금하고, 이름도 모르던 것을 다 물리어 나중에 따지고 보면 농사진 품값은 커녕 도리어 빚을 지게 되었다. 그들이 지는 빚은 달리 도리가 없었다. 소가 있으면 소를 팔고 집이 있으면 집을 팔아 갚는 것밖에, 그래서 한집 떠나고 두집 떠나고 하는 것이 삼년 안에 오륙호가 떠난 것이었다.[80]

이 작품은 지주가 일본회사로 바뀐 뒤에 고향에 살지 못하고 쫓겨나는 이농민(離農民)의 애환을 다루고 있다. 인용문에도 나타나 있듯이 문제의 소재는 명백하다. 소재 자체가 당대의 핵심적인 문제에 닿아 있는 것이다. 농민 문제는 당시 <카프>측에서도 중요한 문제로 보고 작품으로나 이론으로 노력을 기울인 부분이다.[81] 그러나 이 작품을 <카프> 측의 작품과 비교해 보면 작품 구성의 원리나 강조점이 상당히 편차가 있다는 사실을 발견하기 어렵지 않다. 이 작품은 이농민의 문제가 어떠한 구조에 의해 발생했으며, 해결책은 무엇인가에 대해 언급하지 않고 있다. 농민들의 의식을 깨우치는 매개적 인물도 없으며, 저항의 몸짓도 없다. 지주나 일본인이 서사의 중심 문맥으로 들어오지도 않는다.

작품은 추운 겨울 정든 집을 버리고 늘상 나무를 지고 오가던 고갯마루를 넘어서 고향을 떠나는 방서방네 일가의 쓸쓸한 풍경으로부터 시작

---

80) 「꽃나무는 심어 놓고」, 『달밤』, 한성도서, 1934. 126면.
81) 이 시기 <카프>는 농민문학론에 관한 논쟁이나 『농민 소설선』 등의 출간을 통해 농민에 대한 관심을 적극적으로 고양시키고 있다. 류보선, 「1930년대 예술대중화론 연구」, 서울대 석사학위논문, 1987 참조.

한다. 이 장면의 애상과 탄식은 작품 전편에 흐르는 정서의 저수지 역할을 한다. 그들 앞에 기다리고 있는 세계가 결코 우호적일 리 없다. 방서방은 아내도 잃어버리고 자식도 병에 걸려 죽고 만다. 작품의 초점은 방서방이 겪게 되는 슬픔과 고통 그 자체에 있다. 이것은 서술방식에서도 드러난다. 위 인용문에서처럼 문제의 원인과 과정에 해당하는 부분은 일방적인 '서술'에 의해 축약적으로 제시되어 있다. 그에 반해 이 작품의 뛰어난 부분들, 즉 묘사와 대화에 의해 장면이 제시되고 이를 통해 작품 내의 상황이 독자의 머리 속에 선명히 재현되면서 시각적인 이미지로 승화되는 부분들은 모두 방서방네가 겪게 되는 고통과 관련이 있다.

① "길이나 잘못 들면 어째……"
   "밤낮 나무 다니던 데를 모를까……"
   조그만 갈랫길을 지날 때 이런 말을 주고 받은 것뿐. 다시는 입이 붙은 듯 묵묵히 걸어 그들은 점심 때가 훨씬 지나서야 서울가는 큰 길에 들어섰다. 큰 길에는 바람이 제법 세차게 불었다. 전봇줄이 앵앵 울었다. 동지가 낼 인가 모렌가 하는 때라 어름같이 날카로운 바람결에 그들의 옷깃은 다시금 떨리었다. 바람이 차서도 떨리었거니와 그보다도 길고 어마어마하게 넓은 길, 그리고 눈이 모자라게 아득하니 깔려 있는 긴 길, 그 길은 그들에게 눈에도 설거니와 발에도, 마음에도 설은 길이었다.[82]

② "댁에 눈 쳐 드릴까요?"
   "우리 칠 사람 있소"
   "댁에 눈 안 치시렵니까?"
   "어려니 칠까봐 걱정이오"
   방서방은 어이가 없어
   "허! 마당도 없는 녀석이 괘니 비만 샀군!"
   하고 다리 밑으로 돌아오고 말았다.[83]

---

82) 『달밤』, 한성도서, 1934. 124~5면.
83) 『달밤』, 한성도서, 1934. 129~30면.

③ 봄이 왔다. 그렇게 방서방을 춥게 굴던 겨울은 다 지나가고 그대신 방서방을
슬프게는 더 구는 봄이 왔다. 진달래와 개나리 꽃가지들은 전차마다 자동차마
다 젊은 새악시들처럼 오락가락하고, 남산과 창경원엔 사구라꽃이 구름처럼 핀
때였다. 무딘 힘줄로만 얼기설기한 방서방의 가슴에도 그 고향, 그 딸, 그 안해
를 생각하기에는 너무나 슬픈 시인이 되게하는 때였다.[84]

　인용문 ①은 늘상 다니던 길을 새삼 확인하는 아내의 말을 통해 이들
부부의 마음을 억누르는 불안감을 드러낸다. 게다가 동지(冬至)를 앞 둔
얼음 같은 바람과 '마음에도 설은' 서울 가는 신작로의 이미지가 결합하
여 고향을 떠나는 비참함과 가혹한 앞날이 암시되고 있다. 인용문 ②에
서는 짧막한 대화를 사용하여 한 인간의 운명에 개의치 않는 단절된 공
간으로서의 '서울'의 형상이 압축적으로 드러난다. 또한 인용문 ③에서
는 모든 것을 잃어버리고 지게꾼으로 그날그날을 연명하는 방서방의 슬
픔을, 화창하고 떠들썩한 봄날의 이미지와 대비함으로써 극대화한다. '젊
은 새악시'와 '구름'이라는 직유의 보조관념들은 역설적으로 방서방의
슬픈 정신 상태를 시각적으로 대비시켜 주는 역할을 하고, '슬픈 시인'이
라는 은유는 '무딘 힘줄'이라는 방서방의 외적인 형태와 비교되어 그의
비극을 서정적인 경지로 끌어올린다.
　이 작품의 무게중심은 고향에서 추방당한 한 인간의 슬픈 정조(情調)를
드러내는 데 있다. 이것은 현실인식이 드러나는 방식이 변했음을 말해
주는 증거이다. 초기작에서 보여줬던 의지의 천명이나 현실의 확인 대신,
상황에 처한 한 인간의 구체적인 정조가 작품의 중심에 서는 것이다. 이는
분명 작가가 현실로부터 한발 물러섰음을 의미한다. 또한 작품에 담아
내는 현실의 모습도 타락한 세태에 대한 확인이나 상황의 인과적 해명으
로부터 정신과 정서의 영역으로 옮아갔음을 예증한다.
　그러나 이때의 물러섬은 실천의 현장에서 예술의 현장으로의 자리 옮김

---

84) 『달밤』, 한성도서, 1934. 136면.

이다. 이태준은 천박하고 억압적인 현실이 자신의 실천 여하에 따라 변화될 가능성이 없다고 느끼면서 예술의 방식을 통해 현실을 조망하게 되었다. 그리고 그 예술적 방식의 중심은 판단의 영역을 떠나 정신을 드러내는 일, 또한 서사의 문맥보다는 상황 속에서 생성되는 인간의 정감(情感)을 묘출하는 데 있다. 이 점이 초기작과 그 이후 작품세계를 구분해 주는 주요한 지표이다.

2. 1930년대 중반기 이태준 작품의 성격

「불우선생」과 「달밤」(1933. 11)은 이태준 문학이 하나의 경지에 이르렀음을 보여주는 작품이다. 이 시기로부터 「패강냉」(1938. 1) 이전까지의 시기는 그의 대표작 대부분이 산출되는 시기이며, 개인적으로도 가장 안정된 시기였다. 본 절에서는 이 시기의 작품을 중심으로 이태준 문학의 특성을 구명하려 한다.

본고는 「달밤」이나 「촌뜨기」, 「손거부」, 「가마귀」, 「복덕방」 등과 같은 계열의 작품들을 이태준 문학의 대표작으로 본다. 말하자면 한국문학사에서 이태준의 의미는 이들 작품 속에서 추출되어야 한다고 믿는 것이다. 따라서 이들에 대한 분석은 통시적인 변모양상보다 '이태준 문학의 특성'이라는 문학사적 의미 규정을 해명하는 일에 놓여 있다. 이를 통해 '단편양식의 확립자'라고 칭송 받는 이태준 단편의 구체적인 성과를 검토할 것이다.

아울러 장편의 분석을 통해 이태준이 인식한 사회적 근대성의 내용과 의미를 따져볼 것이다. 이미 앞에서 미적 근대성과 사회적 근대성의 분리가 한국 근대문학의 특수성이라고 적시한 바 있거니와, 장편의 분석은 그러한 파행성의 결과가 작품 속에서 어떠한 방식으로 표출되는지를 가늠하는 기회가 될 것이다.

1) 단편의 성격과 예술성의 실체

(1) 정서의 시각화

「달밤」은 이태준이 '자기류(自己類)'를 발견했음을 알려주는 작품이다. 이 작품에 이르러 상허는 습작기를 벗어나 독창적인 작품세계를 펼쳐 나갔고, 그의 대표작들도 계속해서 산출된다. 따라서 「달밤」은 상허의 작품을 구분하는 분수령이자 이태준 단편의 특성을 보여주는 시금석이 되기도 한다.

이 작품은 관찰자적 입장을 견지하는 서술자가 회상의 방식으로 서사를 이끌고 있으며, 시대의 흐름과 거리가 떨어진 인물이 주인공으로 채택되고, 작품은 사건의 전개보다는 인물이나 상황에 따른 정서의 표현에 초점을 맞추고 있다. 또한 대화를 통해 인물의 성격이 드러나면서 이른바 '사회성'이 서사의 문맥에서 사라지는 것도 주요한 특징이다. 「달밤」 이전의 작품으로 이런 경향을 보여주는 것은 「불우선생」과 「꽃나무는 심어 놓고」 정도인데, 이는 앞에서 분석했듯이 상허가 현실을 작품화하는 방식이 변주되면서 자신의 고유한 방식을 찾아 나가는 과정으로 이해할 수 있다.

「달밤」의 주인공 황수건은 '못난이'인데 "이 못난이는 성북동의 산들보다 물들보다, 조그만 지름길보다, 더 나에게 성북동이 시골이란 느낌을 풍겨 주"[85]는 인물이다. '못난이'를 '시골정취'와 연결시키는 것이 이 작품의 독특한 점이며 작가의 서사 전략을 드러내는 부분이다.

---

85) 「달밤」, 『달밤』, 한성도서주식회사, 1934. 141면.

　서울이라고 못난이가 없을 리야 없겠지만 대처에서는 못난이들이 거리에 나와 행세를 하지 못하고, 시골에선 아무리 못난이라도 마음놓고 나와 다니는 때문인지, 못난이는 시골에만 있는 것처럼 흔히 시골에서 잘 눈에 뜨인다. 그리고 또 흔히 그는 태고 때 사람처럼 그 우둔하면서도 천진스런 눈을 가지고, 자기 동리에 처음 들어서는 손에게 가장 순박한 시골의 정취를 돋워 주는 것이다.[86]

　이처럼 시골에서 못난이가 흔하다는 것은 양(量)의 문제가 아니라 사회의 존재형태와 연관된다. 즉 못난이를 포용하는 삶의 형태(시골)는 효용성과 이익의 문제로만 세계를 대하는 도회적 삶에서는 기대할 수 없는 것이다. 따라서 못난이의 존재를 통해 '시골스러움'을 느낀다는 것은, 비효율적인 것의 존재 가치에 대한 작가의 애착을 표현한다. 황수건을 대하는 화자의 태도는 이것의 표현이다. '그까짓 반편과 무얼 대꾸'를 하냐는 핀잔에 "그는 아무 것도 아닌 것을 가지고 열심스럽게 이야기하는 것이 좋았고, 그와는 아무리 오래 지껄이어도 힘이 들지 않고, 또 아무리 오래 지껄이고 나도 웃음밖에는 남는 것이 없어 기분이 거뜬해지는 것도 좋았다"[87]고 말하고 있다. 이런 점에서 못난이는 그 존재로 사회의 건강상태를 표시하는 하나의 바로미터다.

　작품은 묘사와 대화, 그리고 요약적 서술이 치밀한 계산에 의해 교차되면서 황수건의 성격을 생동감과 현장감이 넘치도록 그려내고 있다. 작품의 시작은 회상(回想)의 시점을 취하는 듯 하지만 황수건이라는 인물의 의미를 규정한 이후에는 바로 대화를 통해 인물을 제시함으로써 현장감을 획득한다. 독자는 화자(話者)의 시선에 기대어 작품의 내부로 빨려 들어가며, 빈번하게 오고가는 대화에 의해 인물의 특징을 감지한다. 여기에 '빡빡 깎은 머리로되 보통 크다는 정도 이상으로 골이 큰' 머리와 '머리에 비기어 반비례로 작고 가느다란' 손과 팔목이 묘사되면서, 인물이 지닌 사유의 황당함은 신체의 불균형과 짝을 이룬다.

---

86) 「달밤」, 『달밤』, 한성도서, 1934. 141면.
87) 『달밤』, 한성도서, 1934. 146면.

　“개 그까짓 거 두지 마십쇼” 한다.

　“웨 그렀소?” 물으니 그는 얼른 대답하는 말이

　“신문 보는 집엔입쇼. 개를 두지 말아야 합니다.”

한다. 이것 재미 있는 말이다 하고 나는

　“웨 그렀소?” 하고 또 물었다.

　“아, 이 뒷동네 은행소에 댕기는 집엔입쇼 망아지만한 개가 있는뎁쇼 아, 신문 배달할 수가 있어얍죠.”

　“웨?”

　“막 깨물랴고 덤비는걸입쇼.”

한다. 말 같지 않어서 나는 웃기만 하니 그는 더욱 신을 낸다.

　“그눔의 개 그저, 한 번, 양떡을 멕여대야 할텐데 ……”88)

　화자(話者)를 명시할 필요도 없이 거듭되는 대화에 의해 황수건의 모자란 성격은 분명하게 묘사된다. 또한 사이사이 덧붙여진 ‘나’의 판단들은 정상적인 인간(‘나’)과 황수건의 차이를 드러내는 역할을 한다. 그러나 그 모자람은 동시에 황수건의 사물을 바라보는 시선의 따뜻함과 심약(心弱) 함을 반영한다. 신문배달부로 개를 싫어함은 당연하다 하겠으나, 그것을 일반화시켜 신문을 보는 집은 개를 키우지 말라고 ‘충고(?)’하는 것도 그렇고, 그토록 무서운 개를 ‘양떡’을 멕여야 하겠다(뺨을 때리고 싶다)는 것, 곧 개를 자기와 맞서는 대상으로 선선히 인정하는 태도는 일반인들이 개를 대하는 태도와 같을 수 없다. 이를 통해 작가는 황수건의 모자란 성격과 그 모자람에 배인 격의 없는 정취를 추출해 내고 있다.

　또한 이러한 정취는 황수건과 화자를 말투에서도 구별함으로써 실감을 얻는다. ‘— ㅂ쇼’와 ‘— ㅂ죠’로 이어지는 황수건의 말투는 ‘쉰네’를 입에 달고 살던 신분시대 천민들의 말투와 연결되어 스스로를 낮추며 살아야 하는 그의 삶의 형태를 반증하고 있다. 그러면서도 그의 말투는 묘한 리듬감을 획득하여 아무 데나 끼여들기 잘하고 군말을 잘하며 핀잔을

---

88) 『달밤』, 한성도서, 1934. 144면.

받아도 명랑함을 잃지 않는 성격과 조화를 이룬다. 이것은 '―이오'와 '―시오'로 끝을 맺는 화자의 말투가 지식인적인 품위와 함께, 못난이에게 하대(下待)를 하지 않는 온정을 담고 있는 것과 결부되어, 대화 장면에 깃들인 사심 없는 두 인간의 정서를 드러내는 데에도 기여한다. 말하자면 대화를 통한 성격의 제시는, 성격 제시의 차원을 넘어 대화를 주고받는 두 인간의 정서도 표출하고 있는 것이다.

묘사와 대화를 통한 성격 제시는 이태준이 누차 강조했던 소설의 근본 요건이다. 작품 속의 사건이나 상황·인물의 의미가 직접 설명되면 그에 대한 인식은 빨리 이루어지겠지만, 바로 그러한 신속한 인식과정이 작품을 미적으로 감상하는 심미적 작용을 감쇄시켜서 작품의 문학적 가치를 반감시킨다. 그러나 작가의 직접적인 서술이 차단되고 작품 내적 상황이 묘사와 대화에 의해서만 전개되면 독자는 언어 정보의 의미를 스스로 머리 속에서 재구성함으로써 미적인 지각을 증대시킬 수 있다.

또한 작가의 판단이 배제됨으로써 독자와 작품의 소통이 긴밀해지며 좀더 주체적이고 다양한 반응 양상을 가능케 할 수 있다. 일반적으로 '보여주기(showing)'가 '말하기(telling)'보다 예술적인 방식으로 인정받는 것은 이런 까닭이다. 이 때문에 이태준은 "예술가의 직무는 만들어 보여 줄 뿐, 그는 설명하지 않는다"라는 말을 "소설표현에 있어 영원한 교훈"[89]이라고 하면서, "처음엔 묘사로 들어가서 묘사를 졸업한, 이야기체라야 들려주는 이야기가 아니라 보여 주는 이야기로 나타날 수 있는 것"이라고 강조했던 것이다.

그러나 이것은 소설의 '기본'에 불과한 것이기도 하다. 기본이기 때문에 타당한 것이면서 동시에 기본이기 때문에 부족한 것이기도 하다. 문제는 묘사(보여주기)를 통해 상허가 나타내고자 했던 것이 무엇인가에 있을 것이다. 말을 바꾸면 이태준이 작품에서 구현한 묘사의 성격과 지향

---

89) 「소설가」, 『무서록』, 깊은샘, 1994. 73면.

은 무엇이며 이를 통해 얻게 되는 심미성의 본질은 무엇인가 하는 점이 중요하다 하겠다.

대화를 통한 성격 제시는 작가의 주관적인 개입을 차단하여 작품의 심미성을 높이고, 독자로 하여금 작품 내적 상황에 참여하고 있다는 현장감을 갖게 하며, 뿐만 아니라 그러한 '성격'들이 소통되는 상황의 정서까지 감득하게 하는 효과를 갖는다. 하지만 바로 그러한 생동감과 현장감은 역설적으로 사건이나 인물의 성격을 '정신'의 차원에서 다루지 못하고 하나의 예리한 감각으로 포착된 이미지의 차원으로 전환시키는 효과를 갖기도 한다. 다시 말해서 묘사와 대화를 통해 인물은 하나의 이미지로 현현되며, 인물의 내면은 감각으로 포착될 수 있는 외면적 징표에 의해서만 표현되는 것이다. '보여주기'는 성격을 시각적 이미지로 구상해 내나 그러한 구상은 정신의 깊이를 동반하기 어려운 한계를 갖기도 하는 것이다.

원론적으로 말하면 묘사만으로도 인물의 정신 상태를 표현할 수 있다. 그러나 그것이 깊이를 얻고 시대와 교접하며 세계를 읽는 하나의 이념으로 승화되기 위해서는 내면 그 자체를 대상으로 하는 집요한 묘사가 수반되어야만 한다. 그러나 이태준의 작품에서는 이러한 의미의 내면묘사가 빈약하다. '보여주기'에의 치중은 내면을 시각적 이미지의 영역으로 한정하게 만들어서, 내면 그 자체의 심각한 추적을 불가능하게 만드는 형식상의 원인이 된다. 이제 인간의 '내면'도 시각화될 수 없는 것은 묘출될 수 없게 된 것이다. 이것은 '보여주기'를 통해 소설의 심미적 작용 방식을 근대화시킨 이태준의 특장이 지닌 문제점이다. 그 대신 그는 보여줄 뿐 설명하지 않는 것을 감득해 낼 줄 아는 심미안에 초점을 맞추었고, 이를 '현대소설의 감상법'이라 명명했던 것이다.

물론 「달밤」에서도 '요약적 서술'은 등장한다. 그러나 이 부분은 주로 황수건의 과거 일이나 사건을 제시할 때만 사용된다. 이때 서술을 통해 제시되는 사건들은 황수건의 순진함과 모자란 부분들을 예증하는 성격을 지닌다. 작품에 드러나는 황수건의 '이미지'와 연관되는 사건들만이 제시되는 것이다. 작가는 보여주기를 통한 직접 제시와 요약적 서술을 통한 간접 제시를 교차 서술하여 독자들에게 인물에 대한 정보를 현장감을 잃지 않은 상태에서 축적하게 함으로써 점층적으로 정서를 고양시킨다. 이렇게 축적된 정서는 작품의 말미에 이르러 하나의 서정적 풍경 속에서 절정을 맞이한다.

> 어제다. 문안에 들어갔다 늦어서 나오는데 불빛없는 성북동 길우에는 밝은 달빛이 집을 깐듯하였다. 그런데 포도원께를 올라오노라니까 누가 밝지도 못한 목청으로
> "사…… 게…… 와 나…… 미다까 다메이…… 끼…… 까……"
> 를 부르며 큰 길이 좁다는 듯이 휘적어리며 내려왔다. 보니까 수건이 같았다. 나는
> "수건인가?"
> 하고 아는 체 하려다 그가 나를 보면 무안해 할 일이 있는 것을 생각하고, 휙 길 아래로 나려서, 나무 그늘에 몸을 감추었다.
> 그는 길은 보지도 않고 달만 쳐다보며, 노래는 그 이상은 외지도 못하는 듯 첫줄 한줄만 되푸리하며 전에는 본 적이 없었는데 담배를 다 퍽 퍽 빨면서 지나갔다.
> 달밤은 그에게도 유감한 듯 하였다.[90]

'어제다'라는 짧은 문장으로 화제의 전환을 이룩한 문장은 한 폭의 풍경화를 그리듯 달밤과, 황수건과, 그를 쳐다보는 '나'를 그려낸다. 신문 보조 배달부를 쫓겨나고, '나'가 준 삼 원도 참외장사를 하다 털려버렸고, 저희들끼리는 금슬 좋던 아내마저 동서의 등쌀에 눌려 도망가 버린 황수건, 그의 슬픔은 '술은 눈물이냐 한숨이냐'는 일본 유행가로 대변된다. 인적 없는 고요한 달밤의 산길을 깨트리는 쓸쓸한 유행가는 이 장면의 회화적 구성에 변화를 주는 유일한 청각적 이미지가 되어 인물과, 풍경과, 소리의 삼중주로 슬픔을 표현하고 있다. 또한 황수건의 슬픔은 '길은 보지도 않고 달만 쳐다보'는 그의 눈동자에 배어 있고, 전에 못

---

90) 「달밤」, 『달밤』, 한성도서, 1934. 156~7면.

보던 담배를 퍽퍽 피우는 행위 속에 압축되어 있다. 그러면서도 그가 못난이라는 규정도 놓치지 않는데, 이는 유행가를 그저 '첫 줄'만 되뇌이는 것 속에 나타난다. 이 대목에 이르면 지금까지 요약과 대화를 통해 황수건의 천진난만한 인간성에 대한 정보가 축적돼 있던 독자(讀者)는 비단을 깐 듯 밝고 아름다운 달밤과, 그토록 밝은 달밤이 모든 것을 빼앗긴 못난이 황수건에게 전해 줄 아이러니컬한 비감(悲感)을 생생하게 전달받는다.

이러한 상황은 '나'를 통해서 전달받기에 비감(悲感)의 정서는 더욱 증폭한다. 왜냐하면 황수건은 못난이이기 때문에 자신의 현재 처지에 대한 느낌 역시 정상인과 다를 수밖에 없는데, 독자는 그를 동정했던 정상인 '나'의 존재를 통해 상황을 전달받음으로써 작중 인물 황수건보다 더욱 비극적인 정서를 체득할 수 있는 것이다. '나'가 '휙 길 아래로 나려서'는 장면은 두 개의 쉼표로 단절됨으로써 정적(靜的)인 장면 전체에 잠시 속도감을 부여하면서 독자로 하여금 '나'와 함께 나무 그늘 아래서 황수건의 처량한 풍경을 쳐다보는 느낌을 자아내게 한다. 어두운 '그늘' 속에서 쳐다보는 '나'(독자)와 밝은 길을 걸어가는 황수건의 대비는 어둠과 밝음의 대비만큼이나 그들의 역설적인 처지를 전달해 주어 상황의 비극성을 고조시키는 것이다.

결국 이를 통해 슬픔은 풍경으로 전화(轉化)된다. 즉 전체적인 분위기를 자아내는 비단을 깐 듯한 달밤과, 그 달밤 아래서 담배를 퍽 퍽 피워 물고 처량하게 유행가를 부르며 가는 황수건의 모습과, 나무 그늘 아래서 애틋한 시선으로 그를 쳐다보는 '나'의 존재는, 심리로서의 정서를 시각적 이미지로 전환시키는 주요 구성물인 것이다. 슬픔은 슬픔으로 표현되지 않고 이처럼 '풍경'이라는 육체를 얻음으로써 꺼지지 않는 이미지로 독자의 뇌리에 자리 잡는다. 아울러 이러한 '풍경'에 배인 서정성 때문에 슬픔은 감상의 차원으로 떨어지지 않고 감정의 승화를 이룩할 수 있었다.

이러한 방식을 우리는 '정서(情緖)의 시각화(視覺化)'라고 명명할 수 있을 것이다. '보여주기'를 강조했던 상허의 소설관은 비단 그것이 기법의 차원에 그치지 않고 소설의 지향점과 연결되고 있다. 이제 묘사는 작가의 직접적인 개입을 차단하는 의미만이 아니라 주제와 창작방법론을 통어하는 핵심 기제로 자리잡은 것이다. 묘사(보여주기)의 시각성은 개별적인 상황을 독자에게 생생하게 전달하는 기능을 넘어 정서 자체를 시각적 이미지로 환치함으로써 정서의 시각화를 이룩한다. 이것은 표현과 묘사, 문장의 맛을 강조했던 상허의 문학론이 작품에서 구현되는 첫 번째 의미이다.

그리고 이것이 그가 강조했던 소설의 근대성이며, 앞에서 그의 문학관을 살펴보면서 지적했던 낭독(朗讀)에서 묵독(默讀)으로의 전환이 작품에서 구현되는 양상이다. 묵독의 강조는 언어의 청각성보다는 시각성을 강조하는 것이고 또한 문학작품의 집단적 향유로부터 개별적 향유로의 전환을 의미한다. 따라서 개인의 고립된 독서행위 과정 속에서 작품의 의미가 전달되는 것은 무엇보다 그러한 시각성과 개별성에 부합하는 작품 전체의 시각화로 파악되는 것이다. 사건이란 고대소설이나 근대소설 모두에게 공통된 것이며 공통된 것이기에 근대성의 증표로 기능할 수 없다는 생각, 나아가서 사건을 제외한 부분에서 작품의 흥미를 돋우는 것에서 보다 고차원의 심미성을 발견해야 한다는 이태준의 소설관이 이러한 작품을 창작하게 만든 동인이다. 이에 따라 작품은 인물의 내면보다는 시각적 이미지에 주목하게 되었고 이윽고 정서도 사건이나 서술을 통해 전달되는 것이 아니라 풍경을 통해서 시각화될 때 보다 강력한 반향을 가지는 것으로 전환되었다.

인물과 그 인물이 창출하는 독특한 정서의 분위기를 특징으로 하는 이태준의 작품에서 이러한 효과는 매우 중요하다. 「달밤」과 비슷한 계열인 「손거부」나 「색시」가 그러하며 특히 「어둠」에 이르러서는 하나의 '색채'가 작품 전체를 관통하는 핵심 장치로 작용한다.

나중에 「우암노인」으로 개제되는 「어둠」은 70줄이 가까워서 아들을

얻은 해석로인(海石老人)이 겪는 죽음에의 공포를 다룬 작품이다.91) '처음
엔 팔자에 없는걸 굳이 욕되게 바라랴 하고 깨끗이 두 늙은이끼리 해로
나 할 작정'이었다가 "허허실수로 아들을 하나 얻은 해석노인은 한동안
은 침침하든 눈까지 다시 밝아지는 듯 음식에까지 새 맛을 느끼었다."92)
그러나 이러한 희열은 본처와 소실 사이에서 시달려야 하는 그늘도 가져
왔으며, 특히 이제 갓 젖 떨어진 기용이의 앞날을 생각하면 자신의 짧은
수명이 한탄스러워지기도 한다.

'주검!'

노인은 다시 잠에 들기가 힘들었다. 될 수 있는 대로 안정하려 깔그러운 눈은
감았으나 귀에서 사뭇 징을 치는 소리 같은 소란스럽고 무시무시한 소리가 일어
나기 시작했다. 다시 눈을 떠 천장을 바라보았다. 천정은 끝이 없었다. 그냥 아무
것도 아니 보히는 시커먼 어둠은 한이 없이 높은 것도 같고 한이 없이 깊은 것도
같았다. 그리고 주검이란 아무것도 안 보히는 저런 빛의 것이려니 생각하니 방안
이 갑작이 깊고 깊은 산속이나 바다 속처럼 견딜 수 없이 쓸쓸스러웠다. 그리고
이 끝없이 깊은 어둠과 쓸쓸함이 이제부터는 자기가 큰마누라보다도 작은마누라
보다도 기용이보다도 더 가깝게 사귀여나가야할 그것임을 깨달을 때 노인은 무서
운 야수와 마조치는 듯 머리칼이 쭈볏 곤두솟았다.

"저 즘생! 어떠케 사귀누!"

시커멓게 생긴 무슨 그림자는 한거름 덥석 자기 앞으로 다가서는 것 같았다.

보승보승하든 이마에는 땀끼까지 촉촉히 끼치었다.

"후……"

노인은 머리맡을 더듬었다. 석냥갑을 찾음이었다. 담배라도 한 대 붙여물고 싶
었거니와 그보다는 불이, 한 점의 불티라도 불빛이 그리워서였다.93)

이 작품에서 늘그막에 아들을 얻었다는 기쁨은 역설적으로 자신이 앞

---

91) 이 작품은 『개벽』에 발표(1934. 11)될 때에는 제목이 「어둠」이었고 주인공의 이름
도 海石老人이었다. 두 번째 작품집 『가마귀』에 실리면서 제목과 주인공 이름이 改
名되었다.

92) 「어둠」, 『개벽』, 1934.11, 47면.

93) 「어둠」, 『개벽』, 1934.11, 49면.

으로 사귀어야 할 것이 바로 죽음이라는 깨달음으로 인도한다. 이런 점
에서 상허 소설에 공통적인 아이러니적 요소를 갖고 있거니와, 더욱 중
요한 것은 늘그막에 아들을 얻은 중심사건이 실상은 위에서 인용한 마지
막 장면의 '어둠과 죽음'을 등치시키는 이미지의 극대화를 위해 동원되
고 있다는 점이다. 작품의 서두가 죽음을 상징하는 이빨 빠지는 꿈을 꾸
는 것으로부터 시작하는 것이나, 기용의 존재가 삶에 대한 애착을 강화
시킨 점등은 이러한 결말을 위한 정서의 점층적 효과와 연관된 것이다.
따라서 이 작품의 주된 목표는 '어둠'의 묘사이며, '어둠'으로 상징되는
'죽음에의 공포'를 시각화해 내는 데 있다.

이러한 경향이 완숙한 경지에 이르렀음을 보여주는 작품이 「가마귀」
이다. 이 작품의 기본 줄거리는 가난한 소설가가 기숙할 곳이 없어 친구
의 별장 방을 빌렸다가 폐병에 걸린 여자를 만나 그 여자가 죽음의 상징
으로 여겨 두려워하는 까마귀가 실상은 한 마리의 새에 불과하다는 것을
알려주려 하지만 결국 그 여자는 죽고 만다는 내용이다. 그러나 작품의
무게중심은 사건의 전개에 있지 않다. '서사'는 이 작품을 가득 채우는
분위기를 유발하는 동인으로 작용할 뿐, 작품의 궁극적인 목표는 '보여
주기'를 통해 정서를 시각화하는 데 놓여 있다.

> 밖으로도 문 위에는 秋聲閣이라는 秋史체의 현판이 걸려 있고 양쪽 처마끝에는
> 파—랗게 녹쓸은 풍경이 창연히 달려 있다. 또 미다지를 열면 눈 아래 깔리는 경
> 치도 큰 사랑만 못한 것 같지 않으니, 산기슭에 나붓이 섰는 水閣과 그 밑으로 마
> 른 연잎과 단풍이 잠긴 연당이며 그리고 그 연당 언덕으로 올라오면서 무룡석으
> 로 석가산을 모으고 잔디밭 새에 길을 돌린 것은 이 방에서 나려다보기가 기중일
> 듯 싶었다. 그런데다 눈을 번뜻 들면 동편 하늘이 바다처럼 트이고 그 한편으로
> 훤칠한 늙은 전나무 한 채가 절벽같이 가려 섰는 것이다. 사슴이 뿔처럼 썩정귀가
> 된 상가지에는 희끗희끗 새똥까지 묻히어서 고요히 바라보면 한눈에 太古가 깃들
> 이는 듯한 그윽한 경치이다.[94]

---

94) 「가마귀」, 『가마귀』, 한성도서주식회사, 1937. 60면.

위 인용문은 가난한 소설가 '그'의 눈에 비친 자신이 기거할 방 근처의 풍경묘사다. 늦가을이라는 시간적 배경과 어울려 '추(秋)'성각과 '추(秋)'사체의 '추(秋)'자가 거듭 반복되면서 전반적인 분위기를 형성하고 있다. 또한 묘사의 순서가 현판으로부터 처마로, 그리고 미닫이 아래의 近景으로부터 수각과 연당, 연당 사이에 난 길로 거슬러 올라가면서 '동편 하늘'의 원경(遠景)으로 확대되고 있다. 독자는 이러한 묘사 순서에 의해 공간 전체의 배경을 머리 속에 재구성할 수 있으면서 동시에 그러한 풍경들이 전달해주는 쓸쓸함과 처연함을 감득할 수 있다. 그러면서도 원경(遠景)으로 확대된 시선이 무한대로 뻗치지 않고 다시 공간의 중심으로 돌아오는데, 이것은 '바다처럼 트이'는 시선을 차단하는 늙은 전나무에 대한 묘사 때문이다. 하늘 끝까지 치달았던 독자의 눈은 작가를 따라 '사슴이 뿔처럼 썩정귀가 된' 가지의 끝을 거슬러 올라가게 되고 이를 통해 지금껏 묘사해 왔던 쓸쓸한 풍경은 시간이 고이고 고여서 이윽고는 정지해 버린 듯한 태고의 이미지로 수렴된다.

이러한 배경묘사는 작품 전체의 이미지를 형성해 주면서 가난한 소설가의 처지를 설명 없이 표현해 주는 역할도 한다. 배고픈 것조차 '습관'이라고 생각하려는 자기 암시와 돈 소리만을 내던 전에 살던 주인 아주머니의 모습을 떠올리면서 예술가로서의 창작의욕을 북돋우는 장면은 풍경이 형성시키는 분위기와 부합하는 것이다. 또한 폐병에 걸린 여자역시 하나의 이미지로 형상화된다.

머리는 틀어올리었고 저고리는 노르스름한 명주빛인데 고동색 쎄 — 타를, 아이 업듯, 두 소매는 앞으로 느러트리고 등에만 걸치었을 뿐, 퍽 날신한 허리 아래엔 옥색치마 자락이 부드러운 물결처럼 가벼운 주름살을 일으키었다. 빨 — 간 단풍잎 하나를 들었을 뿐, 고요한 아침 산보인 듯 하다.
'누굴가?'
그는 장정(裝幀)고흔 신간서(新刊書)에처럼 호기심이 일어났다. 가까이 측대 아래로 지나가는 것을 보니 새 양봉투 같은 깨끗한 이마에 눈결은 누여 쓴 영어굴시

> 같이 채근하다. 꼭 담은 입술, 그리고 뽀로통한 코봉우리에는 약간치 않은 프라이
> 드가 느껴지는 얼굴이었다.[95]

‘세―타’를 등에만 걸친 모양이나 단풍잎 하나를 손에 들고 고요히 서서 먼 곳을 응시하는 형상은 그 여자가 지적(知的)이며 품위 있는 여자임을 ‘보여준다.’ 따라서 그 여자를 비유하는 보조관념들도 ‘장정한 신간서’, ‘새 양봉투’, ‘누여 쓴 영어글씨’처럼 지적이며 근대적이고, 문화적인 분위기를 형성하는 것들만이 채택되고 있다. 이것은 작품의 중심 소재인 ‘죽음’의 문제를 극대화시키기 위해서도 필요하다. 즉 죽음의 공포와 그것을 대면한 인간의 불안, 그리고 본질적인 허망함은, 그 죽음을 맞이하는 인간의 지적인 상태나 인격적인 품위가 고상한 것일수록 극대화될 수 있기 때문이다. 다시 말해서 어리석은 민중들이 까마귀를 재수 없는 것, 죽음의 상징으로 받아들이는 것은 일상적일 수 있다. 그러나 이토록 품위 있고 ‘프라이드’ 있는 인간이, 죽음 앞에서는 한낱 ‘새’에 불과한 까마귀를 죽음의 상징으로 여겨 꺼려한다는 사실은, 죽음이 지닌 원초적인 공포를 드러내기에 더욱 적합하다.

작품의 시간은 겨울로 흘러가고, ‘그’는 까마귀를 잡아 “가마귀의 뱃속에도 다른 날짐생과 똑 같이 단순한 조류의 내장이 있을 뿐 결코 그런 무슨 부적이거나 칼이거나 푸른 불이 들어 있지 않다는 것을 증명하리라”[96] 하였지만 “그러나 날씨는 추어가기만 하고 열흘에 한 번도 해가 비최지 않았다.” 계절이나 날씨의 변화를 주인공의 운명과 연관시키는 고전적인 방법이 여기서도 십분 활용되고 있다. 여자의 죽음은 이미 내정된 것이었다.

날씨가 다시 추어져 “싸락눈이 사륵 사륵 길에 떨어져 구으는 날 오후” ‘그’는 여자의 죽음을 확인한다.

---

95) 『가마귀』, 한성도서주식회사, 1937. 64~5면.
96) 『가마귀』, 한성도서주식회사, 1937. 78면.

　　그는 고요히 영구차를 향하야 모자를 벗었다.

　　"저 뒤에 자동차에 오르는 사람이 그 색시하구 정혼했던 남자랩니다."

　　그는 잠작고 그 대학 도서실에 다니며 학위 얻을 연구를 한다는 청년을 바라보았다. 그 청년은 자동차 안에 들어앉자, 이내 하ー얀 손수건을 내여 얼굴에 대였다. 그리자 자동차들은 영구차가 앞을 서며 고요히 굴러 떠나갔다. 눈은 함박눈이 되면서 펑펑 쏟아지기 시작하였다. 그 자동차들의 굴러간 자리도 얼마 안 있어 덮어버리고 말았다.

　　가마귀들은 이날 저녁에도 별다른 소리는 없이 그저 까악ー까악ー거리다가 이따금씩 까르르ー하고 그 GA아래 R이 한없이 붙은 발음을 내이군 하였다.[97]

　한 여자의 죽음과 그 여자를 사랑해서 그녀가 각혈해놓은 것을 반 컵이나 들이마신 한 남자의 슬픔은, 담담한 문장 속에서 오히려 힘을 발휘한다. 죽음의 무상함은 함박눈이 '자동차들이 굴러간 자리도 얼마 안 있어 덮어버리'는 장면으로 표현된다. 이러한 장면들이 형성하는 이미지들은, 아무 일이 없다는 듯 자기의 울음을 늘어놓는 까마귀와 결합하여 죽음의 의미를 오랜 여운으로 간직하게 만든다.

　특히 함박눈이 내리는 영구차의 장면은 하얀 색과 정적(靜寂)을 밑바탕에 깔아 슬픔의 이미지를 고양시키고 있다. 여기서는 정혼자의 통곡조차 '하얀 손수건을 얼굴에 대'는 것으로 처리된다. 소리가 없는 것이다. 소리 없음은 슬픔을 전달해 줄 청각적 이미지를 차단함으로써 '보여주기'만으로 슬픔의 풍경을 창출해 내려는 작가의 치밀한 의도의 소산이다. 그러나 이러한 소리 없음은 곧 이어지는 'GA 아래 R이 한없이 붙은' 발음을 늘어놓는 까마귀들의 울음소리와 결합하여 음산함과 무상함의 여운으로 변주된다. 하얀 색과 정적으로 뒤덮였던 장면이 까마귀의 검은 색과 기분 나쁜 '까르르' 음과 결합하여 시각과 청각의 공감각(共感覺)으로 정서를 이미지화 하고 있는 것이다.

　이상에서 우리는 이태준의 몇몇 대표작을 통해 그의 표현 중시·묘사

---

97) 『가마귀』, 한성도서주식회사, 1937. 79면.

중시·문장의 맛을 중시하는 소설관이 궁극적으로 나타내고자 했던 것이 무엇인가를 분석하였다. 이를 요약하면 언어의 시각적 이미지를 극대화하여 '보여주기'를 통해 정서를 시각화하는 것이라고 정리할 수 있겠다. 이태준은 인간의 내면에 도사린 정서를 평면적인 언어문자를 통해 시각화하는 것에서 소설의 근대성을 발견하였다.

이러한 의도는 그의 비유법을 분석해 보아도 드러난다. 이태준은 묘사를 소설의 주요 서술방법으로 채택하였기 때문에 다른 작가들에 비해서 상대적으로 비유법의 사용 빈도가 많지 않은 편이다. 예를 들면 이효석이 작품 당 평균 36회의 비유를 사용했음에 반해 이태준은 평균 10회에 그치고 있다. 또한 이태준은 단편작품 전체를 통 털어 200자 원고지 5매 당 한 개의 직유를 사용하는 것으로 통계를 낼 수 있는데 이는 한국 전체의 작가 평균인 7매 당 하나보다는 조금 많으나 결코 많은 편은 아니다.98) 그럼에도 그가 비유법 중에서 '직유'를 주로 사용했다는 것은 '의도와 기법' 사이의 일치를 보여주는 점이어서 흥미롭다.

앞에서 거론했던 「가마귀」 같은 작품이 대표적인데, 이 작품이 형성하고 있는 분위기는 묘사와 함께 직유를 통해 이루어지고 있다. 인용했던 부분만을 예로 들어도, '푸른 하늘이 바다처럼 트이고', '전나무 한 채가 절벽같이 가려 섰는', '사슴이 뿔처럼 썩정귀가 된 상가지', '옥색 치마자락이 부드러운 물결처럼', '장정(裝幀) 고흔 신간서(新刊書)에처럼', '새양봉투 같은 깨끗한 이마', '눈결은 누여 쓴 영어글씨 같이 채근하다' 등등에 달한다. 물론 이 작품은 상허의 작품 중에서 가장 직유를 많이 사용한 작품으로 평가받고 있다.99) 그러나 그렇기 때문에 직유가 의도했던 바가 무엇인지 보다 분명하게 추론할 수 있다.

일반적으로 말해서 직유는 '같이'나 '처럼', '듯이' 등의 구조 때문에

---

98) 이상의 내용은 신순철, 「이태준연구」, 효성여대 박사학위논문, 1991. 154~63면 참조
99) 신순철의 앞의 논문에 따르면 「가마귀」는 총35회의 빈도수를 보여주고 있다. 이는 작품 평균 10회에 비해 훨씬 많은 빈도수이다.

은유보다 더욱 그 요소들 사이에 시각적인 경향들을 띤 관계를 포함한다.[100] 말하자면 보조관념은 원관념의 형태적인 측면들을 나타내는 수단으로 사용된다. 직유를 포괄하는 폭넓은 의미에서의 은유가 존재(개념)를 그것과의 다른 것으로 '전이(轉移)'시키는 것이라 할 때, 직유는 그 전이의 내용이 보다 시각적인 외형적인 차원에 머무르는 특징을 갖는 것이다. 이런 점 때문에 때때로 직유는 은유의 '빈약한 친척'으로 취급된다. 직유는 비유를 통해 이루어지는 전이작용(轉移作用)의 뼈대만을 제한된 유추(類推)나 비교(比較)의 형식으로 제시하며 그 범위가 미리 정해져 있기 때문이다. 그러나 바로 그 직유의 '통제된' 효과들이 은유의 보다 넓으면서도 애매한 의미보다 더 확실한 효과를 가질 수도 있다. 직유는 은유에 비해 전이(轉移)의 영역이 빈약한 대신에 보다 분명한 통제효과를 갖는 것이며 특히 전이(轉移)의 내용을 시각적인 관계로 형성하는데 보다 탁월한 비유법이라고 할 수 있다.[101]

이러한 사실들은 이태준이 직유에 비해 은유를 1/10밖에 사용하지 않은[102] 이유를 짐작하게 해준다. 이태준 역시 직유가 은유에 비해 '보다 원시적인' 비유법임을 모르는 바 아니었다.

> 누구에게나 修辭 의식이 생기는 첫 순간에 따라나서는 것이 이 '같이' '처럼' '듯이' 들이다. 가장 원시적이요 보편적인 것이다. …… 보편성이 있다는 것은 도저히 무시할 수 없다는 존재다. 一字 一韻을 범연히 아니하는 정지용씨 같은 이도 …… 이 원시적인 '처럼' '같이'를 아주 떼어버리지 않는다. 다만 삼가는 것만은 사실이다. …… '같이' '처럼' '듯이'를 절대로 피할 것은 없겠지만 남용을 해서는 절대 안된다. 舊式이라기보다 賤俗해지기 때문이다.[103]

---

100) T. Hawkes, 심명호 역, 『은유』, 서울대 출판부, 1986. 4면.
101) 직유의 사용목적에 대해서는 『헤겔미학』 II(G. W. F. 헤겔, 두행숙 역, 나남출판 1996). 177~91면 참조.
102) 신순철, 「이태준연구」, 효성여대 박사학위논문, 1991. 163면.
103) 『문장강화』, 창작과비평사, 1988. 222~4면.

그러나 이러한 이론적 파악이 작품의 실제에서 이루어지지 못한 까닭은 무엇인가. 그것은 직유가 은유에 비해 원시적이요, 범속한 것이라는 판단에도 불구하고 그것이 갖고 있는 확실한 통제효과와 시각성에 견줄 만한 비유법이 없기 때문이라고 추정할 수 있다. 비유법 중 직유에 대한 편애는 그의 의도가 이론적 인식을 거역하고 작품 속에 구현되어 있는 증거이다. 정서를 시각화하는 것에서 단편의 예술성을 파악했던 이태준의 소설관은 비유의 차원에서도 직유를 상대적으로 빈번하게 사용하는 방식으로 구현되고 있다.

이태준이 "冊만은 '책'보다는 '冊'으로 쓰고 싶다"104)고 말했을 때의 의미도, '책(冊)'이라는 글자는 대상을 지칭하는 기호에 국한되는 것이 아니라 "시각적으로 형상이 조화시켜 주는 때문"105)이었다.106) 요컨대 언어의 '문자성(文字性)'이 지닌 시각성을 이해한 상허는 작품에서도 문자가 표현하지 못하는 시각적 이미지를 담아 내는 것에서 소설의 근대성을 인식하게 되었고, 이것은 묘사나 표현을 중시하는 것에서 기법의 사용에까지 관철되고 있다.107)

---

104) 「책」, 『무서록』, 깊은샘, 1994. 90면.
105) 『문장강화』, 창작과비평사, 1988. 224면.
106) '책만은 책보다는 冊으로 쓰고 싶다'는 문장은 김윤식에 의해서 이태준 문학관의 천박함을 예증하는 표현으로 종종 애용돼 왔다. 그는 이 표현을 이태준의 한낱 '겉멋 들림'의 상징으로 여긴 듯하다. 그러나 이제까지 분석해 왔듯이 이러한 사고는 소설의 서술방식을 그 시각성의 차원에서 찾고자 한 이태준의 문학관 전체의 특징 속에서 의미를 되새겨야 한다. 그랬을 때, 그러한 인식의 가벼움과 정당함이 함께 평가될 수 있을 것이다. 김윤식, 「이태준론」, 『현대문학』, 1989.5 참조.
107) 이태준은 미술, 특히 동양화와 서예에 대한 조예가 남다른 바 있었다. 이는 김용준이나 김주경·오세창 같은 이와의 교우관계를 통해서도 형성되었겠지만 휘문고보 은사인 無號 李漢福의 영향도 있었던 것으로 보인다(류철상, 앞의 논문, 27~8면 참조)
특히 이태준은 朝鮮書畵協會展의 참관기를 비교적 초기부터 발표하고 있어서 시각예술에 대한 감식안을 선보인 바 있다. 그 목록을 들면 다음과 같다.
「제10회 書畵協展을 보고」, 『동아일보』, 1930.10.22~23.
「朝鮮畵壇의 回顧와 展望」, 『매일신보』, 1931.1.1.
「제13회 協展觀後記」, 『조선중앙일보』, 1934.10.24~28.

(2) 아이러니의 의미

「손거부」는 '못난이'를 주인공으로 하였으며, 작가임을 암시하는 관찰자가 서술자로 등장한다는 것, 인물의 친진함에 대비되어 작품 속에 서술되지 않은 세계의 폭압성(暴壓性)이 드러나는 것들을 보면, 「달밤」과 같은 계열의 작품임을 알 수 있다. 그러나 「달밤」과는 달리 인물의 내력을 알려주는 요약적 서술이 사라지고, 작품이 대화에 의해서 주도되는 것, 그리고 「달밤」의 마지막 장면처럼 독자의 정서를 고양시키는 내적 장치를 지니고 있지 않다는 점 등이 다르다. 이 때문에 이 작품은 정서를 시각화하기보다는 대화의 문맥에서 드러나는 손거부의 말과 실제 사이의 간극에 초점을 맞추고 있다.

작품은 세 개의 작은 에피소드의 모음으로 엮어진다. 문패를 만드는 일과 큰아들 대성을 학교에 보내는 일, 그리고 셋째 아들의 이름을 지어주는 일이 그것이다. 문패에 아들 이름까지 다 쓰면서 정작 써야 할 번지수는 없다는 것은, 크게는 국유지 위에 불법으로 집을 짓고 사는 그의 처지를 드러내 주면서, 작게는 문패의 기능과의 부조화에서 오는 웃음을 유발시킨다. 또한 이렇게 문패에 식구 이름을 다 적고 '인구 도합 4인'이라는 숫자까지 쓰는 것이 "순포막서 호구조살 와두 여러 말이 없이"[108] 가게 하기 위해서라는 대목은, '현실'과 그에 대한 못난이의 대응방식을 동시에 보여주어서, 인식과 웃음을 함께 유발시키고 있다.

아울러 대성이가 너무 머리가 나빠 학교에서 쫓겨난 것을 "뭐 대학교까지나 식혀야지 그렇지 않군 무슨 회사나 상점 고씨까이밖에 못 된대니 그걸 누가 식"[109]히냐고 둘러대는 것에서는 못난이임에도 자식의 부끄러움을 덮어 주려는 부성애가 전해지기도 한다. 그러면서도 셋째 아들이 태어나자 "글을 잘해서 국녹을 좀 먹게 됐으면 좋겠"다고 소망을 피력한

---

108) 「손거부」, 『가마귀』, 한성도서, 1937. 44면.
109) 『가마귀』, 한성도서, 1937. 54면.

다. 이 역시 자신의 처지와 자식들의 상태를 고려하지 않는 못난이로서의 반응양태이면서, 소박한 꿈과 희망을 버리지 않는 순진함의 표현으로 읽혀진다.

이처럼 이 작품은 표현된 것이 표현되지 않은 것을 의미하는 의미의 이중반응으로 구성되어 있다. 우리는 이것을 '아이러니'라 부르거니와, 아이러니는 이 작품의 작명법에서 대화의 맥락, 그리고 구성원리의 차원을 통괄한다. '거부(巨富)'라는 이름이 그의 불우한 처지와 대비되며, '대성(大成)·복성(福成)·녹성(祿成)'이라는 자식의 이름들도 마찬가지다.

에피소드들을 감싸는 앞뒤의 내용은 그가 동네 일에는 "아니 나서는 데가 별로 없다"110)는 것이다.

> 손서방은 아들이름 하나가 더 늘은 문패를 들고 두 아들의 앞을 서서 웃즐렁거리며 나갔다. 나가다 말고 다시 돌아서더니
> "참 모레가 기다는 날이랍죠. 그날은 기 달었나 안 달었나 조살 나온답니다. 기 꼭 다십쇼. 괘―니 ……"
> 하고 나갔다.111)

이러한 구성은 제 앞가림도 제대로 못하면서 온 동네 일에 참견을 하는 못난이로서의 특징을 보여주는 대목이기도 하지만, 또한 그것은 자기 앞가림을 제대로 하는 인간들간의 '소통부재'를 드러내는 역할과 무관하지 않다. 그 때문에 "혼상간에 마당이 좀 왁자―해져야 될 일이 버려진 집에서는 으레 손서방을 찾아다니며 대려"112)간다. 계산속 없는 손거부의 천진난만함은 인간간의 소통의 현장에서 빛을 발하는 것이다.

이와 같이 표현과 의미의 간극을 특징으로 하는 아이러니는 이태준 작품의 주요 특성이다.113) 이는 초기작의 구성원리였던 '극적 반전'이 고

---

110) 『가마귀』, 한성도서, 1937. 41면.
111) 『가마귀』, 한성도서, 1937. 55면.
112) 『가마귀』, 한성도서, 1937. 41면.
113) 이태준 작품의 특성을 '아이러니'로 파악한 것은 당대로부터 지금까지 연구자들의

도화된 것으로 파악할 수 있다. 다만 극적 반전이 사건이나 초점의 층위가 단순하고 일면적임에 반해, 아이러니는 보다 은폐되어 있고 지적(知的)이며 다중적인 층위에 존재한다는 차이를 갖는다. 이러한 아이러니는 실제와 의미의 간극이라는 "불일치의 共存이 생존구조의 한 부분이라는 것을 인정하는 인생관"114)의 발현이다. 따라서 아이러니는 실재하는 것을 그대로 받아들이려는 태도에 비판적이며, 그것을 강요하는 지배 이데올로기에 대해 부정적이다. 아이러니의 지적(知的)인 속성은 이와 관련이 깊다.

「달밤」이나 「손거부」의 주인공들은 자신의 '못남'을 통해서 인간간의 소통부재와 정서적 훈향의 소멸에 대한 비판의 준거를 마련한다. 작품의 문맥만을 쫓아 표면적인 의미를 독해하는 것에 머무르면 이들 작품은 순박한 못난이의 형상을 애틋한 미소와 함께 전해주는 데 그치는 것으로 보인다. 그러나 그러한 표현 속에 '이면(裏面)'으로 존재하는 현실의 형상이 배어 있음을 느낄 때, 성북동을 '시골스럽게' 만드는 '서울'의 형상과 이해타산에 빠른 세태에 대한 작가의 관점을 간파할 수 있다. 흔히 아이러니가 세계의 타락상을 드러내기 위해서 순진한 혹은 무지한 인물을 등장시키는 것은 이 때문일 것이다.115)

공통된 지적사항이다. 특히 서영채는 이태준의 아이러니를 그가 드러내고자 한 예술성의 핵심으로 파악하고, 이것을 '서사구성기법'과 '정서', 그리고 '세계인식'의 층위로 삼분한 바 있다. 본고는 이러한 연구결과를 수용하지만, 아이러니와 작가정신과의 연관을 통해 왜 이태준이 아이러니를 주된 원리로 채택했는가를 물음으로써 더 나아가고자 한다.

서영채, 「두 개의 근대성과 처사의식」, 상허문학회 지음, 『이태준문학연구』, 깊은샘, 1993. 참조.

114) Samuel Hynes, *The pattern of Hardy's Poetry* ; D. C. Muecke, 문상득 역, 『아이러니』, 서울대 출판부, 1986. 41면에서 재인용.

115) 이태준 작품의 '바보유형'의 인물에 대해서는 장영우, 「이태준 소설연구」(동국대 박사학위논문, 1992) 94~9면 참조. 아울러 바보나 악한의 기능을 '사물의 외형화'로 파악한 미하일 바흐찐, 전승희 외역 『장편소설과 민중언어』, 창작과비평사, 1988. 350~4면 참조.

아이러니의 이중성은 「달밤」이나 「손거부」, 「불우선생」, 「색시」, 「촌띠기」, 「철로」 등의 작품에서 주인공에 대한 정서의 이중성이라는 방식으로 표출되기도 한다. 흔히 이들 주인공은 희극적인 요소와 함께 동정심도 유발하는데, 희극적인 요소는 현실과 대응하는 그들의 방식의 비현실성에서, 그리고 동정심은 그들이 이러한 현실에 의해 받게 될 고통에의 감정이입을 통해 이루어진다. 못난이와 몽상가, 그리고 자신의 처지를 객관화시키지 못하는 인물들이 벌이는 행태는, 현실과 결합할 수 없는 것이면서, 그것 자체로 훼손된 세계가 훼손시킨 가치들을 일깨워 주는 동경(憧憬)의 구현체이기도 하다. 이렇게 이중성을 특징으로 하는 아이러니를 감득하는 능력이 생기면서 독자는 삶의 다중적 의미를 파악하게 되고 이것은 곧 예술적 지각 능력의 확대와 연결되는 것이다.

이를 위해 필요한 장치중의 하나가 '거리감'이다. 아이러니는 작품 속에 전개되는 '말'이나 '사건' '상황'에 대해 인식적인 거리감을 조장함으로써 현상에 매몰되지 않고 작가의 의도가 드러나도록 만든다. 거리감은 다양한 층위에서 나타나는데, 서술자 혹은 상황과 구조의 층위에서 구현되기도 한다. 「불우선생」이나 「달밤」, 「손거부」, 「색시」 같은 작품들이 작품 내적 화자의 존재에 의해 거리감이 가시화 혹은 인식되는 것이라면, 「꽃나무는 심어놓고」나 「촌띠기」, 「철로」와 「복덕방」은 상황과 그 상황이 유발하는 정서에 의해 거리감이 실현되는 경우이다. 이 거리감에 의해 현상과 실제의 간극은 작가와 독자만이 간파할 수 있는 형식으로 자리잡는다. 간극을 확인해야만 작품의 의미를 해독할 수 있다는 점에서 아이러니는 보다 지적인 독서행위를 요구한다. 아이러니를 지성인으로서의, 작가와 독자간에 맺어지는 작품 내적 계약이라고 말할 수 있는 것은 이 때문이다.

이러한 거리감은 작품에서 표출되고 있는 상황에 대한 작가나 독자 모두의 지적 우월 의식을 표현한다. 특히 거리감은 작가가 작품 전체를 통제하는 제어능력 없이는 구현되기 어려운 것이다. 이 점에서 아이러니는 다른 어떤 원리보다 강렬한 자의식에 바탕을 둔다. 작가는 표면적으로는 일상적이고 우연적인 일(상황)을 통해 오히려 본질적인 의미가 드러나도록 구성함으로써, 자신의 제어능력 즉 대상보다 높은 지적 위치에 있음을 드러낸다.

「봄」이나 「꽃나무는 심어 놓고」에서는 꽃이 화려하게 만발한 봄날의 날씨가 주인공인 '박'(「봄」)과 '방서방'(「꽃나무는 심어 놓고」)의 처지를 드러내는 매개물이다. 다른 사람들은 일상적으로 맞이할 수 있는 봄날의 화사한 경치가 인물의 처지를 드러내는 장치가 되는 것이다. 대비되는 것의 일상성 때문에 이들의 처지는 더욱 극대화된다.

「촌띄기」에서 일어나고 있는 아이러니도 이와 동일한 방식을 취한다. 돈을 모아야 한다는 비장한 결심을 하여 아내를 친정에 보내면서도 못내 이별의 비감을 못 이겨하던 '장군이'의 기분은 사소한 일에 의해 깨지고 만다.

> 안해는 눈물에 흐린 눈으로 남편을 돌아보노라고 몇번이나 남과 부디치면서 아랫장거리로 타박타박 내려갔다. 장군이는 멍청하니 큰 길 가운데 서서 안해의 뒷모양만 바라보았다. 안해의 그림자가 거의 이층집 모퉁이로 사라지려 할 때였다. 무엇인지 갑자기 허리가 다 시큰하도록 볼기짝게를 디리받았다. 쓰러질번 하면서 두어걸음 물러나 얼굴을 돌리니 얼굴에는 대뜸 불이 번쩍하는 따귀가 올라왔다. 그리고 뺨을 때린 손길과 같이 날카로운 소리가 났다.
>
> "이 자식아, 웨 큰길에 떡 막아서서 종을 울려도 안 비켜나? 촌띄기녀석 같으니……"
> 무슨 관청의 급사인 듯 양복쟁이나 노상 어린애였다. 그는 자전차 앞바퀴를 들고 한번 굴려보더니 장군이가 탄할 사이도 없이 남실 자전차 우에 올라앉아 달아났다.
> 장군이는 멀거니 한옆으로 나서서 눈으로만 그뒤를 쫓아보는 수밖에 없었다. 내리막 길이라 자전차는 번개 같이 달아났거니와 걸어간 안해의 그림자도 벌서 사라진지는 오래였다.116)

작품의 마지막을 장식하는 이 장면에 의해 작품의 의미는 전체적으로 재구성된다. 그것은 아내와의 이별이 가져다 준 애틋한 감정만을 깨뜨리

---

116) 「촌띄기」, 『이태준단편선』, 박문서관, 1939. 113~4면.

는 것이 아니다. 고향인 산골에 있을 때는 그래도 "자기의 말 한마디에 촌사람들이 흩어"[117]지기도 하던 장군이가 대처에 와서는 '급사'고 '노상 어린애'인 아이에게 대뜸 뺨을 맞는 장면은 그의 미래가 어떻게 전개될지를 암시하는 것이기도 하다. "내길래 그래두 떠나본다!"고 고향사람들을 깔보던 장군이도 이곳에서는 한낱 '촌띄기'에 불과한 것이다. 이는 개인의 의지와 상관없이 삶이 결정되고 마는 냉엄한 현실의 일단면이다.

이처럼 우연을 통해 필연을 적출해 내는 구성방법은 이 둘을 교직(交織)하는 의식적 측면, 즉 우연과 필연을 교직(交織)해내는 작가의 구성상의 자의식과 작가가 현실의 의미를 간파하고 있다는 인식적 차원을 함께 포함하고 있다. 의식적 측면을 소재의 배치 능력, 곧 미의식(美意識)의 차원이라 하면, 이태준이 구사하는 아이러니는 인식적 차원과 미의식의 차원을 공유한 것이라고 말할 수 있다. 다시 말해서 아이러니가 구사되는 작품에서 발견되는 간극의 확인은, 한편으로는 인물의 성격이나, 정서, 상황의 의미들이 다층적인 공간으로 확대되는 여운을 지니면서, 다른 한편으로는 이를 통해 현실의 부조리함과 타락성이 드러나는 것이다. 이를 두고 키에르케고르는 아이러니가 정신 발달의 미적 단계와 윤리적 단계 사이에 위치한다고 말했거니와[118] 이는 인식의 측면에서 지각(知覺)의 확대가 일어나는 한편으로, 그 이중적 의미에 의해 지각과정이 연장됨으로써 미적 인식을 확대할 수 있다는 것을 의미한다.

이상의 분석은 이태준이 왜 아이러니를 작품의 주요 구성원리로 채택했으며, 그것이 이태준 문학 전체에서 갖는 의미가 무엇인지를 말해 준다. 그것은 간략히 말하면 미적 지각능력의 고도화와 연관이 깊다. 표현과 의미의 간극, 혹은 현상과 실제의 간극을 특징으로 하는 아이러니는 언어가 직접 표현하는 것을 부정하는 차원에 놓여 있고 이는 지적인 독

---

117) 『이태준단편선』, 박문서관, 1939. 93면.
118) 키에르케고르, *The Concept of Irony*(문상득 역), 『아이러니』, 서울대 출판부, 1986. 43면에서 재인용.

서행위를 통해서만이 감지할 수 있는 미적 장치이다. 말하자면 '표현하지 않았지만 존재하는 것'에 대한 인식능력의 문제가 아이러니의 구사와 밀접한 관련을 맺는 것이다. 이태준이 소설이란 '보여줄 뿐 설명하지 않는다'고 했을 때 보여준다는 말의 뜻은, 앞에서 분석했던 정서의 시각화만이 아니라 이렇듯 의미의 노출 역시 아이러니적 구성에 의해 이중적으로 표출되어야 한다는 사실을 의미한다. 이를 통해 미적 인식과 윤리적 인식은 갈라낼 수 없는 혼용을 이룰 수 있었고, 그 때문에 작품은 다중적인 의미 연관 속에서 여운을 지니게 된다.

바로 이 점이 이태준이 단편을 통해 구현하고자 했던 예술성의 두 번째 내용이다. 언어의 문자성에 기반을 둔 표현의 강조는 비입체적인 언어를 통해 정서를 입체화(시각화)함으로써 서술되지 않은 것을 감득케 하는 효과를 지향했다. 상허가 '말을 빼고도 남는 것이 있어야 한다'고 강조했던 것은 이처럼 '존재하되 표현할 수 없는 것'을 가시화하는 것에 있다. 아이러니 역시 '표현하지 않았지만 존재하는 것'을 드러내기 위한 방편으로 구사되었다. 표현과 의미 사이의 간극을 알아차리는 능력과 하나를 통해 다중적인 인식에 도달하는 아이러니의 특성은 미적 지각능력의 고도화와, 인식과 미의식의 통합을 의도하는 장치로 작용하여 상허의 작품을 분위기와 여운을 간직한 작품으로 자리잡게 만들었다.

(3) 소설의 서정화

이태준 단편의 또다른 특징인 소설의 서정화(抒情化)는 앞에서 서술한 두 가지 특성들의 종합에 의해 탄생한다. '정서의 시각화'는 상허의 소설을 서정화하는 근본적인 자질이다. 이 점은 두 가지 차원에서 분석될 수 있다. 먼저 '정서'를 문제삼는다는 것이다. 본고는 이미 상허의 초기작을 분석하면서 그의 주된 특징으로 '정감(情感)의 미시적(微視的) 조망(眺望)'을 강조한 바 있었다. 즉 상허는 현실의 재현이나 의미보다는 어떠한 인물이나 사건을 통해 드러나는 정감의 섬세한 묘파에 초점을 두었다. 그래서 사회의 지배적 담론이나 일반이론보다는 구체적인 개인과 사건을 관통하는 정서의 묘출을 작품의 초점으로 삼았던 것이다.

이렇게 정서를 초점에 둔다는 것은 작품의 지향점이 인간의 외면보다는 내면을 지향한다는 것이다. 다시 말해서 인간의 내면적인 것에 의해서 외면적인 것이 서술되고, 평가되며, 정복당한다는 것이다.[119] 인물, 혹은 작가의 '정서의 입장'에서 세계는 구성되고 표현된다. 이 때문에 작품은 작품 속에서 서술되고 있는 개별적인 사건들에 대한 집착을 뛰어넘어 무언가 다른 힘에 도달하려는 노력을 보여준다. 작품 속의 사건이나 인물은 어떠한 정서를 유발시키는, 독자들이 그러한 정서를 감득하게 만드는 매개물로서 의미를 부여받는 것이다.[120] 이제 세계는 인식의 대상이라기보다는 감각의 대상이며, 더 정확히 말하면 인식의 대상도 감각의 세계를 통과하지 않고서는 예술적 인식에 도달할 수 없는 것으로 여겨진다.

소설에서 서정성의 추구가 대상으로서의 세계를 감각적으로 만듦으로써 가능한 것[121]이라면, 또한 작가의 관점이 인식에 대한 심상(心象)의 망으로 변형되는 것을 의미한다면, 상허의 단편은 소설의 서정화를 추구했다고 판단할 수 있다. Kayser는 대상성이 내면화되는 것을 서정성의 본질

---

119) G. 루카치, 반성완·심희섭 역, 「동경과 형식」, 『영혼과 형식』, 심설당, 1988. 177~82면 참조. 루카치는 이 글에서 소설의 서정화 경향을 거론하면서, 소설이 서정화된다는 것은 서정시의 특징인 주관화·내면화 경향이 소설에 적용되었음을 의미한다고 말한다.

120) 프리드먼은 서정소설의 특징으로 수동적인 주인공과 상징적인 假面의 작중화자의 등장을 들고 있다. 이야기 자체의 흥미보다 이야기와 관련되는 주변 상황에 관심을 기울이기 위해 주인공을 수동적 인물로 설정하는 것이며, 상징적 가면의 작중화자는 사건에 대한 평가를 유보하고 관찰의 기능에 머무는 화자를 통해 작품이 전개됨으로써 작품에 대한 독자의 직접성을 높이려는 의도와 연관된다. 상허의 서정적 소설들도 이러한 특징을 갖고 있음은 지금까지의 분석을 통해서 확인할 수 있을 것이다.
　R. 프리드먼, 신동욱 역, 『서정소설론』, 현대문학사, 1989.
　이익상, 『한국현대서정소설론』, 태학사, 1995 참조.

121) R. 프리드먼, 신동욱 역, 『서정소설론』, 현대문학사, 1989. 제2장 참조.

로 보면서 서정적 현상은 자아와 세계가 융합되는 순간의 상태 속에서 주체적인 것과 객체적인 것이 상호 침투되어 있는 것으로 보았다.[122) 이에 따르더라도 정서를 중심에 두는 상허의 서술방법은 대상을 내면화(주관화)하고자 하는 의도의 소산이며 곧 소설을 서정화하는 기본 방식이라 할 것이다.

아울러 '시각화'의 방식 역시 소설을 서정화시키는 데 핵심적인 장치다. 앞에서 설명했듯이, 정서의 시각화는 '묘사' 기법이 핵심으로 자리잡는 과정과 궤를 같이 한다. 이태준이 다른 작가들에 비해 상대적으로 비유법을 자주 사용하지 않았고, 그나마 비유법 중에서도 시각적인 특성과 통제된 효과를 지향하는 직유법에 치우쳤음은 분석한 바와 같다. 여기서 강조되는 것은 빛이나 색채, 그리고 성격을 한 눈에 묘파하는 대화와 같은 시각적 이미지들인데, 이것들은 작품 전체의 의미론적 문맥보다는 그 자체로 생동하는 분위기를 창출하는 데 보다 많은 관심을 기울인다. 다시 말해서 개별적 사건이나 사물의 의미보다는 그러한 사건과 사물의 뒤에 있는 분위기와 정서적 진동이 표현의 중심으로 자리잡는다.

이로 인해 작품의 개별적 요소들은 통합 속에서의 불가사의한 분리를 경험하게 된다. 즉 요소들은 전체적으로 보면 작품 전체의 정서에 종속된 것으로 보이지만, 그것 자체로 독립된 정서를 형성할 수 있는 분리된 이미지로 작용하기도 하는 것이다. 이렇게 '묘사'가 핵심에 온다는 것은 설명을 배제하고자 하는 것, 즉 독자를 대상에 직접적으로 연결시켜 주는 기능을 갖는다. 묘사의 직접성은 서사세계의 개입 없이 한 장면과 상황의 이미지 혹은 분위기를 독자가 직접 지각하게 하는 효과를 갖는다.[123) 이는 주체와 객체가, 순간적으로, 상호 침투되는 서정성의 본질에 부합하는 서정적 직접성이다.

따라서 '정서'를 '시각화'함으로써 서사는 서정화된다. 작품은 서사의

---

122) W. Kayser, 김윤섭 역, 『언어예술작품론』, 시인사, 1988.
123) R. 프리드먼, 신동욱 역, 『서정소설론』, 현대문학사, 1989. 19면.

기본 골격을 제외하고서도 그것 자체로 완상(玩賞)의 대상이 된다. 서사와 결부되면서도 서사로부터 독립적인, 분위기와 이미지가 충만하기 때문이다. 소설 감상의 핵심이 내용에 있지 않고 표현에 있다고 강조한 이태준의 본뜻은 여기에 있다. 분위기와 이미지가 작품을 채우면서, 이제 "사물의 외관 뒤에 놓인 것은 가시적이 되기 위해서 더 이상 사물로부터 모습을 나타낼 필요가 없게 되었고, 오히려 사물들 속에서, 사물들 사이 사이에서, 사물들 표면의 반짝거림 속에서 그리고 그들 윤곽의 떨림 속에서 나타날 수가 있었다. 표현할 수 없는 것은 이제 표현되지 않은 채로 남아 있을 수 있게 되었다."[124]

정서의 시각화가 소설을 서정화하는 주요 방식으로 작용하는 것은 아래의 대목을 보면 확연히 알 수 있다.

> 벌에는 군데군데 사람들이 있었다. 그러나 장군이 눈에 제일 먼저 띠이는 것은 이제 겨우 큰 길에서 떨어져 방축 머리를 돌아가고 있는 안해의 그림자였다. 장군이는 발을 멈추고 멍하니 서서 바라보았다. 바라보고 섰노라니까 안해도 남편이 저를 바라보고 섰는 것을 돌아다 본 듯 안해의 그림자도 움즉이지 않고 한자리에 박혀 있었다. 장군이는 또 성이 버럭 나서 옆에 있기나 한 것처럼
> "가, 어서……"
> 하고 손짓을 하였다. 안해는 남편의 손짓을 알아채인 듯 그제사 다시 움즉이었다. 읍길과 밤까시길은 갈라져 가지고도 한 오 리 동안은 평행하는 길이다. 그래서 장군이 눈에는 안해의 그림자가 조밭에 가리웠다가 혹은 수수밭에 가리웠다가 가끔 다시 나타나군 하였다. 어떤 때는 까맣게 멀리 보이었다가도 어떤 때는 뜻밖에 소리를 질르면 알아들을만치 가까이서도 나타났다.
> 멀리서나 가까이서나 안해의 그림자가 보일 때마다 장군이는 걸음을 멈추고 바라보면서 생각하였다.
> "읍에까지 가치 갈결!"
> 장군이는 안해에게 떡이나 사먹여서 보내고 싶었다. 친정으로 가라는 바람에 이틀이나 곡기를 하지 않은 안해가 시장도 하려니와, 작년 가을에 별로 이차떡 말을

---

124) G. 루카치, 『영혼과 형식』, 심설당, 1988. 182면.

뇌이던 것이 생각났다.[125]

「촌띄기」에서 장군이와 아내가 헤어지는 장면이다. 돈을 벌겠다며 가정을 둘러엎은 사내는 평소에 못마땅해하던 아내와 헤어지는 시원함과, 안쓰러움과 미안함이 교차한다. 아내도 헤어지기가 두려워 혹시나 하며 자주 발을 멈추지만, 남편의 손짓에 다시 가던 길을 재촉한다. '오 리 동안' 평행하는 길을 배경으로 가까워졌다가 멀어지는 두 남녀의 '지속되는 이별'은, 이처럼 거듭 교차되는 두 가지 감정을 시각화하는 형상이다. '지속되는 이별'은 이별의 감정을 단속(斷續)시키면서 그만큼 정서를 점층적으로 고양시킨다. 벌판의 정지된 듯한 공간적 배경에, 그 사이에 난 길을 걸어가는 아내의 동적인 모습이 변화를 주면서 후회와 연민과 각오가 교차하는 장군이의 정서는 하나의 이미지와 분위기로 그려진다.

묘사의 직접성에 의해 독자는 상황에 몰입하고, 가까워졌다 멀어지는 방식으로 '지속되는 이별'은 슬픔에 관한 혹은 착잡하게 교차하는 마음에 대한 그 어떤 서술보다 독자로 하여금 장군이의 심리를 파악하게 하며, 장면 전체를 애틋한 이별의 분위기로 감지하게 만든다. 비록 초점화자는 장군이지만, 독자는 묘사가 진행되어 감에 따라 장면이 전해 주는 분위기를 장군이'의 것'이 아닌 독자 자신의 것으로 체감하게 되면서 주체는 객체 속으로 침투해 들어간다. 이것이 이태준의 단편에서 정서의 시각화를 통해 소설이 서정화되는 가장 일반적인 방식이다. 상허의 소설론을 채우는 묘사와 표현, 감각에 대한 강조는 결국 소설을 시의 경지로 끌어올리는 데서 완성되는 것이다.

이태준 소설의 구조적 특질인 아이러니도 소설의 서정화 경향과 연관이 있다. 표현과 의미의 간극을 전제하는 아이러니는, 그 이중성을 통해서 '표현하지 않았지만 존재하는 것'을 드러내게 만든다. 또한 아이러니는 정서의 차원에서 윤리적 인식과 미적 인식을 통합함으로써 의미의 함

---

125) 「촌띄기」, 『이태준단편선』, 박문서관, 1939. 109~10면.

축과 확산을 동시적으로 수행하고 있음은 이미 분석한 바와 같다. 이것은 작품의 의미를 독서가 끝나는 지점에서 완결시키지 않고 미적 지각을 연장시키고 여운을 남기면서, 작품을 서정화시키는 작용을 한다.

이태준은 기법으로부터 구조·인물·사건에 이르는 소설의 모든 요소들을 동원하여 서정적인 소설을 다수 창작하였다. 그는 소설의 서정화를, 작품의 요소들이 '요소로서' 존재하지 않고 완벽하게 혼융된 통합체를 형성하는 것으로, 따라서 보다 예술적인 것으로 파악했을지 모른다. 이러한 경향은 그에게만 독특한 것이 아니라 30년대 중·후반, 이효석이나 김유정과 같은 작가들에게서도 공통적으로 보이는 경향이기도 하다. 여기에는 <카프>의 해산으로 상징되는 이념의 몰락과 만주사변과 중일전쟁으로 이어지는 현실의 폭압성이 주된 원인으로 작용했을 것이다. 그러나 현실의 변화, 나아가 토대의 문제로만 설명하는 것은 문제를 제대로 이해하기 어렵다.

그보다는 단편을 소설의 주류적 양식으로 설정한 김동인 이래 우리 근대소설사의 논리적 귀결로 보는 것이 더 타당한 설명 방법이 될 것이다. 말하자면 단편을 장편에 비해 보다 기교적, 즉 작가의 의식적인 개입이 보다 많은 양식으로 파악하고 이러한 작가의 의식적 개입의 정도 문제로 예술성을 파악하고자 했던 김동인 이래의 단편 소설관이 소설을 서정화시키는 기본적인 원인인 것이다.

또한 '이야기'를 배제하고자 했던 근대 초기 단편의 지향점도 소설을 서정화시키는 데 일조를 하였다고 본다. 이야기의 배제는 본질적인 차원에서 서사성의 약화를 초래할 수밖에 없으며, 아울러 그것이 정제된 기교의 차원에서 가치 평가될 때, 소설의 서정화 경향은 문학사의 필연적인 귀결이라고 말할 수도 있다. 어쩌면 단편양식은 장편에 비해 서정화될 가능성이 보다 많은 양식이라 하겠다. 그것의 '작은 용량'은 필연적으로 '집약의 효과'를 가치척도로 삼게 되며, 장편의 '시간성'에 대비되어 묘사의 '공간성'을 표현의 주된 영역으로 설정하게 만드는 것이다. 단편의 단소성과 공간성은 순간 속에 명멸하는 삶의 진실을 포착하는데 탁월한 효과를 갖지만, 그것은 그 순간성 때문에 서정적 직접성과 결합될 가능성이 더욱 농후한 것이다.

이태준을 포함한 몇몇 작가들의 공로로 우리 근대소설사는 서정시에 견줄 만큼 아름다운 소설을 갖게 되었다. 그러나 소설의 서정화라는 개념은 분명 하나의 '역설'이다. 가치판단의 차원을 넘어 서사의 본령에서 생각해 보면, 소설의 서정화란 서사의 무장해제이며, 가치의 훼손이다. 서정화의 특성인 자아와 세계간의 거리의 단축은 서사의 세계에서는 필연적으로 세계의 왜곡으로 작용하게 마련이다.

우리의 근대소설사는 단편양식을 주류로 전개되어 왔고, 서정소설이 가치판단의 차원에서 긍정적으로 평가받아 왔다. 이는 곧 우리의 소설이 자신이 대결해야 할 산문적 현실로부터 거리를 유지하며 성장했다는 것을 의미한다. 우리의 문학사에서 만일 장편, 곧 대서사문학이 양적으로나 정신의 치열함으로나 빈약함을 보여준다면 그 원인은 지금까지 분석했던 것들과 무관하지 않을 것이다.

2) 장편의 성격과 계몽의 내용

(1) 삼각관계와 통속성

이태준은 한국 근대단편소설을 완성한 작가로 평가받고 있지만 동시에 춘원이래 최고의 인기를 구가했던 장편작가였다. 해방 이전까지 만으로 한정하더라도 이태준은 단편집 6권(日語版 1권 포함)과 장편 9권을 출간하였다. 이러한 숫자는 춘원을 제외하고는 거의 독보적이다. 더욱이 장편들은 판을 거듭하며 인기를 끌었고 이것이 그에게 경제적인 안정을 가져다 줄만큼의 소득이었음을 고려할 때 상허 장편의 인기는 짐작하고도

남음이 있다.126)

이태준이 장편소설의 의의를 폄하했던 것은 미적 근대성과 사회적 근대성을 분리하여 인식한 그의 파행적 근대인식에서 비롯된다. 상허는 자신의 '예술'은 단편양식에서 구현되고 있다고 주장하였다. 그렇다면 그의 '사회적 근대성'은 장편을 통해 구현되고 있는 셈인데, 이는 그의 장편 전체를 일별해 보아도 수긍할 수 있는 것이다. 그의 장편은 신문소설 특유의 통속성을 저변에 깔고 있으면서도 식민지 현실에 대한 작가의 인식을 공공연하게 드러내고 있다.

초기작에서 혼효되어 있던 미적 인식과 사회적 인식이 「불우선생」이나 「꽃나무는 심어 놓고」에 이르러 사회적 인식이 소멸되면서 정감의 미시적 조망과 정서의 시각화라는 방향으로 변모되었음은 이미 살펴본 바있다. 그 결과 중기로 접어들면서 단편에서는 미적 근대성을, 장편에서는 사회적 근대성을 발현하는 것으로 분화되었다. 이에 걸맞게 장편은 민족주의적 계몽성의 내용으로 가득 차 있다. 따라서 상허의 장편을 단순히 '생계'를 위한 수단으로 인식하기보다는 그의 사회인식의 원리와 구조를 파악하는 주요한 영역으로 인식하는 것이 장편분석의 전제라고 말할 수 있다.

① 삼각관계의 의미와 사회주의에 대한 인식

이태준의 장편을 통속성으로 인식케 만드는 근본적인 원인은 삼각관계에 있다. 대부분의 장편은 중첩된 삼각관계를 뼈대로 서사가 진행되고 있다. 초기 장편이라 할 수 있는 『구원의 여상』이나 『제2의 운명』, 『불멸의 함성』 등은 한결같이 두 여인과 한 남자, 혹은 한 여인과 두 남자의 삼각관계가 작품의 주축을 이루고 있다. 이 삼각관계는 한 축에 고학생

---

126) 「토끼 이야기」에 보면 상허는 신문연재 소설을 통해 얻은 돈으로 땅을 사고 그것이 값이 올라 절반을 팔고도 집을 지을 수 있었다고 회상하는 대목이 나온다. 『돌다리』, 박문서관, 1943. 133면.

이지만 인품과 용모가 반듯한 전문학교 학생이 존재하고 다른 축에는 미모와 재산을 겸비한 신여성이 등장하며, 여기에 돈이나 권력, 혹은 다른 생활태도(사상)를 상징하는 인물들이 개입하는 방식으로 전개된다.

최초의 장편인 『구원(久遠)의 여상(女像)』[127]은 여러 가지 측면에서 상허 장편의 원형질적인 모습들을 보여주는 작품이다. 인물의 측면에서 등장인물들은 감정적 인물과 이성적 인물, 그리고 개인적 욕망과 사회적 가치에의 몰입이라는 이분법으로 확연히 나뉘어져 있다. 여주인공 이인애는 고아이고 서양부인의 도움으로 여전(女專)에 다니며, "넓고 반듯하게 이지적으로 발육된 흰 이마라든지 산 속 호수에 비길까, 시원스럽고 신비스러운, 그리고 쓸쓸해 보이는 눈은 벌서 미망인에게서나 흔히 느끼는 애련한 매력으로 차"[128]있는 여자이다. 그녀의 성격은 "남들은 허리를 펴지 못하고 웃는 일이라도 인애는 웃기 전에 그 일이 웃을 만한 일인가 아닌가부터 생각하는 성질이라 자연 남에게 깔끔스럽게 보였다. 어떤 아이들은 인애의 그것을 노─불화하게 보아 본받으려고 하였으나 대개는 거만스럽게 여겼다"[129]는 표현 속에 함축되어 있다. 즉 이인애는 이지적이면서 속이 깊고 여성적이며, 정신적인 인물로 형상화되고 있는 것이다.

작품의 갈등은 두 가지 측면에서 제기된다. 하나는 인애의 불우한 환경을 핑계로 자신의 욕심을 차리려는 안주사의 계략이다. 그러나 이것은 인애와 사랑하는 관계인 손영조(孫英朝)의 방해로 무산된다. '돈'의 상징인 안주사의 패배는 이 작품이 상대적으로 상허의 다른 작품에 비해 정신적인 갈등의 문제를 중심에 놓는다는 것을 의미한다. 갈등의 주축은 '주의자'인 영조가 활달하고 '감성적'인 명도(明桃 ; 밝은 복숭아, 즉 이 이름은 '명도'의 밝은 성격과 성적(性的) 이미지를 상징한다)와 정신적이면서도 희생적인 인애(仁愛)를 사이에 두고 번민하는 것에 놓여 있다. 문제의 핵심은 사랑

---

127) 『신여성』, 1931.1~8월, 여기서는 『이태준전집』 4권(깊은샘, 1988) 참조.
128) 『이태준전집』 4권, 깊은샘, 1988. 24면.
129) 『이태준전집』 4권, 깊은샘, 1988. 20면.

의 방식과 차원에 있는 것이다.

> 영조를 내가 소유하자. 지금 사회가 가지고 있는 영조를 내가 완전히 빼앗자. 사회
> 와는 손을 끊게 하고 나를 위해서 집을 지키고 내 자식을 위해서 돈을 모으는 데만
> 전심전력하는 충실한 남편이 되게 하자. 이것이 명도의 제일 만족한 욕망이었다.[130]

명도가 상징하는 것은 개인적 사랑, 소유의 사랑이다. '사회'로부터 손을 끊게 만들겠다는 다짐은 사랑을 개인화시키는 사고방식이다. 이에 대비되는 것이 인애의 사랑이다. 인애는 비록 "코론타이당"의[131] 여성해방운동에 대해 보다 여성적인 것을 강조하는 입장이지만, 그럼에도 자기의 일생을 많은 사람들의 행복을 위해 바쳐야 한다는 영조의 근본입장에 동조하는 인물이다. 그래서 이미 명도에게 사랑의 자리를 뺏겼지만 영조가 감옥에 잡혔다는 소식을 듣고 뒷바라지를 결심하는 것이다.

> 자기 개인의 욕망을 다하려 허우적거리다가 그런 곳에 갔다면 말할 것도 없거
> 니와 그의 사상과 정신이 서로 착오됨은 별문제로 하고 아무튼 손영조는 남을 위
> 해 저 개인 생활을 불고하고 나간 사람이다. 인애는 그 점을 생각하기 때문에 손
> 영조의 편지를 묵살하기가 어려웠던 것이다.[132]

이러한 생각에서 인애는 영조의 옥바라지를 하고 영조가 감옥에서 탈출하자 그 가택수색의 충격 때문에 평소 앓던 폐병이 도져서 결국 죽음에 이르게 된다.

이상에서 알 수 있듯이 이 작품이 강조하는 바는 개인적인 욕망을 뛰어넘는 헌신성이며, 사회적 가치에의 강조이다. 이 점에서 영조와 인애의 삶의 방식이 긍정된다. 삼각관계의 또 다른 축을 이루는 명도는 사랑을 개인

---

130) 『이태준전집』 4권, 깊은샘, 1988. 103면.
131) 이 시기 여성해방운동의 이론과 이태준의 여성의식에 대해서는 「장편소설에 나타
　　난 여성의식」(이명희, 『상허 이태준 문학세계』, 국학자료원, 1994) 참조.
132) 『이태준전집』 4권, 깊은샘, 1988. 127면.

의 욕망의 차원에서 소유하려 했다는 점에서 폄하된다. 사회적 가치에의 개안(開眼)이 없는 명도는 동경에서 또다시 김기석을 만나 정신적인 사랑도 없이 '육체'를 주고받는 수준에 떨어진다. 이러한 점들은 초기 단편에서 보여줬던 정신성에의 강조, 그리고 개인의 욕망을 뛰어넘는 사회(민족)에의 헌신을 우선시 하는 사고와 맥을 같이한다. 요컨대 주제의식의 차원에서 단편과 장편은 본질적인 차이를 보이지 않고 있는 것이다.

그렇다면 왜 삼각관계이며, 왜 달성되지 못하는 사랑인가가 문제시될 수 있다. 다시 말해서 상허는 자신의 주제를 드러내기 위해서 왜 삼각관계라는 가장 통속적인 구도를 사용했으며, 대부분의 경우 그 삼각관계가 사랑의 승리보다는 실패로 귀결되는가? 먼저 삼각관계가 독자의 흥미를 유발하기에 적당한 가장 통속적인 구도라는 사실을 지적해야 할 것이다.

그러나 상허의 삼각관계 애용에는 이보다 근본적인 의미가 숨겨져 있다. 초기의 단편 「결혼의 악마성」에서 보여줬던 인식의 특질을 떠올려 보면 이 점은 보다 확연히 설명될 수 있다. 즉 이태준에게 있어 남녀간의 사랑, 혹은 가정을 꾸리는 일은 그 당대의 조선사회에서 뜻 있는 한 인간을 개인화시키는 가장 기본적인 방식이라고 여겼던 것이다. 『구원의 여상』에서 명도의 입장이 이것이다. 사회와 민족을 위해 일하고자 했던 사람들이 가정을 꾸리면서 개인의 욕망충족에 머물고 마는 것을 비판하는 것은 상허 소설에서 널리 나타나는 인물에 대한 비판방식이다. 그러므로 삼각관계에서 긍정적 주인공들의 사랑이 맺어지지 못하는 것은 사랑보다 더 위대한 정신적 가치, 곧 사회와 민족을 위하는 정신의 당위성을 증명하는 가장 확실한 장치였던 셈이다.

이러한 사고는 이태준 자신의 삶을 통해서도 확인되었다. 초기 단편 「결혼의 악마성」이나 「코스모스 이야기」에서 강조했던 결혼의 의미는 실제로 작가 자신의 결혼관이라 보아 무리가 없다. 그러나 그러한 '정신성'을 우선시하는 결혼은 거대한 일상의 흐름에 편입되면서 고수되기 어려운 하나의 관념으로 변모되었다. 상허 스스로 일상을 위해 신문소설을 한 해에 두 개씩 써 나가는 강행군을 하기도 하였고, 쉽사리 신문기자직을 그만두지도 못했다. 훗날 「토끼 이야기」에 서술되는 것처럼 일상은 결혼 당시의 맹세를 갉아먹었고, 개인의 의지를 무력화시켰던 것이다. 그러나 이러한 일상의 논리가 이태준에게 현실과 관념의 변증법적인 통일로 인도하지는 못했다. 현실이 남루한 것일수록 상허는 문제를 자신에게서 찾기보다는 그러한 현실을 배태한 반봉건적(半封建的)인 조선의 문제가 더욱 또렷이 각인되었다. 그러기에 정신적 당위를 향한 지향은 더욱 가열찬 열정으로 변모되어 장편에서, 자신의 대사회적 발언의 영역에서 현실이 마땅히 변화되어야 함을 강조할 수 있었던 것이다.

이러한 공통점 외에도 『구원의 여상』은 다른 작품과의 차이점도 존재한다. 남자 주인공을 사회주의자로 설정하고 그에 대해 긍정적 시선과 부정적 시선을 동시에 보내고 있는 점이 그러하다. 사회주의자로 암시되고 있는 영조(英朝 ; 이것은 '영화로운 아침' 혹은 '밝은 아침'이란 뜻으로 풀이될 수 있다. 즉 '영조'로 대표되는 방향성이 민족의 미래와 연결된다는 암시가 배어져 있는 작명법(作名法)이다)는 개인의 욕망을 희생하고 '남을 위해' 살아간다는 점에서 긍정적인 인물이다. 주인공 인애의 사상 역시 영조에 의해 영향받고 닦아졌음은 작품 초반부에 빈번히 서술되고 있다.

그러나 또한 영조는 인애를 버리고 명도를 취한다는 점에서 부정적이다. 즉 영조의 사상과 삶의 원칙들은 존중되지만, 그의 사상과 정신의 불일치는 비판을 면치 못하고 있다. 특히 '성(性)'문제에 대한 영조의 사고방식은 '코론타이'를 들먹이는 논의와 상관없이 비판의 화살로부터 벗어날 수 없다. 작가는 인애의 입을 통해 "명도에게 주의를 선전하는 것은 가할지언정 풍염한 체질이라 하여 그의 체온을 탐내는 것은 결코 주의 생활자의 태도가 아니라"[133]고 비판한다. 이 점은 『불멸의 함성』의 사회주의자 천오상이 부정적인 인물로 그려진다는 점과 연관하여 검토되어야 할 것이다.

---

133) 『이태준전집』 4권, 깊은샘, 1988. 78면.

『구원의 여상』이 사랑의 차원에 좀더 초점을 맞춘 데 반하여 『제2의 운명』과 『불멸의 함성』은 '돈'과 연관된 사회적 악(惡)의 문제가 갈등의 중심에 선다. 『제2의 운명』에서는 '돈'을 매개로 한 갈등이 중심에 서면서 주인공은 패배와 승리를 반복하고 있다. 주인공 윤필재는 고아이면서 동경 와세다 대학 문과에 다니는 고학생이다. 그는 아버지 친가의 집에서 기숙하다가 그 집의 딸 심천숙과 사랑하게 된다. 심천숙 역시 미모가 뛰어나고 동경 전문학교 피아노과에 다니고 있다. 여기에 친일파이면서 부자인 박자작의 아들 박순구가 끼여들면서 둘의 사랑은 금이 가고 만다. 작가는 첫 번째 삼각관계에서 필재를 패배시킴으로써 정의로운 인간, 정신적인 인간이 패배 당할 수밖에 없는 현실을 비판하고 있다.

사랑을 잃은 필재는 이제 의지할 곳 하나 없는 세상을 향해 나가면서 자신의 가치관과 삶의 목표, 나아가 인간의 양면성과 문화에 대한 심각한 반성을 행한다. 이 장면은 필재의 입을 통해서 보는 작가 자신의 가치관이라 보아 과언이 아닐 만큼 이태준의 정신주의와 문화에 대한 인식이 확연히 드러나는 대목이다. 필재는 누구나 안락을 구한다는 사실로부터 출발하여 마음과 몸으로 이분된 인간의 욕망체계를 검토한다. 이러한 분류법은 문화의 측면에도 적용되는데 예컨대 석가나 예수는 마음의 문화를 건설한 사람이요, 나폴레옹이나 포드는 몸의 문화를 건설한 사람이다. 그리고 "마음의 문화는 양심의 발현으로 건설된 문화요, 몸의 문화는 물욕, 공명욕의 발현으로 건설된 문화"134)로 파악한다.

그래서 인류가 문명국이니 문명인이니 하고 뻔쩍하면 자랑하는 그 문명이란 말은 인류의 발달된 善만을 가리켜 하는 말이 아니라 善의 몇 갑절 더 발달된 惡을 함께 가리켜 하는 용어라 짐작하였다.

"인류의 진정한 문화 진정한 문명은 인류의 양심의 발현으로만 건설된 것이라야 할 것이다. 그럼에 불구하고 오늘의 문화란 惡의 발달이 얼마나 善을 앞서서

---

134) 『제2의 운명』, 『조선중앙일보』, 1933.8.25~1934.3.23[여기서는 『제2의 운명』(이태준문학전집 13권), 서음출판사, 1988. 223면].

> 나아갔느냐? 이 앞서서 나아가는 惡의 발달을 끊어 놓고 뿌리를 캐여버리려는 것
> 이 우리 인류의 영원한 이상일 것이다!" 하였다.135)

필재의 끈질긴 자기 추궁은 이 대목에 이르러 종착점을 찾는다. 이러한 결론은 개인의 욕망을 충족시키며 살아가는 것과 타인과 정신적 가치를 위해 살아가는 것 사이의 갈등에 대한 최종적인 해답이다. 최초의 질문은 '무엇을 위해 사느냐'였고, 그 대답은 '인류의 양심적인 정신(문화)의 발현을 위한 것'이다. 그리고 이것을 작가의 인식으로 파악한다면, 상허는 정신주의, 문화주의, 도덕주의적 인식을 근거로 타락한 현실과 맞서고 있음을 알 수 있다.

천숙과의 사랑에서 실패한 필재는 여고보의 영어 교사로 재직하던 중 같은 학교의 가사 선생인 남마리아와 사랑하게 된다. 여기서는 강수환의 끈질긴 방해를 물리치고 둘은 용담에서 같이 관동의숙을 재건하는 등 계몽운동을 전개하는 데까지 이른다. 말하자면 이태준 장편에서 드물게 보이는 사랑의 승리도 개인적인 행복의 문제가 아니라 사회적 가치를 공동으로 실현하는 동지적 관계로 형상되는 것이다. 그러나 이 역시 해피엔딩으로 끝나지 않는다. 관동의숙이 문을 닫게 된 상황에 직면하여 도움을 요청했던 주기헌이 남마리아를 능욕하려 하면서 남마리아의 죽음으로 작품은 끝을 맺고 만다. 사랑의 실패는 관동의숙의 재건 실패와 동일시되고 있다. 마지막으로 그동안 가명으로 필재를 도와주었던 인물이 천숙임이 드러나면서 천숙이 용담으로 내려와 필재의 뜻을 잇고, 필재는 새로운 공간을 향해 떠나는 것으로 작품은 끝을 맺고 있다. 이처럼 중첩되는 삼각관계의 패배와 승리를 통해서 상허는 타인과 정신적 가치를 위해 살아가는 삶의 위대함과 아울러 타락한 현실의 모습을 드러내고 있고, 최종적으로는 천숙으로 하여금 최초의 위치로 돌아오게 함으로써 미완성의 당위를 이어나가게 하고 있다.

---

135) 『제2의 운명』, 서음출판사, 1988. 223면.

　비교적 초기작이라고 할 수 있는『구원의 여상』과『제2의 운명』에서
는 삼각관계가 정신성과 사회(민족)를 우선시 하는 작가의 현실인식을 표
현하는 구도로서 작용하였다. 이를 통해서 작가는 초기작의 단편에서 보
여줬던 작가정신과 현실인식의 내용을 거의 그대로 표출하였다. 그런데
『불멸의 함성』으로부터『성모』와『화관』에 이르면 이러한 구도에 변화
가 발생하여 흥미롭다.136)

　『불멸의 함성』은 홀어머니를 고향에 두고 홀로 서울에 올라온 고학생
박두영이 원옥과 형옥이라는 하숙집의 두 딸을 놓고 저울질을 하면서 시
작된다. 여기에 김정길까지 합세하면서 작품은 네 남녀의 줄다리기를 지
루하게 묘사하는데 치중하고 있다. 특히 원옥과 형옥, 그리고 정길이 어
떤 사회적 의미를 지닌 상징으로 작용하는 것이 아니라는 점에서 지금까
지 보여줬던 삼각관계의 의미는 변질되고 작품의 통속성이 훨씬 강화되
었음을 보여준다. 물론 두영의 친구인 어용의 퇴학사건과 '불멸의 함성'
이라는 강연내용이 암시하는 것처럼 사회의 잘못된 인식을 비판하고자
하는 의도는 남아 있으나, 서사의 중심은 삼각관계 그 자체의 흥미로 떨
어진 점을 부인할 수 없다.

　더욱이 사회주의자 천오상이 박두영에 적대적인 인물로 등장할 뿐만
아니라, 사회주의를 빙자하여 여자를 성적으로 희롱하는 인물로 그려져
있어서,『구원의 여상』의 긍정적 사회주의자 손영조와 대비해 볼 때 현
격한 차이를 보여준다.

　　"그러치만 식욕과 가티 생리적 작용인 것은 사실이라도 그러케 단순히 생각할
　　건 아닌 것 가튼데요⋯⋯호호."
　　"허! 그리게 원옥씨도 아직 유물론의 철학이 초보란 말이오 정조라는거나 연애라
　　는게 우리 과학적 두뇌에 비처볼 때는 독개비와 마찬가지 존재에 불과한 겝니다."

------

136) 이러한 변화과정은 단편에서의 시기구분과 일치하고 있다. 즉 단편에서도 현실인
　　식을 토로하는 장면이 사라지면서 이태준 특유의 작품들이 창작되는 시기와 장편에
　　서의 변모가 1934년을 접점으로 갈라서고 있는 것이다.

(··· 중략 ···)

"정조도 그래요?"

"그러죠. 단지 우리 과학자에겐 한가지 조심할 것이 생리적 무리 즉, 병균을 불고하는 방종한 행동은 비위생적이니까 그건 조심해야겟지만 한 번 누구에게 몸을 바첫으니 생전 그 사람에게 매엿다는 관념은 역시 노예적인 것이라고 멸시할 수밖에 업습니다."[137]

사회주의자에 대한 태도만을 놓고 본다면 『구원의 여상』(1931)과 『불멸의 함성』(1934. 5. 15~1935. 3. 30) 사이의 거리는 정반대의 것이라 해도 과언이 아니다. 손영조는 개인의 욕망을 위해 사는 것이 아니라 사회와 민족을 위해 자신을 희생한다는 차원에서 긍정적으로 평가되었다. 그런데 천오상은 순진한 원옥에게 천박한 유물론 이론을 들먹거려 정조를 유린하는 비열한 인간으로 그려져 있다. 이러한 차이는 사회주의에 대한 이태준의 인식이 변모되었음을 말해 주는 증표다.

변모의 원인을 살펴보기 위해서 우선 이태준 역시 한때는 '사상청년'들과 어울려 민족의 장래를 염려했다는 사실을 짚고 넘어가야 한다. 「감사」[138]라는 글을 보면 미국인 뻬닝호프박사의 호의를 거절한 연유를 설명하면서 "조선 청년에게는 당신네가 인도하는 종교생활보다 더 급한 생활이 있다 하고 얼마 뒤에는 자유로 사상청년들과 접근하기 위해 신문배달을 하면서까지 이분의 호의를 뿌리치고"[139] 나왔다고 술회하고 있다.

당대의 표현방식으로 '사상청년'이란 독립운동가 혹은 맑스주의자를 의미한다거나, 초기작 「고향」에서 보여주는 의식과 행동방식을 볼 때 상허가 당시 유행하던 사회주의에 처음에는 호의적이었음을 보여준다. 따라서 『구원의 여상』에서 손영조에 대한 긍정적 서술은 사회주의 자체보다는 민족을 위한다는 대의명분의 차원에서 이를 긍정한 것이라고 보아

---

137) 『불멸의 함성』 1권(이태준문학전집 9권), 서음출판사, 1988. 136~7면.
138) 『상허문학독본』, 백양사, 1946[여기서는 『상허문학독본』(이태준문학전집 17권), 서음출판사판 참조].
139) 『상허문학독본』, 서음출판사, 1988. 55면.

야 할 것이다. 앞에서 거론했듯이 손영조가 전폭적인 긍정의 대상이 아
니라 비판적 시각에서 다루어지고 있음은 이를 반증한다.

그런데 이 시기에 오면 사회주의의 긍정적 측면보다 부정적 측면들이
보다 현저하게 제기되는데 이는 이태준의 세계관이 확고하게 자리 잡았음
을 말해 준다. 즉『제2의 운명』에서 필재의 입으로 서술된 것처럼 정신성
과 문화를 우선하는 인식이 확고히 자리잡게 되면서 물질을 근본에 놓고
정신적인 것을 관념이라 타매하는 사회주의의 문제점이 자신과 융화될 수
없는 것임을 분명히 하게 된 것이다. 이는 해방 이후 상허가 변신하면서
평가했던 다음과 같은 구절을 볼 때 보다 분명해진다.

> 유물사관이란, 인간의 정신관계를 전혀 몰각하는, 모든 정신문화나 전통에 대한
> 덮어놓고의 선전포고로 알어온 것은 나 자신부터 불성실한데 기인한 허무한 선입
> 관이었다. 오늘의 쏘베트란 허다한 정의 정신가들의 이루 헤아릴 수 없는 희생인
> 양심적 정신노력의 산물인 것이다. 양심과 실천을 떠나 정신의 존엄성이 어듸 존
> 재할 것인가?140)

이 인용문은 해방이전에 상허가 유물사관(맑스주의)의 핵심을 반(反)정신
성에서 파악하고 있었음을 보여준다. 또한 위 인용문에서 보듯이 '정의'
와 '정신', 그리고 '양심'을 강조하는 것은 상허의 세계인식의 본질적 자
질이다. 이러한 인식이 확립되면서 상허에게 있어 사회주의란 민족을 위
하는 것에서, 정의와 양심 같은 정신적 가치들을 폄하하는 것으로 의미
가 변모된 것이라고 할 수 있다.

그러므로 사회주의에 대한 인식의 변화는 상허 고유의 세계관이 확립
되는 과정에서 하나의 전환점에 해당한다. 물론 사회주의에 대한 인식이
천박함을 문제삼을 수 있다. 그러나 사회주의에 대한 당대 지식인들의
인식이 이태준보다 훨씬 변증법적이라고 말하기도 어렵다. 특히 그의 사

---

140)『쏘련기행』, 백양당, 1947. 266~7면.

회주의관이 단순히 인식의 천박함 때문만이 아니라 식민지 현실에 대한
나름의 통찰에서 비롯된다는 사실은 주의를 요한다.

> 프로문학도 조선 안에서는 민족주의 문학과 가튼 길을 걸어가라. 조선에는 프로
> 레타리아가 빈민이나 농민 수에 비기어 얼마나 귀족과 가튼 적은 수리요(프로레타
> 리아는 빈민 농민과 근본적으로 다른 분자다).[141]

위의 인용문은 1932년을 맞이하여 『동아일보』가 행한 「32년 문단전망」
이란 설문조사에서 '프로문학'에 대한 질문에 이태준이 답한 내용이다. 비
록 표면에 드러난 것은 '수(數)'의 많고 적음에 관한 것이지만, 식민지 현
실에서 계급보다는 민족을 우선시 하는 이태준의 기본관점이 선명하게
드러난다. 따라서 사회주의에 대한 이태준의 인식은 정신성을 우선시 하
는 그의 특질과 식민지 상황에 대한 나름의 통찰이 곁들여서 확립된 것
이라고 보아야 한다. 다만 덧붙일 것은, 그의 사회주의 비판이 본질적인
차원의 것이 아니라는 점인데, 이는 해방 이후의 체제선택과 관련하여
흥미로운 부분이다.[142]

이렇게 『불멸의 함성』은 앞의 작품들에 비해 사회 비판적 인식이 쇠
퇴한다. 결국 박두영은 송원옥과 결합하지만, 그것이 사랑의 승리로 이
름 불려질 수 있는 성질의 것은 아니고 오히려 김정길과의 헤어짐이라는
또 다른 패배를 동반한 것이다. 사회적인 가치를 위해 애써 사랑하는 두
남녀의 결합을 유보시켰던 지금까지의 경향과 비교해 볼 때, 이것은 사
랑도 잃고 현실에 순응하고 마는 형상이 아닐 수 없다.

이처럼 이태준 장편에 공통적인 특징으로 거론돼온 삼각관계는 작품
과 시기에 따라 미세한 차이점을 보여주면서 작가의 사회 비판의식의 방

---

141) 이태준, 「32년 문단전망」, 『동아일보』, 1932.1.3.

142) 뒤에서 상론할 것이지만 이태준은 「해방전후」에서 주인공 현의 입을 빌어 "계급보
　　다 민족의 비애에 더 솔직했던 그는 계급에 편향했던 좌익엔 차라리 반감"이었다고
　　고백하고 있다. 이 역시 식민지시대 이태준의 사회주의관이 어디에 기반하는지를 보
　　여주는 발언이다. 『문학』 제1호, 1946.7. 15면.

식과 수위를 드러내는 장치로 작용한다. 즉 삼각관계가 단순히 신문 연재 소설의 통속성을 배양시키기 위한 수단이 아니라는 것이다. 상허는 스스로 장편의 의의를 폄하했음에도 불구하고 자신이 단편에서 보여준 현실인식의 방식을 장편에서도 동일하게 반복하고 있다. 또한 삼각관계 자체가 사회비판과 주인공의 지향점에 대한 강조의 의미를 담게 함으로써 부정적 현실에 대한 변화욕구를 끊임없이 설파·계몽하였다. 따라서 스스로는 자신의 장편을 예술성의 차원에서는 폄하하면서도 그것을 한낱 통속성에 매몰된 것이라고 비판하는 것에는 동의하지 않았던 것이다.

② 계몽의 소설적 장치로서의 통속성

물론 통속성에 대한 작가의 자기변호가 작품의 통속성을 구제해 주는 장치가 되지는 못한다. 특히 이태준의 문단적 위치가 점차 높아지던 30년대 중반기에도 그의 장편에 대한 논의가 별로 눈에 띄지 않는다. 기껏해야 '여학생 소설'이라는 다소 조롱섞인 평가만이 존재할 뿐, 이태준의 장편을 주요 대상으로 하는 글들은 전무한 편이다. 이러한 현상은 호의적으로 해석하면, 단편만을 자신의 예술로 인정했던 이태준 자신의 규정을 당대 평론가와 작가들도 인정했다는 뜻일 것이다. 그러나 이것을 인정하더라도 문제는 남는다. 즉 그럼에도 불구하고 작가는 왜 비슷한 구조의 장편을 거듭 창작하느냐는 점이다. 사실 그의 장편은 불우한 주인공의 등장과 삼각관계, 그리고 사랑의 좌절과 도저한 계몽성이란 측면에서는 모든 작품들이 거의 같다고 해도 과언이 아니다.

이 점을 설명하기 위해서는 제2장 2절에서 밝혔던, 반봉건성에 침윤된 식민지 조선사회에서 이론적으로 근대성을 선취한 당대 지식인이 사회와의 관계를 어떻게 설정하는가에 따라 양식의 선택과 지향이 차이가 난다는 논의를 상기할 필요가 있다. 말하자면 이광수와 김동인으로 대별되는 두 길은, 당대 지식인들이 반봉건적 사회에 대해 어떤 관계를 설정하는가에 따라 구분되는 것이었다. 반봉건적 사회를 변화시키기 위해 '작용할 수 있다', '작용해야 한다'고 믿는 작가들의 작품이 계몽적 성격을 띄는 것은 필연적인 일이다. 이때의 계몽성은 민중의 수준으로의 하강을 의미하는 바, 이는 곧 민족해방과 근대화의 당위를 민중적 언어로 번안(翻案)하는 일로 현상한다.

되풀이되는 통속적 구조와 도저한 계몽성의 반복을 특징으로 하는 이태준 장편의 동일성은 이러한 맥락에서 평가해야 한다.

현대문학은, 현대문학을 대표하는 소설은 어디서나 속어로 적힌다. 특히 소설의 속성이 여기 있는 것이다. 千萬人 공용의 생활어로, 천만인 그 속에 있는 생활자를 묘사하는 것이라 소설은 차라리 통속성이 없이는 구성할 수 없는 것이다. 이 통속성이란 곧 사회성이다. 결코 무시될 수 없는, 개인과 개인간의 各角度로의 有機性을 의미하는 것이다. 통속성 없이 인류는 아무런 사회적 행동도 결성도 가질 수 없는 것이다. 소설뿐 아니라 통틀어 위대한 예술이란 위대한 통속성의 제약 밑에서만 가능한 자일 것이다. 이것을 생각지 않고 통속성을 떠나는 것만이 높고 새로운 예술인 줄 여기는, 전혀 객관성이 희박한 소설들이 더러 보이는 것은 딱한 현상의 하나다. 이런 이들로 말미암아 '통속성'이란 말은 '저급'이란 말로 放下되려는 위기에 있음을 가끔 느끼는 것이다.

정말 작품에 있어 下待될 소위 통속성이란 共通萬俗하는 그 통속이 아니라 작자가 대상을 영혼으로 통제하지 못하고, 흥미만으로 弄하는 데서 생기는 不眞實味, 그것인 것이다. 연애가 나온다고, 나체가 나온다고 통속이라 하면 인식 부족이다. 나체보다 더한 것이 나오더라도 작자가 열변의 태도면 그만이다. 아무리 성현 열사만을 취급하였더라도 작자가 좌담식 弄辯의 태도라면 그건 소위 弄俗 즉 '不眞實'이다. 통속이란 말은 애매하게 '불진실'이란 말에 대응되고 있다.

누구보다 소설가들은 이 도탄에 빠진 '통속'을 구출해야 할 것이다.[143]

위 인용문은 이태준 장편의 통속성이 사회와의 연관을 놓지 않으려는 의도의 반영임을 예증하는 구절이다. 여기에서 상허가 파악하고 있는 통속성은 저급함이 아니라 사회와의 유기성이다. 개인과 개인으로 떨어져 있는 인간들이 각각의 각도(角度)[144]에서도 통용될 수 있는 유기적 속성

---

143) 「통속성이라는 것」, 『무서록』, 깊은샘, 1994. 78~9면.

을 의미한다. 이 인용문의 강조점은 이러한 통속성 없이는 '인류는 아무
런 사회적 행동도 결성도 가질 수 없'다고 피력하는 부분에 있다. 요컨대
개인적 욕망 추구로 개별화된 민족을 하나로 묶을 수 있는 방안으로써
통속성은 필요한 것이라는 지적이다. 그러므로 이때의 통속이란 사회 구
성원 모두에게 통용될 수 있는 공통된 역사적 방향의 제시이며, 그것의 실
천 촉구이고, 그것의 민중적 번안이다.

　이런 점에서 이태준은 자신의 장편이 불진실(不眞實)한 작품과 다르다
고 잘라 말한다. 자신의 통속성은 '대상을 영혼으로 통제'하며, '열변의
태도'로 제시하기 때문이라는 것이다. 말을 바꾸면 이것은 자신은 민족
애에 입각해서, 진지하고도 끊임없이 민족의 계몽을 역설했던 것이고,
자신의 담론이 보다 많은 민중에게 수용되기 위해서 통속적 구도를 차용
했다는 말이 된다.

　이태준이 자신의 미적 근대성을 증명하는 영역으로 삼았던 단편의 독
자는 제한적이었다. 그러나 신문 연재소설로서의 장편은 일반 민중과 보
다 친숙한 매체였다. 그러므로 이태준의 인식체계 내에서는 신문 연재소
설과 통속성의 결합은 민중 계몽을 위한 적합한 조건이 된다. 문학이 민
중에게 영향을 미칠 수 있는 것은 그것이 읽힌다는 전제 아래서이고, 이
를 위해서 통속성이란 계몽을 위한 일급의 전술일 수밖에 없다.

　　　민족주의 문학일수록 좀더 쉬운 문자를 들고 농민에게로 나아가라. 그들에게
　『추월색』이나『조웅전』,『유행잡가』따위를 빼앗고 그에 알맞는 代讀物을 주라.[145]

　민족주의 문학이 나아가야 할 길을 말하면서 이태준은 신소설이나 고
소설을 대신할 수 있는 읽을거리를 민중에게 주어야 한다고 역설한다.
민중에게서 어차피 예술성의 감득을 기대할 수는 없는 일이고, 그렇다고

---

　144) 이때의 '각도'란 각각의 처지와 입장의 다양성을 의미하는 것으로 보인다.
　145) 「32년 문단전망」,『동아일보』, 1932.1.3.

봉건적 독서물에 의식이 젖어 있도록 놔둘 수도 없기에, 쉬우면서도 재미가 있는 소설을 만들어 주라는 것이다. 민족주의 문학의 진로에 대한 이같은 대안 제시는 그의 장편이 몸소 실현한 것으로 보인다. 자신의 장편에 대한 대중의 환호는 이런 생각의 정당성을 확인시켜 줬을 것이고, 그에 따라 이태준은 똑같은 구조의 소설들을 반복적으로 양산한다. 이를 통해 이태준은 파행적으로 분리 인식했던 두 개의 근대성을 자신이 단편과 장편을 통해 동시적으로 수행하고 있다고 자부했을런지도 모른다. 이러한 입장에서 이태준은 '통속적'인 장편을 거듭 창작했다.

그러나 그러한 의도에도 불구하고 현실의 변화는 그의 장편에도 변모의 흔적을 남겨 놓았다. 이미 『불멸의 함성』에서 삼각관계의 상징성이 파괴되었거니와, 『성모』와 『화관』에 오면 '돈' 문제에 대한 유연한 접근과 함께 갈등의 추상화라는 방향이 나타나게 된다. 『성모』에서 김상철을 두고 벌이는 덕인과 안순모의 삼각관계는 이념적 의미가 결락된 채, 외모의 문제에 과도하게 초점을 맞추고 있다. 또한 안순모를 사이에 둔 김상철과 박정현과의 삼각관계도 사랑보다는 순간의 실수로 박정현에게 몸을 허락하면서 끝을 맺는다. 이 작품에 오면 삼각관계는 이전의 팽팽한 긴장감을 상실하고 만다. 이것은 지금까지 삼각관계의 의미가 개인적 욕망에 대한 사회적 가치의 강조였음을 비춰볼 때, 강조점 자체의 변화와 관련된 것이라고 판단된다. 다시 말해서 삼각관계와 사랑의 실패는 이제까지 개인의 욕망에 머무는 이기적인 가치관을 비판하고 좀더 이타적(利他的)이며 정신적인 행동이 가치 있다는 것을 예증하기 위한 방법이었는데, 이제 문제는 한 개인의 실존적 자각과 훗날을 위한 모색으로 전환된 것이다. 이것은 계몽의 방향만을 따져 볼 때, 분명 후퇴라고 할 수 있다.

이전에도 주인공이 사회적 가치를 깨달아 가는 과정이 서술되지 않은 것은 아니나, 강조됐던 것은 그것의 사회화이며, 그것을 방해하는 현실의 포악함이었다. 그런데 이 시기에 들어오면서 강조점은 개인의 실존적 결단 자체에 집중하게 되고, 일상적 삶에서의 문제가 전경화(前景化)되는 것이다. 이것은 그만큼 이태준이 현실적인 사유를 하게 됐다는 것을 의미하기도 한다. 그러나 이때의 '현실'은 일상의 힘에 대한 인정을 의미하는 것이며, 또한 이태준의 실천적 지향이 보다 약화되었다는 증거이기도 하다. 어쨌든 『성모』에서 삼각관계가 아니라 미래를 위한 인재를 키우는 일이 초점에 들어섰다는 것은, 당대적 실천의 문제가 어려워졌다는 인식의 반증이자 영역의 폐쇄화이다.

아울러 그의 작품에서 긍정적인 의미로 등장하던 예술가 유형이 부정적으로 묘사되고 있는 반면에, 변호사로 성공한 김상철이 끝끝내 안순모에 대한 애정을 포기하지 않고 시간이 지날수록 긍정적인 이미지로 형상화되는 것 역시 이색적이다. 돈과 명예를 가진 사람들에 대한 적대감이 사라지면서 오히려 순정을 가진 인물로 그려진다. 때문에 작품은 안순모의 고난에 찬 여정이 중심에 서면서도 그 고난이 초기작의 절박함을 띠지 않고 우연적인 도움으로 해결되는 방식으로 따뜻한 밑그림을 그려내고 있다. 이는 삶의 일상에 지친 작가 자신의 고백이기도 하거니와, 절박한 현실과 정면으로 대결하지 못하고 움츠러드는 또 다른 관념성의 표출이기도 하다.

『화관』146)은 언뜻 보기에는 부자인 배일현을 마다하고 고학생 박인철을 반려자로 택하는 과정이 중심에 서는 것으로 보인다. 그런 점에서 돈에 대한 사랑의 승리로 그려지고 있지만, 이때 부자인 배일현이 예전과 같은 속물로 그려지고 있지 않다는 점에서 성격을 달리한다. 배일현은 자신의 사회적 경제적 지위를 모두 던지면서 동옥의 사랑을 구하고 있는데, 이것은 『성모』에서 김상철이 그런 것처럼, 갈등의 상징으로 작용하지 않는 삼각관계가 이제 현실에서는 존재할 수 없는 관념의 영역을 답보하고 있다는 표증이다. 또한 이미 삼각관계의 의미가 상실되었기 때문

---

146) 『화관』, 삼문사, 1938 참조.

에 배일현과 동옥의 관계는 지나치게 작위적인 요소를 띠면서 흥미 위주로 전락하고 말았다.

이상에서 상허의 초기·중기 장편 소설에 나타난 삼각관계의 성격과 통속성의 의미에 대해서 살펴보았다. 초기의 삼각관계는 고난을 헤쳐 가는 주인공(주로 고아)이 사회와 부딪치는 접점이자, 자신의 가치를 확인 받는 계기로 작용하였다. 또한 이타적이고 정신적인 가치들이 속물적인 사회에 의해 패배하는 것을 통해 작가의 주제의식을 전달하는 매개이기도 하였다. 그런 점에서 『구원의 여상』이나 『제2의 운명』에 나타난 삼각관계는 초기 단편에서 보여준 작가정신의 원형과 동궤에 있는 것이며, 현실인식의 방식과 수준 또한 같은 것이었다. 아울러 통속성에 대한 상허의 확연한 인식은 그가 장편을 통해 자신의 사회적 근대성을 표출하고자 하였음을 드러내며, 이를 통해 민중을 계몽하고 좀더 실천적인 삶을 살도록 유도하고자 했음을 알 수 있다.

그러나 1934년에 들어서면서 삼각관계의 상징성이 사라지자 사회비판 의식이 희석되고 있다. 특히 『성모』와 『화관』에 오면 문제가 개인적 의식의 획득으로 좁아지면서 일상의 힘이 긍정되는 방향으로 변모되고 있다. 이는 사회적 근대성과 미적 근대성의 동시적 추구에서 미적 근대성의 구현을 자신의 목표로 설정한 상허 자신의 변모와 연관된 것이다. 그결과 현실에서의 실천문제가 작품에서 차지하는 비중이 점차 희미해지고, 실천의 영역은 미래의 문제(『성모』에서의 자식교육문제)나 문화의 문제(『화관』에서 박인철의 결심)로 전환된다. 삼각관계가 이태준의 현실인식을 반영하는 바로미터라는 사실은 이로써 확연히 알 수 있다.

(2) 계몽의 내용

'계몽'은 식민지시대 우리 문학의 존재양식이다. 반봉건적(半封建的)이며, 식민지인 현실에 사는 지식인들에게 계몽이란 자신의 선취된 근대성을 현실화시키는 기본적인 방식이다. 그러기에 식민지시대 문학은 계몽의 도저한 흐름 속에 놓여 있다. 그러나 이러한 진술이 식민지시대 문학을 '계몽'이란 측면에서 일반화시키고 있는 것은 아니다. 계몽의 태도를 취한다는 것도 작가마다 다를 뿐더러 계몽의 내용과 방식이 천차만별이기 때문이다.[147) 어찌 보면 계몽의 태도를 취한다는 점에서 김동인은 이광수와 동렬에 놓인다. 이광수의 교훈적인 문학에 대비하여 김동인은 자신의 작품을 순수예술로 격상시켰지만, 그러한 차이를 예증하는 작품으로 거론하는 「약한 자의 슬픔」이나 「마음이 옅은 자여」와 같은 초기작에서도 근대적 자아로의 각성을 계몽하는 '태도'는 동일하게 관철된다. 따라서 문제는 계몽의 태도를 취하는가에 있지 않다. 문제는 계몽의 대상이며 내용이고, 방식이다. 이광수와 <카프>가 갈라서는 지점도 여기이며, 이광수와 상허가 만나는 접점도 이곳이다.

그러므로 이태준의 장편에서 계몽의 태도를 추출하는 것은 의미 없다. 이것은 이미 그가 장편을 자신의 사회적 근대성을 피력하는 영역으로 자리매김했다는 사실에서 연역할 수 있는 것이다. 문제는 이태준의 계몽의 내용이며 방식인데, 이는 흔히 민족주의 개념 속에 포괄되고 있다.

---

147) 이런 점에서 채호석의 「1930년대 후반 소설에 나타난 새로운 문제틀과 두 개의 계몽의 구조」(『광산구중서박사화갑기념논문집』, 태학사, 1996)는 문제적이다. 채호석은 식민지시대 문학을 이광수, 카프, 이태준으로 이어지는 계몽의 구조와 염상섭과 최명익으로 이어지는 자기 계몽의 구조로 구획하였다. 그러나 이것은 계몽한다는 '태도'만을 중시하고 그 계몽의 '내용'은 무화시키는 반역사적인 사유방식이라 보여진다. 계몽의 지향점과 방식에서 전혀 다른 성격을 보여주는 이광수와 <카프>를 동일시하는 논리는, 구조를 중시한 결과 주체를 제거하는 구조주의의 논리틀을 연상시키는 대목이다. 더구나 염상섭과 최명익류의 계몽을 동궤에 놓는 대목에 이르면, 우리 문학사의 주요한 변수였던 시대현실의 문제는 실종되고 계몽의 '방향'만이 홀로 남아 있음을 목도하게 된다. 필자는 근대적 자아의 주요 지표로서의 내면과, 억압적 현실에 대한 자기 확인으로서의 내면이 어떻게 동궤에 놓일 수 있는 것인지 심히 의심스럽다. 이 역시 내용보다는 태도를 중요시하는 관점이며 그런 점에서 우리 문학의 문학'사'적 의미를 배제하는 구도이다. 또한 염상섭이나 최명익의 계몽에는 '자기 계몽'이라는 명칭을 부여하면서도 이광수나 <카프>, 이태준의 계몽에는 공통된 명칭을 부여하지 못하는 것도, 성급한 일반화가 논지를 약화시키는 반증이라 할 것이다.

『구원의 여상』에서는 개인의 욕망을 뛰어넘는 타인·사회·민족을 위해 사는 자세가 강조된다. 그 저변에 흐르는 것은 욕망과 정신을 이항 대립적 관계로 파악하는 사유방식이다. 이타성(利他性)과 민족주의는 '정신'의 현실태로서 드러난다. 정신성을 우선시 하는 가치관은 민족과 사회에의 헌신으로 제 모습을 구체화한다. '주의자' 손영조보다 인애가 더 긍정적인 의미를 띄는 것은 이 때문이다. 인애에게 있어서 현실에 대한 인식은 손영조를 통해 '계몽'되지만, 성격과 품행으로 표현되는 인품은 영조를 뛰어넘는 것이다. 이러한 인품의 근간에는 자질구레한 일상적 사실도 헤아려 볼 줄 아는(쉽게 웃지 않고 따져 본다는 것, 명도가 영조를 가로챈 상황에서도 자신의 입장만을 우기지 않는다는 것) 정신의 깊이가 존재한다.

상허의 민족주의는 이처럼 욕망과 정신의 적대적 대립이라는 사고의 산물이다. 정신을 우선시 하는 삶은 욕망을 천시하며, 그 때문에 이기적 단계를 넘어 이타성(利他性)의 세계에 합류할 수 있는 것이고, 당대 식민지 현실에서 이타성의 최고 단계는 민족을 위해 자신의 욕망을 던져 버리는 일이 될 것이다. 이 점은 십분 강조되어야 한다. 왜냐하면 기존의 연구에서는 상허의 계몽의 성격이 민족주의라는 사실에는 도달했지만,148) 그것이 왜 단편과 장편에서 다른 양상으로 표출되며, 또한 30년대 전반기와 후반기의 변화와 어떻게 관련이 있고, 해방 이후의 사상 선택과는 어떻게 연관이 되는지를 파악하지 못하고 있기 때문이다.

이태준의 본질적인 형질이 정신성의 강조에 있다고 할 때, 단편을 통해 미적 근대성의 수위를 끌어올리고자 한 의도가 정신의 집적물인 문화적 인식임을 밝힐 수 있으며, 활동가로서의 삶을 포기한 뒤 작가로서 현실과 대응하는 방식을 추론할 수도 있고, 해방 이후 사상 선택의 매개 고리를 발견할 수도 있다.

어쨌든 이 점에 착안할 때, 초기작에서 후기작으로 이어지는 장편의

---

148) 류보선, 「역사의 발견과 그 문학사적 의미」(한국현대문학연구회 편, 『한국의 전후 문학』, 태학사, 1991) 참조.

변모과정도 좀더 손쉽게 파악할 수 있다. 예컨대 『제2의 운명』은 이러한 정신성이 교육을 통한 계몽운동, 나아가 '조선의 발견'으로 이어지는 과정을 보여준 작품이다.

> 필재는 한동안 잊어버리었든 농촌을 다시 생각하였고 현재 자기가 가르키고 있는 학생들, 그 인형들과 같이 옷맵시나 다듬을 줄 알고, '또너쓰'나 '코코아' 같은 것이나 만드는 법을 배워가지고 돈있는 남편이나 바라보고 나아가는 중류 가정의 소녀들, 그들에겐 차라리 드렸던 정도 떠러지고 얄미운 감정이 솟아올랐다. 그 반대로 눈 앞에 그리운 친구처럼 떠오르기 시작하는 것은 '헤 —' 하고 침과 코를 흘리고 섯는 봉두란발의 시골 소년과 소녀들이었다.
> 필재는 시골이 갑작이 그리워졌다. 마치 도끼를 갈은 목수가 높은 산을 우러러 보듯, 필재는 시골이 그리워졌다. 시골의 그 순진하고 의지에 굳센 아이들은 꿋꿋한 나무나 울암스런 바위처럼 생각되여서 깎고 다듬는데 따러 얼마던지 훌륭한 재목이 쏟아질 것 같었다.[149]

필재가 여고보를 그만둔 것은 강수환의 농간에 의해서지만 이미 타락한 교육현실과 속물화된 아이들에 환멸을 느낀 필재는 시골에서의 교육운동을 진작부터 꿈꿔 왔던 것이다. 이태준의 작품에서 드러나고 있는 계몽운동의 내용이 실제로는 개화기 시대나 실력양성론 계열의 교육운동과 동궤의 것임은 이미 잘 알려져 있다.[150] 그런 점에서 민족주의 계몽운동의 의미와 한계를 상허 역시 공유하고 있다.

그런데 문제는 그것이 왜 굳이 '시골'이어야 하는가에 있는데, 위 인용문은 그 실마리를 제공한다. 즉 '돈 있는 남편이나 바라보고 나아가는 중류 가정의 소녀들'에 대한 환멸은 이태준의 지향점과 현실의 간극을 확연히 보여주는 대목이다. 상허는 이미 반속물화(半俗物化)한 도회지의 학생들에게서 희망을 느낄 수 없었다. 그의 뜻이 '훌륭한 재목'을 만드는

---

149) 『제2의 운명』, 서음출판사, 1988. 298면.
150) 채호석, 「이태준 장편소설의 소설사적 의미」(상허문학회 지음, 『이태준문학연구』, 깊은샘, 1993.) 참조.

데 있는 한, 삶의 지향점이 이미 자신들의 삶의 윤곽으로부터 규정된 학생들에게서 가능성을 발견하기란 쉽지 않았을 것이다. 속물들에 대한 강한 혐오감은 여기에서도 예증된다. 초기 단편 「실락원 이야기」에서 '수공업의 문화'를 일으키고 싶었다는 진술 역시 이와 상통한다.

그러나 관점을 달리해 보면 이러한 인식은 중대한 결함을 지니고 있다. 우선 치열한 근대의 현장과 부딪치기를 두려워했다는 점에서 그 관념성과 우회성이 지적되어야 한다. 식민지 학생들이 도너츠나 코코아를 만드는 법을 배운다는 것은 이미 식민지 본국의 이데올로기가 교육의 재생산 구조로 확립됐다는 것을 의미한다. 동시에 그것은 부르주아적 삶이 보편적 삶의 형태로 자리잡아 가고 있음을 반영하는 것이다. 그리고 그러한 교육이 현실과 민족의 요구에 부합하는 것이 아니라는 점에서 실천의 첫 걸음은 바로 그러한 모순이 예각화된 지점으로부터 시작하는 것이 순리일 것이다.

더욱 문제는 시골 아이들에 대한 환상이다. '순진'한 것은 그렇다 쳐도 '의지가 굳센' 것으로 평가하는 것은 일정한 과대망상이다. 문화의 본성상 항상 하층문화는 상층문화를 모방하고자 하지만, 그럼에도 본질적인 차이로 말미암아 그 모방은 왜곡된 모방, 즉 상층문화의 문제점이 더욱 부각되는 모방으로 그칠 염려가 농후한 것이다. 때문에 이러한 인식은 타락한 현실과 정면 대결할 의지가 박약한 지식인이 '시골'의 낙후성에 기대어 자신의 저급한 수준을 합리화하고자 하는 인식으로 읽혀진다.

그러므로 문제는 상허의 박약한 근대인식에서 찾아야 한다. 시골로 내려가면 자신의 의지를 펼칠 수 있고, 훌륭한 재목을 만들어 낼 수 있다는 자신감은, 자신의 근대 인식이 근대화가 치열하게 벌어지는 전형적 현장에서는 통용될 수 없는 것임을 자각한 자의 변명이다. 여기에서 '시골'이란 바로 반봉건성(半封建性)의 다른 이름이다. 요컨대 타락한 현실과 타락한 제도, 타락한 선생과 타락한 학생이 들끓는 도회지의 학교에서는 상허의 근대성은 한낱 관념의 나열로 읽힐 수 있음에 반해, 반봉건성의 상징으로서의 시골은 자신의 근대성의 수위만으로도 '개화'시킬 수 있는 꿈의 공간이 되는 것이다. '관동의숙'에서 필재와 남마리아가 실제 벌이는 활동들이 바로 반봉건성과 대면한 근대인의 활동 영역이다.

마리아는 부녀자들을 만나볼수록 그들의 무지함과, 그들의 가정을 살펴볼수록 그들의 가난함을 외국사람이나처럼 놀라지 않을 수 없었다. 늘 신문과 잡지에서 문맹이니 기근이니 하는 제목을 보기는 많이 했으나 그저 그런가보다 했을 뿐, 그 대명사들이 이처럼 딱한 정경을 설명한 것인 것은 꿈에도 몰랐던 것이다.

마리아는 생각도 못하던 여러가지를 보았다.

눈에 삼이 선 것을 인분을 발러야 피가 삭는다고 인분을 발렀다가 눈이 머는 무지한 사람도 보았다. 사철 자리옷은커녕 이불이 없이 사는 사람들도 보았다. 올조는 벌서 다 짤라다 먹고 늦조도 여물기를 기다리지 못하여 미리 짤라다가 볶아서 찌어 먹는 것도 구경하였다.[151]

필재의 행동이 갖는 당위성, 나아가 작가의 계몽성이 갖는 정당성은 바로 이러한 현실이 존재한다는 것이다. 말하자면 당대 조선의 반봉건성 자체가 상허의 허물어질 수 없는 근거인 셈이다. 이들에게 '과학'을 설파하고, 편지를 읽어 주며, 낯선 근대적 제도에 관해 자문을 해주는 것, 이를 통해 "그들의 문화를 향상"시키는 것이 상허 계몽성의 핵심 내용이다. 당대 조선 사회를 뒤덮고 있던 그러한 반봉건성에 대한 자각은 작가의 정신을 항상 민족의 현실로부터 떨어지지 않게 만들었지만, 그것은 대상의 저급함 때문에 그러한 대상을 판단하는 자신의 관점을 되돌아보게 만들어 주지는 못하였다. 즉 이태준 자신의 사회적 근대성은 스스로를 검증할 기회를 차단 당했고, 그것의 수위는 대상과의 관계를 통해 상호 발전할 기회를 상실했다.

그러나 소설에서 '관동의숙'이 문을 닫은 것처럼, 식민지 현실 속에서는 교육을 통한 계몽운동도 그리 손쉬운 일은 아니다. 이태준은 좀더 본

---

151) 『제2의 운명』, 서음출판사, 1988. 393면. '삼'이란 눈에 좁쌀만하게 흰 점이나 붉은 점이 생기는 눈병을 말한다.

질적인 차원으로 내려오는데, 이것이 곧 여성의 문제요, 가정의 문제다. 여성과 가정, 교육의 문제가 어우러져 제기되는 것이『성모』이다.『성모』는 인간을 정신의 측면에서 보고자 했으며, 그러한 정신이 길러지는 사회적 과정인 교육을 중시한 이태준 계몽사상의 특성을 잘 보여주는 작품이다. 이 작품은 앞에서 언급했듯이 사회비판의식이 내면화되고 당대에서의 변화 가능성이 2세의 교육문제로 후퇴한다.

> 내 부모님은 죄송한 말이나 사회가 그들에게 별로 기대함이 잇슬 수 업는 사람들이다. 과거에 사회를 위해서 한 일이 업는 것처럼 장래에도 아모 것도 업슬 사람들이다. 그런데 어린 사람은 우리가 기대함이 크다. 기르게 달리엇다. 미지의 싹들이다. 이 어린이들까지 오늘의 어룬들이나 다름업는 무능한 사람만이 되어버린다면? 오, 그것은 얼마나 무서운 암흑이냐? 최후의 절망이 아니고 무엇이냐?[152]

홉사 이광수의「자녀중심론」을 떠올리게 하는, 위 인용문은『성모』의 주제를 단적으로 제시한다. 무능한 어른과 '미지의 싹'인 어린아이의 대비는 속물화한 현실에 분노한 상허가 찾을 수 있는 유일한 희망이었다. 그래서 제목이 '성스러운 어머니'인 것처럼 이 작품의 의도는 미래의 희망인 아이들을 어떻게 길러야 하는가에 대한 '가르침'이 중심에 선다.[153] 전반부의 삼각관계도 사회 비판적 의미는 사라지고, 여주인공 안순모를 불행하게 만들고 그 불행 속에서 강해지는 과정을 그리는데 초점이 맞춰져 있다. 당대의 조선사회에서 여자가 '사생아'를 기른다는 것은 불가능에 가까울 만큼 험난한 일이다. 작가는 주인공을 이러한 상태에 떨어뜨림으로써 역설적으로 환경의 문제보다는 교육의 방법이 중요한 것임을 웅변하고자 한다.

후반부는 구체적인 교육의 내용과 방법의 제시에 할애되어 있다. 태교에서부터, 유아교육, 부모의 한(恨)을 강요하지 않는 것, 성교육과 육신의

---

152)『성모』(이태준문학전집 7권), 서음출판사, 1988. 336~7면.
153) 이 점은 이태준의 계몽의식에서 발현된 것이지만, 소파 방정환과의 만남에 의해 더욱 강화된 것으로 파악해야 한다. 소파 방정환과의 관계에 대해서는 제3장 1절에서 상술한 바 있다.

운동선수보다 정신의 운동선수가 필요하다는 것, 또한 외국어 교육의 필요성과 조선어와 조선 문화의 중요성, 대중 통솔 능력과 연애문제, 그리고 부모가 자식에게 짐이 되어서는 안 된다는 것 등등이 상세하게 서술되고 있다. 작품의 의도가 이러한 교육방법을 계몽하는 것에 있기 때문에 작품은 구성상의 여러 가지 문제를 야기한다.

박정현과의 헤어짐이나 김상철의 헌신적인 순정이 작품의 기본적인 방향성을 위해 설정된 무리라면, 임신 이후 안순모의 손쉬운 취직이나 경제문제의 해결은 계몽을 위해 작품의 구조적 통일성을 파괴한 예라고 할 것이다. 덕인의 갑작스런 등장이 순모의 의지를 강화하는 계기라면, 김상철의 부인의 죽음도 이를 예증하는 절차에 불과하다. 이렇게 우연을 남발하면서 작가가 보여주고자 했던 것은 정신의 가치를 인지하고 이타성을 앞세울 줄 아는 민족의 일꾼으로 자식을 키우는 일이다. 이 작품이 삼각관계의 상징성이 약화되고 사회 비판인식이 쇠퇴하였으면서도 계몽의 근본 내용은 변하지 않았음을 보여준다.

그러나 『성모』는 계몽의 방향이 보다 근본적인 차원으로 전환되었다는 점에서 문제적이다. 2세 교육을 통해 희망을 유지하려는 태도부터가 근본적이라 하겠으나 더욱이 '여성'이 주인공이 되었다는 사실은 이후의 방향을 예고하는 것이다. 『구원의 여상』이나 『제2의 운명』, 『불멸의 함성』에서도 여성은 중요한 구성요소이다. 이태준 장편을 '여학생 소설'이라고 평가했던 당대의 평가가 이와 연관이 있을 것이다. 『구원의 여상』은 인애가 주인공이라고 평가할 수 있다. 그러나 이들 작품은 긍정성을 지닌 남자 주인공에 의해 작품의 사상적 지향이 밝혀지고, 이것이 계몽의 핵심으로 유지되는 공통점을 지니고 있다.

그러나 『성모』 이후 『딸 삼형제』나 『행복에의 흰손들』로 이어지는 작품군들은 여성을 주인공으로 삼거나 초점 화자로 삼는 변화를 보여준다. 초점의 변화는 계몽의 대상과 내용의 변화를 수반한다는 점에서 이전 작품들과의 차이점을 갖는다. 『성모』는 이미 거론한 것처럼, 고난에 처한 여자가 자식을 민족의 일꾼으로 길러 내는 교육과정이 중심이다. 또한 『딸 삼형제』는 성격이 다른 여자 삼 형제의 인생 역정을 통해 연애와 성(性), 그리고 가정을 꾸리는 것과 육아 문제에 대한 인식을 다루고 있다.154) 『행복에의 흰손들』155) 역시 여전(女專) 동창인 민화옥·유소춘·차순남 세 여자의 인생 행로를 통해 올바른 결혼생활의 의미를 물으면서 여성으로서의 독자적인 삶의 가능성을 타진하고 있다. 이렇게 간단하게 검토해 보아도 이들 작품이 남성지배의 사회 속에서 여성의 위상을 다루고 있다는 점이 쉽게 추출될 수 있다. 다시 말해서 상허는 이들 작품을 통해 가부장제 이데올로기가 만연된 당대 조선사회에서 여성의 사회적 자각과 삶의 형태에 대해 문제를 제기하고 있는 것이다.

이것은 곧 상허가 취한 계몽의 방향이 본질주의적인 차원으로 전환된 사실과 연관시켜 설명할 수 있다. 즉 질곡 속에 처한 여성문제는 당대 조선사회의 반봉건성(半封建性)의 상징이자 가장 약한 고리이며, 또한 동시에 그들이 가정의 책임자이자 자식교육의 담당자라는 측면에서 그들이 계몽되지 않으면 사회의 계몽도 있을 수 없다는 인식의 소산이다. 이처럼 여성 문제에 대한 이태준의 관심은 '여학생 소설'로서, 즉 독자를 고려한 통속성의 측면에서만 의미 있는 것이 아니라, 그들이 반봉건성의 상징이자 약한 고리라는 인식에 기반한 것이다. 오히려 자신의 소설의 독자들 중에 여성이 많다는 이유 때문에 상허는 그들을 계몽시켜야 할 의무감을 더욱 느꼈다고 해야 옳겠다. 이태준이 작중 인물의 입을 통해 "여자의 교육이란 남학생, 여학생 하는 그 여학생 교육이기보다 한 사람의 어머니의 교육, 인류의 어머니의 교육으로 더 의의가 있어야 할 것"156)이라고 말한 의미도 이와 같은 것이다.

---

154) 『딸 삼형제』, 박문서관, 1942.
155) 『행복에의 흰손들』은 『세동무』와 『신혼일기』라는 이름으로 개제되어 단행본으로 출판되었다. 여기서는 『세동무』, 남창서관, 1943.
156) 『화관』, 삼문사, 1938. 398면.

이러한 과정을 거쳐 도달하는 계몽의 내용이 '문화'라는 사실은 논리의 당연한 귀결이다. 『화관』에서 치정사건에 연루되어 투옥되었다가 출옥한 인철과 동옥이 나누는 대화는 이러한 전환의 과정을 예시해 주고 있다. 우선 교육운동의 가능성이 타진된다. 동옥이 학교가 "관료화"되었음을 말하자 인철은 "우리들의 정렬 그대로는 인젠 각 방면으로 봉쇄"됐을 것이라며 동의한다.157) 이러한 상황에서 "냉정"하게 생각해 보면 "정렬만으룬 아무 능률이 없을 뿐 아니라 대가 없는 히생만 하기 쉬운 걸 알었"158)다고 토로한다. 그리고 감옥에서의 경험을 토대로 우리말이 "감각에 있어 여간 발달한 말"이 아니며 "擬音擬態"가 자유스러운 말임을 깨달았다고 한다.

> "그런데 문학이란 무엇입니까? 대부분이 감정 묘사 아닙니까? 감정 묘사 용어루 이렇게 훌륭한 말이 없을 줄 압니다. 이런 문학용어로 세계일류의 말을 갓구 왜 조선 문인들은 세계적 걸작을 내지 못하느냐? 이번에 전 나오는 길로 그걸 좀 알아봤습니다."
> "아니, 문학으루 전향이세요?"
> "아닙니다. 그건 문학 이상의 큰 이유가 있습니다."
> "문학 이상이오?"
> "네. 우린 거기 대한 인식을 좀 가저야 합니다." (… 중략 …)
> "말이 조코 나쁜 건 또 제이 제삼 문제죠. 말 그 자체의 우열보다. 그것과 민중, 그것과 문화, 여기 위대한 사업의 무대가 기다린지 오랜 줄 압니다. 전 그걸 깨달엇단 겁니다."159)

한국어의 감각적 특성의 발견과 이로부터 문학과 문화의 문제로 전개되는 인철의 사유방식은 작가 자신의 것이라 해도 무리가 아니다. 상허는 언어가 언어 이상일 수 있는 것, 정확히 말하면 언어를 다루는 문학

---

157) 『화관』, 삼문사, 1938. 438~40면.
158) 『화관』, 삼문사, 1938. 440면.
159) 『화관』, 삼문사, 1938. 442면.

이 문학 이상일 수 있는 이유는 그것이 한 국가와 민족의 정신적 수준을 판별하는 문화의 영역에 존재하기 때문이라고 말한다. 이것은 작중인물 박인철의 말이기에 앞서, 교육운동과 같은 현실 영역으로부터 소설의 미적 근대성을 높이는 일로 방향 전환한 작가 자신의 말이다. 지금까지의 분석은 바로 이러한 상허의 변모과정과 그 원인에 대한 탐색이었다.

　이상에서 본고는 이태준의 장편에 드러난 계몽의 내용을 분석하였다. 이를 통해 정신과 욕망을 대립시키는 상허의 사유방식이 당대 민족사적 현실과 만나 민족주의적 계몽성을 띠게 되었음을 파악할 수 있었다. 또한 그의 계몽성이 왜 속물화한 당대 현실의 전형적 영역이 아닌 '시골'에서의 교육운동에 머무르게 되었는지도 살펴보았다. 여기에는 조선의 반봉건성(半封建性)을 절대화시킨 인식이 원인으로 작용한다. 아울러 현실에서의 변화 가능성을 포기하게 되면서 계몽성은 좀더 본질적인 문제로 전환되는데, 2세 교육이나 여성문제, 문화로의 전환은 이를 보여준다. 이제 문화 혹은 미(美)의 영역은 사회적 근대성과 어깨를 마주하는 근대화의 대상으로, 더욱이 그것이 사회적 근대성처럼 몸의 문화가 아닌 정신의 문화라는 점에서 보다 인간적인 근대성으로 자리잡는다. 장편과 단편이 전혀 다른 양상을 보여주면서도 공존할 수 있는 근본적인 원인은 여기에 있었던 것이다.

3. 1930년대 후반기 이태준 작품의 성격

1) 현실의 악화와 단편의 내성화(內省化)

　1937년 7월 중일전쟁이 발발했다. 만주사변 이후 한때 호황을 구가하던 조선의 경제계는 물론 사회의 모든 영역들이 전시체제로 전환되었다.

만주사변 이후의 부분적인 호황은 결국 조선을 병참 기지화 하려는 일제의 의도와 연관된 것이었음이 드러났고, 모든 식민지 정책은 총력전 체제로 전환되었다. 이 전쟁을 통해 일제는 조선을 '대륙전진병참기지'로 명확히 위치시키게 된다. 이것은 일제의 전쟁 수행능력과 밀접한 관련을 갖고 있다. 중국과의 전쟁은 후발 제국주의 국가였던 일제의 전쟁 수행 능력으로는 감당하기 벅찬 것이었고, 이에 따라 식민지 조선의 모든 자원과 인력들을 전쟁 협력, 혹은 전쟁 동원의 차원에서 재편하기 시작하였다. 따라서 "이 시기는 일본 제국주의의 제일 중요한 과제에 식민지 조선이 가장 직접적으로 관련된 시기로서 파악할 수 있다."160)

중일전쟁이 확대됨에 따라 1937년 9월 제1회 각도 산업부장 회의에서 당시 총독이던 남차랑(南次郎)은,

> 조선은 대 지나 작전군에 대하여 식량 잡화 등 상당량의 물자를 공출하여 어느 정도 효과를 거두었지만, 장래에 다시 커다란 사태에 직면하였을 때, 즉 대륙 작전군에 대하여 내지로부터 해상수송로를 차단 당할 경우가 있다 하더라도 조선의 능력만으로 그것을 보충할 수 있을 정도까지 조선의 산업분야를 다각화하고, 특히 군수산업의 육성에 역점을 두고 만전을 기할 필요가 있다.161)

고 강조하였다. 즉 남차랑(南次郎)은 고도의 국방국가의 완성을 목표로 하여 조선 경제를 전면적으로 전쟁에 동원하려고 하였다. 이에 따라 경제 구조의 재편과 함께 조선인의 예상되는 저항을 사전봉쇄하기 위한 정책의 입안과 집행이 이루어졌다. 그 최고의 정점에 있는 것이 이른바 '내선일체'론이었다.

---

160) 君島和彦, 「조선에 있어서 전쟁동원체제의 전개과정」(최원규 편, 『일제 말기 파시즘과 한국사회』, 청아출판사, 1988) 157면.
161) 御手洗辰雄 편, 『南次郎의 조선통치』, 40~1면, 여기서는 君島和彦의 「조선에 있어서 전쟁동원체제의 전개과정」(최원규 편, 『일제 말기 파시즘과 한국사회』, 청아출판사, 1988), 162면에서 재인용.

> 통치의 목표는 반도를 일본화하여 내선일체를 구현하는 데 있다. 즉 숭고하기
> 이를 데 없는 황도정신을 원리로 하는 통치의 임무는 하루라도 빨리 혼연일체에
> 도달하는 것을 이상과 목적으로 한다. 이것을 달성하기 위하여 2가지 중요한 시설
> 을 이루기 바란다. 하나는 조선인 지원병제도의 실시이고, 둘째는 학교의 쇄신과
> 확충이다.[162]

위의 인용문은 1938년 2월 22일 육군특별지원병령이 공포되던 날 남
차랑(南次郎)이 도지사 회의에서 말한 내용이다. 두 번째의 조건이었던
'학교의 쇄신과 확충'은 교육정책을 조선인의 민족정신을 말살하기 위한
것으로 전환시킬 것을 의미하는 것이었다. 이에 따라 징병제와 물자동원
계획을 골자로 하는 '전시하 국민총동원령'이 발효되면서 조선은 일제에
의해 철두철미 착취당하는 체제에 돌입하게 된다.

이러한 상황에서 식민지의 작가로 살아간다는 것은 무엇을 의미하며
어떠한 방편이 있었겠는가. 유명한 임화의 "말할려는 것과 그릴려는 것
과의 분열"[163]이란 표현은 당대 작가적 현실에 대한 압축이다. '작가가
주장하려는 바를 표현하려면 묘사되는 세계가 그것과 부합되지 않고, 묘
사되는 세계를 충실히 살리려면, 작가의 생각이 그것과 일치할 수 없는
상태'에 빠진 것이다. 요컨대 작가의 정신과 현실은 심각한 괴리를 빚어
내어, 작품은 현실과 정신의 부조화를 드러내는 데 그치고 만다. 이를 임
화는 작가가 외부로만 향하는 세태소설과 자신의 내부에 침잠 하는 내성
소설로 구분한 바 있다. 이러한 현상은 크게 보아 근대성에 대한 식민지
지식인의 파행적인 인식으로부터 원인이 있거니와, 특히 '현실'로부터
솟아 오른, 혹은 현실에 의거한 인식을 지니지 못한 당대 지식인들의 관
념성도 주요한 원인이라 해야 할 것이다.[164]

---

162) 君島和彦, 「조선에 있어서 전쟁동원체제의 전개과정」(최원규 편, 『일제 말기 파시
　　즘과 한국사회』, 청아출판사, 1988. 164면.
163) 임화, 「세태소설론」, 『문학의 논리』, 학예사, 1940. 346면.
164) 현실에 대한 관념적 인식이란 식민지시대 작가들의 일반적인 문제였다. 대중과의
　　결합을 상실하고 지식인 내부의 이론 싸움에 골몰했던 사회주의 계열이나, '미적 영

30년대 후반기 이태준의 단편이 보여주는 변화는 앞서 임화의 평가와 관계가 깊으면서 동시에 그만의 특성을 보여주기도 한다. 이 시기 상허의 작품들은 서술자의 위상에서 이전 작품과 다른 모습을 보여준다. 「장마」나 「패강냉」, 「토끼이야기」, 「무연」, 「사냥」, 「석양」과 같은 작품들에서 작가는 서술자이자 주인공으로 등장하고 있다. 이러한 경향은 「달밤」 계열의 작품들이 작가임을 추측케 하는 서술자가 단순히 관찰자의 입장에 머무르고 있는 것과 차이를 보여준다. 또한 작품의 지향점도 작가의 심경을 거의 여과 없이 표출하는 데 놓여지며, 시대의 문제들도 작품 곳곳에 표출된다.

「장마」는 작가 자신이 서술자 겸 주인공이 되어, 책과 의자에 곰팡이가 피고 빨아 놓은 옷이 썩어 가는 장마를 배경으로 특별한 일없이 경성 시내를 산보하는 것을 그리고 있다. 아내와의 부부싸움이나 곱추가게 내외, 그리고 아내를 처음 만날 무렵의 일화나 툭하면 차를 갈아타게 만드는 버스에 대한 이야기와 같이 자질구레한 일상의 이야기들이 작가의 심경과 함께 서술되고 있다. 신문사와 다방 '낙랑' 그리고 서점을 거쳐오면서 사람들의 바쁜 일상을 관찰하고, 출세한 친구 강군을 만나 점심을 얻어먹으며 불쾌한 감정을 느끼기도 한다. 작품은 자기 작품집을 "「추월색」 따위 이야기책과 비겨 말하"165)는 통에 불쾌감을 느꼈던 어릴 적 친구 학순에게 책을 보내 주고 아내를 주기 위해 도야지족을 사 들고 집으로 돌아가는 것으로 끝을 맺고 있다.

이 작품의 초점은 일상을 바라보는 작가의 태도에 있다. 작가는 일상을 따뜻한 눈초리로 바라본다. 곰보 남편과 곱추 아내가 화투를 치며 아웅다웅하는 모습이 "어찌 생각하면 걱정거리 많은 이 세상에서 택함을

역'에서의 근대화가 별도로 실현 가능한 것으로 파악한 <구인회> 계열의 작가들 모두에게 이러한 관념성은 노정된다. 이에 대해서는 김동춘, 「사상의 전개를 통해 본 한국의 '근대' 모습」(역사문제연구소, 『한국의 '근대'와 '근대성' 비판』, 역사비평사, 1996과 류보선, 「1930년대 후반기 문예비평 연구」, 서울대 박사학위논문, 1995 참조
165) 「장마」, 『가마귀』, 한성도서, 1937. 167면.

받은 생활"166)로 비춰지기도 하며, 차를 마냥 세워 놓고 때로는 바꿔 타라고 하는 버스 감독에 대해서도 좀더 너그러워진다. 이러한 생각은 자기와 가까운 사람들을 '관계'로서만 보지 않고 '애틋한 정분과 인연을 지닌' 인간으로 파악하는 시선으로 확대된다.

> 모다 한 신문사에 있었으니깐 알았고 한 학교에 있으니깐 알았고 한 구인회원이니깐 알은 것뿐이 아닌가? 직업적으로, 사무적으로, 자조 만나니까 인사하고 자조 인사하니까 손도 잡고 흔들게 되고 하는 것뿐이지 더 무슨 애틋한, 그리워해야 할 인연이나 정분이 어대 있단 말인가? "친구간에 어쩌고 어쩌고……" 하는 말이 모다 쑥스럽지 않은가?167)

이러한 깨달음이 자기 책의 진가를 알리 없는 친구에게 책을 부치게 만들며 아내를 위해 돼지족을 사 들고 돌아오게 만든다. 말하자면 평범한 사람들의 일상을 긍정하고 그 속내에 배인 따뜻한 정취를 환기시킴으로써 이해타산을 먼저 내세우는 세상의 풍경과 스스로 갈라서고 있는 것이다. 이것과 대비되는 세계가 '표상'으로서만 자기를 인식하는 세계이다. 경쟁 잡지에도 들락거리는 자기를 "요시찰인시"하는 잡지사라든지, 할 일 없이 '낙랑'을 들락거리는 사람들끼리 "저자는 무얼 해 먹고 살길래 벌서부터 찻집출근이람?" 하고 느낄 법한 감정이라든지, 여학교에 작문선생을 나간다는 걸 알고 재취 자리를 주선해 달라는 친구의 태도는 이런 세계를 드러내 주는 장치이다.

겉으로 표상 되는 자기와 실제의 자기와의 차이는 작품의 배경인 장마와 연관되어 정체되어 있는 삶의 이면을 드러내 준다. 표상과 실제는 주인공의 의식 내에서는 나뉘어져 있는 것이지만 현실의 삶에서는 팽팽한 역관계를 이루며 자신의 현재를 구성하는 요소들이다. 이 작품이 아이러니를 구성기법으로 하는 여타의 작품들과 갈라서는 지점은 이곳이

---

166) 「장마」, 『가마귀』, 한성도서, 1937. 150면.
167) 「장마」, 『가마귀』, 한성도서, 1937. 166면.

다. 즉 현상과 실제 사이의 '간극'을 보여줌으로써 독자들의 인식을 끌어 올려 주던 아이러니 계열과 달리 이 작품은 그러한 간극에 대한 인식과 함께 그에 대한 긍정이 내포되어 있다. '보여지는 자기'에 대한 가벼운 불쾌감이 존재하면서도 그에 대한 담담한 인정이 작품 전체를 감싸고도 는 것은 이 때문이다. 그래서 작품은 일상을 긍정하면서도 선뜻 보여지 는 자기에 머무르고 싶지 않은 작가의 내면이, 하늘을 뒤덮은 장마구름 과 어울려 답답한 분위기를 형성하고 있다.

그러나 이 작품에서도 예전 작품들이 지닌 공통적 특성이 나타나고 있다. 그것은 정신주의, 문화주의의 시각으로 사태를 바라보는 방식인데, 이러한 관점은 "맑은 물을 보면 으레 '빨래하기 좋겠다!'나 느낄 줄 아는 조선 여성들의 불우한 풍속을 슬퍼"168)하는 데만 미치는 것이 아니라, 시대의 변화 방향을 감지하는 날카로움을 보이기도 한다.

> 안국정(安國町)이지만 아직 안국동(安國洞)이래야 말이 되는 것 같다. 이 동(洞) 이나 이(里)를 깽그리 정화(町化)시킨데 대해서는 적지 않은 불평을 품는다. 그렇 게 삐지네쓰의 능률만 본의로 문화를 통제하는 것은 그릇된 나치스의 수입이다. 더구나 우리 성북동(城北洞)을 성북정(城北町)이라 불러보면 "이주사"라고 불러야 할 어른을 "리상"이라고 남실거리는 격이다. 이리다가는 몇 해 후에는 이가니 김 가니 박가니 정가니 무슨 가니가 모다 어수선스럽다고 사람의 성명까지도 무슨 방법으로던지 통제할런지도 모른다.
> 모든 것에 있어 개성(個性)을 살벌하는 문화는 고급한 문화는 아닐게다.169)

이 대목은 이태준이 훗날의 창씨개명을 예측했다 하여 많이 인용됐던 부분이다. 그러나 그 예측의 각도가 '문화'의 수준에 머물러 있음도 유의 할 대목이다. 비판의 초점은 '능률만 본의'로 하는 제도적 장치들에 맞춰 져 있고, '개성'의 진작에 놓여져 있다. 말하자면 비실용성으로서의 '미

---

168) 「장마」, 『가마귀』, 한성도서, 1937. 149면.
169) 「장마」, 『가마귀』, 한성도서, 1937. 156~7면.

(美)'를 근대성의 척도로 파악했던 특유의 방식으로부터 그리 먼 거리에 놓인 것이 아니다. 물론 그의 비판방식이 정신적이고 문화적인 영역에 머물렀다 하여 그것이 문제될 수 있는 것은 아니다. 실제로 사회적 영역의 문제를 직접 거론할 수 있는 자유가 상실된 사회에서 당대 사회에 대한 최대의 비판은 이런 방식을 취할 수밖에 없었을 것이다. 다만 이것이 30년대 후반의 폭압적 상황의 산물이기도 하지만 30년대이래 상허가 지녔던 기본적인 자질이란 점도 지적되어야 할 것이다.

「장마」는 산책 모티브, 혹은 여행(떠남)의 구조를 취하면서 기존의 작품들과 다른 면모를 보이고 있다. 「달밤」 계열의 작품들은 인물의 다양한 행동상이 드러나면서도 작품의 중심은 서술자의 지점에 놓여 있었다. 이들 작품이 인물과 장면에 대한 묘사를 통해 서정적 정서를 표출하는데 초점을 두었던 만큼 그같은 구성은 필연적이라 하겠다. 「달밤」 계열의 작품에서 중요한 것은 상황과 장면이 표출하는 정서였던 것이다. 그러나 이 시기에 들어오면 이태준의 작품에는 산책 혹은 여행 모티브가 다수 등장한다. 박태원의 『소설가 구보씨의 일일』에서 그 기능을 유감없이 보여줬던 이 모티브를 상허 역시 채택하고 있는 것이다.[170] 이것은 주요한 변화인데, 왜냐하면 산책 혹은 여행의 모티브는 그 모티브의 특성 때문에 '떠남'의 과정에서 부딪치는 세계의 모습과 이에 대한 작가의 사유방식이 작품의 중심에 서기 때문이다. 산책(여행) 모티브는 서술자의 이동에 따른 공간적 변화를 축으로 하면서, 상이한 공간적 상황에서의 상이한 사건을 통해, 서술자가 자의식과 가치판단을 드러낼 수 있는 구조이다. 따라서 이런 모티브의 차용은 세계에 대한 보다 사실적인 재현을 추동하는 한편, 그에 대한 작가의 판단을 구조적으로 개입시키려는 의도의 산물이라고 할 수 있다. 이를테면 인물과 장면이 발산하는 '정서'를 제치고, 현실과 그에 대한 작가의 사유가 서사의 중심에 서게 되는 것이다.

---

170) 박태원 소설의 산책 모티브에 대해서는 최혜실의 『한국 모더니즘 소설연구』(민지사, 1992) 198~232면 참조.

「패강냉」은 이러한 구조가 의도한 바가 무엇인지를 분명히 보여주는 작품이다. 주인공 '현'은 평양에서 조선어와 한문을 가르치는 '박'을 위로하러 십여 년만에 평양에 온다. 내선일체를 통치 목표로 내걸면서 일제는 조선어의 강습은 물론 사용도 억압해 갔다. 이러한 현실에 대한 현과 박의 처지는 '찌싯찌싯'이란 부사 하나에 담겨져 있다.

> 정거장에 나온 박은 수염도 깎은 지 오래여 터부룩한데다 버릇처럼 자조 찡그러지는 비웃는 웃음은 전에 못 보던 표정이었다. 그 다니는 학교에서만 찌싯찌싯 붙어있는 것이 아니라 이 시대 전체에서 긴치않게 여기는, 찌싯찌싯 붙어 있는 존재 같았다. 현은 박의 그런 찌싯찌싯함에서 선뜻 자기를 느끼고 또 자기의 작품들을 느끼고 그만 더 울고 싶게 괴로워졌다.[171]

조선어 선생이 찌싯찌싯한 존재라면 조선어로 글을 쓰고 사는 작가 자신도 찌싯찌싯한 존재일 것이다. 그러나 자기네들을 '긴치 않게 여기는' 시대의 문제는 바로 그런 시대가 놓쳐 버리는 것들에 대한 비판의 형식으로 표출된다.

이 작품에서도 비판의 각도는 미나 문화의 문맥에서 그려지고 있다. 작품 서두를 장식하는 을밀대에 대한 풍경묘사라든지, 그 을밀대가 비행장이 들어서면서 가까이 가지 못하게 된 것이든지, 평양여인의 머리수건과 옛 기생의 장고와 요즘 기생의 딴스가 비교되는 것들이 그것이다. 그러나 이러한 문화적 접근 방식은 단순히 미적 취향이나 호사가의 정신적 유희와 비교될 수 없는 것이다.

> "아닌게 아니라 자네들 이제부턴 실속채려야 하네."
> 하고 김은 힐긋 현의 눈치를 본다.
> "어떻게 채려야 실속인가?"
> "팔릴 글을 쓰란 말일세, 자네들 쓰는 걸 인제부터 누가 알아야 읽지 않나? 나두 가끔 자네 이름이니 좀 읽어볼가 해두 요미니 꾸꿋데…… 도 — 모이깡……"

---

171) 「패강냉」, 『이태준단편집』, 학예사, 1941. 111면.

“아니꺼운 자식…… 너이 따윈 안 읽어두 좋다. 그래 방향 전환을…… 뭐…… 어디가 글쓰는 놈이 선견이구 어쩌구 하는구나? 똥내나는 자식……”

“나니?”

김이 빨근해진다. 김이 빨근해지는 바람에 현도 다시 농담기가 걷히고 눈이 뻔쩍 빛난다.

“더러운 자식! 나닌 무슨 말라빠진……”

하더니 현은 술을 깨이려고 마시던 사이다 컵을 김에게 사이다 채 던져버린다. 깨여지고 뛰고 하는 것은 유리병만이 아니다. 기생들이 그리로 쏠린다. 뽀이들도 드러온다.

“이 자식? 되나 안되나 우린 예술가다! 예술가 이상이다 이 자식……”

하고 현의 두리두리해진, 눈엔 눈물이 핑 ― 어리고 만다.172)

여기에서 ‘우린 예술가이며 예술가 이상’이란 표현은 이태준의 문학이 지닌 의미 전반에 대한 스스로의 규정을 함축하고 있다. 요컨대 예술가라는 표현에 효용성의 차원으로 자신을 상품화시키는 것에 저항하는 의미가 담겨 있다면, 예술가 이상이란 표현에는 그러한 작업이 단순히 미의 영역에 국한된 것이 아니라 민족의 근대화 과제에 복무하는 의미를 갖는다는 것, 곧 식민지시대의 민족적 과제를 나름대로 수행했던 것이라는 판단을 담고 있다. 따라서 문화에 대한, 특히 민족 고유의 문화에 대한 훼손과 폄하는 이제 문화의 문제를 넘어 시대의 징후로 읽혀지게 된다.

‘이상견빙지(履霜堅氷至)……’

주역(周易)에 있는 말이 생각났다. 서리를 밟거든 그 뒤에 어름이 올 것을 각오하란 말이다. 현은 술이 훅 깨인다. 저고리섶을 여미나 찬 기운은 품속에 사모친다. 담배를 피려하나 성냥이 없다.

‘이상견빙지…… 이상견빙지……’

밤 강물은 시체와 같이 차고 고요하다.173)

---

172) 이 부분은 단편집에 실리면서 간략하게 개작되고 만다. 여기서는 상허의 의도를 분명히 밝히기 위해서 발표본을 텍스트로 삼았다. 『삼천리문학』, 1938.1. 29~30면.

이처럼 중일전쟁 이후 상허의 단편이 '문화'에서 '시대'를 감각하는 단계로 전환된 데에는 무엇보다 일제의 억압이 중심 원인이다. 그것은 우선 미적인 영역이 사회와 별도로 떨어진 것이 아니라는 사실의 표현이다. 현실에서의 실천활동을 포기한 이후, 상허는 민족의 현실과 교섭하면서 작가활동을 계속해 왔다. 그것은 지금까지 살펴본 것처럼 단편에서는 예술성의 이름으로 미적 근대성의 수위를 높이는 작업이었으며, 장편에서는 통속성을 통한 민중 계몽의 방식이었다.

그러나 30년대 후반의 폭압성은 역설적으로 이러한 인식이 불구적이며, 표피적인 것임을 증명하였다. 미적인 것, 나아가 문화적인 것이 깃들 최소한의 영역도 사라지는 현실의 변화는 상허 단편의 특장인 서정적 분위기를 약화시켰다. 서정성을, 범박하게 말해서 '자아와 세계의 일치'에서 찾는다고 할 때, 30년대 후반은 자아가 일치할 수 있는 세계를 발견할 수 없는 시기였던 것이다. 이제 부정성은 부정성의 형식으로 표출되어야 했고, 자신과 일치할 세계를 찾지 못한 자아는 '떠남'의 구조를 통해 자신의 내면을 확인하는 데 머물러야 했다.

작가 스스로 "한갓 산책에 불과"[173]하다고 규정한 「사냥」도 마찬가지다. 이 작품의 초점은 자신의 존재방식을 확인하는 데 놓여 있고, 또한 의미 있는 행동이 받아들여질 수 없는 현실에 대한 확인에 있다. 자신의 존재방식은 사냥의 무대인 자연과의 대비 속에서 암시된다.

『동아일보』와 『조선일보』에 이어 『문장』과 『인문평론』마저 폐간된 뒤에 찾아온 '여유'는, 오히려 이전부터 "어서 이 잡무에 헤어나 조용히 쓰고 싶은 것이나 쓰고 읽고 싶은 것이나 읽으리라"는 결심과는 관계없이 공허함을 안겨 준다. "사람이 안정한다는 것은 손발이 편안해지는데 있는 것이 아니였"던 것이다. '이런 신경을 좀 눅이려고' 떠난 사냥에서 그가 기대했던 것은 무엇인가.

---

173) 「패강냉」, 『이태준단편집』, 학예사, 1941. 129면.
174) 「사냥」, 『돌다리』, 박문서관, 1943. 25면.

오래간만에 촌길을 걸을 것, 험준한 산마루를 달려볼 것, 신에게서 받은 자세대로 힘차게 가지를 뻗은 나무들을 처다볼 수 있을 것, 나는 꿩을 떨구고, 닫는 노루와 멧도야지를 고꾸러트릴 것, 허연 눈 속에 온천처럼 용솟음쳐 흐를 피, 통나무 화로불에 가죽채 구어뜯을 짐승의 다리, 생각만 하여도 야성적인 정렬이 끓어올랐다.175)

일제의 탄압이 더욱 극악해지는 상황에서 한낱 지식인이자 작가에 불과한 인간이 움직일 수 있는 영역은 제한적일 수밖에 없다. 그러한 제한성이 무력감을 낳고 무력감은 자신의 존재방식에 대한 깊은 회의를 몰고 온다. 「토끼 이야기」에서 아내의 "피투성이의 쩍 벌린 열 손가락"176)이 상징하는 바는 바로 이것이었다. 그러기에 '야성(野性)'을 찾아 나서는 마음은 그러한 무력감으로부터의 탈출이라는 의미를 띄게 마련이다. 다시 말해서 사냥을 통해 주인공은 현실에서 맛볼 수 없는 야성의 생명성을 맛보고자 하였고, 그렇게 대리 만족된 생명성을 자신의 삶에 주입하고자 하였던 것이다.

이런 기대는 꿩을 쏘며, 또 노루와 멧돼지를 쫓아 산을 넘으면서 채워지는 듯하다. 그러나 호화스러운 야성의 체험은 한편으로 생명의 허무함을 일깨우기도 한다. "푸드득 푸드득 공간을 파도를 치듯 하며 세차게 날든 것, 어느 불꽃이 어느 새암이 그처럼 성성한 생명이었으랴만 탕 소리 한 번 순간에 이처럼 모든 게 정지해 버린다는 건, 분수없이 허무한 것이었다."177) 사냥의 본질은 강한 자에 의한 약한 자의 죽음을 의미하는 것이므로, 야성을 추구하는 강한 자의 호화스러움은 그 이면에 생명의 '분수없이 허무함'을 동반한 것일 수밖에 없다. 이러한 인식은 사냥을 다닐 정도로 여유 있는 자신들의 삶을 객관화시키는 데에도 미치고 있다.

---

175) 「사냥」, 『돌다리』, 박문서관, 1943. 26면.
176) 「토끼 이야기」, 『돌다리』, 박문서관, 1943. 155면.
177) 「사냥」, 『돌다리』, 박문서관, 1943. 29면.

결국 민중이란 어리석은 것이란 것, 이 어리석은 무리들에게 도의를 베푸는 손은 너무 먼데 있는데 그렇지 안는 손들은 그들 주위에 너머 가까이 너무 많이 있다는 것이다. 그래 그들은 행복하기가 쉽지 못하다는 것이다. 학창을 처음 나와서는 그들을 위해 의분도 느꼈었으나 자기 하나의 의분쯤은 이른바 홍로점설(紅爐点雪)에 불과하였고, 그런 모리배(謀利輩)들만의 촌읍사회에 끼여 일이 년 생계를 에우는 동안 어느 틈엔지 현실에 영리해졌다는 것이요, 그 덕에 오늘에 이르런 사무실 문을 닫고 이렇게 삼사 일씩 나와 놀아도 집에선 조석걱정은 않게끔 되었노라 실토하였다.[178)]

사냥을 주선한 친구 '윤'의 입을 통해 토로되고 있는 이런 사정은 식민지하에서 양심적인 지식인들이 살아갔던 과정을 집약해 준 보고서라 할 수 있다. 민중에 대한 애정과 의분이 개인의 파편화 된 희생, 즉 '홍로점설'로 인식돼 가는 과정은 양심적인 지식인들이 현실에 굴복해 가는 가장 일반적인 과정이라 할 수 있기 때문이다. 그러나 이것은 또한 일상성이 민족을 위한 실천과 양심을 무화시키는 과정에 대한 보고서이기도 하며, 민중과의 조직적 연대 없이 개인의 양심에 의거해 전개하는 활동이 얼마나 무력한가에 대한 확인이기도 하다. 이태준 역시 적어도 민중의 처지에 의분을 가졌고 또한 자기의 개인적인 희생이 홍로점설에 그칠 것이라 판단했다는 점에서는 동일하다. 문제는 그러한 최소한의 민족성을 견지하는 일조차 어려워진 현실이며 그같은 현실을 사는 지식인의 자세인 셈이다.

차가 창동을 지나니 자리가 수선해지는 바람에 한은 깜박 들었던 잠을 깨었다. 집이 있는 서울이 가까워 온다. 그러나 한은 조곰도 반갑지 않았다. 그는 생각하였다. 단돈 삼십원으로 다라날 수 있는 그 양복조끼에게는 세상이 얼마나 넓으랴! 싶었다.[179)]

---

178) 「사냥」, 『돌다리』, 박문서관, 1943. 27~8면.
179) 「사냥」, 『돌다리』, 박문서관, 1943. 44~5면.

잡아 놓은 멧돼지의 쓸개를 터트리고 뒷다리를 잘라 갔던 '양복조끼'
는 노련한 포수에 의해 잡히고 만다. 그러나 변상하라고 사촌이 준 삼십
원을 그가 가지고 달아나면서 사냥 얘기는 끝난다. 위 인용문은 사냥을
마치고 돌아오는 주인공 한의 머리를 지배하는 생각이 무엇인지를 보여
준다. 단돈 삼십원으로도 달아날 수 있는 양복조끼의 세상이 참으로 넓
다는 것은, 역설적으로 자신이 처해 있는 세계의 넓이에 대한 측량이다.
이태준이 파악하는 세계는 돈 몇 푼으로 탈출할 수 있는 세계가 아니다.
탈출의 욕구는 동일한 것이나 탈출의 가능성과 의미를 이미 예측하고
있는 지식인으로서는 그러한 행위가 선망의 대상일지언정 자신의 세계
일 수는 없는 것이다. 그래서 사냥을 통한 생명에의 체험은 양복조끼의
탈출을 통해 역설적으로 확인한 자신의 존재 영역과 함께 현실의 엄정
함을 더욱 확인케 해주는 결과를 낳는다. 이것은 이태준이 자신의 삶의
영역과 방식으로는 현실을 돌파할 방법을 찾지 못했음을 고백하는 것과
같다.

이런 점에서 「농군」 역시 그가 자신의 삶의 방식으로는 찾을 수 없는
삶의 건강성을 민중들의 삶, 그것도 허구가 아닌 생생한 실제에서 찾아
내려는 노력의 소산이다.[180] 윤창권 일가의 만주(滿洲) 이주(移住)와 거기
에서 밭을 논으로 만들기 위해 토착민과 벌였던 투쟁과정이 그려진 이
작품은 과거 이태준의 다른 작품과 달리 역동적이며 집단적 열정을 간직
하고 있다. 임화 역시 이 점에 주목하여 「농군」이 이태준이 지니고 있던
좋은 요소들을 집대성하고 단순화한 작품이라고 평하면서, 이것이 상허
작품의 기본 색조이던 "애수가 비극에까지 근접하는 듯한 긴장한 세
계"[181]라고 말하였다.

---

180) 「농군」이 현지 취재를 통해 만들어진 작품임은 잘 알려져 있다. 이태준의 간도기행
   은 「이민부락견문기」란 제목으로 『조선일보』, 1938. 4. 8~21에 연재되어 있고 『무서
   록』에도 수록되어 있다.
181) 임화, 「중견작가 13인론」, 『문학의 논리』, 학예사, 1940. 323면.

> 그러나 「農軍」은 在來의 氏의 作品에 登場하던 人物을 그대로 使用하면서도
> 새로운 意義를 갖는 事件을 構成하는 길을 發見한듯 하였다. 그 길에서 비로소
> 人物은 性格化될 可能性을 얻으며 「페이소스」의 「파토오스」에의 轉化의 길이 열
> 릴 지도 모른다. 그러나 여기가 氏의 文學의 飽和點이 될지 或은 再出發點이 될
> 지 그것은 오로지 將來의 일이다.[182]

인용한 임화의 평가에서도 드러나듯이 「농군」은 상허의 이전 작품과
는 다른 면모를 보인다. 그러나 그 '다름'은 이태준의 문학관의 변모나
성숙과는 거리가 있다고 판단된다. 왜냐하면 차이를 판별 짓는 본질적인
요소는 작품이 서사적 진폭 위에서 전개된다는 것에 있기 때문이다. 곧
뚜렷한 사건을 통해 전개되는 것인데 이것은 상허 내부의 힘이 아니라
현실의 힘이며, 실제로 투쟁을 전개한 만주 이주농의 힘이다. 다시 말해
서 「농군」에서 전개되는 강인한 생명력과 낙관적 결말은 현실 그 자체로
부터 동력을 얻고 있다. 그러기에 임화는 「농군」이 상허 문학의 '포화점
(飽和點)이 될지 혹은 재출발점(再出發點)이 될지'에 대해서 판단을 유보하
고 있는 것이다.

그런 점에서 「농군」과 「사냥」은 '생명력'을 얻어내는 방법에서 동일한
양상을 보여준다. 그것은 작가의 외부에 있는 것이며, 생생한 삶의 실존
적 문제와 결부될 때 발생하는 것이다. 그러기에 그것은 작가(지식인)로서
의 자신과는 결합될 수 없는 것이다. 「사냥」은 작가 자신임을 암시하는
'한'을 서술자로 내세움으로써 탈출하고자 하는 욕구와 탈출할 수 없는
현실이 대비된다면, 「농군」은 그런 지식인적 서술자를 배제함으로써 온
전히 민중에 의한 삶의 투쟁을 형상화할 수 있었다. 부언 하자면 「농군」
의 역동성과 열정은 지식인으로서의 작가의 완전한 배제를 통해 이루어
진 것이다. 이것은 곧 상허가 「농군」의 세계는 자신의 세계일 수 없음을
작품 구성 방식을 통해 예증한 것이다. 그에게 「농군」의 세계는 「사냥」

---

182) 임화, 『문학의 논리』, 학예사, 1940. 323면.

에서의 '양복조끼'의 세계처럼, 가고자 하지만 갈 수 없는 다른 세계일 따름이다.

따라서 「농군」을 30년대 후반에 들어 이태준의 현실인식이 변화했음을 보여주는 작품으로 거론하는 것은 다소 성급한 판단이다.[183] 지금까지 살펴보았듯이 「농군」에서 보여지는 강인한 생명력과 집단적인 열정은 상허가, 스스로의 내부에서 찾을 수 없는 것을 만주 이주민의 삶에서, 현실에서 '빌려 오고자 했던 것'이라 판단할 수 있다. 이태준은 자신의 삶이 「농군」의 윤창권 일가나 「사냥」의 양복조끼와 같은 것이 될 수 없다는 점을 명백히 인식하고 있다.

가혹해지는 일제의 탄압에 맞서 대응하는 길은 30년대 후반의 상허에게 현실적으로 존재하지 않는다. 그의 작업은 두 가지의 방향으로 전개된다. 하나는 그가 이전부터 걸어왔던 고유의 방식이다. 즉 정서를 시각화함으로써 작품을 이미지와 서정성의 세계로 전환시키는 것이요, 두 번째가 '떠남'의 구조를 통해 스스로 의미 있다고 판단했던 것들을 보듬는 작업이었다.

그러나 첫 번째의 길은 세계의 폭압성으로 인해 상당히 차단된 길이다. 앞에서 30년대 후반의 현실이 '서정성'을 원천에서 차단한 세계였다고 서술한 바 있거니와 실제로 이러한 계열의 작품들은 현격히 줄어들고 있다. 대표적인 것이 「농군」에 이어 발표된 「밤길」이다.

「밤길」의 주인공 황서방은 딸 둘에 이어 아들을 얻고는 돈을 벌어야겠다고 생각한다. 어떻게 돈 십 원이라도 장만하면 가을부터는 군밤 장사라도 해볼 요량으로 아내와 자식들을 남의 집 행랑살이를 시키고 자기는 인천의 공사판으로 내려온다. 그러나 줄기차게 내리는 비 때문에 그나마 번 돈을 모두 까먹고 공사주인에게 선금을 빌려 연명하는 신세가 된다. 게다가 서울에 맡겨 놨던 아내는 주인집의 은수저를 훔쳐 달아나

---

183) 서론의 연구사 검토에서 살펴보았던 두 번째 시기의 연구경향들이 대체로 상허의 현실 인식을 논하면서 30년대 후반의 현실인식 강화를 이 작품과 더불어 논의하고 있다.

고 화가 난 주인나리는 욕설과 함께 자식들을 공사판에 떨구고 올라간
다. 삶을 추스르게 만든 계기였던 아들은 죽어 가고 있다. 병원에서도 오
늘밤을 넘기지 못하리라 하자 동료 권서방은 아이를 묻으러 가자고 설득
한다.

> 허턱 주안쪽을 향해 걷는다. 얼마 안 걸어 시가지는 끝나고 길은 차츰 어두워진
> 다. 길만 어두워지는 것이 아니라 바람이 세차진다. 휙 비를 몰아붙이며 우산을 떠
> 받는다. 황서방은 우산을 뒤집히지 않으려 바람을 따라 빙그르 돌아본다. 그러면
> 비는 아이 얼굴에 흠뻑 쏟아진다. 그래도 아이는 별로 소리가 없다. 권서방더러 성
> 냥을 그어대라고 한다. 그어대면 얼굴은 죽은 것이나 마찬가지나 빗물 흐르는, 비
> 비틀린 목줄에서는 아직도 발랑거리는 것이 보인다. 바람이 또 친다. 또 빙그르 돌
> 아본다. 바람은 갑자기 반대편에서도 친다. 우산은 그예 뒤집히고 만다. 뒤집힌 지
> 우산은 두 번, 세 번 만에는 갈기갈기 찢어지고 말았다. 또 성냥을 켜보려 한다.
> 그러나 성냥이 눅어 불이 일지 않는다. 하늘은 그저 먹장이다. 한참 숨을 죽이고
> 들여다보아야 희꾸므레하게 아이 얼굴이 떠오른다.[184]

위 인용문은 아직 숨이 채 끊기지 않은 젖먹이를 묻으러 가는 정경을
묘사한 것이다. 어둠과 비, 그리고 정적(靜寂)의 이미지는 작품의 기본 정
서를 채색한다.[185] 거기에 가끔씩 켜 드는 성냥불은 그 어두움의 어두운
정도를 극대화하는 효과를 갖는다. 절망의 극한은 '바람'과 함께 온다.
우산 하나로는 원체 어른 둘의 몸도 가릴 수 없는 것이건만, 세차게 몰
아붙이는 바람은 그만큼의 가림도 허락하지 않는다. 여기서 '우산'은 절
망에 빠진 황서방이 기댈 언덕의 상징이다. 우산이 뒤집혀지지 않도록
몸을 돌리는 행위는 절망으로부터 빗겨 나고자 하는 나약한 인간의 몸부
림이다. 따라서 바람에 의해 우산이 갈기갈기 찢기는 대목은, 현실의 냉

---

184) 「밤길」, 『돌다리』, 깊은샘, 1995. 167~8면.
185) 이 작품을 비롯하여 이태준의 단편을 '물과 빛'의 이미지를 중심으로 살펴본 것으
   로 이혜원, 「이태준 소설의 이미지 연구」(상허문학회, 『이태준 문학연구』, 깊은샘,
   1993) 참조.

혹함이 그와 맞서려는 인간의 의지를 무참히 무너뜨리는 장면이 아닐 수 없다. 성냥불조차 켜지지 않는 세상, 그것은 곧 어둠으로 상징되는 현실의 폭압성이 세계를 완벽히 지배하고 있음을 의미한다. '하늘은 그저 먹장'인 것이다.

여기에 이르러 '절망'은 하나의 장면을 얻는다. 그것은 서술되지 않고 '그려진'다. 더욱이 짧은 단문으로 이어지는 문장의 호흡은 대화 없이 이어지는 묘사장면에 절망의 리듬감을 부여한다. 짧은 문장이 전해 주는 긴박감은 우산이 뒤집어지는 상황과 결합하여, 황서방의 절망을 시공간(時空間)이 어우러진 입체성으로 인도한다. 그러나 어둠과 비와 바람을 묘사할 때 짤막하게 이어지던 문장은 아이의 모습을 묘사할 때는 다소 길어진다. 리듬의 완급이 조절되고 있는 것이다. 이러한 완급은 독자의 시선을, 빗물이 들이치는 아이의 얼굴에 고정시키는 효과를 갖는다. 그것은 영화에서의 클로즈업(Close-up)과 같은 효과로, 울 힘도 없이 죽음을 앞당기고 있는 아이의 얼굴을 조명한다. 마지막에 '한참 숨을 죽이고 들여다 보'는 행위의 시간 연장도 동일한 효과를 창출한다. 그리고 그 때문에 당연히, 리듬의 완화는 절망의 완화가 아닌 절망의 심화와 연관된다. 세찬 비바람이 몰아치는 어두운 진흙창 길이 전해 주는 불연속적 정지의 이미지와, 문득문득 간격을 지니고 나타나는 죽어 가는 아이의 얼굴은, 시간과 공간이 어우러진 3차원적 영상을 창출하고 있다.

이상에서 알 수 있듯이 「밤길」은 「꽃나무는 심어 놓고」로부터 「달밤」이나 「촌띠기」, 「어둠」으로 이어지는 이태준 작품의 주류적 경향과 동일한 방향에 놓여 있다. 요컨대 작가가 인식한 현실의 모습은 특정한 정서의 형태로 전환되며 그것은 입체적 장면의 구성을 통해 독자의 심미성을 자극한다. 말하자면 '미(美)'의 장면으로 번역된 인간적 정감인 것이다. 또한 상허 작품의 다른 주인공들과 마찬가지로 황서방은 아들을 위해 나선 일에 의해 아들을 잃는다. 그의 단편의 구성 원리인 아이러니가 여기서도 관철되고 있는 것이다.

물론 「밤길」은 이전의 상허 작품과는 몇몇 차이점을 보여준다. 가장 중심적인 것이 서사성의 강화라고 할 수 있다. 다시 말해서 「밤길」의 비극성은 '사건'의 본질적인 비극성에 의해 추동되고 있다. 늦게 아들을 얻어 성실하게 살아보고자 하는 황서방, 그의 노력은 그나마 모은 돈을 날려 버리게 만드는 비(자연)와 달아난 아내(인간)에 의해 이중으로 배신당한다. 자연과 인간에 의한 배신은 완벽한 배신이다. 그가 설자리, 현실을 헤쳐 나갈 가능성은 없다고 해도 과언이 아니다. 독자는 작품이 끝난 지점으로부터 더욱 강렬하게 주인공의 비극적인 운명을 예감하게 된다. 이처럼 「밤길」이 지닌 비극성의 힘은 무엇보다 작품 속에 구현된 사건에 의해 주어진다.

사정이 이러하다면 「밤길」은 「농군」과 동일한 선상에 놓여 있다고 봐야 한다. 작품의 정조는 서정적 기풍 속에 놓여 있지만, 그러한 서정성을 이끄는 추동력이 현실 곧 서사에 의해 뒷받침 받고 있다는 점에서 그러하다. 그러나 이런 작품은 계속 추구될 수 없다. 왜냐하면 그것은 작가의 외부에 있는 것, 곧 주체의 역량으로 전화될 수 없는 것이기 때문이다. 처음부터 장편을 통해 자신의 사회적 근대성을 드러냈던 상허로서는 나름대로 민중에 대한, 현실에 대한 판단이 내재했었다. 「사냥」에서 보여준 윤의 민중관이 이태준의 그것과 큰 차이가 없다고 보았던 이유도 이것이다. 이것은 곧 민중적 현실로부터 억압의 현실을 헤쳐 나갈 힘을 공급받기 어려웠다는 것을 의미한다. 그를 추동하는 힘은 오직 그 자신으로부터만 나와야 했고 이것이 30년대 후반 이태준의 단편을 내성화(內省化)시킨 근본 원인이다.

「밤길」 이후 「토끼 이야기」와 「사냥」을 통해 자신의 무기력과 지식인적 한계를 체감한 상허는 「무연」의 체념과 「석양」의 겉멋 부림을 거쳐 「돌다리」와 「뒷방마님」에 이르면 일정한 평정상태에 도달한다. 이때의 '평정'은 각도를 달리하면 현실에 대한 체념과 순응으로 비춰질 수도 있다. 그럼에도 이를 평정이라 일컫는 것은, 두 작품에서 보여주는 이태준의 정신

상태가 지금껏 지켜 왔던 자신의 고유한 특질을 고수하겠다는 의지의 천
명이라는 의미에서 그러하다.

이런 의미에서 「돌다리」는 버려서는, 혹은 잊어서는 안될 가치들에 대
한 확인으로 점철된 작품이다. 작품의 줄기는 시골의 땅을 팔아서라도
병원을 증축하겠다는 아들 창섭과 땅의 가치를 환금가능성(換金可能性)의
문제만으로 파악하지 않는 아버지와의 사고방식의 차이에 있다. 아들의
의도는 도덕적으로 비난받을 만한 것이 아니다. 그는 인간적이며 동시에
합리적이다. 의사로 성장한 아들이 마침 좋은 기회가 생겨 병원을 늘리
고 농사지으며 고생하시는 부모님도 편하게 모시겠다는 생각은 상찬할
만한 것이다. 또한 시골에 땅을 둔대야 "일년에 고작 삼천 원의 실리가
떠러질지 말지 하지만 땅을 팔아다 병원만 확장해 놓으면, 적어도 일년
에 만원 하나씩은 이익을 뽑을 자신이 있는 것, 돈만 있으면 땅은 이담
에라도, 서울 가까히라도 얼마든지 좋은 것으로 살 수 있"186)다는 판단
은 지극히 합리적이다.

> 천금이 쏟아진대두 난 땅은 못 팔겠다. 내 아버님께서 이룩허시는 걸 내 눈으루
> 본 밭이구, 내 하라버님께서 손수 핏땀을 흘려 모신 돈으루 작만허신 논들이야. 돈
> 있다구 어듸가 느르지논 같은게 있구, 독시장밭 같은 걸 사? 느르지논 둑에 선 느
> 티나문 하라버님께서 심으신거구 저 사랑마당엣 은행나무는 아버님께서 심으신거
> 다. 그 나무 밑에를 설 때마다 난 그 어룬들 동상(銅像)이나 다름없이 경건한 마음
> 이 솟아 우러러보군 헌다. 땅이란 걸 어떻게 일시 이해를 따져 사구 팔구 허느냐?
> 땅 없어봐라 집이 어딧으며 나라가 어딧는줄 아니? 땅이란 천지만물의 근거야. 돈
> 있다구 땅이 뭔지두 모르구 욕심만 내 문서쪽으로 사 모기만 하는 사람들, 돈노리
> 처럼 변리만 생각허구 제 조상들과 그 땅과 어떤 인연이란건 도시 생각지 않구 헌
> 신짝 버리듯 하는 사람들, 다 내 눈엔 괴이한 사람들루 밖엔 뵈지 않드라.187)

아버지와 아들의 기본적인 차이는 사물을 대하는 방식에 있다. 창섭의

---

186) 「돌다리」, 『돌다리』, 박문서관, 1943. 219면.
187) 「돌다리」, 『돌다리』, 박문서관, 1943. 220~1면.

그것이 합리성 혹은 환금가능성의 차원이라면, 아버지의 그것은 진정성 혹은 사물의 인간화라고 부를 수 있다. 이러한 사유는 합리성이라는 이름으로 위장한 환금가능성에 대한 비판의 의미를 담고 있다. 다시 말해서 아버지의 입을 빌려 이태준이 비판한 것은 근대성의 기준으로서의 합리성 그 자체는 아니다. 이 점은 강조되어야 하는데, 왜냐하면 지금까지의 연구에서는 환금가능성에 대한 비판을 합리성과 연결시켜 이를 이태준의 반근대주의(反近代主義)로 규정하기 때문이다. 그러나 이 작품에 드러나는 것처럼 합리성은 그 자체로 비판의 대상이 아니다. 아버지 역시 아들의 욕망을 비판하는 것이 아니라 그 욕망을 이루기 위해 과도한 욕심을 부리는 것을 경계하고 있으며, 아들도 이를 수락하고 있다. 근대와 과학에 대한 이태준의 신뢰와 열정을 고려한다면 이 점, 납득할 수 있다. 따라서 환금가능성에 대한 비판은 상허가 미적 근대성의 자리에 서서 속물근성과 물질주의를 비판했던 맥락과 연관하여 생각해야 한다. 위의 인용문에 담겨 있는 이태준의 정신은 사물에 깃든 인간의 정신을 감득하는 것이며, 그것을 상찬할 줄 알아야 한다는 것이다. 이를 확대하면 효용성의 관점에서 한발 벗어나 사물 속에 내재한 인간의 정신을 파악하여야 한다는 주장이다. 이것이 그로 하여금 근대의 부정적 현실에 대해 저항하게 만든 근본 원인이다.

이러한 정신은 「뒷방마님」에 이르러 그가 초기작으로부터 강조해 왔던 인간적 정감의 문제를 그려낸다. 평생을 자기 집의 침모로 희생해 온 뒷방마님의 '삼원'을 가져 보고 싶다는 소원을 결국 들어주지 못하는 윤의 이야기는, 현실의 이해타산에 얽매어 인간이 마땅히 가져야 할 인정(人情)의 세계가 훼손된 세계를 보여주고 있다. 이러한 정감과 인정의 강조는 이태준 문학의 고유한 특질이다. 일제 말기 최후의 작품에서 그가 이런 세계를 그려내고 있다는 것은, 한편으로 보면 폭력적 현실에 대한 체념이지만, 다른 한편으로는 상허의 정신이 외부 세계와의 교통을 차단한 채 자신의 고유한 영역 속에 스스로 갇히고자 했음을 말해 주는 것이다.

2) 장편의 변모와 계몽의지의 확인

30년대 중반기 이태준의 장편은 민족주의와 계몽성이라는 영역을 크게 벗어나지 않았다. 물론 민족주의적 성향과 계몽의 구체적인 내용은 시간이 흐를수록 일정한 변모를 겪은 바 있다. 사회의 속물성과 이에 맞서는 정신주의의 패배와 승리를 상징하던 삼각관계는 점차 일상성의 거대한 흐름에 침윤되면서 변모된다. 이러한 경향은 『성모』에 이르러 기존에 숭앙되던 '예술가'가 속물화된 인간으로 등장하고, 변호사인 '김상철'이 긍정적인 인간형으로 묘사되는데 미치고 있다. 뿐만 아니라 계몽의 내용도 교육운동으로 대변되는 사회 일반적 차원의 근대화를 지향하는 것에서 여성, 자녀교육, 문화의 문제로 축소되어 갔음을 이미 확인한 바 있다. 문제의 차원이 보다 개인적이며 정신적인 영역으로 국한되고 있음을 보여주는 증거라 하겠다.

이러한 경향의 귀결점에 놓인 것이 『별은 창마다』이다.[188] 이 작품에 오면 이태준의 장편에서 반복되던 가난한 고학생의 의미가 무화된다. <한성피혁>의 고명딸인 '한정은'을 사이에 두고 벌어지는 '주익형'과 '어하영'은 둘 다 가난한 고학생들이다. 그러나 부정적 인물인 주익형 역시 정은의 집에서 가정교사 생활을 하던 고아출신의 고학생이란 점에서 지금까지 장편에서 보여주던 기본적인 구도가 의미를 상실하고 있다. 엄격하게 따지면 어하영은 부자집 자식이었다가 아버지의 사업부도로 가난에 직면한 것이므로 과거의 인물설정 방식과 비교해 볼 때 오히려 관계의 역전이라고 부를 만하다. 이것은 곧 고아출신의 입지적(立志的) 인물이 삼각관계에 실패하면서 자신의 의지를 사회화시키는 터전으로 진출한다는 기존의 구도에 비추어 볼 때 현격한 차이이다.

더욱이 어하영과 한정은의 사랑이 파탄에 이르는 과정도 비록 외부(가

---

188) 『별은 창마다』, 『신시대』, 1942.1~1943.6(여기서는 『별은 창마다』, 서음출판사, 1988 참조).

족)의 반대뿐만 아니라 본인들의 인정과 결단으로 비롯된다는 점도 이채롭다. 부와 명예와 재주를 겸비한 '서재선'의 등장으로 둘 간의 사랑은 파경의 위기에 처한다. 그런데 이 고난 앞에서 어하영이나 한정은은 모두 잠시 동안 고민할 뿐 주변의 설득에 쉽게 동조한다.

> 정말 자기에겐 은인인 윤씨의 입장이 곤란할 것에 미안한 생각과, 정말 정은이가 부잣집 딸이기 때문에, 자기는 진정한 사랑이지만 세상이 모다 불순한 야심으로 해석할 것에 자존심이 상할 것과, 만일 정은이가 돈을 못 가져 오고, 몸만 온다면 윤씨의 말대로 정은 자신이 얼마나 물질적으로 고통을 받을가? 하로 이틀이 아니요, 또 그런 고통에 저항력이 없을 그라 종국에는 정신 고통에까지 이르고 말 것을 생각하니 하영은 점점 자신이 없어지고 말았다.[189]

이 대목은 초기작 이래로 이태준이 견지해 왔던 사랑의 숭고함이 현실의 힘에 굴복하는 과정의 표현이다. 단편이나 장편을 막론하고 상허의 초기작들은 사랑의 숭고함과 정신성을 통해 물질 위주의 속물화된 세계에 저항해 왔다. 그러나 그것은 일상성의 세계를 무시한 의지와 정신만의 세계요, 그런 점에서 근거가 희박한 낭만적 사유의 소산이었다. 그러다 30년대 후반기에 접어들면 단편에서도 일상의 삶들은 긍정된다. 이러한 일상에의 긍정은 결혼하여 아이를 다섯이나 낳고 살아온 작가 자신의 인생체험의 귀결이라 하겠으나, 그것은 또한 최소한의 낭만적 환상조차 용납하지 않는 현실의 광폭함의 소산이기도 하다.[190]

그런 점에서 현실의 '현실성'을 발견한 것은 이태준의 성숙과 퇴보를 동시에 보여주는 대목이다. 성숙이라 함은 일상의 힘을 인식했다는 측면에서이고, 퇴보라 함은 일상에의 긍정이 의지의 약화를 수반하는 것을 지칭한다. 이 작품에 국한해 보더라도 이러한 두 가지 측면은 동시에 나

---

189) 『별은 창마다』, 서음출판사, 1988. 203면.
190) 이런 점에서 30년대 후반 <카프> 계열의 작가들에게서 발견되는 '생활의 발견'은 식민지시대 작가들의 광범위한 관념적 성향이 현실에 부딪쳐 패퇴하는 과정의 반영이라고 할 수 있다.

타난다. 이태준은 두 연인의 사랑을 좌절시키고 그 좌절에 대해 두 사람 모두 동의하게 만듦으로써 돈과 사회적 지위가 단순히 속물적 의미의 '물질'에 국한되는 것이 아니라 한 인간이 삶을 대하는 방식 전체를 좌우하는 근본적인 자질임을 확인한다. 하영이 정은을 포기하는 결정적인 이유가 지금까지 '부'에 익숙하게 살아왔던 정은의 삶의 방식을 자신이 채워 줄 수도 변모시킬 수도 없다는 깨달음에서 비롯하는 것은 이 때문이다.

이것은 삶에 대한 보다 현실적인 인식의 진전으로 이해되지만 동시에 사회에 대한 개혁의지와 계몽의 방식이 이제 더 이상은 삶과 통합될 수 없는 별개의 영역으로 분리되는 결과를 가져온다. '건축'의 이름으로 이 작품을 장식하는 계몽의 내용은 하영이 현실을 수락하는 순간(정은과의 결별이 당연하다는 것을 받아들이는 순간) 그 추진력을 상실한다. 그는 '자기에 어울리는 여자'와 결혼하여 만주에서 생계를 도모하는 직업인으로 전락한다. 이것은 민족을 계몽시키고자 하는 도저한 흐름이 현실의 힘에 의해 좌절될 수밖에 없음을 보여주는 장면이다. 삼각관계의 상징성이 무너지고 이제 계몽의 추진력도 사라진다. 이는 현실이 그 자체의 힘으로 작품에 모습을 드러내는 광경이다.

그러나 이태준은 현실의 힘을 인정하는 단계에 도달했어도 자신의 계몽의지를 포기하지 않는다. 임화의 표현을 빌리자면 '그려지는 것' 속에 '말할려는 것'을 강제로 통합시키고 있는 것이다. 그것은 하영에 의해 좌절된 계몽에의 추진력이 정은의 '돈'에 의해 부활하는 장면으로 표현된다. 하영에 의해 '의식화'된 정은은 서재선과의 결혼도 마다하고 '아버지의 돈'으로 하영의 꿈을 현실화시키는 것이다.

저를 그저 여학생 한정은으로 아실진 모르겠습니다만, 저로선 이태 동안이나 다시 생각해 보았고, 또 아버님의 출자허락도 받았고, 이미 땅도 삼사만평 사놓았고, 회사 조직으로 윤정홍씨를 지배인으로 모셔다 앉혀까지 놓았고, 인전 하영씨께,

그 주택 설계를 사러온 겁니다. 제 말이 너머 허황해 보이시면 메칠 틈을 내시어 가치 서울로 가보시어도 아십니다.[191]

　　여기에 이르러 현실은 오히려 주관성에 의해 패배를 선언 당한다. 그러나 그것은 정은의 말대로 '허황'한 것이다. 이것이 현실 속에서 힘을 발휘할 수 없다. 작가가 그렇게 믿었다고 생각하기도 어렵다. 이것은 그저 폭압적인 현실에 마주친 상허가 현실을 인정하면서도 자신의 의지는 포기할 수 없다는 선언의 의미만을 지닐 뿐이다. 이러한 선언을 하기 위해 작품은 그 어느 작품보다 논리적 파탄과 비약을 서슴지 않는다. 사업만 알고 '문화'를 모르던 정은의 아버지를 갑자기 고완취미를 지닌 인간으로 변형시킨다든지, 주익형의 집요한 방해가 하루아침에 물거품이 되게 한다든지, 서재선과의 혼인 문제도 유야무야 되는 것들이 그것이다. 현실을 극복할 의지가 없는 인물을 위해 작가는 방해가 될 요소들을 아예 제거한 것이다. 이것은 현실과 일상의 힘을 발견한 주체가 그 힘을 인정하면서도 자신의 계몽의지를 포기하지 않으려 했음을 보여주는 작품 내적 증거들이다.

　　이태준의 작품세계는 30년대 후반과 40년대 초반의 폭압적인 현실 속에서 일정한 변모를 보여준다. 그리고 그 변모의 귀결점이 자신에게 고유한 것들을 지키겠다는 의지의 표명으로 종착되었다. 장편에서도 이러한 경향은 동일하다. 30년대 후반 이후의 장편은 삼각관계의 상징성이 무너지는 데에서도 확인되듯이 뚜렷한 변모를 보여주지만 상허가 지향했던 사회적 근대성의 핵심인 계몽의지는 포기하지 않는다.[192] 단편에서 확인된 자신의 고유성이 문화적인 것, 정신적인 것, 인간적인 정감의 우

---

191) 『별은 창마다』, 서음출판사, 1988. 225면.
192) 『별은 창마다』와 동시대에 발표되었던 『행복에의 흰손들』에서도 상허의 계몽의지는 관철되고 있다. 여자전문을 졸업한 세 동창들의 결혼생활과 사회생활을 통해 가정의 의미와, 여성의 사회화를 촉구하고 있는 이 소설은 30년대 중반기 이후, 반봉건성의 상징으로서 여성을 바라보는 상허의 관점이 그대로 투영된 작품이다.

선성으로 집약될 수 있다면 장편에서의 그것은 이러한 것들을 가능케 하는 사회 전반의 근대화를 향한 계몽의지라고 하겠다.[193]

이처럼 자기에게 고유한 것들을 확인하는 작업을 통해 일제 말기의 폭압적인 현실과 대응했던 이태준의 방식은 그의 자전적(自傳的) 소설 『사상(思想)의 월야(月夜)』에서 총정리를 얻는다. 이 작품은 대부분의 연구자들에 의해 이태준의 자전적 소설로 인정받았거니와, 실제로 그의 이력은 이 작품의 내용과 일치하고 있다. 그런 점에서 『사상의 월야』는 그의 많은 작품들에 반복해서 나타나는 여러 모티브들의 원형이며, 그의 사상적 기반의 형성과정과 그 특징들을 보여준다. 『사상의 월야』는 상허에게 이념적 지향이었던 아버지의 모습과 죽음, 그리고 고아로서의 고난에 찬 삶이 서사의 축을 담당하고 있지만, 작품의 초점은 그러한 삶에서 형성되는 이태준의 사상이다. 작품에 서술된 삶이 고난에 찬 것일수록 그러한 환경에서도 이타적(利他的), 정신적 가치를 만들어 가는 주인공의 사상은 정당성을 배가할 수 있다.

> 여기 사람들은 비로소 썩은 나무가 어떤 적당한 습기를 먹으면 인(燐)이란 광채가 생기는 것을 알게 되었다. 이 도깨비불의 정체도 용담 청소년들이 오선생에게서 배운 것 중에 잊혀지지 않는 것이어니와, 특히 송빈이에게 깊이 가슴에 새겨진 것은 이등박문(伊藤博文) 작이라는 한시(漢詩) 구절이었다.

男兒立志出鄕關　　사나이 뜻이 서서 향관을 떠난 바에
學若無成死不還　　배워 이룸이 없이야 죽은들 돌아올 것가
埋骨豈期墳墓地　　뼈 묻기를 어찌 분묘지에 기약하리요
人間到處有靑山　　인간 이르는 곳마다 푸른 산은 있도다[194]

---

193) 이같은 계몽의지의 관철은 상허가 여타 작가와 같이 일제 말기 몇몇 친일적인 문필활동을 했으면서도 해방 이후 자신의 행동을 떳떳한 것으로 인식할 수 있게 만든 원인이라고 생각한다. 해방 이후 제기된 '자기비판'에 대해 이태준이 보여줬던 양상들은 다음 장에서 거론할 것이다.

194) 『사상의 월야』, 을유문화사, 1947. 106면.

고아가 되어 용담에 돌아와 봉명학교에 입학한 '송빈'은 거기서 만난 '오선생'을 통해 근대성의 세계에 발을 디딘다. 한낱 '교장댁 사랑에 묵던 젊은 길손'에 불과한 삼십대 청년 오문천은 "강습생들을 학교에서 자게 하며 저녁이면 격렬한 어조로 때로는 눈물까지 흘리며 여러 가지 연설을 하였다. 당파를 짓지 말 것, 미신을 타파할 것, 일어 영어 노어 모든 선진국의 말을 배워 신학문 신사상 신생활의 모든 기술을 수입할 것"[195]을 주입시킨다. 봉명학교 오선생은 상허에게 평생 잊혀지지 않는 인상을 남겨 주었다. 상허 작품에 도저히 흐르는 계몽성의 저류는 이 시절 오선생이 보여준 행동과 별개로 파악하기 곤란하다. 이 인물은 이미 단편 「실락원 이야기」나 「어떤 날 새벽」에서 식민지라는 조건에 의해 좌절되는 계몽의지의 전형으로 그려진 바 있거니와 장편의 근간을 이루는 계몽성의 바탕으로 작용하였다. 또한 그의 계몽성이 교육운동의 형태로 현현되는 것도 아버지의 영향과 함께 자신을 변모시킨 오선생에 영향력이 작용했기 때문으로 보인다.

그러나 근대성, 즉 합리성의 세계로 나아가야 한다는 오선생의 가르침이 고아인 상허에게는 '입신양명(立身揚名)'이라는 보다 개인적인 차원과 연결되고 있다. 합리성과 이타성으로 집약되는 민족주의적 계몽은 일단 개인의 출세라는 관문을 통과할 필요가 있었던 것이다. 졸업을 앞두고 무엇이 되겠느냐는 오선생의 질문에 할머니의 염원을 생각하여 '도장관'이 되겠다는 대답을 했던 송빈이 오선생의 비웃음에 직면하여 당혹감을 느끼는 장면은 바로 이태준의 정신이 개인으로부터 집단으로 열려지는 순간인 것이다. 이 경험은 곧 '간이 농업학교'에 진학하여 새로운 세계와 대면하면서 보다 확고해진다.

> 이 학교에 모인 아이들은 용담서 온 다섯 명을 빼놓고는, 전부가 철원읍과 김화(金化) 평강(平康)의 공립 보통학교 졸업생들이었다. 모두 일어 잘하는 것으로 뽑

---

195) 『사상의 월야』, 을유문화사, 1947. 105면.

냈고, 선생한테 고자질 잘하여 귀염을 받으려는 아이가 많았고, 하루는 교장선생님 시간인데,

"너이는 장래 어떤 목적을 가졌느냐?"

물음에 면서기, 헌병보조원, 고작 군청 기수가 그들의 소원이었다. 송빈이가 더욱 놀란 것은, 이런 제자들의 대답을 매우 만족해하는 교장의 태도였다. 용담서 간 아이들은 전에 오선생에게처럼 선선히 저희 마음대로 대답하지 못하였다.[196]

봉명학교의 학풍(學風)이나 오선생의 가르침은 간이 농업학교라는 새로운 세계와 대비되면서 이태준은 자신의 가치관을 객관화한다. '도장관'을 장래 희망으로 말했다가 존경하는 선생의 비웃음을 산 일이 있는 송빈은, 간이 농업학교 아이들의 희망이 초라함에 놀라지 않을 수 없다. 그리고 그것을 만족해하는 교장은, 구라파와 신라 고구려의 영웅 열사들의 이름을 거명하는 아이들을 칭찬해 주던 오선생과 선명하게 대비된다. 이를 통해서 동일한 시간대와 공간에 산다고 해서 같은 세계를 사는 것이 아니라는 것, 즉 세계의 다층성이 인식되고 삶에 대한 판단 기준의 층위가 뚜렷하게 감지되는 것이다.

여기에서 송빈의 꿈은 일신의 생계를 도모하는 수준을 뛰어넘는다. '면서기' 등을 외우는 공립 출신 아이들은 소망은 그 크기에서 문제되는 것이 아니라 그것이 철저히 생계와 직접적인 연관을 갖는 것, 곧 실제적인 효용을 판단의 준거로 한다는 점에서 배척받고 있는 것이다. 하지만 아직 자신의 고유한 형질을 발견하지는 못하는데, '남아립지출향관(男兒立志出鄕關)'을 되뇌며 가출하는 것이 그 증거이다.

가출 이후의 고난과 서울에서의 고학생활을 통해 송빈의 꿈은 점차 뚜렷한 방향성을 획득한다. 원산과 안동에서의 경험을 통해 송빈은 고아처럼 가진 것이 없는 인간들에게 냉정한 세계의 적대성을 확인하는 한편, 그 고난을 헤쳐 가는 자신의 의지를 신뢰하게 된다. 입신양명을 위한

---

196) 『사상의 월야』, 을유문화사, 1947. 111면.

고난의 감수는 의지 곧 정신의 힘을 자각하는 계기가 되며, 더불어 고난에 처한 자신을 도와주던 인간들을 통해 이타성(利他性)의 가치를 피부로 체험한다. 조건에 앞서는 의지의 중요성은 청년회관의 강연회를 통해 스스로에게 증명된다. 아울러 휘문고보 교장 선생님의 친절로 다소 편하게 고학생활을 하게 되면서 "이 교장 선생님의 은혜를 생각해서라도 나는 내 한 몸 부귀에나 이상을 두지 않으리라!"197)고 다짐하게 된다.

> "졸업장이 그다지 필요헌 걸까?"
> "상급학교루 가자니 어떡허니?"
> "상급학교루 가야만 허나?"
> "그래두 명색이 있어야 취직두 허는 거구 행세하지 않어?"
> "취직! 행세! 전문 졸업장엔 얼마구 대학 졸업장엔 얼마구…… 취직이 목표루 우리가 하는 공불까? 그런 실제적인 인물만이 필요헌 델까? 우리 팔백 명, 아니 서울 와 있는 몇만 명 학생이 죄다 그래 취직이 목표란 말이냐? 그렇다면 난 오히려 반동하구 싶다! 소리치구 반동하구 싶다!"
> "허긴 그래!"
> "비실제 인물,
> 거대한 비실제 인물,
> 다수한 비실제 인물,
> 어느 시대나 힘은 그들에게 있는 거다!"198)

위 인용문은 평소 교주(校主)의 처사에 울분을 느끼던 송빈은 학교의 처벌을 앞에 두고 펼쳐 보이는 생각이다. 여기에 담긴 생각은 학교를 그만 두는가의 문제를 넘어 삶의 궁극적인 지향점에까지 닿아 있다. 작가는 굳이 행갈이를 해 가면서 '비실제성'을 강조한다. 취직과 행세라는 단어에 축약되어 있는 실제적인 의도, 그것은 개인의 이익만을 쫓는 삶이며 물질적 가치를 중심에 두는 삶을 지칭할 것이다. 따라서 여기에 맞서

---

197) 『사상의 월야』, 을유문화사, 1947. 204면.
198) 『사상의 월야』, 을유문화사, 1947. 287면.

는 비실제성은 개인에 대하여 사회와 민족을 위하는 삶이며, 물질에 대하여 정신의 가치가 옹호되는 삶을 의미할 터이다. 또한 그 구체적인 내용이 도서실에서 발견한 "중대한 세계"199) 곧 문학의 세계임은 두말 할 나위가 없다.

이러한 '비실제성'은 단편과 장편으로, 다시 말해서 미적 근대성과 사회적 근대성의 영역으로 분화된 채 상호 보족적인 관계를 유지해 오던 이태준의 정신을 통일시키는 개념이다. 말하자면 사회적 근대성, 즉 민족을 위한 실천과 계몽의지는 이타성(利他性)의 측면에서 실제성과 구별되며, 미적 근대성 곧 예술의 영역에서 문학의 근대적 수준을 높이고 심미안(審美眼)을 계발시키는 것은 물질에 대비되는 정신의 가치를 옹호한다는 점에서 실제성과 구별된다.

이같은 두 개의 근대성은 이태준 자신에게는 분리되지 않은 하나의 실체였던 바, 이것이 곧 '비실제성'인 셈이다. 개인의 이익에 함몰되지 않고 물질에 좌우되지 않는다는 점에서 미적 근대성과 사회적 근대성은 모순 없이 동시에 동일한 인간에 의해 추구되어야 할 가치로 자리잡는 것이다.

이것이 식민지이자 반봉건적(半封建的) 사회였던 당대 조선사회가 배태한 한국 근대문학의 특수성이다. 이미 언급했듯이, 서구의 경우를 보면 미적 근대성은 부르주아적 가치를 의미하는 사회적 근대성을 비판하는 입장에서 출발한다. 배금주의(拜金主義)와 도구적 이성에 대한 저항은 '미(美)'의 영역에서 보다 인간적인 삶을 지향한다. 그런 의미에서 미적 근대성은 미의 이름으로 벌어지는 부르주아적 가치에 대한 비판의 양상을 띠게 마련이다. 그러나 식민지 반봉건 사회인 당대 조선은 미의 영역이나 사회의 영역 모두 근대화되어야 할 대상이었다. 말을 바꾸면 미적 근대성은 배금주의(拜金主義)와 속물근성(俗物根性)에 대해 비판적이면서도, 사

---

199) 『사상의 월야』, 을유문화사, 1947. 204면.

회 전반의 근대화를 촉구하는 일견 모순적인 상황에 스스로를 위치하는 것이다. 사회적 근대성 자체가 추구되어야 할 가치인 까닭이다. 그러기에 한편으로는 물질주의와 속물근성을 비판하면서도 교육과 제도 개선을 통한 사회 전반의 근대화를 요구한다. 또한 미신을 타파하고 여성과 청소년의 교육을 강조하고 삶의 조건들을 근대화시킬 것을 요구하면서도, 다른 한편으로는 정신의 가치와 심미안(審美眼)의 함양이 권장된다. 이러한 현상은 어찌 보면 모순이요 역설이지만 식민지 조선에서는 이 둘이 모두 추구되어 마땅한 가치였던 것이다. 이를 두고 본고는 식민지이자 반봉건적(半封建的)인 사회를 모태로 출발한 우리 근대문학의 특수성이라 명명했던 것이다.

> 저 오막살이들을 보라! 저 길 하나 도랑 하나 제대로 내지 못하고 사는 동네들을 보라! 방엔 벼룩 빈대가 끓고 부엌엔 파리가 끓고 변소 하나 제대로 갖지 못하고 미신만 들어찬 가정들이다! 어떤 구라파 관광객 하나는 오막살이들을 돼지우리 같다는 말을 비꼬아 조선엔 목축업이 발달되었다고 말했다 한다! 그런 말을 들으면서도 우리는 고려자기나 불국사 석물을 자랑하는 것으로 만족할 것인가? 일부 계급엔 세계에 자랑할 문화가 있었다 쳐도 일반 백성에겐 세계의 모멸을 받아 쌀, 태초 이래의 원시적 초막생활을 면치 못하고 있는 것 아닌가? 어디 조선에 문화가 있는가? 문명국 사람의 눈에 돼지우리밖에는 보이지 않는 저런 똥과 파리와 헌데와 무지와 미신으로 찬 가정이 조선 전 가정의 반이 무어냐? 수효로 치면 십분 지팔 구가 될 것이다! 나는 우리 할머니와 우리 할머니의 친족 한 집을 그 가난한 진멩이에서 끌어낼 수 있기를 바랐다! 왜 진멩이 전체를 구할 생각은 못하였던가? 진멩이 전체, 밭에서 돌을 추려내고, 원시적인 양잠을 개량시키고, 산림을 기르고 기와를 구워 좋은 집들을 짓게 하고, 학교를 세우고 과학을 들여오고…… 왜 그런 생각은 못하였던가?[200]

이 대목에 이르면 '비실제성'의 구체적인 내용이 드러난다. 그것은 크게는 민족을 위한 계몽사업에의 헌신이요, 문화 수준의 진작이다. 삶의

---

200) 『사상의 월야』, 을유문화사, 1947. 306~7면.

조건을 개선시키는 일은 민족 전체를 근대화시키는 구체적인 지표이자 지향점이며 이는 '문화'가 자리잡을 근본 조건으로써 중요시된다. 말하자면 삶의 조건과 생활수준의 향상을 통해 보다 인간적인 수준 곧 문화적 삶은 구현될 수 있는 것이다. 미적 근대성과 사회적 근대성의 접점은 바로 이 대목인 것이다. 그리하여 이제 '남아입지출향관'의 개인적 출세 지향은 보다 큰 가치에 자리를 내준다. 고아의 입신양명의 꿈은 민족과 문학을 발견하면서 미적 근대성과 사회적 근대성의 동시적 추구로 귀결되었던 것이다.[201]

『사상의 월야』는 이태준의 자전소설이자 일제 말기의 폭압적인 현실에 맞서 상허가 자신의 입각점을 재확인하는 의미를 지닌 소설이다.[202] 지금까지의 분석에서 드러나듯이, 이태준은 이 소설을 통해 작가생활을 시작한 이래 견지해 왔던 자신의 원칙들을 재확인하며 그 정당성을 천명하고 있다. 그는 이를 통해 그동안 장편에서 줄곧 강조되던 계몽의지가 어떠한 정신적 기반에 놓여 있는가를 보여주었다. 그것은 '비실제성' 개념 속에 응축되어 있다. 이 개념은 상허에게 미적 근대성과 사회적 근대성의 동시 추구의 형태로 드러난다. 이로써 미적 근대성과 사회적 근대성의 공존이라는 역설적인 상황이 실상은 우리 근대사의 파행성에서 비롯된 것임을 알 수 있다. 역사가 문학사와 만난다 함은 이를 두고 하는 말일 것이다.

『사상의 월야』 이후 그의 장편은 의미 있는 전환을 보여주지 못하고

---

201) 이익성은 『사상의 월야』의 창작동기를 '상고 취미의 연장선'으로 생각하고 있다. 이는 상허의 작품세계에 대한 근본적인 이해의 부족에서 비롯된 오류라고 하겠다. 이익성, 「사상의 월야」와 자전적 소설의 의미」(한국현대문학연구회, 『한국근대장편소설연구』, 모음사, 1992) 93면.

202) 『사상의 월야』를 30년대 후반 김남천이 전개했던 일련의 소설개조론과 연관된 것으로 파악하는 논의들이 많다. 그러나 김남천의 논의에서 '풍속'이 차지하는 위상을 고려할 때 이 작품을 가족사연대기 소설로 보는 것은 무리가 따른다. 이에 대해서는 이주형 『한국근대소설연구』(창작과비평사, 1995) 185면과 박헌호, 「30년대 후반 '가족사연대기' 소설의 의미와 구조」(『민족문학연구』 제4호, 민족문학사연구소, 1993) 참조.

있다. 앞에서 이미 언급한『별은 창마다』와『행복에의 흰손들』을 거의 동시에 연재하고, 이어『왕자호동』이라는 역사물을 창작하는 것으로 식민지 시대를 마감한다.『왕자호동』은 고구려가 한족(漢族)이 지배하던 낙랑을 무너뜨리는 과정을 작품화하였다. 이는 동일하게 이민족 치하에 있는 당대 조선의 상황과 유추되는 바가 있어서, 40년대의 폭압적 현실에서 민족주의적 열망을 꺼트리지 않으려는 상허의 의도가 읽혀지는 작품이다.[203] 그러나 이러한 유추는 자신의 고유성을 확인하는 것을 목적으로 했던 여타의 장편과 동일한 선상에 놓여 있는 것이다. 그런 점에서 일제 말기의 상허는 자신의 고유성을 내면화한 상태에서 생활의 터전을 소개(疏開)시키듯, 현실로부터 스스로를 차단하였다고 말할 수 있을 것이다.

4. 해방 이후의 이태준

해방 이후 이태준은 사회주의 체제를 선택함으로써 급격한 사상전환을 감행한다. 이에 대한 해명은 이태준 문학의 전과정과 결부되어 지극히 중요한 지점이 아닐 수 없다. 본고는 이를 근대성에 대한 파행적 인식이라는 지금까지의 관점을 적용하여 해명하려 한다. 먼저 체제 선택의 원인을, 좌우합작노선을 추구했던 그의 정치적 입장으로부터 출발하여 왜곡된 근대인식의 극적 노출이라 할 수 있는 소련기행과 연관하여 서술할 것이다. 아울러 체제 선택 이후의 작품을 검토하여 사회주의관을 분석하고 이것이 현실 속에서 좌절되는 과정을 살펴보고자 한다.

---

203) 이 작품을 포함하여 상허의 역사소설에 대해서는 이명희,「『황진이』와『왕자호동』의 역사소설적 의미」(『상허 이태준 문학세계』, 국학자료원, 1994) 참조.

1) 체제선택의 원인

(1) 역사의 비약과 자기비판

1945년 8월 15일 일본이 전쟁에서 패하였다. 정오, 라디오에서 천황 유인(裕仁)의 떨리는 목소리가 "우리의 착하고 충성스런 국민이여, 세계의 일반 정세가 오늘 우리 일본제국에 가하고 있는 여러 가지 급박한 관계를 깊이 사려한 나머지 우리 제국은 부득이 비상조치로……"204) 하며 울려 퍼질 때, 역사는 그 단절적인 모습을 유감없이 과시하며 비약적인 전환을 이룩하였다.

백철이 일본의 패망 소식을 들은 것은 바로 그 시간, 『매일신보』의 사무실에서였다. 『매일신보』라면 총독부의 기관지 격으로 발간되던 것으로 적어도 여기서 일을 하는 사람들은 일제 말기 황국신민(皇國臣民)의 정책에 순응하던 사람들이었다고 생각할 수도 있다. 그런데도 천황의 방송이 채 끝나기도 전에 여기저기서 탄성이 터져 나왔다. 교정부(校正部)의 한 노인은 '만세!' 하고 감격한 목소리로 두 손을 번쩍 들고 큰 소리로 만세를 불렀다고 한다. 백철은 바로 그 곳, 『매일신보』사의 복판에서 터져 나오는 만세 소리를 들으며 "민족적인 본능이라 할까, 잠재의식 같은 것을 체험"205)했다고 토로하고 있다.

『매일신보』의 풍경이 이러했을 때 다른 곳은 어떠했겠는가. 일본 신문 사였던 『경성일보』의 깃발은 조선인 기자들과 직공들에 의해 찢어졌고 간판은 장작을 패듯 산산조각이 나 버렸다. 그리고 다 함께 만세하고 합창을 하는 광경이 벌어지고 있었다.

이런 것이 모두 순간적으로 일어나고 있는 충격적인 장면이었다. 그 뿐이 아니었다. 수백만 시민들 중에는 어느 사이에 大韓獨立萬歲…… 라는 플래카드를 써

---

204) 백철, 『문학자서전—후편』, 박영사, 1976. 285면에서 재인용.
205) 백철, 『문학자서전—후편』, 박영사, 1976. 286면.

서 들고 20명 가까운 사람들이 트럭을 타고 신문사 앞 광화문 쪽에서 남대문을 향

하여 만세를 부르며 질주하는 광경까지 보였다.

　나는 이때 거리에 서서 그 급전하는 大現實의 역사적 장면을 바라보면서 소위

辨證法을 책으로 읽던 것이 실지로 눈앞에 實光景으로 전개되는 것을 볼 수 있었

다. 역사의 발전이란 어떤 극한의 상태에선 저렇게 비약적인 전환을 하는구나 하

는 실제의 발전상 같은 것이다.206)

이것이 백철의 눈에 비친 해방의 첫 순간이었다. <카프>의 전성기 시절에 「농민문학론」을 들고 화려하게 데뷔했다가 「비애의 성사」를 쓰며 전향했던 백철의 눈에 비친 해방의 첫 광경이었던 것이다. 그가 '책으로 읽던' 변증법이 눈앞에서 전개되고 있다고 느낀 것은 결코 과장이 아니다. 흔히 말해지듯이 해방이 '도적같이' 찾아왔다고 표현하는 것도, 이렇게 역사의 비약을 체험한 인간의 당연한 반응 양상이었다. 해방은 누구도 쉽게 예측할 수 없었던 역사의 단절이요 비약일 수밖에 없었던 것이다.

그러나 해방이 역사의 비약이었다고 해서 해방 이후 전개된 각 작가들의 활동 내용과 체제의 선택 문제도 역사의 비약만으로 설명할 수는 없다. 거기에는 각 작가의 해방 이전의 삶이 유형 무형의 형태로 작용하며 논리의 일관성 역시 작용한다. 다만 해방 직후의 무정형의 상황은 그들의 행동과 선택의 방향성을 더욱 증폭시켰을 것이며, 역사의 비약만큼 삶의 비약도 이루어졌을 것이다. 이를테면 해방은 한 인간의 입장에서 그의 과거의 연속이면서 동시에 단절과 비약이기도 한 것이다.

이 시기 이태준의 정신상태는 그가 「해방전후」라는 작품 속에 소상히 밝혀 놓고 있기에 파악이 용이한 편이다. 이미 앞장에서 확인했듯이 상허는 체념 속에서 자신의 최소한의 정신적 가치를 확인하는 선에서 일제 말기의 집필활동을 마감했다. 그 역시 몇몇 친일적인 저작을 남기고 있

---

206) 백철, 『문학자서전－후편』, 박영사, 1976. 288면.

으며207) <문인보국회>에도 참여한 바 있다. 그러나 더 견디지 못하고 강원도 철원의 안협으로 소개(疏開)하고 만다. 작품은 소개(疏開)하기 전의 정황을 거쳐 김직원과의 사귐과 <문인보국회>에서의 강연 등을 다루고 있다. 이 대목에서 식민지시대 자신의 창작 경향에 대한 비판이 제기되는 것은 자연스러운 일이다.

> 현의 아직까지의 작품세계는 대개 신변적인 것이 많았다. 신변적인 것에 즐기어 한계를 둔 것은 아니나 계급보다 민족의 비애에 더 솔직했던 그는 계급에 편향했던 좌익엔 차라리 반감이었고 그렇다고 일제의 조선민족정책에 정면 충돌로 나서기에는 현만이 아니라 조선문학의 진용 전체가 너무나 미약했고 너무나 국제적으로 고립해 있었다. 가끔 품 속에 서린 현실자로서의 고민이 불끈거리지 않았음은 아니나 가혹한 검열제도 밑에서는 오직 忍從하지 않을 수 없었고 따라 諦觀의 세계로밖에는 열릴 길이 없었던 것이다.208)

가혹한 일제 밑에서 적극적이건 소극적이건 친일을 했던 경험을 가진 대부분의 문학가들에게 해방 이후 최초로 제기되는 문제는 자기비판일 수밖에 없었다. 이태준 역시 여러 자리에서 자기비판과 관련된 발언을 하고 있다.209) 그러나 위의 인용문만을 보더라도 이태준의 자기비판은 그 진솔함에 다소 논란의 여지가 있다. 인종(忍從)의 원인이 '현만이 아니라 조선문학의 진용 전체'로 확대되고 있으며 급기야 '국제적' 정세의 불리함에까지 미치고 있다. 자기비판의 문제를 타인은 알 수 없는 내면 깊숙한 곳의 양심적인210) 문제로 제기하지 않더라도, 이태준처럼 그것을

---

207) 이태준은 『문장』지를 주관하면서 「지원병 훈련소의 일일」(『문장』, 1940.11)과 「대동아공영권 확립의 신춘을 맞이하여」(『문장』, 1941.1) 등을 쓴 바 있다. 또한 이무영과 共著로 『대동아전기』(인문사, 1943)를 출판한 것은 잘 알려져 있다.
208) 「해방전후」, 『문학』, 1946.7, 15면.
209) 이른바 봉황각 좌담회라 불리는 것이 대표적이다. 김남천·이태준·이기영·임화 외, 「문학자의 자기비판」, 『중성』, 1946.2. 또한 이 시기 자기비판의 일반적인 양상과 의미에 대해서는 김윤식, 「해방후의 남북한의 문화운동」(김윤식 외, 『해방공간의 문학운동과 문학의 현실인식』, 한울, 1989) 참조.
210) 이런 차원에서 임화는 " '내' 마음속 어느 한 귀퉁이에 강렬히 숨어 있는 생명욕이

조선문학 진용 전체의 문제로, 국제적인 고립의 문제로 제기한다면 친일과 인종(忍從)의 문제는 합리화는 될지언정 비판받기 어려운 것이 사실이다.211)

그러나 진정성의 문제를 떠나 상허의 입장을 평가한다면 이러한 대응방식에는 그 나름대로 근거가 있었다. 첫 번째가 적극성의 문제요, 두 번째가 '언어'의 문제다.

> 이태준이 발언한 말로서 "일본놈 때도 출세를 하고 해방됐어도 또 선두에 나서려 하다니 …… 이럴 수야 있느냐"고 하면서 그런 분자들을 빼지 않으면 자기네는 이 준비위에 참석할 수 없다고 잘라서 말하였다. 그리고 면전에서 Y씨와 L씨가 지적되었다.212)

이태준 역시 친일적 행위를 하였으면서도 이처럼 당당할 수 있었던 것은 자기 나름의 판단 근거, 즉 대표성과 적극성의 기준이 작용하고 있었기 때문이다. 그가 「해방전후」에서 자신의 행위를 '인종(忍從)'이니 '체관(諦觀)'이니 하는 말로 표현한 것도 자신의 친일적 행위는 목숨을 부지하기 위한 최소한의 것이었다는 판단 때문이다. 이러한 사유방식의 근저에는 지식인의 사회적 역할과 도덕성에 관한 강한 집착이 깔려 있다. 즉 최소한의 친일은 한 인간의 생존과 연관된다는 측면에서 용납하지만 그것이 자신의 개인적 영달(榮達)과 지위 향상을 위해 민족을 팔아먹는 행

승리한 일본과 타협하고 싶지 않았던가?"의 문제를 자기비판의 출발점으로 삼아야 한다고 주장한 바 있다.

211) 이런 점들 때문에 이태준의 자기비판의 진정성은 많은 논자들에 의해 논의되어 왔다. 김윤식이나 신형기가 비판적임에 반해 홍정선이나 장영우는 유보적 혹은 긍정적인 입장을 보여주고 있다.
    김윤식, 앞의 글과 신형기, 「중간층 작가의 의식전이 양상」, 『해방기 소설연구』, 태학사, 1992. 3장.
    정과리·홍정선, 「한국현대문학사―4」, 『문예중앙』, 1989년 여름호.
    장영우, 『이태준소설연구』, 태학사, 1996. 5장 참조.
212) 백철, 『문학자서전―후편』, 박영사, 1976. 300면.

위에 이르는 것은 용서할 수 없다는 태도이다. 인용문에서의 '선두' 운운
은 친일문제를 생존의 문제와 개인적 영달(榮達)의 문제로 분리하여 사고
하는 상허의 판단 방식을 보여주는 예이다. 아울러 이러한 사고를 아우
르는 것은 스스로 지식인이며 민중의 지도자라는 사고이다. 민중의 지도
자 혹은 대표자로서의 지식인 의식 때문에, 친일에 적극성을 지녔던 대
표적 작가들은 해방된 새 세상에서 지도자로 군림할 수 없다는 것이다.
이 점은 해방 직후의 상황에서 상허가 자신의 위상을 어디에 두었는가와
연관하여 주목할 만한 부분이다.

　　나는 8 · 15 이전에 가장 위협을 느낀 것은 문학보다 문화요, 문화보다 다시 언
어였습니다. 작품이니 내용이니 제2, 3이겠지요. 말이 없어지는 위기가 아니었습니
까? 이 중대 간두에서 문학 운운은 어리석고 우선 말의 명맥을 부지해 나가야 할
터인데 …… 이 점엔 소극적으로나마 관심을 갖지 않고 오히려 조선어 말살정책에
협력해서 일본말로 작품활동을 전향한다는 것은 민족적으로 여간 중대한 반동이
아니었다고 봅니다.213)

　상허가 자기비판의 두 번째 기준으로 제시한 것은 '조선어'의 문제였
다. 일반적인 의미의 식민지하 백성으로서가 아니라 작가로서의 문제를
따진다면 언어의 문제는 근본적인 문제라 하겠다. 또한 이태준의 문학관
을 관통하는 언어 즉 조선어에 대한 애착을 고려한다면 이러한 문제제기
는 상허다운 것이라 할 수 있다.214) 그러나 그것은 본질적인 만큼 논의
의 여백을 차단하는 기준이다. 이태준도 「제1호 선박의 삽화」라는 작품
을 일어로 발표했음이 밝혀졌거니와, 문제는 이것 역시 '정도'의 문제,
혹은 적극성의 문제로 전환될 수밖에 없다는 것이다. 말하자면 앞의 적

---

213) 이태준, 「문학지의 자기비판」, 『중성』, 1946.2. 45면.
214) 조선어의 우수성에 대한 상허의 강조는 『문장강화』에 집약되어 있다. 또한 지금껏
　　살펴봤지만 '표현과 묘사'를 강조하는 그의 문학관은 실상 언어의 정서 전달 능력에
　　대한 주목이었고, 이 점에서 의태어와 의성어가 풍부한 조선어가 문학 언어로써는 세
　　계 제일이라는 인식을 여러 차례 피력한 바 있다.

극성의 문제처럼 생존을 위한 행위였는가 그것을 넘어서는 정도였는가
가 논의의 초점이 될 가능성이 있다는 것이다.

이런 점으로 볼 때 이태준의 자기비판은 심정적이며 정신적 지조의
문제로 국한될 가능성이 있는 것들이었다. 말을 달리하면, 행위의 존재
유무가 아니라 행위에 대한 자의식이 문제의 척도로 제기되는 것이다.
따라서 생존을 위한 최소한의 정도라는 비객관적인 기준이 자기비판의
기준으로 작용하고, 자신의 친일적 행위들이 이 범위를 넘지 않는다고
자신한 이태준에게 자기비판이란 자신 내부를 향하기보다 타인에게 초
점이 맞춰질 수밖에 없었다.

(2) 좌우합작노선의 단계

이같은 방식으로 해방 문단의 첫 과제라 할 수 있는 자기비판의 문제
를 건넌 이태준에게 남는 것은 무엇인가. 그것은 민중의 지도자로서의
지식인의 임무를 사회화하는 것이고 작가로서 그것을 수행하는 일이다.
이 점은 둘이 아니라 하나로 통합되어 있다. 왜냐하면 지식인의 임무란
민중에 대한 계몽의지와 동일한 것이며, 이 계몽의지는 그가 작가활동을
시작한 이래로 버리지 않았던 중심 영역이기 때문이다.

이태준에게 식민지 조선이란 봉건성의 멍에를 벗어 던지지 못한 채
식민지로 전락한 조국이었다. 근대화야말로 이태준이 몽매에도 잊지 못
할 지상최대의 과제였다. 문제는 조선이 식민지였기 때문에 근대화의 과
제와 방식, 속도가 주체적으로 진행될 수 없었다는 것이다. 식민지적 근
대화는 본질적으로 식민지 종주국의 이해관계에 의해 조종되는 것이므
로 거기에서 진정한 근대화의 가능성은 없었던 것이다. 오히려 반봉건성
(半封建性)의 만연은 일본유학 등을 통해 의식상의 근대성을 선취한 지식
인들에게 극복의 대상으로 존재했을 따름이다. 상허가 미적 근대성을 통
해 구체적으로는 단편을 통해 자신의 근대성을 보위(保衛)하고자 했던 것

은 이러한 반근대성의 물결로부터 자신을 차단하고자 했던 욕구였다. 작가로서, 민족 현실의 전반적인 변화를 꾀할 수 없었던, 혹은 포기했던 상허는 문학 역시 근대화되어야 할 중심 영역임을 확신했고 거기에 주력함으로서 자신도 조국의 근대화에 복무하고 있다는 자긍을 획득할 수 있었다. 그러나 상허는 미적 근대성의 영역에 머무르지 않았다. 조선 민족이 근대화되어야 한다는 과제는 작가로서의 자신의 위상을 넘어 민족 구성원의 한 사람으로서 회피할 수 없는 과제였고, 상허는 이를 장편의 계몽성을 통해 지속적으로 표현했던 것이다. 상허 정신의 원형질로서의 민족주의는 이런 점에서 강조되어야 한다. 단편의 예술성과 장편의 계몽성이 상허 문학을 이루는 두 축으로 나란히 병존하는 것도 바로 이러한 인식의 소산이었음은 지금껏 논증한 바와 같다. 그런 차원에서 상허는 고완(古翫) 취미(趣味)에 젖어 있었으면서도 자신의 지향이 근대에 있음을 명시적으로 밝혀 두었던 것이다.

　이러한 이태준이 해방을 맞았다. 그에게 해방이란 우선 식민지시대 억눌렸던 사회적 근대성이 개화될 영역으로써 의미 있는 것이었다. 자신의 정신이 자기 전개 기반을 확보하지 못한 시대가 식민지시대라 하면 해방은 그러한 정신이 전개 기반을 확보하고 자신의 작동 방식을 드러내는 시기일 수밖에 없다. 본고는 지금까지 상허의 정신적 기반을 정신주의, 문화주의, 민족주의 등으로 규정해 왔거니와, 해방의 순간에 그가 최초로 제기한 것이 '민족'이라는 사실은 그리 놀랄 만한 일은 아니다. 앞에서 인용한 「해방전후」에도 언급되어 있듯이 식민지시대 그의 반좌익적(反左翼的) 입장의 핵심은 '계급보다는 민족의 비애에 더 솔직'했기 때문이며, 그래서 '계급에 편향했던 좌익엔 차라리 반감'을 가졌노라고 고백한 바 있다. 문제는 이러했던 그가 왜 좌익화되었는가에 있다. 이것의 원인을 분석하는 것은 상허가 지녔던 정신적 특질의 작동 방식을 보여주는 일일뿐더러, 그러한 특질을 탄생시킨 우리 근대문학사의 특수성을 탐색하는 일이 될 것이다.

현이 더욱 걱정되는 것은 벌써부터 기치를 올리고 부서를 짜고 덤비는 축들이, 전날 좌익 작가들의 대부분임을 알게 될 때, 문단 그 사회보다도, 나라 전체에 좌익이 발호할 수 있는 때요, 좌익이 제멋대로 발호하는 날은, 민족 상쟁 자멸의 파탄을 일으키지 않을까 하는 위험성이었다. 현은 저 자신의 이런 걱정이 진정일진댄, 이러고만 앉았을 때가 아니라 생각되어 그 '조선문화건설중앙협의회'란 데를 찾아갔다. 전날 <구인회(九人會)>시대, 문장(文章) 시대에 자별하게 지내던 친구도 몇 있었으나 아니게 아니라 전날 좌익이었던 작가와 평론가가 중심이었다. 마침 기초된 선언문을 수정하면서들 있었다. 현은 마음속으로 든든히 그들을 경계하면서 그들이 초안한 선언문을 읽어보았다. 두 번 세 번 읽어보았다. 그리고 그들의 표정과 행동에 혹시나 위선적(僞善的)인 데나 없나 엿보기를 게을리하지 않으며 저으기 속으로 이상하게 생각하지 않을 수 없었다.

'이들에게 이만큼 조선 사정에 진실한 정신적 준비가 있었던가?'

현은 그들의 태도와 주장에 알고 보니 한 군데도 이의를 품을 데가 없었다. "장래 성립할 우리 정부의 문화·예술 정책이 서고, 그 기관이 탄생되어 이 모든 임무를 수행할 때까지, 우선, 현단계의 문화 영역의 통일적 연락과 각 부문의 질서화를 위하여" 였고 "조선문화의 해방, 조선문화의 건설, 문화전선의 통일" 이것이 전진구호였던 것이다.215)

이태준이 그토록 의심하던 예전 좌익들이 다수를 차지하고 있는 '문협'에 참여하게 된 동기는 우선 '민족 상쟁의 파탄'을 막아 보자는 의식이다. 상허는 좌익과 우익의 분열이 20년대이래 우리 근대사의 고질적인 병폐라고 인식하고 있었고, 해방된 상황에서 무엇보다 피해야 할 것은 사상의 분열에서 오는 민족 내부의 투쟁이라고 생각했다. 그러한 투쟁을 막기 위해서 나서야 한다는 의식의 밑바닥에는 해방 정국을 바라보는 상허의 기본 태도가 있는 것이며, 이를 지도자로서의 지식인 의식이라고 말할 수 있겠다.216) 즉 '이러고만 앉아 있을 때가 아니라'는 생각은 적극

---

215) 「해방전후」, 『문학』 제1호, 1946.7. 22~3면.

216) 이 작품에서 유의해 봐야 할 것 중의 하나가 주인공 '현'이 김직원과의 대화 곳곳에서 민중을 위해 자신을 희생하는 지도자상을 부각시키고 있다는 점이다. 조선시대 '대의명분론'이나 '광해군'의 택민론에 대한 평가는 상허의 지식인관과 민중관을 암시하는 대목이라 하겠다.

적인 행동을 통해 무정형의 해방 정국에 일정한 방향성을 부여하고자 하는 참여의식이요, 지식인으로서의 사회적 책무를 다하겠다는 다짐이다. 이는 상허의 정신이 자기 전개 기반을 확보했다는 인식의 발현이다. 장편을 통해 간간이 표출돼 오던 상허의 민족주의적, 계몽적 의식은 해방 직후의 상황에서 실천을 통해 정신을 현실화시키고자 하였던 것이다. 그러기에 김직원과의 대화에서도 "해방 후에도 의연히 처세만 하고 일하지 않는 덴 반댑니다"라고 말하는 것이다.

보다 직접적인 원인은 '문협'의 노선과 연관된 것이다. 위의 인용문에도 짤막하게 거론되어 있는 것처럼 당시 조선문학건설본부, 나아가 조선문화건설중앙협의회의 노선은 좌우익의 합작노선에 입각한 것이었고, 그 중요 내용도 일제 잔재의 청산, 조선문화의 건설과 같은 내용에 국한된 것이었다.217) 이는 나아가 박헌영의 이른바 8월테제와 연관된 것이며 특히 조선혁명의 단계를 규정한 부분과 직접 연관을 갖는다. 주지하듯이 8월테제는 8월 20일 박헌영이 조선공산당의 재건준비위원회를 조직하면서 발표한 정치노선과 활동 방침을 말한다. 여기에서 조선혁명의 현 단계는 '부르주와 민주주의 혁명'으로 규정되면서 기본 과업을 첫째, 민족적 완전독립과 둘째, 토지문제의 완전해결로 설정한 바 있다.218) 민족의 행동통일을 통한 새로운 국가의 건설을 염원하던 이태준에게 조선공산당의 이러한 노선 발표는 상당한 감격을 준 것으로 판단된다.

> ① 이들로서 계급혁명의 선수를 걸지 않은 것만은 이들로는 주저나 자중이 아니라, 상당한 자기 비판과 국제 노선과 조선 민족의 관계를 심사숙고한 연후가 아니고는, 이처럼 일견 단순해 보이는 태도나 원칙만에 만족할 리가 없을 것이

---

217) 이에 대해서는 김윤식 외저, 『해방공간의 문학운동과 문학의 현실인식』, 앞의 책에서 심지연과 윤여탁의 글과 『해방전후사의 인식』 2권, 한길사, 1985에서 김광식과 김남식의 글 참조.
218) 8월테제의 내용과 이에 대한 비판은 김남식, 「박헌영과 8월테제」, 『해방전후사의 인식』 2권, 앞의 책, 참조.

었다.[219)]

　② 이번에 공산당이 무산계급 혁명으로가 아니라 민족의 자본주의적 민주혁명
　으로 이내 노선을 밝혀논 것은 무엇보다 현명했고, 그랬기 때문에 좌우익의 극
　단적 대립이 원칙상 용허되지 않아서 동포의 분열과 상쟁을 최소한으로 제지
　할 수 있은 것은 조선 민족을 위해 무엇보다 다행한 일이라고 저는 생각합니
　다.[220)]

　인용문 ①은 문협의 선언문을 보고 느낀 소감을 밝힌 것이고, ②는 현
을 만류하는 김직원에게 자신의 정세 인식을 설명하는 부분이다. 이처럼
「해방전후」에서 두 번이나 반복되는 당시 정세에 대한 상허의 인식은 그
가 무엇보다 민족주의자이며, 민족의 완전한 자주독립을 위해서 좌우익
의 일치단결을 중심 과제로 설정하고 있었다는 것을 여실히 보여준다.
그리고 이러한 과제를 위해서라면 자신에 대한 중상 모략쯤은 견디겠다
는 각오도 깃들어 있다.[221)]

　이러한 실천력과 희생정신은 '프로예맹'과의 합동문제나 찬탁문제를
거치면서 현실적인 감각과 조직적인 안목을 얻어 간다. 그러나 8월테제
를 받아들이는 방식이나, 좌우합작노선에 대한 인식에서 보이듯이 상허
의 현실인식은 원칙론적이고 관념적인 성격을 벗어나지 못하고 있다. 이
같은 관념성은 '부르주와 민주주의 혁명'이라는 단계규정 하나로 공산당
의 노선 전체를 이해한 것처럼 받아들이는 데서도 드러나거니와, 한 개
인의 태도와 도덕성의 문제로 정치적 문제를 파악하는 방식에서도 드러
난다.

---

219)「해방전후」,『문학』제1호, 1946.7. 23면.
220)「해방전후」,『문학』제1호, 1946.7. 31~2면.
221) 현은 서기국원의 잘못으로 '조선인민공화국 절대지지'라는 드림이 드리워진 것을
　　치우면서 다음과 같이 독백한다. "그렇다! 나 하나 등신이라거나 이용을 당한다거나
　　그런 조소를 받는 것이 문제가 아니다. 그런 것에나 신경을 쓰는 건 나 자신 불성실
　　한 표다!"

　　"…… 꼭 해외에서 온 이들에게만 편향하는 이유는 어디 있습니까?"

　　"거야 멀리 해외에서 다년간 조국 광복을 위해 싸웠고 이십 칠팔 년이나 지켜
온 孤節이 있지 않소?"

　　"저는 그분들의 풍상을 굳이 헐하게 알려는 것도 결코 아닙니다. 지역은 해외든
해내든, 진심으로 우리를 위해 꾸준히 싸워 온 이면 모두가 다같이 우리 민족의
공경을 받어 옳을 것이고, 풍상이라 혈투라 하나, 제 생각엔 실상 악형에 피가 흐
르고, 추위에 손발이 얼어 빠지고 한 것은 오히려 해내에서 유치장으로 감방으로
끌려 다니며 싸워 온 분들이 몇 배 더 했으리라고 생각합니다. 육체적 고초뿐이
아니었습니다. 정신적으로 매수하는 가지가지 유인과 협박도 한두 번이 아니어서,
해내에서 열 번을 찍히어도 넘어가지 않고 싸워낸 투사라면 나는 그런 어른이 제
일 용타고 생각합니다"222)

　　김직원과 상해 임시정부와 공산당간의 주도성 문제를 논의하면서 '현'
이 제기하는 답변이다. 대답의 저류를 관통하는 것은 일제하에서 치뤄낸
고통의 양이며, 그 고통을 이겨낸 정신에 대한 공경이다. '현' 스스로 임
시정부 사람들의 풍상을 헐하게 알려는 것은 아니라고 전제하고 있지만,
논의의 문맥이 그들과 공산당간의 고통의 '비교'라는 문제에 닿아 있음
도 무시할 수 없다. 고통과 회유를 이겨낸 정신의 고결성, 이것은 똑같이
국내에서 굴욕을 견디며 살았던 이태준에게는 피부에 와 닿는 문제가 아
닐 수 없다. 말하자면 자신의 소극적 친일의 삶이 고통에 찬 것이었을
때 적극적인 투쟁을 전개했던 이들의 고통은 어느 정도였겠는가 하는 인
간적 감정이 저변에 흐르고 있는 것이다. 고통을 함께 겪지는 않았어도
그들의 고통의 정도를 상상할 수 있는 처지에 있었던 상허인지라, 해외
에서의 망명 생활이 아무리 고통에 찬 것일지라도 악형에 시달리는 국내
의 그것과는 같을 수 없다는 입장이 배어져 있다.

　　이러한 태도가 문제되는 것은 인간의 고통의 '양(量)'과 그 사람의 정
치적 입장이 동궤에서 논의된다는 점이다. 위의 인용문에서 명시적으로

---

222) 「해방전후」, 『문학』 제1호, 1946.7. 31면.

나타나지는 않았지만, '그런 어른이 제일 용타고 생각'한다는 언급은 한 개인의 정신적 지조로부터 정치노선의 옳고 그름을 판단해 내는 도덕주의적 사고를 반영한다고 여겨진다. 이것은 투쟁의 욕구는 있으나 투쟁하지 못했던 상허 자신의 개인적 부끄러움이 굴절된 양상으로 이해할 수도 있다. 그러나 더욱 중요한 것은 이러한 사유방식이 상허에게는 낯선 것이 아니라는 사실이다.

이미 살펴본 바 있듯이, 상허는 일반적인 이론보다는 구체적인 인간의 미시적인 정감을 중요시하였다. 그가 세계를 바라보고 판단하는 기준은 인간의 정신과 그 정신의 구현태로써의 정감이었다. 이러한 관점에서 볼 때, 오랜 세월 동안 악형을 견디어 내고 회유를 묵살하며 투쟁을 전개해 온 국내 공산주의자들의 활동양상은—비록 해방 이후에야 접했겠지만—상허에게 존경의 마음을 갖게 하기에 충분한 것이다. 더욱이 그들이 제시한 노선이 상허가 갖고 있던 생각과 같다는 사실이 밝혀졌을 때, '문협'에의 참여는 적극적인 것이 되지 않을 수 없었다. 따라서 정신적 지조를 통해 정치노선의 문제를 바라보게 되었다는 것은 이태준의 인식이 민족주의적 입장으로부터 사회주의로 전환되고 있음을 보여주는 단초이다. 다시 말해서 상허의 체제선택의 원인은 우선 특정 이념을 포지한 인간들의 도덕성에 대한 존경으로부터 비롯된다고 할 수 있다.

이상에서 「해방전후」에 나타난 해방 직후 이태준의 정신적 상황을 살펴보았다. 그것은 한마디로 좌익에 대한 기피로부터 좌우합작 노선으로의 전환과정이었다. 해방은 이태준에게 정신의 전개 기반을 제공하였고 식민지시대 이래 억눌러 왔던 사회적 근대성의 영역으로 자신을 추동하게 하였다. 그 기본 태도는 민중의 지도자로서 지식인의 사회적 책무였고 실천 기준은 무엇보다 '민족'이었다. 사상의 대립으로 인한 민족간의 상쟁을 염려하던 상허는 '문협'과 공산당의 좌우합작 노선과 '부르주와 민주주의 혁명' 노선에 공명(共鳴)하여 주위의 만류에 아랑곳없이 새로운 국가 건설의 작업에 적극 참여한다. 이러한 활동 양상은 해방 이전과 본질적인 차이를 갖는다고 보기 어렵다. 그의 인식근거가 '민족의 일치단결'에 있었던 점이 그 증거라고 할 수 있다. 또한 정치적, 사회적 문제를 개인의 정신적 지조나 도덕성의 문제로 환치하는 사고 역시 식민지시대부터 일관되어 오던 이태준의 특질이다. 이것이 변모로 인식되는 것은, 해방이 그에게는 식민지시대부터 간직해 오던 사회적 근대성에의 지향을 현실화할 터전을 얻었음을 의미한다는 것을 간과했기 때문이다.

이러한 추정은 작품을 통해서도 증명 가능한 것이다. 연재 도중 월북하면서 미완의 상태로 중단하고 만 『불사조』는 식민지시대 상허의 장편 구조를 그대로 답습하고 있다.223) 가정적으로 불행한 여주인공(여란)이 등장하여 예술가 혹은 의식청년들과의 만남을 통해 인식의 변화를 겪고, 순간적인 외로움 때문에 몸을 허락하여 임신을 한다. 이 사실을 뒤늦게 알게 되어 한참 아이들을 가르치는 보람에 젖어 있던 여란은 교사자리를 놔두고 서울에 오며 친구 옥만의 도움으로 아이를 낳지만 입양되고 만다. 작품은 여란이 보육학교를 다닌 뒤 자신의 친자식을 남몰래 유치원에 데려다 가르치는 대목에서 중단되고 있다.

물론 완성되지 못한 작품이라 단정할 수는 없지만, 게재분까지의 내용은 일제하의 작품 『성모』와 대동소이하다. 상허가 "민족 수난의 십자가를 지고 우리 새 건국의 초석이 된 몇 거룩한 청춘 이야기"224)를 그리겠다고 다짐한 것을 보면, 여란의 아들인 '득손'이 장차 민족 해방 투쟁에 복무하는 것으로 그려졌을 법하나 이 역시 추정할 수 있을 뿐이다. 독특한 것은 실명(實名)이 누구인지를 짐작할 만한 인물들을 등장시켜 <백조(白潮)> 동인들의 풍모를 그려 놓고 이들의 입을 통해 "인테리의 비애"를 말하면서 "창백한 지식인의 일군이 막다른 길에 몰리어 방황하고 있는 번민이나 고독"225)을 그려 놓았다는 점이다. 그러나 '조선의 어머니'라는

---

223) 『불사조』는 『현대일보』에 1946.3.27~7.19까지 연재되다 중단된다.
224) 「작자의 말」, 『현대일보』, 1946.3.27(여기서는 『해방전후·고향길』, 깊은샘, 1995. 204면 참조).

章을 설정하여 득손을 의식 있는 조선사람으로 키우려는 여란의 활동이 중심에 있다는 점에서 작품의 지향점과 계몽성이 식민지시대의 그것과 크게 다르지 않다고 판단할 수 있다.

(3) 문화와 제도—사회주의 선택의 원인

이태준이 사회주의 체제를 선택하고 옹호하게 된 계기들은 『쏘련기행』에 잘 드러나 있다. 상허는 1946년 7월 상순 경 월북한다.[226] 그리고 8월 10일 소련 방문길에 올라 그해 10월 18일에 귀국한다. 이 여행기를 수록한 것이 『쏘련기행』[227]이다. 여기에서 이태준은 소련의 제도와 문화, 그리고 인민들의 생활수준에 대해 황홀한 예찬을 펼쳐 놓는다. 물론 27명으로 구성된 이 북한사절단의 목적 자체가 소련에 대한 선전의도임은 말할 나위 없다. 출발을 앞둔 일행들에게 당시 북조선 주둔군 사령관인 '치소짜꼬프 대장'이 "자기 나라에 가면 무엇보다 그동안 일본의 대소선전(對蘇宣傳)이 옳았는가 옳지 못하였는가를 보아 달라"[228]고 부탁한 것은 이를 증명한다. 그러나 이태준이 이를 어떻게 받아들이고 평가했는가의 문제는 상허 자신의 문제일 것이다. 「해방전후」를 분석하면서 드러났듯이 좌익에 대한 의구심을 간직했던 상허가 점차 친좌익화 되어 갔던 것은 그 자신의 고유한 자질이 해방 정국의 상황에서 표출되었던 것이

---

225) 『해방전후·고향길』, 깊은샘, 1995. 235면.

226) 그동안 이태준의 월북 시기에 대해서 논의가 분분했었다. 이번에 김재용이 국내에 미공개된 자료를 통해 밝혀 낸 바에 의하면 이태준은 46년 7월 상순경 일제 말기에 소개해 갔던 철원 안협에 정리할 것이 있다고 하면서 월북하였다고 한다. 김재용은 이러한 '평계'는 "소련의 문화사절로 같이 가는 것과 관련하여 모종의 연락이"이 있었고 이것이 밝힐 수 없는 사안이었기 때문으로 보고 있다. 또한 애초에는 소련 기행 후 남한으로 복귀할 계획이었으나 당시 10월 항쟁이 일어나는 등 남한에서의 활동 여건이 문제되어 남은 것으로 추정하고 있다. 김재용, 「월북 이후 이태준의 문학활동과 「먼지」의 문제성」(『민족문학사연구』 제10호, 1997. 2장) 참조.

227) 『쏘련기행』, 백양당, 1947.

228) 『쏘련기행』, 백양당, 1947. 11면.

다. 마찬가지로 선전을 목적으로 하는 여행을 받아들이고 평가하는 방식은 상허의 인식적 자질들과 무관한 일방적인 주입으로 판단할 수는 없다. 거기에는 이태준의 고유한 사유방식이 내재되어 있을 것이고 그러한 사유방식을 만들어 낸 한국 근대문학사의 특수한 국면들이 잠재되어 있을 것이다.

이러한 국면들을 보다 선명하게 대비시켜 주는 자료로 앙드레 지드의 『소련방문기』[229]가 있다. 주지하듯이 앙드레 지드는 『지상의 양식』과 『좁은문』, 『사전(私錢)꾼들』의 작가다. 그는 인간을 둘러싼 온갖 허위에 저항하려는 정신의 소유자였다. 그러나 그러한 저항이 외부세계를 향해 있기보다는 인간의 내면에 치중해 있었음도 사실이다. 『콩고기행』은 지드의 그러한 눈을 사회로 돌리게 한 계기가 되었다. 의식과 제도의 허위에 저항하여 오직 이성과 양심의 명령에만 따르는 그의 태도가 사회 현실의 문제에서도 그대로 작용했던 것이다. 그 결과 이 책은 유럽 제국의 식민정책의 허구성을 폭로하여 당대 사회의 커다란 반향을 불러 일으켰다. 이로부터 지드는 차츰 인간 사회의 근본적인 개혁을 통해 만인의 행복과 정의를 구현해야 한다는 신념을 확고히 한다. 그 귀결은 공산당 입당으로 나타나며, "소련의 성공을 보장하기 위하여 내 생명이 필요하다면, 나는 즉석에서 생명을 바치겠다"는 신앙고백을 하기에 이르른다.[230]

지드의 소련방문은 이런 맥락 속에서 1936년 이루어진다. 당연히, 소련 정부의 접대는 극진하기 짝이 없었고, 20여 년에 걸친 사회주의 건설의 위대함을 증명하기에 여념이 없었다. 그러나 한달 남짓의 소련여행을 마치고 돌아와 그가 내놓은 『소련방문기』는 완곡한 표현 밑에 소련의 근본적인 문제점들을 적시해 놓고 있다. 이에 대해 로망 롤랑을 비롯한

---

229) 본고가 참조한 지드의 『소련방문기』는 두가지이다.
    김붕구 외역, 『앙드레 지드전집』 제4권, 휘문출판사, 1966., 정봉구 역, 『소련방문기』, 춘추사, 1994.
230) 이상은 김붕구 외역, 앞의 책의 「해설」을 참조하였음.

좌익 인사들의 비난이 쏟아지자 그는 더욱 강력한 소련 비판서인 『소련 방문 수정기』를 1937년에 내놓는다. 이때 그의 나이 70이 가까워지고 있었다.

이태준의 소련기행을 앞에 두고 앙드레 지드를 말하는 이유는 그 역시 소련을 다녀왔다는 사실 때문은 아니다. 당시 소련은 대외 홍보정책의 일환으로 유럽의 수많은 유력 인사들을 소련에 초빙했었다. 소련을 방문하고 돌아와 소감을 피력한 글을 쓴 이도 지드만은 아니다. 그런데도 지드와 비교하는 이유는 두 가지 이유가 있다. 하나는 이태준이나 지드 모두 작가이며, 처음부터 친좌익적 인사가 아니었다는 점이다. 다음은 이들이 소련이라는 구체적인 현실을 자기화 하는 방식을 비교함으로써 당대 유럽의 근대 지성과 갓 식민지에서 벗어난 조선의 지식인 사이의 차이를 살펴볼 수 있다는 사실이다. 이러한 차이는 서구적 근대와 파행성을 거듭해 온 식민지적 근대의 차이점을 드러내는 일이요, 또한 그러한 환경 속에서 성장한 인간들이 어떠한 방식으로 사회주의적 현실과 대면했던가를 살필 수 있는 기회이기도 하다.231)

이태준의 감격은 이미 비행기를 탈 때부터 시작된다.

> 權力의 獨占者들만이 날를 수 있던 이 하늘을 오늘 우리 人民이 날르는 것은, 땅이 人民의 땅이 된것처럼 하늘마저 우리 人民의 하늘이란, 새 宣言이기도 한 것이다.
>
> 나는 마즌 편에 앉은 農民代表, 호미 그것처럼 흙을 풍기는 거친 손의 尹영감을 바라보고 이 旅行, 이 飛行의 감격이 다시금 새로웠다. 農民도 學者도 다가치 飛行機를 탈 수 있는 社會, 이 한가지는 모―든 條件에 있어 飛躍이요 그 約束이기 때문에 實로 아름답고 꿈인가싶게 感激되지 않을 수 없었다.232)

---

231) 앙드레 지드의 저작들은 이미 식민지 말기에 日語로나마 유포되었던 것으로 짐작된다. 최명익의 「심문」처럼 당대 작가들의 글에서 지드의 일기를 독서하고 있는 것이 암시되고 있다. 또한 이태준도 자신의 『쏘련기행』에서 지드의 『소련방문기』를 직접 인용하며 평가하고 있고 그의 평가에 대한 비판적 언급도 수차래 하고 있다.

232) 이태준, 『쏘련기행』, 백양당, 1947. 13면.

비행기가 당시로써는 진귀한 여행수단이었을 것이다. 이태준의 감격
은 그러한 비행기를 신분과 빈부의 귀천(貴賤)을 떠난 모든 사람들이 함
께 탄다는 사실로부터 비롯된다. 아무리 '친선'을 목적으로 하는 사절단
이라 하더라도, 아니 바로 친선을 목적이기 때문에 더욱 이같은 인원구
성의 방식 자체가, 오랜 시간 불평등을 당연시해 온 상허에게는 곧 평등
이라는 이념의 현실화로 인식된다. 이념의 현실화를 목도할 때 인간은
자신의 행동을 역사 속에서 보편화시킬 수 있다. 또한 자신이 그러한 역
사적 과정에 동참하고 있다는 사실에서 자긍과 맹목을 가질 수 있는 것
이다. 상허의 소련여행은 이러한 감격과 맹목으로 덮여 있다. 상허는 소
련의 정부 당국자들이 보여주는 여러 시설에 감동하고 그들의 설명을 여
과 없이 받아들이며 가능한 한 그들의 입장에서 사유한다.

　여행의 첫 기착지인 검역소에서 이태준은 새로운 러시아의 인간을 발
견한다. 아무나 와 잘 어울리고 명랑하고 천진한 젊은이들을 보면서 상
허는 "나는 여기서 우슴만이 아니라 좀더 넌즛이 생각해볼, 가치 있는
무엇이 있다고 믿었다."233) 그것은 그들의 인간성이 자신이 책으로 읽은
러시아 문학에서는 발견할 수 없었던 새로운 인간상이었기 때문이다.

> ⋯⋯ 관헌의 역압도 지주의 횡포도 다 사라져버린 새사회 새환경에서 자라난 사
> 람들, 지금 삼십년되는 쏘베트에서 삼십 미만의 청소년들이이야말로 무엇이고 우
> 리와는 다른 새것이 일상생활에서도 어느 한모로나 보혀져야 할 것이다. 이 세스
> 트라양과 박장교의 공통되는 일면, 그 일면이 우리들과는 공통적으로 다른 것, 나
> 는 이것이 쏘베트에서 환원되며 있는 인간의 잃어버리었던 고귀한 소질의 하나가
> 아닌가싶어, 차츰 이곳 사람들에게 흥미와 기대가 커지었다.234)

이태준은 러시아 젊은이들의 활달하고 거침없는 감정 표현에서 '새로
운 인간상'을 느낀다. 러시아 젊은이들의 명랑함은 소비에트가 환원시켜

---

233) 이태준, 『쏘련기행』, 백양당, 1947. 26면.
234) 이태준, 『쏘련기행』, 백양당, 1947. 26~7면.

준 인간의 고귀한 본질로 파악되는 것이다. 이것은 인간의 정감을 중요시하는 상허 특유의 관찰방식이다. 그리고 이러한 사고의 뒤안에는 식민지라는 조건과 열악한 사회환경 때문에 조락해버리는 조선의 청년들이 비교의 기준으로 깔려 있다. 러시아 청년의 쾌활함은 조선 청년들의 우울함과 대비되어 소비에트 사회와 그 제도가 인간의 본성까지 바꿔 놓는다는 사고로 연결된다. 상허가 유토피아로 꿈꾸는 것은 이처럼 인간의 본성을 가장 인간적인 상태로 환원시키는 것과 연관된 것이었다. 식민지 시대 상허의 작품들, 특히 단편에서 형상화되는 인물들은 이렇게 사라져 버리는 소중한 인간 정감들의 표본으로 제시되어 있음을 기억할 필요가 있다. 그러기에 상허는 여행의 도중에서 만나는 종업원들의 불친절은 그들의 당당함으로, 무지에서 비롯되는 단순함은 쾌활함으로 인식한다. 이것이 얼마나 강렬했던가는 그가 여행에서 돌아와 서울의 <문학가동맹>의 동지들에게 보낸 편지에도 나타나 있다.

> 쏘베트는 무엇보다 인간들이 부러웠습니다. 그전 문학에서 보던 사람들은 없었습니다. 자연으로 돌아가라 마음이 가난한 자는 복받느니라 아무리 외치어도 잃어 버리기만 하던 인간성의 최고의 것이 유물론의 사회에서 소생되어 있는 것은 얼마나 놀라운 사실이리까! 제도의 개혁이 없이는 백천번 외어대야 미사려구에 불과하므로 예술이 인간에 보다 크게 기여하려면 인간을 못살게 하는 제도개혁에부터 바쳐야 할 것을 절실히 느꼈습니다.235)

젊은이들을 보면서 인간의 고귀한 자질이 환원되며 있다고 판단한 이태준은 그것을 가능케 한 '제도'에 대해 관심을 기울이게 된다. 그가 소련여행을 통해 배운 것은 이것인데, 그것은 크게 두 가지로 나누어질 수 있다. 하나는 평등사회를 만들어 가기 위한 소비에트 정부의 정책들이다. 생활의 상대적 빈곤은 전(全) 공화국의 절대평등을 추구한 소산이라는 설명에 동감하고, 중공업 우선 정책에 대해서도 동일한 맥락에서 동의를

---

235) 이 편지는 문학가동맹의 기관지 『문학』 2호, 1946. 11. 23면에 발표되었다.

나타낸다. 특히 소수민족에게도 차별이 없고 그 민족의 언어와 문화를 보존하는 정책에 대해서는 깊은 감동을 나타내고 있다. 그리하여 상허는 "우리의 관심사는, 어느 사회가 그 원칙에 있어, 그 제도에 있어 더 정의요, 더 진보요, 인류의 문화와 평화를 위해 더 위대한 가능성을 갖었는가"236)에 있다고 단언한다. 소련기행을 총괄하면서 그것이 "제도의 승리"라고 평하는 것도 이 때문이다.

특히 이태준은 인민이 문화적 생활을 즐길 수 있도록 배려하는 제도에 대해 깊은 관심과 감동을 표현한다. 그가 '쏘베트는 인간들이 부러웠다'고 말한 직접적인 원인은 국민들이 생계문제에 얽매이지 않고 예술과 취미 생활을 누릴 수 있도록 보장한 사회제도에 있었다.

> 이 二十五萬에 불과하는 시민으로 中學이 六十인 것을 보아 교육의 보편을 알 수 있고, 영화관과 극장이 十一處나 되는 것을 보아, 人民을 쓸데없는 雜務와 苦役에서 풀어 '閑暇'를 주어놓고 그 '閑暇'에 인생을 예술과 의의 있는 오락으로 지낼 수 있게 국가는 시설을 준비하고 있음을 알 수 있다. …… 연극이나 소설이나 영화는 흥미 속에서 되는 인생공부다. 정서를 순화시키고 생활 각방면에 대한 견해가 풍부해짐으로로다. 영화나 극장이 이해타산에 의해 좌우되거나 一二 謀利 個人의 손으로 운영될 성질의 것은, 현대에 있어서는 결코 아니다. 극장이 국가적 기관으로 운영되고 있고 영화엔 省이 있고 大臣이 있다는 것은, 전쟁을 위한 육군, 해군, 공군의 省과 大臣들만 많은 것보다 얼마나 文化的이요 平和的인가? 어느 나라나 어서 武力面엣 省이나 大臣은 줄고, 영화뿐 아니라 연극대신, 음악대신, 미술대신, 이렇게 進化된다면 世界는 얼마나 명랑할 것인가?237)

위의 인용문에 나오는 감탄은 『쏘련기행』 도처에서 반복되는 것이다. 어린이들의 예술적 재능을 살리기 위해 세웠다는 '소년궁전', 가사노동의 부담을 줄이고 남는 시간을 문화적 향유를 위해 사용하는 가정 생활, 밤늦도록 영화관을 채우는 시민들과 단체로 연극이나 과학관을 찾는 학

---

236) 『쏘련기행』, 백양당, 1947. 264면.
237) 『쏘련기행』, 백양당, 1947. 141~2면.

생들의 모습 등에서 상허는 인간의 문화적 생활을 극대화하려는 제도를 보고 이념을 보았다.

이태준은 일찍이 문화적 가치의 인지(認知)와 향유(享有)를 진보의 척도로 파악하였다. 물질적인 것을 최고의 가치로 놓는 속물근성에 대항하여 비실제적인 것, 정신적인 것의 가치를 옹호하였다. 이를 본고는 본질에 있어서 정신주의요, 그 내용으로서 문화주의라고 불렀다. 이 점은 단편과 장편을 막론하고, 또한 초기작이나 30년대 후반기까지 일관되는 이태준의 인식론적 특질이었다. 특히 『화관』에서 '인철'의 입을 통해 생계에 시달리느라 작품을 쓰지 못하는 조선 작가들의 현실이 한탄된 바 있다. 인철은 톨스토이가 『전쟁과 평화』를 십 육 년에 걸쳐 썼다는 사실을 상기시키면서 만약 톨스토이가 조선에서 태어났다면 그런 대작은 불가능했을 것이라고 말한다.238) 이런 이태준에게 국가가 국민들의 문화생활을 보장해 주는 사회주의는 인류 발전의 지향점으로 인식되었을 것이다. 아울러 작가들의 창작활동을 제도적으로 보장해 주는 사회주의는 바로 인류의 문화정신을 중심으로 삼는 가장 진보된 제도로 파악됐을 것이다.

이상에서 이태준이 해방 이후 사회주의 체제를 선택한 원인을 살펴보았다. 그것은 한마디로 '문화'를 중심에 놓는 사유방식의 결과라고 하겠다. 이것은 상허의 고유한 특질로써, 한 개인이나 집단의 진보의 기준을 문화적 가치에 대한 감식안과 향유 능력에서 평가하는 것을 의미한다. 그런 점에서 문화의 고도화는 근대의 척도로 작용한다. 식민지시대에도 이같은 특질은 상허에게 내재한 것이었다. 다만 식민지시대에는 그러한 문화주의가 개인의 영역과 사회의 영역에서 분리되어 있었다. 미적 근대성과 사회적 근대성이 각각 단편과 장편으로 구분되어 표출한다는 것은 바로 이러한 분리의 표현이다. 미적 근대성은 문학작품에서의 미적 감식안의 문제로 구현된다. 그리고 사회적 근대성은 교육을 통한 계몽운동을

---

238) 『화관』, 삼문사, 1938. 443면.

거쳐 예술, 출판운동으로 전환되는 모습을 보여준다. 그러나 큰 테두리에서 그것 역시 문화적 맥락에 놓여 있음은 동일하다. 문제는 장편에서 보여주었던 계몽성의 방향성이 사회를 향해 열려 있다는 점이 차이를 갖는다. 말하자면 장편의 계몽성은 문화를 운위할 수 없을 만큼 열악한 조선사회에 대한 작가의 사회적 요청이라는 의미를 지니는 것이다.

해방은 이태준에게 분열된 상태로 억눌려 있던 사회적 근대성이 전개될 기반을 제공하였다. 지식인으로서의 사회적 책무를 강하게 의식하고 있던 상허는 무정형 상태의 해방 정국에 뛰어들어 사회를 자신이 진보라고 믿는 방향으로 이끌고 가기를 원했다. 그때 그에게 다가선 것이 사회주의였다. 이때의 사회주의는 문학의 예술성을 잠식하는 이념으로서의 사회주의가 아니라 인간을 생계의 노예로부터 해방하여 문화적 삶을 누릴 수 있도록 만들어 주는 제도로서의 사회주의였다. 그것은 '비효용적'인 것을 국가가 나서서 충족시켜 주는 제도이며, 재능만 있다면 누구나 자신의 정신이 지닌 가치를 증명할 수 있는 구조로 파악되었다. 다시 말해서 해방 이후 이태준이 발견한 사회주의는 그에게 있어 미적 근대성과 사회적 근대성이 통합될 수 있는 이념의 현실태였던 것이다. 그가 식민지시대부터 꿈꾸어 왔던 '정신과 문화'에 의해 추동 되는 사회를 상허는 당대 쏘련에서 발견하였다. 평등과 정의, 도덕과 예술의 가치들은 그가 '정신을 인정하지 않는다'하여 배척했던 사회주의에서 오히려 만개하고 있었던 것이다. 체제로써 사회주의를 선택하는 것은 상허의 인식논리로는 필연이었다.

이러한 사고의 문제는 여러 측면에서 제기될 수 있다. 이태준이 사회주의에 대해 무지하여 그들에게 이용만 당했다는 평가가 우리 문학사에서도 오랫동안 있어 왔지만 문제는 보다 근원적인 데 있다. 거기에는 우선 낙후된 조선 현실이 원인으로 놓여 있다. 반봉건적(半封建的)이고 식민지였던 조선의 지식인 이태준에게는 당대 소련의 수준도 감당하기 어려운 것이었다. 때문에 앙드레 지드가 여전히 존재하는 불평등의 증거로 보았던 '일등객실(一等客室)'의 존재도, 상허에게는 우선 국민들의 문화 수준이 고급화되기 이전까지의 과도기적 처방으로 긍정되는 것이다. 조악(粗惡)한 공산품과 상점에 늘어선 물건을 사려는 사람들의 줄을 보고, 지드는 국민들의 가장 소박한 욕망도 채워 주지 못하는 국가와 무관심과 기강 해이에 빠진 노동자들의 자세를 통매하였는데, 이태준은 그것을 낙후된 모든 소수민족까지 끌어안고 발전하기 위한 평등주의적 정책의 소산이라 보았으며 그것에서 러시아인들의 인내심을 볼 수 있을 뿐이었다. 지드의 비교 기준이 30년대 후반 발전된 서구 유럽의 그것이었다면 이태준의 기준은 공출과 배급에 시달렸던 식민지 조선의 것이었던 까닭이다.

　더욱 근본적인 것은 '정신과 문화'에 대한 불구적 인식이다. 지드는 러시아 사람들의 행복한 모습은 "개인의 비개성화"와 '무지(無知)'에서 비롯된다고 보았다.239) 즉 그들의 행복은 쏘비에트 정부의 폐쇄적인 국제정책 때문에 외국과의 비교가 불가능한데서 오는 무지에서 비롯되는 것이며, 정부에 의해 주입되는 미래에 대한 희망에서 비롯되는 것이라고 비판하고 있다. 또한 그들의 명랑함이야말로 현실에 대한 비판정신이 사라진 결과이며, 국민들은 주체적인 사고 능력을 상실하고 정부에 '의해' 사고하는 "순응주의"에 빠져 있다고 비판한다.240) 그들은 외국인들이 자신들을 자랑스럽게 생각할 것이라는 왜곡된 "우월 콤플렉스"에만 빠져 있을 뿐, 사태를 자신의 이성에 의해 판단하는 주체성이 상실되어 있는 것이다. 이러한 비판성, 주체성이 사라졌을 때 인간 정신의 진보를 기대하기 어렵다는 것은 두말 할 나위도 없다. 그래서 지드는 말한다. "만약에 한 국가의 모든 시민이 똑같은 생각을 한다면 위정자들에게는 이보다 더 편한 일이 없을 것이다. 그런데 이와 같은 정신적 빈곤 앞에서 그 누가 감히 '문화'를 말할 것인가?"241)

---

239) 앙드레 지드, 정봉구 역, 『소련방문기』, 춘추사, 1994. 42면.
240) 앙드레 지드, 정봉구 역, 『소련방문기』, 춘추사, 1994. 43~6면.
241) 앙드레 지드, 정봉구 역, 『소련방문기』, 춘추사, 1994. 65면.

이러한 인식의 뒤안에 민중에 대한 불신과 지도자들의 엘리트적 독선이 존재함은 두말 할 나위가 없다.

> 이 결함들은 일시적인 것이며 마침내는 더 큰 선에 도달할 것이라고 당신들은 주장한다. 당신들, 총명한 공산주의자들은 이 결함들을 인식하고 이렇게 받아들이면서도 당신들보다 총명하지 못한 사람들이 이것을 알게 되면 틀림없이 분개할 것이므로 그들에게는 감추어 두는 편이 더 좋다고 판단하는 듯하다.242)

지드의 이와 같은 비판은 인간의 이성과 주체성을 판단의 근거로 삼은 발언이다. 그것은 제도나 표면적인 성장의 정도를 문제삼는 것이 아니라, 인간이 자신의 삶을 인식하는 방식, 그러한 삶에 대해 맺는 관계의 근원을 묻는 방식인 것이다. 그러기에 그것은 주체성과 이성의 능력을 신뢰한다는 점에서 가장 근대적인 사고이기도 하다. 어떠한 권위나 제도, 이념보다도 한 인간의 이성적 사유능력을 진보의 척도로 삼으면서부터 근대가 비롯되었다고 해도 과언이 아니다. 칸트가 계몽의 표어로 제기했던 "감히 알려고 하라! 너 자신의 지성을 사용할 용기를 가져라"243)는 말의 의미란 이것을 의미할 터이다.

그렇다면 상허가 보았던 것은 무엇인가? 지드가 방문한 뒤로 10년의 세월이 경과한 뒤에 이태준이 방문했으므로 소련이 문제를 제거했다고 봐야 하는가? 물론 그런 측면도 있을 것이다. 그러나 이태준은 『쏘련기행』에서 일찍이 지드가 했던 비판 내용에 일일이 '해명'을 하고 있는데 이것이 오히려 그의 인식의 문제점을 보여주고 있다. 그 문제점은 한마디로 식민지 반봉건 사회에서 살았던, 그리하여 근대성에 대한 철저한 자각을 가질 수 없었던 식민지 지식인의 왜곡된 시야에서 원인을 찾아야 할 것이다. 말하자면 진정한 의미에서의 주체성의 단계를 통과하지 못한,

---

242) 앙드레 지드, 정봉구 역, 『소련방문기』, 춘추사, 1994. 176면.
243) I. 칸트, 이한구 편역, 「계몽이란 무엇인가에 대한 답변」, 『칸트의 계몽철학』, 서광사, 1992. 13면.

나아가 사회와의 관계 속에서 주체성을 형성시켜 보지 못한 파행적 근대화가 그 근본에 도사리고 있는 것이다.

이태준에게는 사회와의 교호작용에 의해 주체성을 확립해 본 경험이 없다. 근대에 대한 상허의 인식은 '책'을 통해 선취된 것이요, 스스로의 삶은 반봉건적 사회와의 길항관계에 놓여 있었다. 당대 지식인들이 반봉건적인 현실에서 살아가는 것은 '생활의 논리'와 '인식의 논리'의 분리를 의미하는 것이기도 하다. 그리고 그러한 삶의 형태는 이론적으로 선취한 근대성의 수위(水位)마저 위협하게 마련이다. 근대성은 표상으로써만 존재하고 정신은 삶의 반봉건성에 침윤된다. 이태준이 예술의 영역, 단편의 영역에 칩거한 것은 사회에 의해 침식되는 자신의 근대성의 수위를 예술의 영역에서 지키고자 했던 의도의 산물이었다. 그러나 그러한 상황에서 개인의 근대적 정신은 사회의 반봉건성(半封建性)으로부터 자신을 지켜 내려는 의식에 의해 역설적으로 왜곡된다. 사회에 대한 의식적인 절연은 근대성을 불구적으로 만들기 때문이다.

이태준은 지드가 '순응주의'와 '비판정신의 실종'을 본 것에서 '인간성의 최고의 것'을 보았다. 주체성의 포기와 무지에서 비롯된 낙천성을 제도의 변화가 창출한 인간성의 복원으로 이해하였던 것이다. 또한 그것에서 인류의 평화를 예감했으며, 제도의 힘을 체득하였다. 이러한 사실들은 상허를 포함한 당대 지식인들의 근대 인식이 개인의 '이성'에 기반하기보다는 '제도'에 기반 하였음을 보여준다. 이것이 당대 조선의 근대화의 수준이었으며 방식이었다. 그러므로 이태준의 문학적 행적의 동인(動因)과 그 의미는 우리 근대사의 파행적 근대화 과정과 떨어뜨려 생각할 수 없다. 30년대에 화려하게 나타나 순수문학의 기수로, '글에 화(化)한 사람'으로, 『문장(文章)』지의 주관으로, 골동 취미에 들린 사람으로 각기 평가돼 왔던 이태준의 문학적 행적 속에서 한국 근대문학의 특수성을 찾고자 한 까닭은 바로 이 때문이다.

2) 사회주의와 분단(分斷)의 문학화

이태준은 소련기행을 통해서 '인간성의 최고의 것'을 구현해 주는 '제도'의 힘을 보았다. 그가 식민지시대부터 꿈꿔 왔던 '문화적 삶'의 형태들이 유물론의 국가 소련에서 구현되고 있었던 것이다. 상허는 그것이 가능할 수 있었던 것이 '제도'에 있다고 생각했다. 국민들을 생계 걱정으로부터 해방시켜 주고, 교육과 보건, 취미생활까지 책임져 주는 국가의 존재는 인간정신의 진보를 위해서 필수 불가결한 장치로 인식된다. 그가 소련을 다녀온 후 북한에 눌러앉게 된 이유 중의 하나가 바로 그러한 제도가 북조선에서도 실현되고 있었기 때문이다. 토지제도의 개혁이 그것이다. 이태준 스스로 평가하고 있듯이 "토지문제는 오늘 조선의 가장 현실적이요 가장 중요한 문학테마"244)였다. 장편『농토』는 그러한 테마에 대한 이태준의 문학적 대응이다. 따라서『농토』에 대한 분석은 이태준이 파악한 사회주의의 인식의 수준을 보여주며, 그것이 조선의 현실에 적용된 모습이라고 할 수 있다.

『농토』는 하인의 자식 '억쇠'를 통해 토지개혁의 정당성과 의미를 그려내고 있는 작품이다. 억쇠가 주인의 권위에 빌붙어 사는 기생적 존재로부터 '땅'의 가치를 발견하는 농사꾼으로 변모되고, 나아가 토지개혁을 수행하는 과정에 '가재울'의 농촌위원으로 선발되기까지의 의식의 성장이 작품의 축을 이루고 있다. 또한 억쇠 아버지나 주인나리(윤판서댁)·권생원·분이·성필이 등의 주변인물을 통해 토지 문제를 비단 경제적인 차원에서만 바라보는 것이 아니라 민중들의 반농노적(半農奴的) 삶의 문제와 연관시키면서, 토지개혁을 새로운 인간상을 수립하기 위한 필수적인 과제로 자리 매김하고 있다.

---

244) 이태준, 「조선문학 건설을 위하여」,『문화일보』, 1947.6.25(여기서는 김재용, 「월북 이후 이태준의 문학활동과 「먼지」의 문제성」,『민족문학사연구』제10호, 1997. 330 면에서 재인용).

이러한 인식의 변모과정에서 첫 번째 제기되는 것이 '땅'의 가치를 발견하는 것이요, 그러한 땅에 뿌려지는 노동의 신성한 가치이다.

> 모두들 흙이기만 하면 한뼘 땅도 그냥 두지 않았다. 온 땅에 뿌리고 묻고 하는 씨앗으로 나가는 곡식만 해도 엄청난 것이였다.
> (저렇게 아까운 것을 내버리듯 했다가 나지나 않는다면 어떡할 건가?)
> 억쇠는 걱정스러워 보였으나 시골사람들은 사람끼리는 못 믿어도 땅에는 아끼지 않고 묻었다. …… 그러나 땅은 요술쟁이 같았다. 그런 바람에도 날려버리던 빈 쭉정이 같던 씨앗들을 벌레처럼 움직여 놓은 것이었다. 묻은지 열흘이 안되어 덮인 흙은 금이 나고 무엇이 갸웃하고 내다보듯 군데군데 떠들렸다. 이 위에 하룻밤 가는 비가 뿌리더니 어떤 것은 새 주둥이처럼 어떤 것은 콩짝처럼 흙을 떨고 올려 솟았다. 꽃을 피울 것이나 열매를 맺을 것이나 싹이란 싹은 밭에서고 논에서고 울 밑에서고 이쁜 주둥이들이 솟아 일제히 소근거리는 것 같았다.245)

여기서 땅은 인과응보의 존재다. 인간이 땀흘려 노동하면 그것에 상응하여 대가를 주는 생명의 원천인 것이다. 이러한 '땅'의 가치 발견은 곧 노동의 신성성에 대한 발견이며, 이는 지식인 이태준이 '생산과 노동의 가치'에 대한 발견에 이르렀음을 말해 준다. 아울러 이러한 땅의 가치는 자연상태와 인간 사회의 모순점을 알려주는 매개이기도 하다. 다시 말해서 그러한 인과응보의 법칙이 인간 사회에서는 통용되지 않는 것을 깨닫게 해주는 것이다. 땅의 생산물이 그것을 만들어 낸 인간의 소유가 되지 못한다는 점에서 문제는 근원적으로 제출된다.

> 억쇠는 제 자신이 당하고 보니, 전날 단순히 동정만으로 점둥이 아버지나 점둥이 어머니를 딱해 하던 것쯤으로는 아무 것도 아닌, 소작인의 억울함과 희망없는 일생을 비로소 제 혓바닥으로 쓴물을 삼켜볼 수 있었다.
> (도대체 땅이란 어째 임자가 따로 있는 거냐? 사람이 누가 바위멍덜을 절구질 하듯 해 밭과 논을 만들었단 말이냐? 이놈들아 하늘은 왜 금을 긋고 세를 못 받어 쳐먹니?)246)

---

245) 『농토』, 삼성문화사, 1948.8, 23~4면.

전날 주인나리의 권위를 빌려 하인의 몸으로 소작민들에게 얼마쯤 행세도 부리던 억쇠는 자신의 체험에 의해 소작농의 비애를 깨닫는다. 사회의 부조리에 대한 최초의 인식은 억쇠로 하여금 주변을 둘러보게 만들고 거기서 발견한 인물이 성필이와 '밀짚모자는 썼으나 농삿군 같지 않은 낯선 사람' 즉 '주의자(主義者)'이다. 이런 '주의자'는 작품 초반에서도 암시적으로 등장한다. 가재울로 가는 기차 안에서 '도적도 노름꾼도 아닌 것 같은 죄인'을 모습을 보면서 그 죄목이 무엇일까 의아해 하는 대목이 그것이다. 이 때의 억쇠는 '농민 반제투쟁'이니 '적색 노조 사건'이니 하는 것들이 신문에 나도 다른 기사를 다 읽고 나서도 심심하면 읽던 것이요, 또 '소작쟁의'라는 것은 "천기예보와 마찬가지로 신문에는 으레 나는 것으로 여기"[247]였던 터라 이런 인물들의 존재나 그들의 활동 상황에 대해서는 의식이 미치지 못했었다. 그런데 자신이 소작농의 비애를 맛보고 난 뒤, 성필과 낯선 사람에 의해 자신들이 못사는 이유를 알게 되고 "세상을 볼 줄 아는 눈이 이제 비로소 트이는 것"을 느끼게 된다.

> 억쇠는 가슴이 푹 찔린다. 그리고 펀뜻 생각나는 것이 있다. 개성서 어머니를 묻고 처음 가재울로 내려오던 날 새벽, 차 안에서 본, 그 노름꾼도 도적도 아닌상싶던 죄수와, 개성서 신문에서 허구헌날 보던 소작쟁의와 가끔 큰 글자로 찍혀나오던 무슨 勞組의 赤色事件이니 어듸 농민들의 反帝鬪爭이니 하는 제목들이다. 억쇠는 경찰이 잡는 것이 도적이나 노름꾼만 아니란 것과 이 겉으로는 평온해 보이는 세상에도 속으로는 목을 내걸은 사람들의 피투성이 싸움이 계속되고 있다는 것을 오늘 비로소 알아차리게 되었다.[248]

자신들이 알아차리지 못하는 세상 속에서 목숨을 내걸고 투쟁했던 사람들에 대한 경외심은 확고하다. 이미 「해방전후」를 분석하면서 밝혔듯이, 이러한 인식은 지식인의 희생정신과 정신적 지조의 문제를 가치판단

---

246) 『농토』, 삼성문화사, 1948. 71~2면.
247) 『농토』, 삼성문화사, 1948. 16면.
248) 『농토』, 삼성문화사, 1948. 102면.

의 최우선에 두는 사유방식의 결과이다. 그 역시 해방 이후 이러한 인간들의 존재와 의미를 깨닫게 되었을 것이고, 이러한 자책감이 그들에 대한 신뢰로 이어졌을 것이다. 「해방전후」에서 주의자들의 투쟁에 대한 신뢰가 그들의 노선에 대한 신뢰로 이어졌던 것처럼 이 작품에서도 억쇠는 자신의 판단 근거를 이들의 도덕적 희생으로부터 연역해 내고 있다. 토지개혁을 앞두고 몰래 땅을 사라는 권유를 물리칠 때도, 또 자작농으로 어렵게 땅을 장만했던 '안과부'네 땅에 대한 몰수의견이 나왔을 때도 최종적인 판단 근거는 '그들'의 존재요, 일제 시대에도 목숨을 내걸고 농민들을 위해 투쟁하던 '그들'이 잘못할 리 없다는 믿음이다.

또한 이들에 대한 믿음의 근원은 그들의 투쟁경력에서만이 아니라 그들의 주장이 개인 단위를 떠나 농민 전체와 조선의 이익을 도모한다는데 있다. 해방 이후 첫 타작에서 '삼칠제 타작안'이 나왔고 여기서 칠할을 농민들이 차지해야만 하는 이유를 성필이 설명하는 대목에서 억쇠는 자신만의 이익을 생각했던 자기와 "농민 전체와 조선 전체의 이익에 열중해 있는 성필"의 말을 비교하면서 "자기의 무지와 개인 본위의 욕심"[249]을 부끄러워하기도 한다.

이처럼 개인의 이익보다 민족과 공동체를 위해 헌신하는 인간상은 상허의 초기작부터 일관된 판단 기준이다. 상허가 「누이」에서 묘지에서 만난 여인과 동지애적 우정을 확인하게 되는 계기, 또 「결혼의 악마성」이나 「코스모스 이야기」에서 여주인공들이 물질의 유혹으로부터 벗어나는 계기가 바로 이러한 '집단에의 헌신욕구'였음을 상기할 필요가 있다. 말하자면 상허의 초기작에서부터 관철되고 있는 '집단에의 헌신욕구'는 이태준이 사회주의적 전망을 자기화 하는 매개 역할을 하고 있으며 그런 점에서 정신주의, 도덕주의의 틀을 벗어나지 못하고 있다.

'주의자'에 대한 믿음이 자아 외부로부터 제시된 판단 기준이라면 억

---

249) 『농토』, 삼성문화사, 1948. 148면.

쇠의 의식이 성장하는 부분은 그것을 내면화하는 과정으로 그려져 있다. 여기서 강조되는 것은 정신적 노예상태로부터의 탈출이다. 주인공 억쇠의 성격을 제시하는 초두에서부터 이러한 점들은 암시되고 있거니와, 토지개혁의 궁극적인 의의가 여기에 맞춰져 있음도 유의해야 한다. 사랑하는 분이를 겁탈하려는 '도꾸지'를 패 주고 도망간 뒤 해방을 맞아 귀향했을 때, 성필은 도꾸지의 땅과 집을 억쇠 보고 맡으라고 한다. 억쇠가 주저하자 성필은 "동무가 그렇게 자신 없이 굴면 안되우. 집을 멀정허게 뺏기구, 이틔씩 종사리를 허구, 어째 그런 놈의 새낄 철저허게 미워 못허는 거요? 해방된 오늘두 그자들헌테 쭙벗거림 안되우. 인전 우리들 자신이 싸워 이기며 살어야 허는거요"250)라고 격려한다. 이 점은 지주들을 다른 동네로 이전시키는 문제와 연관하여 성필의 아버지 최초시의 입을 통해 집약된다.

> 토지개혁은 무슨 施主가 잇서 가지고 자선사업으로 허는게 아닐세. 이 점이 중요허단 걸세. 알겠나? 누구는 떡 앉어서 은혜를 베풀구 누구는 굽신거리구 모혀들어 그 은혜나 받구 그러는게 아니라 첫째 사람으로 똑같은 평등지위가 되는걸세! 그러니까 지주로 보드라도 단지 지주란 걸로 세력부리던 낡은 환경에서 썩 물러나 그 자신도 새 인간으로 해방이 돼야 할거구 그러자니 딴데로 가야지!251)

이를 통해 이태준이 강조하고자 하는 것은 토지개혁이 경제적 문제만이 아니라 봉건적 신분관계를 타파하여 정신적으로 완전히 독립한 인간으로 만드는 작업이란 것이다. 식민지시대 지주와 소작농의 관계가 단지 경제적 계약관계가 아니라 봉건시대의 신분적 주종관계를 내포하고 있었다는 사실을 볼 때, 상허가 토지개혁을 근대적 인간의 성장조건으로 인식한 원인을 파악할 수 있을 것이다. 여기에 이르면 토지개혁은 물질과 정신에서 조선이 발전하기 위한 토대로써의 의미를 확고히 하게 된다.

---

250) 『농토』, 삼성문화사, 1948. 136~7면.
251) 『농토』, 삼성문화사, 1948. 176면.

　"조선 인구에서 백명이면 여든명까지가 농군이라며?"

　"그럼! 또 조선만 그런줄 알우? 전인류의 대부분은 농군인 거요! 전 세계에서 농군들이 문명이 되지 않군 문명세계란 허튼 소릴거요! 조선서두 이 가재울과 서울이 문명에 들어 똑같이 차별이 없도록 돼야 그게 진짜 문명국일거요! 그러니까 어디서나 제일 뒤떨어진 우리 농민들이 어서 깨닫고 어서 배우고 잘 싸우고 잘 건설하고 하지 않으면 안되는거요!"252)

　작품의 마지막을 장식하는 억쇠의 말은 토지개혁을 통해 민족 모두가 '문명'의 세계에 진입하고자 하는 이태준의 희망의 표현이다. 이때의 문명이란 경제적 자립뿐만 아니라 교육과 계몽을 통한 정신의 해방이며, '문화적 삶'으로의 진입을 의미할 터이다. 이것이 식민지시대 이래 상허의 정신적 지향점이었음은 두말 할 나위가 없다. 이태준은 이러한 과정의 '제도적' 근간이 되는 토지개혁을 열렬히 환영하는 한편, 농민들에 대한 계몽의 필요성도 강조하였다.

　「호랑이 할머니」는 이러한 관점에서 농민의 계몽문제를 다루고 있는 작품이다. '스무담이' 동네의 문맹(文盲)퇴치 사업을 완수하기 위해서 동네에서 제일 권위가 있고 완고한 '호랑이 할머니'를 설득하는 과정이 작품의 중심이다. 주목할 만한 것은 문맹퇴치 사업의 진행이 당위의 이름만으로 진행되지 않고 각자의 처지에 맞게, 그리고 자존심을 옳게 살리며 진행된다는 점이다.

　소년단원들과 민청원들은 무슨 꾀를 내어서든지 먼저 이들로하여 한글 학교에 나가는데 지장이 없도록, 그런 조건부터를 지어주지 않으면 자기들의 천번이나 만번이나 권유도 허사일 수밖에 없음을 알았다. 그래서 이 스무담이 소년단원과 여섯 민청원들은 이들의 개아미 쳇바퀴에 문을 열기에 팔들을 걷고 나선 것이다.

　우물이 먼 집은 물을 길어다 주고 소 먹이는 집은 여물을 썰어 주고 어떤 집에는 설거지를, 어떤 집에는 씨아질을, 어떤 집에 가서는 아이를 보아 주고……253)

---

252)『농토』, 삼성문화사, 1948. 204면.

253)「호랑이 할머니」,『첫전투』, 재일본조선교육자동맹, 1949(여기서는『해방전후·고

여기서 '조건'의 강조는 『쏘련기행』을 통해 이태준이 터득한 '제도'의 번안이다. 계몽의 당위성만으로는 현실을 변화시킬 수 없으며, 이를 위해서는 사회적 제도가 구비되어야 한다는 깨달음이 작품에 구체화되고 있는 것이다. 『농토』에서 그것이 근본적인 차원의 토지개혁 문제로 구현되었다면, 여기서는 문화적 삶의 출발이라 할 문맹퇴치 사업으로 나타나며, 동일하게 조건의 구비를 통한 운동의 실천이 강조되고 있다. 호랑이 할머니를 학교에 나오게 만든 방법도 이러한 조건과 무관치 않다. 할머니가 동네에서 가진 권위와 특히 여자들 사이의 지도력을 역으로 이용하여 지도력에 걸맞은 문자 해독 능력의 필요성을 인식케 한 것이다. 이 작품은 식민지시대 상허의 단편에서 나타났던 여러 특성들이 많이 담겨져 있다. 대화를 통한 성격 제시나 유머러스한 에피소드의 삽입 등은 상허의 여타 단편과 동일한 풍취를 자아내고 있다.

그러나 『농토』나 「호랑이 할머니」에서 견지되던 작품성은 남한의 현실을 다루는 작품들에서는 약화된다. 「아버지의 모시옷」이나 「첫전투」 등은 남한의 현실에 대한 분노와 거기에 맞서 싸우는 빨치산들의 영웅적인 투쟁과정이 전면에 나서면서 작품의 구성과 문체에서 상허 고유의 특징들이 희석되고 있다. 적대감과 이념성이 문학적 장치를 거치지 않고 직설적으로 토로되고 있어서 체제의 선택이 그의 문학 경향에도 일정한 변모를 초래했음을 나타내고 있다.

이러한 현상은 우선 그가 남한에 있지 않았다는 사실에서 설명될 수 있을 것이다. 46년 7월에 월북한 이태준으로서는 10월 항쟁과 그에 따른 민중투쟁의 빨치산화를 정확하게 평가하고 형상화할 기회가 애초에 차단되어 있었다.254) 그리고 소련기행을 통해 사회주의 체제의 정당성을 확신한 상허는 남한 사회에서 여전히 권력의 끈을 놓지 않고 있는 일제

향길』, 깊은샘, 1995. 107면).
254) 해방 직후의 '조선문학가동맹'측의 문학운동에 대해서는 박헌호, 「해방직후의 문예 대중화론 연구」, 성균관대 석사학위논문, 1990 참조.

잔재와 그들을 보호하고 있는 미군정에 대한 적대감이 날로 높아지는 것이 당연하다 하겠다. 게다가 투쟁에 동참하고 있지 못하다는 죄책감은 작품을 직설화 하는 직접 원인으로 작용했을 것으로 보인다.[255]

이에 따라 이태준은 당시 이북을 민주주의의 기지로 삼고 이를 토대로 이남을 혁명해야 한다는 이른바 '민주기지론'을 설득력 있게 받아들였다.[256] 『농토』에서도 "소련군대와 김일성 장군 덕에 먼저 된 여기 토지개혁은 우리가 철벽처럼 지켜야 할거구 아직 안되구 있는 남조선을 위해선 여기처럼 되도록 우리가 밀구 나가야"[257] 한다고 역설한 바 있다. 생활근거와 터전이 남한에 있었던 이태준은 북조선 출신의 작가들보다 더 남한의 문제에 관심을 많이 기울였을 것이지만, 그보다 상허의 민족주의적 기본 시각은 북조선만의 개혁이나 발전보다 조선 전체의 통일과 발전이 판단의 기준으로 작용하고 있었을 것이다. 이는 당시 이태준의 문학노선에서도 드러나는데, 상허의 작품은 당시 <북조선문예총>의 이른바 '고상한 리얼리즘론'과 차이가 날 뿐만 아니라, 문학노선에서도 조선문학가동맹의 '민족문학론'에 찬동을 표하고 있다.[258]

이것은 「해방전후」에서 상허가 <조선문학건설본부> 측의 입장에 동조하게 된 맥락을 떠올려 보면 수긍되는 사실이다. 따라서 북한이 토지개혁을 비롯하여 개혁정책을 실시하면서 상허가 보기에 정당한 노선을 걸어가고 있어도 그것이 북한만의 개혁이거나 혹은 민족간의 분열을 더욱 강화하는 정책이 되어서는 안 된다는 생각을 확고히 갖게 된다.

분단에 대한 강한 저항심리는 분단이 가시화 되는 이 시기에 상허 의

---

255) 김재용은 앞의 글에서 이러한 '부채의식'이 상허의 당시 정세인식과 작품 경향에 중요한 비중을 차지한다고 보고 있다. 「월북이후 이태준의 문학활동과 「먼지」의 문제성」, 『민족문학사연구』 제10호, 1997. 335면.

256) 김재용, 「월북이후 이태준의 문학활동과 「먼지」의 문제성」, 『민족문학사연구』 제10호, 1997. 334면.

257) 『농토』, 삼성문화사, 1948. 204면.

258) 이에 대해서는 김재용의 「8·15직후의 민족문학론」(『북한문학의 역사적 이해』, 문학과지성사, 1994)과 앞의 글, 참조.

식의 기본항으로써 문제시되지 않을 수 없다. 이 점을 밝혀 주는 것이 이번에 발굴된 작품 「먼지」이다. 전쟁 직전인 1950년 3월에 발표된 이 작품은 남북한 사이에 고조되는 냉전적 적대감의 문제를 정면으로 제기함으로써 당시 일반적인 정치 상황과 다른 입장에 서 있는 민족주의자 이태준의 면모가 드러난다.

이 작품의 주인공 '한뫼선생'은 일찍이 서울에서 한문과 습자선생으로 20년을 근무한 사람으로 집에서는 하숙을 쳐서 생활을 하고 자기 봉급으로는 고서적을 수집했던 고완취미가 있는 인물이다. 일제 말기 소개(疏開) 삼아 평양의 작은 딸네 집에 왔다가 거기서 해방을 맞으면서 북한의 개혁정책을 호의적으로 바라보게 된다. 그러나 북한의 정치노선이 긍정적인 것임에도 불구하고 북조선의 신문이 보도하는 남조선의 사태에 대해서는 믿으려 하지 않는다.

> 한뫼선생은 북조선 정치노선이 옳은 줄은 안다. 그러나 북조선 신문들이 보도하는 남조선 사태를 남조선의 진상으로 믿으려고는 하지 않는다. 왜? 자기 눈으로 보지 않았기 때문이다.
> 한뫼선생은 자기의 60년 생애에 믿을 수 있었던 일보다 믿을 수 없었던 일이 더 많던 세상임을 잘 안다. 남이 다 건너는 돌다리도 자기 손으로 두드려보기 전에는 결코 건너지 않는다. ……
> '매사가 듣기완 다른 거여! 그저 내 눈으로 본 연후에야 ……'[259]

이런 생각으로 월남한 그는 일제 때 세도를 부리던 인간들이 그대로 세력을 유지하고 있고 또 통역정치라는 새로운 권력형태로 말미암아 영어를 조금 할 줄 아는 사람들이면 미군정과 결탁하여 온갖 부패를 자행하는 남한 현실을 목도한다. 미군정에 다니던 큰사위도 부패한 현실에 저항하여 사표를 던지고 민중들의 투쟁에 동참하여 감옥에 갇혀 있었고, 거리에는 남북한 통일선거를 옹호하는 민중들의 시위와 이를 저지하려

---

259) 「먼지」, 『민족문학사연구』 제10호, 1997. 278면.

는 경찰들의 실강이가 벌어지고 있었다. 월남한 첫날 통행금지를 모르고 걸어다니다가 잡힌 유치장에서 민족통일을 위해 싸우는 청년, 노동자들의 형상도 목격하고, 고서적 경매장마저도 좌우하는 '딸라'의 위력을 깨닫는다.

그런데 자기의 뜻대로 남한의 현실을 목격했으면서도 한뫼선생은 자신의 입장을 결정적으로 표명하지 않는다. 미군병사에게 얻어맞아 병원에 입원한 후 찾아온 큰딸이 "원칙이 옳다구 인정되는 편에 왜 결정적으루 가담 못"[260]하냐고 반문을 해도 그는 "난 불편부당이다! 공정한 조선 사람인 것뿐이다!"[261]라고 대답하고 있다. 물론 그 역시 미군정과 이승만 정권을 비판하며, 지금의 현실을 "어렸을 때 그것도 자기 눈으로 똑똑히 본 한국 말년의 한양 풍경"[262]과 흡사한 것으로 파악하고 있다. 즉 구한국의 식민지화 과정과 당대의 미군정 지배를 동일시하고 있는 것이다. 그러기에 그가 존경해 오던 "연암이나 완당께서 생존하셨다면 그 정의감들과 그 실학정신들이 좌익에 가담하고 말고! 가담이 아니라 일선에 나서 지도허실 어른들"[263]이라고 판단한다.

> 그러나 …… 그러나 …… 한편이 혼자만 지나쳐 나가는 거다. 통일되도록, 남북이 화해되도록 그런 정세를 조장시키구 성숙시키는 게 아니라 한쪽을 무시허구 저만 나가는 거다. 아무리 좋은 정책이라도 먼저 통일시키구 합의껏 전국적으로 실시험 좀 좋으냐 말이다. 남의 발 등을 밟고 먼저 자꾸 나가면 누군 남의 뒤나 따라가길 좋다냐? 그러니까 자꾸 엇나갈밖에……[264]

그럼에도 이러한 견문(見聞)과 판단이 북한이나 남한의 어느 한 편에 대한 결정적인 옹호나 폄하로 연결되지 않는다는 점에 이 작품의 문제성

---

260) 「먼지」, 『민족문학사연구』 제10호, 1997. 316면.
261) 「먼지」, 『민족문학사연구』 제10호, 1997. 315면.
262) 「먼지」, 『민족문학사연구』 제10호, 1997. 321면.
263) 「먼지」, 『민족문학사연구』 제10호, 1997. 320면.
264) 「먼지」, 『민족문학사연구』 제10호, 1997. 292면.

이 놓여 있다. 요컨대 남한의 현실을 확인하는 것이 북한에 대한 일방적
인 찬사로 귀결되지 않는다는 것이다. 위의 인용문에 나타나듯이 한뫼선
생은 통일을 위한 정세의 조장과 성숙에 최우선의 가치를 두고 있다. 이
것은 전쟁으로 치닫던 당시의 남북한 모두의 정세를 고려할 때 매우 소
중한 문제의식이다. 이는 한뫼선생이 다시 월북하면서 카빈총에 맞아 죽
는 것으로 작품이 끝나는 데서도 드러난다.

> 아무래도 물소리가 났다. 반도 못 건너서다. 그만 크게 털벙 소리를 내며 넘어졌
> 다. 한뫼선생이 다시 일어서 몸도 가누기 전이었다.
> 딱 꿍,
> 딱 꿍 치르르……
> 카빈총 소리는 철교 서쪽 잿등에서이므로 상당히 먼 거리이나, 한 두 총구에서
> 쏟아지는 것이 아니었다. 총알은 강바닥을 덮어 소낙비 퍼붓듯 물방울쳐 쏟아지고
> 말았다.
> 총탄의 소나기는 잠시 뒤에 멎었다.
> 그러나 사위는 다시 괴괴할 뿐, 그만 북쪽 강기슭에도 남쪽 강기슭에도 사람이
> 나오는 그림자나 물소리는 나지 않고 말았다.[265]

이러한 결말 처리는 당시 정세에 대한 이태준의 비판적 태도를 반영
한다. 다시 말해서 이태준은 당시 남북한의 노선이나 현실이 비록 현격
한 차이가 나더라도 그것이 통일되지 못하고 각기 단독정부를 세워 분단
을 고정화시킨다면 그것은 곧 민족상쟁의 비극을 초래할 것임을 비판하
고 있는 것이다. 상허는 북한의 정치노선이 올바르다는 입장에 서 있었
다. 그러나 어느 곳의 현실이 바람직한가의 문제와 별도로, 남북한의 통
일문제를 최우선의 과제로 인식해야 한다는 이러한 사고는 소중한 것이
다. 특히 한국전쟁이 터지기 불과 석 달 전에 이 작품이 발표되었다는
사실을 생각할 때 그 의의는 여러 번 강조해도 과장이 아닐 것이다.

---

265) 「먼지」, 『민족문학사연구』 제10호, 1997. 322~3면.

작가로 나선이래 반봉건성(半封建性)과 식민지의 폭압 정치에 시달리는 민족을 위해 일해야 한다는 지식인적 사명의식에 젖어 있던 이태준은 작품을 통해 이러한 인식을 끊임없이 표출해 왔다. '비실제성'으로 집약될 수 있는 이같은 민족주의와 문화주의적 사고는 상허에게 미적 근대성과 사회적 근대성의 동시 추구라는 모험을 감행하게 만들었다. 해방은 이러한 역설적인 모험이 통일될 수 있는 터전을 제공하였다. 상허는 제도와 조건의 완비를 통한 문화적 인간으로의 비약을 염원하였다. 소련기행은 그에게 사회주의란, 국가가 제도를 통해 국민으로 하여금 문화적 생활을 누릴 여건을 마련하는 체제로 인식하게 만들었다. 토지개혁에 대한 열렬한 찬양도 사회적 근대성의 구비를 통한 미적 근대성으로의 진입이라는 그 자신의 목표와 연관된 것이었다. 그러나 그는 동시에 민족주의자로서 민족의 통일이 중대한 과제였다. 「먼지」는 이같은 염원을 표출한 작품이다.

해방 이후 이태준의 행로는 이처럼 민족의 통일을 최우선의 가치로 두는 데에서 멈춘다. 그의 우려대로 남북한은 곧 동족 상쟁의 전쟁에 돌입한다. '전쟁'이 발생한 이상, 무력의 논리에 작가의 논리가 개입할 여지는 없다. 아마도 이태준 역시 비록 동족 상쟁의 전쟁이지만 무력으로라도 통일이 이루어지기를 바랬을지도 모른다. 전쟁기에 그는 미군과 남한군에 대한 적개심을 강조하고 인민들의 영웅적인 투쟁을 선동하는 몇몇 작품을 남기고 있다.[266] 그러나 그것들에서 이태준 고유의 논리를 발견하기는 어렵다. 다만 상허는 고향의 조직을 되살리는 작업을 그리고 있는 「고향길」

---

266) 전쟁기의 작품은 『고향길』, 재일본조선인교육자동맹 문화부, 1952. 12월에 담아 있다. 여기에는 적의 전화줄을 끊는 전사의 영웅적인 투쟁을 그린 「백배천배로」와 미군의 공중폭격에 대항하며 포탄을 실어 나르는 전사들의 이야기인 「누가 굴복하는가 보자」, 그리고 미군을 포로로 잡는 「미국 대사관」, 부상병의 치료 과정에 나타난 애국심과 전투 의욕을 그린 「고귀한 사람들」, 후방에서의 게릴라 소년의 이야기를 담은 「네거리에 선 전신주」, 후방 인민들과의 연계 업무에 대한 「고향길」 등의 작품이 실려 있다.

의 마지막에서 "오냐! 오늘은 묵묵히 떠나마! 오늘은 떠나는 이 길만이 오직 다음날 우리들이 소리쳐 돌아올 고향길인 때문이다!"[267]라고 다짐하고 있다. 그러나 이런 다짐도 헛되이 이태준은 그가 선택한 체제에서 반동작가로 몰려 숙청 당하고 만다. 우리 근대문학사의 파행성의 상징이던 그의 문학적 행장은 최후에 있어서도, 우리 근대사의 파행과 굴절을 한 몸으로 체현하며 역사의 뒤안으로 사라져 갔다.[268]

267) 「고향길」, 『고향길』, 재일본조선인교육자동맹, 1952. 122면.
268) 숙청 이후 이태준의 행적은 많은 설들이 있다. 상허문학회가 지은 『이태준 문학연구』, 깊은샘, 1993의 부록에 지금까지 알려진 설들이 정리돼 있다.

제4장 이태준 문학의 소설사적 위상

 이태준은 1920년대를 풍미하던 <KAPF>가 스러져 가던 시기에 등장
하여 순수문학의 기수로, 한국어 문장 표현의 수준을 격상시킨 작가로,
<구인회>의 좌장이자, 『문장』지의 주관으로 30년대 문학을 풍성하게
만든 작가이다. 또한 '여학생 소설'이라 폄하되던 그의 장편은 춘원 이광
수 이후 가장 많은 독자들의 사랑을 받았으며, 소설집의 출간에서도 춘
원에 버금갈 정도로 화려한 주목을 받았던 작가이다. 그는 한국 근대단
편소설의 완성자로 평가받으면서, 해금 이후에는 가장 많이 연구될 만큼
문제성을 인정받은 작가이기도 하다. 그러나 그에 대한 연구는 지금까지
대체로, 단편에 치중했으며 특히 작품의 인물유형과 기법에 대한 연구에
국한되어서, 그의 작가정신의 전모를 밝히거나 그의 문학이 우리 근대소
설사의 전개과정에서 어떠한 위상과 의미를 갖는가를 묻지 못한 측면이
많았다.

 본고의 문제의식은 여기에서 출발하였다. 말하자면 이태준을 한국 근
대소설사의 역사적 지평에 놓고 그 위상과 의미를 따졌을 때, 그의 문학

이 지닌 의미가 온전히 복원되리라는 것이다. 이러한 기본 관점에서 본고가 주목한 것은, 식민지라는 현실에서 비롯되는 파행적 근대화와 그에 따른 지식인(작가)의 의식상의 분열, 그리고 그것의 작품상의 반영태였다. 특히 단편양식의 주류성이 현저한 우리 근대소설사의 특성에 주목하여 그것의 문학사적 발생 원인을 해명하고자 시도하였으며, 이러한 전개과정에서 상허의 작품이 이루어 낸 것과 그것이 차지하는 의미를 따져 보고자 하였다.

주지하듯이 대한제국은 자주적 근대화의 기회를 갖지 못한 채 국권을 상실하였다. 18세기이래 조선사회 내부에서 싹트던 근대화에의 의지는 후발 제국주의 국가인 일본에 식민지가 됨으로써 막을 내렸다. 일제(日帝)는 반봉건(半封建) 사회였던 당대 조선을 식민지 지배의 의도 아래 파행적으로 근대화시켰다. 근대화를 추진하는 주체가 식민지 본국에 있었다는 사실은 우리 민족의 근대화의 방식과 정도, 영역과 속도가 식민지 본국의 이익에 맞춰 왜곡되었음을 의미한다. 예컨대 토지조사사업을 통해 근대적 토지소유관계를 확립하면서도 반봉건적인 지주 — 소작농의 관계를 온존시킨다든지, 식민지 지배의 하수인을 양성하는 하급교육을 장려하면서도 상명하복(上命下服)의 봉건적인 인간관계를 통치에 이용하는 방식들이 그것이다. 이것은 식민지 본국인 일본의 후진성과도 연관된 것이지만 어쨌든 우리 근대사의 기본적인 질곡으로 작용하였다. 이에 따라 조선사회는 제도와 지향점으로서의 근대성과 생활로서의 반봉건성이 착종된 사회형태를 띠게 되었다.

이처럼 왜곡된 사회상은 식민지라는 본질적인 한계로 인해 확대 재생산된다. 이 점은 근대화와 민족해방이라는 이중의 과제가 역사적으로 제기되었음을 의미하는 것이기도 하다. 반제(反帝)와 반봉건(反封建)으로 요약되는 식민지시대의 역사적 과제는 당대 양심적인 지식인 모두의 지상명령이었다. 그러나 반봉건(反封建)의 논리는 일제의 한일합방의 논리와 논리적 유사성을 피할 수 없다. 민족의 근대화를 목표로 설정했던 이광수의 친일로의 귀결은 이러한 사실의 역사적 표현이다. 또한 반제(反帝)의 논리에 충실할 때, 그것은 투옥이나 해외망명을 의미하는 것, 곧 생활의 포기를 의미하는 것과 다를 바 없다. 이는 식민지하에서 삶을 살아가면서도 반제와 반봉건의 과제를 동시에 실현한다는 일의 지난함을 말해준다.

당대의 지식인들은 일본 등의 유학을 통해 이론적으로 근대성을 선취하였다. 그들은 기차나 화륜선으로 상징되는 근대적 기계문명의 위력을 보았고, 교육·행정·사회·문화에 걸친 근대적 제도의 힘을 체험하였다. 그러나 그들이 민족을 근대화시키고자 귀국하였을 때, 그들의 앞을 기다리고 있는 것은 반봉건성(半封建性)에 만연된 낙후된 민족의 현실과 민족 구성원들의 냉담뿐이었다. 개인이 이론적으로 선취한 근대성과 사회에 만연된 반봉건성과의 길항(拮抗)은 지식인들에게 생활의 논리와 인식의 논리가 분열되는 것으로 체현되었다. 즉 지식인들은 인식과 판단의 수준에서는 근대적 사유를 실천하지만 생활 속에서는 반봉건적 사회의 관습으로부터 자유롭지 못한 것이다. 이는 지식인들이 이론적으로 선취한 근대성도 반봉건적 사회와의 관계 속에서 왜곡의 운명을 벗어날 수 없었음을 의미한다.

이러한 상황에서 작가들이 걸어갈 수 있었던 길은 두 가지로 보인다. 하나는 대중의 수준으로 내려가 그들을 끌어올리는 방식이다. 이것은 이광수의 문학적 행장으로 대표되는 길이다. 이 길은 대중과의 친화성을 유지하면서 지식인의 계몽의지를 관철시킬 수 있다. 그러나 바로 그러한 장점 때문에 근대성의 수위는 낮춰지며 왜곡되기 마련이다. 『무정』의 휘황한 광채는 바로 이 점과 연관된 것이다. 이에 반해 사회와의 관계를 절연하고 자신의 근대성의 수위를 지켜 내는 길이 있을 것이다. 이는 김동인으로 대표되는 바, 근대성의 수위를 높여 나가는 장점이 존재한다. 김동인의 자신에 찬 최초주의적 발언의 뒤안에는 문학의 영역에서 근대성의 수위를 높였다는 자긍이 배어 있는 것이다.

그러나 김동인의 존립근거 역시 근대화의 주도권을 상실한 식민지라는 현실에서 비롯된다. 요컨대 정치방면의 봉쇄는 사회 각 영역의 유기적인 근대화 과정을 차단하고 각 영역이 근대화되어야 할 독자적인 대상으로 설정되는 것이다. 따라서 이러한 태도는 서구에서의 예술지상주의와는 다른 의미를 지닐 수밖에 없다. 김동인은 소설을 근대화시킴으로써 민족의 근대화라는 역사적인 과제에 나름의 방식으로 부응하고 있다고 판단한다. 김동인이 『창조』를 발간하면서 '정치 방면은 그 방면 사람에게 맡기고 우리는 문학으로' 나서자고 말했던 의미는 바로 이것이다. 고소설이나 함량 미달의 신소설이 판을 치는 문학계를 일신하고 소설의 근대성을 구현하는 일은, 반제투쟁과 맞먹는 가치 있는 일인 것이다.

여기에서 한국 근대문학의 특수성은 얼굴을 드러내며, 단편양식의 주류성은 시작된다. 김동인은 당대 지배적인 서사장르였던 고소설이나 신소설의 '이야기성(性)'에 거리를 두는 것으로부터 근대소설의 문을 열었다. 즉 소설이라는 역사적 장르 내부에서 고대와 근대를 구분하는 기준을 이야기성이 차지하는 위상으로부터 파악한 것이다. 이에 따라 '스토리'보다 작가의 의도가 우선시 되며, 작가의 의도는 플롯과 기교로 증명된다. 근대를 대상에 대한 조종가능성의 차원에서 파악한 김동인은 소설에 있어서도 소재를 얼마나 자신의 의도에 맞춰 장악하는가에 따라 근대성의 수위가 판가름난다고 생각하였다. 유명한 '인형조종술'이란 이러한 사고의 비유적 표현일 뿐이다. 김동인이 장편에 비해 단편에서 '보다' 근대적인 소설양식을 발견한 것은 이 때문이다. 그는 기교와 플롯을 강조함으로써 전문적인 작가가 확립되지 못한 당대 문학계에서 고대소설과 근대소설을 확연히 구분했으며, 근대적인 의미의 작가로 자신을 증명하는 방법을 확립하였다.

김동인이 근대소설사에 끼친 공헌은 이처럼 양식의 차원에서 바라볼 때 확연해진다. 그의 기교 강조는 근대적 문학양식으로서의 소설의 탄생을 의미하는 것이며, 문필가의 범람으로 정작 전문적인 소설가는 드물었던 당시 상황에서 직업의 전문성을 천명한 근대적 태도였던 것이다. 그러나 이것은 앞서 말했듯이 사회와의 절연이라는 대가를 통해 얻어진 것이다. 그는 반봉건적인 사회로부터 자신을 격리시킴으로써 소설의 근대성을 구현할 수 있었지만, 바로 그 때문에 소설이 다루어야 할 '시간성'을 상실하였으며 서사적 진폭을 축소시켰다.

이태준이 놓인 자리는 여기로부터 시작한다. 상허는 정신주의로 요약될 수 있는 민족과 문화의 가치를 삶의 목표로 삼는다. 그의 지향은 집단과 사회 나아가 민족을 위해 자신을 헌신하는 이타성(利他性)을 한 축으로 하면서, 동시에 물질의 만족을 최종 목표로 두는 것이 아니라 정신의 가치, 나아가 예술에 대한 심미안(審美眼)을 계발, 확대하는 삶을 궁극적인 목표로 삼는다. 이러한 상허에게 반제(反帝), 반봉건(反封建)이라는 당대의 역사적 과제는 두 가지 지향을 낳게 만든다. 하나는 당대의 역사적 과제에 부응하여 민족의 근대화 나아가 민족해방에 복무해야 한다는 생각이며, 다른 하나는 식민주의적 자본주의화의 결과 만연된 속물근성에 저항하여 정신과 문화, 예술의 가치를 옹호하고자 하는 생각이다. 전자(前者)를 사회적 근대성에 대한 추구라 한다면 후자(後者)를 미적 근대성에의 지향이라 칭할 수 있겠다.

서구의 경우 미적 근대성은 부르주아적 가치(사회적 근대성)에 대한 비판의 형태로 제출되었다. 말하자면 환금가능성(換金可能性)과 도구적 합리성에 대한 비판이 '미(美)'의 이름으로 행해지는 것을 미적 근대성이라 한다. 그러나 식민지 조선은 미의 이름으로 비판할 사회적 근대성 자체가 낙후된 사회였다. 그러기에 사회적 근대성을 추진하면서 동시에 미적 근대성의 자리에서 물질주의와 속물근성을 비판하는 진풍경이 식민지시대 조선에서 창출된다. 이러한 현상은 서구의 이론으로 해명할 수 없는 우리 근대문학의 특수한 국면이다. 본고는 이를 한국 근대문학의 특수성이 현현되는 가장 전형적인 형태라고 규정한다.

이태준의 문학정신은 이러한 한국 근대문학의 특수성의 전형이다. 이태준에게 내재한 민족주의와 문화주의에의 지향은 당대의 역사적 조건과 맞물려 미적 근대성과 사회적 근대성의 동시 추구라는 형태로 구현된다. 30년대 초반 이태준은 당시 <카프> 계열의 작품들을 예술의 근대적 수준에 미달한 것으로 폄하한다. 그러나 그의 장편은 <카프> 계열을 능가하는 계몽성으로 가득 차 있다. 한 작가 내부에서 일어나는 이러한 괴리와 모순은 두 개의 근대성을 동시적으로 추구하고자 했던, 아니 동시적으로 추구하도록 강요한 우리 근대사의 파행성의 산물이다. 상허는 당시의 장편이 신문 연재소설이라는 조건상 통속성에 빠지지 않을 수 없다고 강변했지만, 사실은 그는 그런 통속성을 이용했다. 다시 말해서 그는 신문 연재소설의 통속성을 이용하여 자신의 계몽의지를 피력하였고, 자신이 지향하는 사회의 최저 조건을 제시하였다. 장편에서 피력된 사회적 근대성에의 지향은 단편으로는 채워지지 않는 그의 반면(半面)이다.

이태준의 소설사적 위상은 먼저 단편양식의 주류적 경향이라는 한국 근대소설사의 특수한 국면 속에서 찾아야 한다. 이태준은 파행적 근대인식으로 말미암아 단편양식을 보다 예술적인 것으로 생각했고, 이는 김동인 이래 많은 작가들에게 보여지는 역사적 사실이다. 이태준은 이러한 인식의 기반이 어디에 있는지를 확연히 보여준 작가이며, 그러한 인식을 확대 재생산한 작가이기도 하다.

아울러 이태준은 낙후된 조선의 소설을 한 단계 끌어올리고자 하였다. 이것도 일차적으로 단편양식에 대한 옹호로부터 비롯된다. 김동인에 대한 이태준의 지속적인 관심과 애정은 자신의 길이 바로 김동인의 길과 맞닿아 있음의 표현이다. 뿐만 아니라 상허를 포함한 <구인회> 작가들은 단편의 가치를 옹호하는 것으로 결성의 제일성(第一聲)을 터트린 바 있다. 상허는 자신의 단편을 통해 '소설의 맛' 곧 단편의 문학적 가치와 심미안을 한 단계 끌어올리고자 노력하였다.

그렇다면 그가 완성했다는 단편의 근대성은 무엇인가. 본고는 이것을 시각성(視覺性)을 특성으로 하는 문자성(文字性)에 대한 자각, 소설 구성요소의 분리(독립), 그리고 한국인의 전통적 정서에 기반한 심미적 경향의 창출로 요약한 바 있다. 상허는 고소설(古小說)의 낭독체로부터 근대소설의 문자성을 변별하였고, 김동인의 '기교강조'라는 형식적 측면을 인물과 배경과 문장 단위로 세분화하였다. 그리고 한국인의 '심미적 경향'을 자각하고 구현함으로써 한국 근대단편의 모범적 준거들을 창출하였다.

문자성(文字性)의 자각(自覺)은 작품에서 정서를 시각화(장면화)하는 방식으로 구현되어 한국 소설사에서 묘사와 서술의 수준을 한 단계 드높이는 결과를 가져왔다. 문자성에의 자각은 곧 근대소설이 고립된 개인의 개별적인 독서행위에 그 존립 근거를 둔다는 사실에 대한 자각이다. 이는 소설의 향유 형태가 집단성을 전제로 하는 봉건적 형태로부터 독립된 자아에 기반 한다는 의미에서 근대적이다. 인쇄물의 형태로 제공되는 근대소설은 작가와 독자간의 대화적 국면의 단절을 수반한다. 독자는 자신의 방식대로 작품을 해석한다. 독자(讀者)가 청중(聽衆)이던 시절에 존재했던 정서의 집단화와 첨언(添言)을 통한 서사구조에의 개입은 존재하기 어렵다. 독자는 오직 종이 위에 인쇄된 활자와 여백만으로 의미를 재구성해야 한다. 독자의 정신이 기댈 곳은 그 자신의 정신 이외에는 없다. 이런 상황에서 근대소설에 대한 독자들의 반응은 『춘향가』를 향유했던 인간들의 그것과 같을 수 없다. 인쇄의 폐쇄성은 필연적으로 해석의 다양화 혹은 해석의 불명료화를 초래한다.[1]

문자성에의 자각이 묘사기법의 전면화 또는 문장의 맛을 강조하는 것으로 이어지는 것은 이 대목에서이다. 말하자면 소설에 관한 이태준의 모든 언급을 관통하는 문장, 표현에 대한 강조는 활자로 고정된 언어의 한계를 돌파하려는 시도인 것이다. 그는 이를 두고 '말을 빼고도 남는 것'이라고 불렀다.[2] 다시 말하면 문학 언어는 언어가 지닌 정보전달의 기능을 넘어 언어로써 고정될 수 없는 그 무엇을 표현해 내야 한다는 것

---

1) 월터 J. 옹, 이기우 외역, 『구술성과 문자문화』, 문예출판사, 1995 참조.
2) 『문장강화』, 창작과비평사, 1988. 297면.

이다. 이때의 '그 무엇'은 인간 정신의 속내이기도 하고, 인간과 상황과 정서가 어우러진 삶의 순간적 국면이기도 하며, 느끼되 표현할 수 없는 분위기이기도 한 것이다. 이태준의 작품을 서정성의 경지로 몰고 가는 것은, 바로 그의 작품이 표현된 언어의 영역을 넘어 표현하지 않은 것을 감득케 하기 때문이다.

이태준을 통해서 한국의 근대소설은 언어가 언어를 뛰어넘는, 소설이 시가 되는 경지를 개척하였다. 미시적이면서도 역동적인 장면의 창출을 통해 이태준은, 사회현실과 자아의 내면이라는 전통적인 소설의 영역이 아닌 순간 속에 명멸하는 불가사의한 삶의 국면이라는 새로운 영역을 개척하였다. 표현할 수 없는 것은 표현할 수 없는 것으로 남은 채, 독자의 가슴속에만 살아 있게 되었다. 본고는 이를 이태준이 한국의 근대소설사에 끼친 주요한 영향이라고 생각한다.

이러한 내용들은 근대 단편소설의 완성이라는 평가에 값하는 것이다. 그에 의해서 한국의 단편소설은 묘사의 가치와 방법을 발전시켰고, 표현되지 않은 것을 감지하는 기술을 터득하였고, 아이러니에 의해 의미의 다중성(多重性)에 도달하였다. 특히 이러한 내용들은 소설을 서정화(抒情化)시켜 시(詩)와 다툴 만큼 아름다운 소설을 창조하였다.

그러나 바로 이런 점들이 한국의 근대소설에서 서사성을 축출하고 총체성을 죄악시하며 관념을 형해화 하는 역할을 하였다. 근대소설의 발생이 모든 것을 파괴하는 '시간'에 대한 자각으로부터 비롯된다는 지적을 고려할 때, 상허의 작품들은 소설의 기본항인 시간성이 증발된 것이다. 서정소설(抒情小說)이라는 역설적인 개념은 곧 한국의 근대소설이 자신이 대면해야 할 현실과 역사로부터 스스로 멀어지고자 했음의 표현이며, 왜곡된 미의식을 발전시켜 나갔음을 증명하는 것이다.

이태준의 의고주의는 한국의 근대소설이 독자적인 심미적 경향을 확립해 가는 과정에서 의미를 갖는다. 상허의 의고주의는 예술적 향유능력 곧 심미안(審美眼)의 문제와 연관되어 있다. 빈 접시와 물병에서 천년의 세월과 우주를 감지할 수 있어야 한다는 그의 주장은 삶을 예술화하는 경지에의 찬양이며, 대상에 대한 미적 지각을 연장, 심화하려는 의식의 산물이다. 이를 반근대주의(反近代主義)와 연관시켜 논의한 연구들은 해방 이후의 행적과 결부시켜 볼 때 논리적 일관성을 상실한 것일 뿐만 아니라, 장편에서 노골적으로 표출되는 사회적 근대성에의 지향과도 연결시킬 수 없다는 점에서 타당하지 않은 것으로 보인다.

그러므로 이태준의 의고주의를 근대주의인가 반근대주의인가의 차원에서 따지는 것은 더 이상 의미가 없다고 판단된다. 정신의 근대지향과 향유대상의 전통성 사이의 논박은 좀더 다른 지평으로 전환될 필요가 있다. 이것은 이태준이 당대 사회에 대한 계몽의지를 피력했던 장편의 영역에서는 한 번도 의고주의를 서사의 중심에 놓은 적이 없다는 사실과 관련하여 판단하여야 한다. 즉 이태준의 의고주의는 그에게 있어 미적 근대성의 영역에서만 문제시되고 있는 것이다. 이것은 한국의 근대화 과정이 사회나 제도의 차원에 머물러 있었다는 사실의 표현으로 보아야 할 것이다. 다시 말해서, 사회나 제도의 차원에서의 근대화는 열렬히 주창되었음에 반해, 이성 혹은 합리성과 주체성으로서의 근대는 상대적으로 전면화되지 못했던 역사의 반영으로 읽히는 것이다. 따라서 사회와의 변증법적 교호작용을 겪으며 근대화에 이르지 못한 정신은, 자신의 삶을 규정했던 전통적 세계 속에서 미의식의 원천을 찾아냈던 것이 아닌가 생각된다. 이는 미의식의 원천에 대한 보다 심도 깊은 논의를 요구하는 것이지만, 한편으로 보면 식민지시대 근대화의 진행 영역과 방식을 감지할 수 있는 바로미터이기도 하다.

다음으로 이태준의 문학은 사상과 작품의 관계에 대한 새로운 인식을 촉구한다는 의미를 지닌다. 우리의 문학연구 풍토에서 작품의 이념을 읽어 내는 방식이 도식화되어 있음을 부인하기는 어렵다. 이는 작품 속에 노골적인 표현이 있거나, 소재가 그러할 때, 혹은 어떤 이념을 대변하는 것이 확실한 인물이 있을 때, 그로부터 작품의 이념을 추출하는 방식을 지적하는 것이다. 이같은 표현이나 소재, 인물이 없거나 쉽게 드러나지 않을 때에는 우리는 흔히 '순수문학'이라는 평가를 내리곤 한다. 그러나 이것은 우리의 열악한 문학 현실에 연구자들이 부합한 측면이 없지 않다. 다시 말해서 명백한 이념의 제시는 작품의 문학성이 저급인 것을 증명하는 것으로도 판단 내릴 수 있는 것이다. 도식적이란 의미에서의 전형적인 인물을 통해서 이념을 표현하는 것은 복잡한 현실의 복잡성을 그려낼 능력이 없음을 표현하는 것이라 보아도 무리가 아닐 것이다. 그러기에 이러한 작품군에서 이념을 발견하는 것은 손쉬운 일이나, 그의 반대는 이념이 없다는 평가는 성립할 수 없다.

이태준의 초기작이나 전성기의 작품에도 이념은 존재한다. 문제는 그가 현실을 바라보고 가치평가를 내리는 우선 순위가 여타의 작가와 다른 것이며, 현실을 형상화하는 초점이 다른 것이다. 상허는 현실을 본질적으로 규정하는 거대담론을 직설적으로 표현하기보다는 그것을 정서화, 내면화시키는 방식으로 표현하였다. 그러므로 그 이념의 실천성이나 투쟁성은 희석된 것이겠으나 이념의 존재나 현실에 대한 고민의 유무는 이미 거론할 대상이 아니다. 이를 '미학적 간접화법'이란 말로 표현한 연구자도 이미 있거니와, 이런 관점에 서서 상허의 30년대 후반의 작품을 급격한 변모로 판단하는 것은 논의의 출발 자체가 그릇되었다고 말할 수 있다.

오히려 30년대 후반의 양상은 일제 말기의 폭압적인 현실이 단편의 근대적 수위를 높이려는 상허의 작업을 불가능케 한 것으로 판단하는 것이 적절할 것이다. 이미 초기작부터 그 정도의 현실인식은 존재해 왔던 바, 그것이 단편의 근대성을 높이는 작업에 의해 수면 위로 떠오르지 않은 것뿐이다. 현실이 이 정도의 여유도 허락하지 않는 시기에 들어 상허는 현실의 문제를 미학적 간접화법으로 표출한 것이다.

또한 해방 이후의 변모 역시 식민지시대 이래의 일관된 논리의 귀결이다. 그의 민족 지향과 문화주의는 민족의 대동단결이란 명제 아래

<조선문학가동맹>에 참여하게 만든다. 물론 이러한 과정에 좌익과 사회주의에 대한 이태준의 무지가 작용한다. 그러나 그의 입장에서 보면 이것은 논리적 귀결일 수밖에 없다. 그가 식민지시대 장편으로 보여주었던 근대적 삶의 최저 조건을 구현하는 것, 또한 소련기행을 통해 확인한 국민을 문화적으로 살게 만드는 제도의 힘은 그로 하여금 체제로서의 사회주의를 선택하게 만든 원인이다. 여기에 미적 근대성과 사회적 근대성을 동시에 추구했던 그의 정신이 근본 원인임은 두말 할 나위가 없다.

마지막으로 본고는 리얼리즘과 모더니즘으로 식민지시대 문학을 보는 관점을 문제 제기한 바 있다. 지금까지의 논의를 총괄했을 때 이태준의 문학은 여전히 리얼리즘이나 모더니즘의 잣대로 규정하기 곤란한 면모를 보인다. 그러나 그렇다고 해서 이태준을 두 개의 분류법으로부터 삭제하는 것도 능사가 아니다. 이태준의 면모는 그의 독특함에 국한되지 않기 때문이다. 이태준과 비슷한 문학관을 갖고 있던 <구인회> 계열의 작가들이 해방 이후 그와 동일한 사상적 궤적을 보여주기 때문이다. 이는 곧 우리가 모더니즘을 규정하는 기본 관점이 서구 편향적이었음을 반증한다. 물론 모더니즘이라는 개념 자체가 서구에서 창출된 것이다. 그러나 그 개념의 모호함 역시 이론가들이 공통적으로 지적하는 점이다. 그런데도 우리는 여전히 모더니즘을 '기법'의 측면에 국한하여, 혹은 의식에 측면에서도 그 근대 비판적 성격에 주목하여 평가를 내리고 있다. 그 결과 기법과 의식이 괴리를 일으키거나, 작품과 삶이 모순을 일으키는 경우가 종종 있게 된다.

이러한 혼란의 원인은 무엇보다도 리얼리즘과 모더니즘에 대한 혼란된 인식에 있다. 기존의 연구들은 리얼리즘과 모더니즘을 '현실에 대한 작가의 적극성 여부'로 판단하려는 경향을 보여 왔다. 특히 모더니즘의 경우 현실에 대한 태도와 기법의 실험성 문제가 이중적인 잣대로 작용하여, 부분의 일치를 근거로 모더니즘 여부를 판단하려는 경향이 존재해 왔다. 이러한 관점은 이념과 기법, 혹은 사상성과 문학성의 대립으로 문학사를 바라보는 관점의 번안(飜案)이다. 다시 말해서 이것은 내용과 형식을 변증법적 통일체로 파악하지 못한 관점을 재생산할 가능성이 높다. 따라서 이를 폐기함으로써 서구의 현실에서 배태된 이론을 억지로 적용하여 오히려 우리의 문학사를 왜곡시키는 관행을 제지하여야 한다.

　미적 근대성과 사회적 근대성의 조응관계로 문학사를 투시하는 본고의 관점은 새로운 안목으로 제기될 수 있을 것이다. 다만 이러한 구도가 '근대성'의 틀 속에 리얼리즘과 모더니즘을 함몰시키는 방식으로 전환되어서는 안 된다. 양식의 차원에서 리얼리즘과 모더니즘, 그리고 낭만주의나 자연주의와 같은 개념들의 유효성을 인정하는 한편으로, 그러한 시대 양식이 근대성이라는 보다 본질적인 개념과 어떠한 연관을 갖는가를 검토할 때 한국 근대문학사의 새로운 이해가 도모될 수 있을 것이다.

제5장 결론

이상에서 본고는 이태준 문학의 특성과 그의 문학이 한국의 근대문학사에서 차지하는 위상에 대하여 살펴보았다. 이를 간략히 요약함으로써 결론에 갈음하고자 한다.

2장은 이태준의 생애와 그의 문학을 분석하기 위해 필요한 이론적인 고찰들이 이루어졌다. 먼저 1절에서는 지금까지의 연구를 통해 밝혀진 이태준의 생애가 정리되고 이를 기반으로 그의 작가정신의 출발점이 분석되었다. 이태준은 구한말 개화파의 일원이었던 아버지를 자신의 이념적 상징으로 설정하는데, 이는 그의 민족주의적 지향이 '아버지'로 상징되는 시대와 내용의 영역을 벗어나지 못했다는 것을 의미한다. 그에게 있어 아버지는 '신비화된 관념'으로 존재하였고, 이는 그의 민족주의가 현실의 변화에 조응하여 구체적인 응전력을 갖기보다는, 식민지 현실의 반봉건성에 의존하여 당위적인 형태로 존재했음을 의미한다.

그러나 아버지를 신비화된 관념으로 받아들인 순간, 가정(결혼)은 이념의 당위 앞에서 부차적인 것으로 변모된다. 이념적 상징으로서의 아버지가 육신으로서의 아버지를 무화시키고 있는 것이다. 그 결과 이태준의 작품들에서는 가정 혹은 결혼을 하는 일은 정신적인 가치와의 대비 속에서만 자신의 의미를 표출한다. 이는 그의 작가정신의 원형질인 정신주의적 성향과 관련이 깊다.

상허는 개인의 욕망추구에 만족하는 속물근성에 반발하여 진정한 근대화의 척도로서의 정신주의를 강조한다. 이때의 정신주의는 정신의 가치를 인간 판단의 척도로 삼는다는 점에서 계몽적이고 근대적이다. 이태준에게 있어 정신주의는 민족을 위한 일에 복무한다는 점에서 당대적 과제와 조응하며, 또한 속물들에 대한 비판적 맥락을 지닌다는 점에서 진정한 근대화라는 의미를 지닌다.

2절에서는 본고가 한국 근대문학의 특수성이라고 규정한 단편양식의 주류적 경향이 어떠한 문학사적 형성배경을 갖는가의 문제와 이태준의 소설관이 검토되었다. 이를 통해서 식민지 상황에서 타율적이고 왜곡된 방식으로 전개된 근대화 과정과 반봉건적인 사회의 존재가 당시 지식인들의 양식 선택에 직접적인 연관이 있음을 밝혀 내었다. 특히 사회와의 격리를 통해 근대성의 수위를 유지하고자 했던 김동인의 문학적 행장은 우리 문학사에서 단편양식이 주류적 경향에 오르게 된 연유와, 이른바 순수문학이 현실과 대척적인 자리에 서게 된 연유를 가늠케 해주는 주요한 지표라고 할 수 있다.

이태준의 소설관은 단편양식의 확립과정이라는 의미에서 검토되었다. 특히 이 부분에서는 '근대단편소설의 완성자'로 평가받는 이태준의 소설에서 무엇이 '완성'의 개념에 부합하는 것을 따져 보았다. 이를 통해 인쇄물로 유통되는 근대소설의 주요 특성이 문자성에 있음을 간파한 이태준의 인식이 고찰되었다. 또한 인물, 사건, 배경과 같은 소설의 구성 요소가 이태준에 이르러 개별적인 것으로 분화되게 된 까닭을 분석하였다. 그리고 김동인 이래 한국 근대소설사에서 뚜렷한 위치를 점유하고 있는 '조선적 정서의 소설'의 문제를 그의 파행적인 근대인식과 함께 검토하였다.

　3절에서는 이태준 문학의 문단적 거점이자 30년대 한국 모더니즘 문학의 진지로 평가받는 <구인회>의 성격을 고찰하였다. <구인회>는 미적 근대성과 사회적 근대성이 파행적으로 분리 인식된 한국 근대문학사의 특수성을 전형적으로 드러낸 집단이다. 단편과 장편에서 각기 상이한 작품 경향을 보여준 이태준의 문학은 이러한 특질과의 관련 속에서만 논리적 해명을 얻을 수 있다는 것이 본고의 입장이다. 또한 이것은 한편으로는 사회적 현실에 대한 관심으로부터 자신의 존재 근거를 연역하고, 다른 한편으로는 형식의 세련화를 통해 자신의 근대성의 수위를 증명하고자 했던 문학사의 흐름이 어디로부터 비롯된 것인지를 분석하는 의미도 지닌다.

　4절에서는 1930년대 활발하게 전개됐던 조선주의 문화운동의 성격과 이와 연관된 이태준의 의고주의를 논구하였다. 30년대 조선주의 문화운동은 일방적인 서구 추종의 경향을 가졌던 기존의 근대화 과정에 대한 반성이자 일제의 탄압을 극복하기 위한 사상운동이었다는 점에서 긍정적인 측면을 갖는다. 그러나 이것은 '만주 붐'으로 대변되는 한국 자본가들의 시대적 욕구와 <신간회> 해소 이후의 운동의 계급적 편향이 드러났다는 의미도 지닌다. 그 결과 대동아 공영권을 내걸었던 일제의 정책을 식민지적 차원에서 모사했다는 비판으로부터 자유롭지 못한 것도 사실이다. 다만 이러한 한계는 타율적인 근대화 과정에 처했던 제3세계 일반의 공통된 경향으로써 일방적인 가치평가를 내릴 수 없는 사안이다.

　이태준의 의고주의도 동일한 맥락에서 평가받아야 한다. 그것은 심미안을 계발한다는 점에서 명백히 근대지향이었던 바, 이는 그의 정신주의와 동일한 선상에서 진정한 근대화에의 의지를 보여준 부분이다. 의고주의를 표면에 내걸은 글이나 작품에서 그의 태도가 옛 것에 대한 일방적인 상찬으로 끝나지 않은 것은, 사회 일반의 근대화를 당위로 받아들인 근대인식과 미의 영역에서 좀더 세련된 심미성을 키우는 일을 중요한 과제로 설정했던 이중적 인식이 투영된 결과이다.

3장에서는 이러한 이론적 고찰을 토대로 이태준 문학의 특성을 작품 분석을 통해 실증하였다. 먼저 1절에서는 지금까지 소홀히 취급돼 왔던 동화와 꽁트가 집중 분석되었다. 이를 통해 극적 반전을 기본으로 하는 구조적인 특질과 정감의 미시적 조망을 중시하는 이태준 문학의 자질들이 밝혀졌다.

특히 2절에서 이태준 작품의 성격이 집중 고찰되었다. 본고는 이태준 단편의 특질을 정서의 시각화, 아이러니, 소설의 서정화라는 개념으로 집약하였다. 정서의 시각화는 문자성에 대한 자각이 소설의 표현기법과 의도를 통제한 결과로, 근대적 독서의 개별성과 시각성에 대한 이태준의 자각이 표현될 수 없는 것을 표현하는 수준에 도달했음을 보여준다. 또한 아이러니는 인식의 관성에 저항함으로써 거대담론보다는 구체적인 상황에서 발생하는 인간의 정감을 중요시하는 이태준의 문학경향이 구조적인 특질로 구현된 것이다. 이러한 자질들이 어우러져 이태준 단편은 소설의 서정화를 이룩한다. 이것은 빼어난 작품의 창작으로 우리 근대문학사를 풍성하게 만든 업적도 있지만 소설의 서사성을 죽이고, 현실과의 관계를 일면화시킨 문제점도 없지 않다. 본고는 이것이 '이야기성'을 배제하는 방향에서 소설의 근대성을 찾고자 했던 김동인 이래의 경향의 산물이라고 판단한다.

장편의 삼각관계와 통속성은 이태준이 자신의 사회적 근대성을 민중적 수준으로 번안하기 위해 채택한 서사전략이었음을 밝혀 냈다. 이태준의 독특함은 단편과 장편 사이의 현격한 거리감에 있을 터인데, 이는 미적 근대성과 사회적 근대성을 분리적으로 인식한 사유의 결과이다. 그는 장편을 통해 사회와의 관계를 유지하고, 식민지 현실에 대한 자신의 판단과 실천의 방향을 계몽하였다. 그는 당대 독자의 저급한 수준을 계몽하고자 통속성을 구사하였던 것이다.

3절은 30년대 후반 악화되는 현실에서 이태준이 작품이 변모되는 양상을 추적하였다. 본고의 기본적인 입장은 이 시기의 작품이 본질적인 차원에서 기존의 경향과 크게 다르지 않다는 데 있다. 장편의 경우 그의 관념성은 현실의 일상성을 수용하는 데에는 이르지만 이를 주관적인 계몽의지의 확인으로 호도함으로써 의식의 발전에는 이르지 못한다.

4절에서는 해방 이후 이태준의 월북 원인과 그 이후의 작품세계를 고찰하였다. 이태준의 월북은 식민지시대부터 일관돼 온 그의 사회적 근대성이 해방 직후의 상황을 맞아 전면화된 것으로 파악하였다. 특히 민족의 단결과 통일을 최우선의 가치로 꼽았던 그의 인식은 매우 소중한 것으로 고평 받아야 할 것이다.

4장에서는 이러한 논의들을 종합하여 이태준의 소설사적 위상이 어디에 있는지를 고찰하였다. 이태준은 한국 근대문학의 특수성을 전형적으로 보여준 작가이며, 단편양식의 주류성이 그러한 특수성의 소산임을 확인시켜 준 작가이다. 아울러 문자성에 대한 자각으로 그는 소설의 기법과 영역을 혁신하였고, 이를 통해 서정적 소설을 보다 문학적인 것으로 자리매김한 작가로 평가할 수 있을 것이다. 그러나 이러한 의미는 또한 한국의 근대소설이 사회성과 문학성의 이분법 속에서 전개되어 왔음을 보여주는 증표이기도 하다.

참고문헌

1. 기본자료

■ 잡지·신문

開闢, 國民文學, 國民總力, 東光, 東方評論, 東亞日報, 東亞春秋, 每日新報, 文藝公論, 文章, 白民, 別乾坤, 四海公論, 三千里, 三千里文學, 時代日報, 新家庭, 新東亞, 新民, 新女性, 어린이, 女性, 朝光, 朝鮮文壇, 新階段, 朝鮮文學, 朝鮮日報, 朝鮮中央日報, 中央, 春秋, 學燈, 學生

■ 단행본

『달밤』, 한성도서주식회사, 1934.
『제2의 운명』, 한성도서주식회사, 1937.
『구원의 여상』, 한성도서, 1937.
『가마귀』, 한성도서주식회사, 1937.
『황진이』, 동광당서점, 1938.
『화관』, 삼문사, 1938.
『딸 삼형제』, 박문서관, 1939.
『문장강화』, 문장사, 1940.
『청춘무성』, 박문서관, 1940.
『이태준 단편집』, 학예사, 1941.
『무서록』, 박문서관, 1941.
『서간문강화』, 박문서관, 1943.
『왕자호동』, 남창서관, 1943.
『돌다리』, 박문서관, 1943.
『별은 창마다』, 박문서관, 1945.
『상허문학독본』, 백양사, 1946.
『사상의 월야』, 을유문화사, 1946.
『쏘련기행』, 백양당, 1947.
『농토』, 삼성문화사, 1948.
『첫전투』, 문화전선사, 1949.
『고향길』, 재일본조선인교육자동맹, 1952.

■신문 잡지 연재소설

『법은 그러치만』(『신여성』), 1933.3~1934.4.

『불멸의 함성』(『조선중앙일보』), 1934.5.15~1935.3.30.

『성모』(『조선중앙일보』), 1935.5.26~1936.1.20.

『행복에의 흰손들』(『조광』), 1942.1~1943.1.

■전집류

『이태준문학전집』, 서음출판사, 1988.

『이태준전집』, 깊은샘, 1988.

『이태준문학전집』(1~3권, 15권), 깊은샘, 1995.

2. 학위논문 및 개별논저

강영주, 「1930년대 소설론고」, 서울대 석사학위논문, 1977.

강진호, 「이태준연구-단편소설을 중심으로」, 고려대 석사학위논문, 1987.

권순긍, 「1910년대 활자본 고소설 연구」, 성균관대 박사학위논문, 1990.

김경일, 「근대성과 헤게모니의 역사적 변화」, 『한국사회사학회논문집』 47집, 문
　　　　학과지성사, 1995.

김기진, 「대중소설론」, 『동아일보』, 1929.4.14~20.

＿＿＿, 「문예시대관-단편」, 『조선일보』, 1928.11.9~20.

김동리, 「이태준론」, 『풍림』, 1937.3.

김복순, 「1910년대 단편소설 연구」, 연세대 박사학위논문, 1990.

김시태, 「구인회연구」, 『국문학논문선』 10집, 민중서관, 1977.

김윤식, 「이태준론」, 『현대문학』, 1989.5.

＿＿＿, 「고현학의 방법론」, 『한국문학의 리얼리즘과 모더니즘』, 민음사, 1989.

김종빈, 「묘혈을 자청한 이태준」, 『동아춘추』, 1963.4.

김현숙, 「이태준 소설의 기호론적 연구」, 이화여대 박사학위논문, 1991.

류보선, 「역사의 발견과 그 문학사적 의미」, 『한국의 전후문학』, 태학사, 1991.

＿＿＿, 「1930년대 후반기 문예비평 연구」, 서울대 박사학위논문, 1995.

문흥술, 「의사 탈근대성과 모더니즘」, 『외국문학』, 1994년 봄호.

박병채, 「1930년대 국어학 진흥운동」, 『민족문화연구』 12집, 고려대 민족문화연
　　　　구소, 1977.

박태원, 「이태준단편집 『달밤』을 읽고」, 『조선일보』, 1934.7.26~27.

박헌호, 「구인회를 어떻게 볼 것인가」, 『근대문학과 구인회』(상허문학회 지음), 깊은샘, 1996.

______, 「한국 근대단편양식과 김동인(1)」, 『작가연구』 2호, 새미, 1996.

______, 「한국 근대단편양식과 김동인(2)」, 『광산구중서박사회갑기념논문집』, 태학사, 1996.

______, 「30년대 후반 '가족사연대기' 소설의 의미와 구조」, 『민족문학사연구』 4호, 1993.

방준원, 「이태준론」, 『백민』, 1946.10.

백 철, 「참좋은 작가들이었는데」, 『월간중앙』, 1978.5.

三枝壽勝, 「이태준작품론」, 『史淵』 제117집, 구주대학 문학부.

서준섭, 「모더니즘과 1930년대의 서울」, 『한국학보』 45호, 1986년 겨울호.

신동욱, 「이태준의 소설에 나타난 민족의식」, 『동방학지』 제74집, 연세대 국학연구원, 1992.

______, 「이태준 작품의 문학적 의미」, 『한국해금문학전집』 2, 삼성출판사, 1988.

신순철, 「이태준연구」, 효성여대 박사학위논문, 1991.

유철상, 「이태준단편소설연구」, 서울대 석사학위논문, 1992.

염무웅, 「1930년대 문학론」, 『한국근대문학사론』(임형택 외편), 한길사, 1982.

이병렬, 「이태준 소설의 창작기법 연구」, 숭실대 박사학위논문, 1993.

이선미, 「이태준소설연구」, 연세대 석사학위논문, 1990.

이선영, 「전통적 정서에 민족의식을 담은 이태준」, 『한국인』, 1988.11.

이익상, 「상허 단편소설연구」, 서울대 석사학위논문, 1987.

______, 「『사상의 월야』와 자전적 소설의 의미」, 『한국근대장편소설연구』, 모음사, 1992.

이준식, 「일제 침략기 한글 운동연구」, 『한국사회사학회논문집』 49집, 문학과지성사, 1996.

이지원, 「1930년대 전반 민족주의 문화운동론의 성격」, 『국사관논총』 51집, 1994.

______, 「1930년대 민족주의계열의 고적보존운동」, 『동방학지』 77~79 합집, 1993.

장영우, 「이태준 소설연구」, 동국대 박사학위논문, 1992.

長璋吉, 「이태준」, 『조선학보』 제92집, 1979.

정과리 · 홍정선, 「한국현대문학사—4」, 『문예중앙』, 1989년 여름호.

정현기, 「이태준연구」, 『세계의 문학』, 1988년 가을호.

조용만, 「구인회의 기억」, 『현대문학』, 1957.1.

조진기, 「이효석 소설의 비유구조」, 『한국현대소설연구』, 학문사, 1984.

지수걸, 「1930년대 전반기 부르주아 민족주의자의 '민족경제 건설전략'
관논총』 51집, 1994.

천관우, 「민세 안재홍연보」, 『창작과비평』, 1978년 겨울호.

채호석, 「1930년대 후반 소설에 나타난 새로운 문제틀과 두 개의 계몽의
『광산구중서박사화갑기념논문집』, 태학사, 1996.

최태웅, 「월북문화인의 비극 2─이태준의 비극」, 『사상계』, 1963.1~2.

최혜실, 「이태준 장편소설에 나타난 애정의 삼각구도」, 『한국근대장편소설연
모음사, 1992.

한기형, 「1910년대 신소설에 미친 출판·유통 환경의 영향」, 『한국학보』 84집,
일지사, 1996.

황종연, 「한국문학의 근대와 반근대」, 동국대 박사학위논문, 1992.

石阪幹籽, 오상현 역, 「사소설의 이론」, 『소설과사상』, 1993년 봄호와 가을호.

3. 국내저서 ─ 단행본

강만길 외, 『해방전후사의 인식』 2권, 한길사, 1985.

김기림, 『김기림전집』, 심설당, 1988.

김동석, 『예술과 생활』, 박문서관, 1947.

김동인, 『김동인전집』 16권, 조선일보사, 1988.

______, 『김동인평론전집』(김치홍편), 삼영사, 1984.

______, 『김동인전집』 10권, 홍자출판사, 1964.

김붕구, 『보들레에르』, 문학과지성사, 1994.

김우종, 『한국현대소설사』, 성문각, 1978.

김유정, 『원본 김유정전집』(전신재 편), 한림대 출판부, 1987.

김윤식, 『한국근대문예비평사연구』, 일지사, 1987.

______, 『한국근대문학사상비판』, 일지사, 1978.

______, 『한국근대문학사상사』, 한길사, 1984.

______, 『한국근대문학양식논고』, 아세아문화사, 1980.

______, 『한일문학의 관련양상』, 일지사, 1993.

______, 『해방공간의 문학사론』, 서울대 출판부, 1989.

김윤식·김현, 『한국문학사』, 민음사, 1973.

김윤식 외, 『해방공간의 문학운동과 문학의 현실인식』, 한울, 1989.

김재용, 『북한문학의 역사적 이해』, 문학과지성사, 1994.

김춘미, 『김동인연구』, 고려대 민족문화연구소, 1985.

김희민 편, 『해방3년의 소설문학』, 세계, 1987.

민충환, 『이태준연구』, 깊은샘, 1988.

______, 『이태준소설의 이해』, 백산출판사, 1992.

박종원 외, 『조선문학사, 열사람, 1988.

박찬승, 한국근대정치사상연구』, 역사비평사, 1992.

배성찬 편역, 『식민지시대 사회운동론 연구』, 돌베개, 1987.

백　철, 『신문학사조사』, 백양당, 1947.

______, 『문학자서전』, 박영사, 1976.

상허문학회, 『이태준 문학연구』, 깊은샘, 1993.

서준섭, 『한국모더니즘문학연구』, 일지사, 1991.

신형기, 『해방기 소설연구』, 태학사, 1992.

역사문제연구소 편, 『한국의 ‘근대’와 ‘근대성’ 비판』, 역사비평사, 1996.

윤병로, 『한국 근·현대 문학사』, 명문당, 1991.

이남호, 『문학의 위족』, 민음사, 1990.

이명희, 『상허 이태준 문학세계』, 국학자료원, 1994.

이익상, 『한국현대서정소설론』, 태학사, 1995.

이　상, 『이상수필전작집』(이어령 편), 갑인출판사, 1977.

이선영 편, 『1930년대 민족문학의 인식』, 한길사, 1990.

이재선, 『한국단편소설연구』 일조각, 1982.

______, 『한국현대소설사』, 홍성사, 1979.

이주형, 『한국근대소설연구』, 창작과비평사, 1995.

임종국, 『친일문학론』, 평화출판사, 1963.

임　화, 『문학의 논리』, 학예사, 1940.

정지용, 『정지용전집』 2권, 민음사, 1991.

정한숙, 『현대한국문학사』, 고려대 출판부, 1982.

______, 『해방문단사』, 고려대 출판부, 1980.

조동일, 『한국문학통사』 5권, 지식산업사, 1988.

조연현, 『한국현대문학사』, 성문각, 1992.

조용만, 『구인회만들무렵』, 정음사, 1984.

주종연, 『한국소설의 형성』, 집문당, 1987.

최재서, 『문학과지성』, 인문사, 1938.

한국역사연구회, 『일제하 사회주의 운동사』, 한길사, 1991.

한국철학사상연구회 편, 『철학소사전』, 동녘, 1990.

최원규 편, 『일제 말기 파시즘과 한국사회』, 청아출판사, 1988.

4. 외국서적

A. 지드, 정봉구 역, 『소련방문기』, 춘추사, 1994.

______, 김붕구 외역, 『앙드레 지드전집』 4권, 휘문출판사, 1974.

A. 하우저, 백낙청 외역, 『문학과예술의 사회사 – 현대편』, 창작과비평사, 1981.

르네 웰렉 · 오스틴 워렌, 이경수 역, 『문학의 이론』, 문예출판사, 1987.

G. 루카치, 반성완 · 심희섭 역, 『영혼과 형식』, 심설당, 1988.

________, 이영욱 역, 『역사소설론』, 거름, 1987.

D. C. Muecke, 문상득 역, 『Irony』, 서울대 출판부, 1986.

Ian Reid, 단편소설, 서울대출판부, 1982.

J. 코퍼, 초인숙 역, 『계몽철학 – 그 이론적 토대』, 서광사, 1995.

I. 칸트, 이한구 편역, 『칸트의 역사철학』, 서광사, 1992.

이언 와트, 이한구 편역, 『소설의 발생』, 열린책들, 1988.

월터 J. Ong, 이기우 외역, 『문자문화와 구술문화』, 문예출판사, 1995.

츠베탕 토도로프 편, 김치수 역, 『러시아형식주의』, 이화여대 출판부, 1981.

찰즈 E. 메이 편, 최상규 역, 『단편소설의 이론』, 정음사, 1988.

E. M. 포스터, 이성호 역, 『소설의 이해』, 문예출판사, 1991.

L. 골드만, 김현 외역, 『인문과학과 철학』, 문학과지성사, 1993.

M. 로빈슨, 김민환 역, 『일제하 문화적 민족주의』, 나남, 1990.

M. 마페졸리 외저, 『일상생활의 사회학』(박재환 외편), 한울아카데미, 1995.

M. S. 까간, 진중권 역, 『미학강의』 2권, 새길, 1991.

M. 바흐찐, 전승희 외역, 『장편소설과 민중언어』, 창작과비평사, 1988.

M. 칼리니스쿠, 이영욱 외역, 『모더니티의 다섯얼굴』, 시각과언어, 1993.

N. 하르트만, 전원배 역, 『미학』, 을유출판사, 1991.

E. 카시러, 박완규 역, 『계몽주의철 학』, 민음사, 1995.

R. 프리드먼, 신동욱 역, 『서정소설론』, 현대문학사, 1989.

T. Hawkes, 심명호 역,『은유』, 서울대 출판부, 1986.
W. Kayser, 김윤섭 역,『언어예술작품론』, 시인사, 1988.
加藤周一, 김태준 외역,『일본문학사서설』 2, 시사일본어사, 1996.
백낙청 편역,『민족주의란 무엇인가』, 창작과비평사, 1981.

부록

이태준 관련 학위논문 목록
이태준 관련 논저 목록(필자별 가나다순)

※ 이 부록의 이태준 연구 논저 목록은 숭실대 이병렬 학형의
조사결과를 수록한 것입니다.

이태준 관련 학위논문 목록

1. 박사학위논문

1. 김현숙, 「이태준 소설의 기호론적 연구」, 이화여대 박사학위논문, 1991.2.
2. 신순철, 「이태준연구」, 효성여대 박사학위논문, 1991.2.
3. 안남연, 「이태준 장편소설연구」, 한국외대 박사학위논문, 1992.2.
4. 장영우, 「이태준 소설연구」, 동국대 박사학위논문, 1992.8.
5. 이병렬, 「이태준 소설의 창작기법 연구」, 숭실대 박사학위논문, 1993.8.
6. 이명희, 「이태준문학연구」, 숙명여대 박사학위논문, 1993.8.
7. 한양숙, 「이태준소설연구—소외의식과 그 극복양상을 중심으로」, 계명대 박사학위논문, 1994.2.
8. 황영숙, 「이태준 소설연구」, 명지대 박사학위논문, 1994.8.
9. 최정주, 「해방기의 이태준 소설연구」, 전주우석대 박사학위논문, 1995.2.
10. 이중재, 「'구인회'연구—이태준, 박태원, 이상의 소설을 중심으로」, 동국대 박사학위논문, 1996.
11. 박헌호, 「이태준 문학의 소설사적 위상」, 성균관대 박사학위논문, 1997.8.

2. 석사학위논문

1. 이익성, 「상허단편소설연구」, 서울대 석사학위논문, 1987.2.
2. 강진호, 「이태준연구」, 고려대 석사학위논문, 1987.8.
3. 최은주, 「상허 이태준단편소설연구」, 한국외대 석사학위논문, 1989.2.
4. 추경란, 「이태준 단편소설의 인물유형 고찰」, 조선대 교육대학원 석사학위논문, 1989.2.
5. 이경은, 「이태준단편소설연구」, 연세대 교육대학원 석사학위논문, 1989.8.
6. 이재봉, 「해방기 이태준 소설연구」, 부산대 석사학위논문, 1989.8.
7. 박경덕, 「이태준 단편의 인물 유형」, 고려대 교육대학원 석사논문, 1990.
8. 강병구, 「이태준역사소설연구」, 충남대 교육대학원 석사학위논문, 1990.
9. 김한응, 「이태준연구—단편소설을 중심으로」, 제주대 석사학위논문, 1990.
10. 김미순, 「이태준소설연구—작중인물의 욕망을 중심으로」, 단국대 석사학위논문, 1990.2.
11. 김은정, 「이태준 단편소설연구」, 서강대 석사학위논문, 1990.2.

12. 노상래, 「이태준연구—전기와 관련한 문학변모양상을 중심으로」, 영남대 석
　　　사학위논문, 1990.2.

13. 조문규, 「이태준소설연구」, 경남대 교육대학원 석사학위논문, 1990.2.

14. 송인화, 「상허 이태준 단편소설연구」, 연세대 석사학위논문, 1990.

15. 이탄미, 「이태준소설연구—해방이전 단편을 중심으로」, 중앙대 석사학위논문,
　　　1990.8.

16. 이선미, 「이태준소설연구」, 연세대 석사학위논문, 1991.2.

17. 김수경, 「이태준연구」, 서울시립대 석사학위논문, 1992.2.

18. 박기연, 「이태준소설연구」, 동아대 석사학위논문, 1992.2.

19. 오경은, 「이태준연구—자전적 소설 '사상의 월야'를 중심으로」, 숭실대 석사
　　　학위논문, 1992.2.

20. 진영복, 「해방기 리얼리즘 소설연구—채만식, 안회남, 이태준, 이기영」, 연세
　　　대 석사학위논문, 1992.8.

21. 양진오, 「이태준의 '사상의 월야' 연구」, 서강대 석사학위논문, 1993.2.

22. 민영주, 「이태준 장편소설에 나타난 여성상 연구」, 인천대 석사학위논문,
　　　1993.2.

23. 신윤경, 「김유정과 이태준 단편에 나타난 아이러니 비교연구」, 고려대 교육
　　　대학원 석사학위논문, 1993.2.

24. 정숙자, 「이태준 장편소설연구」, 전북대 교육대학원 석사학위논문, 1993.2.

25. 정원실, 「이태준 단편소설의 서정성 연구」, 동아대 석사학위논문, 1993.2.

26. 유철상, 「이태준 단편소설연구」, 서울대 석사학위논문, 1993.2.

27. 최남희, 「이태준 단편소설의 분석과 해석」, 부산대 교육대학원 석사학위논문,
　　　1993.

28. 이수라, 「해방공간의 단편소설에 나타난 작가의식 연구—이태준, 김동인, 이
　　　봉구, 채만식」, 전북대 석사학위논문, 1993.2.

29. 김진기, 「이태준 단편소설연구」, 건국대 석사학위논문, 1993.8.

30. 김영숙, 「상허의 단편소설연구—단편의 변모양상을 중심으로」, 전남대 교육
　　　대학원 석사학위논문, 1994.2.

31. 김연숙, 「1920~30년대 소설에 나타난 '귀향'양상 연구—염상섭, 이태준, 이기
　　　영을 중심으로」, 경희대 석사학위논문, 1994, 2.

32. 서은희, 「이태준 단편의 인물유형과 현실인식 양상」, 고려대 교육대학원 석
　　　사학위논문, 1994.2.

33. 임은희, 「이태준 단편소설연구」, 한양대 석사학위논문, 1994.

34. 박미정, 「이태준 단편소설연구」, 국민대 교육대학원 석사학위논문, 1994.

35. 신용화, 「이태준 단편소설연구」, 연세대 교육대학원 석사학위논문, 1994.

36. 조은주, 「이태준 단편소설연구-서정적 특성을 중심으로」, 단국대 석사학위
     논문, 1994.

37. 공미영, 「이태준 단편에 나나탄 여성상 연구」, 인하대 교육대학원 석사학위
     논문, 1994.

38. 박상두, 「이태준의 '오몽녀' 연구」, 단국대 교육대학원 석사학위논문, 1994.

39. 정병철, 「이태준 단편소설연구」, 연세대 교육대학원 석사학위논문, 1994.8.

40. 김국봉, 「이태준 장편소설에 나타난 갈등구조의 변모양상 연구」, 부산외대
     교육대학원 석사학위논문, 1994.8.

41. 이명성, 「이태준 단편소설연구」, 중앙대 석사학위논문, 1995.

42. 윤애경, 「이태준 단편소설의 변모과정 연구」, 연세대 석사학위논문, 1995.

43. 김북남, 「이태준 장편소설연구」, 경희대 교육대학원 석사학위논문, 1995.

44. 김연희, 「이태준소설의 인물유형연구-단편소설을 대상으로」, 전남대 석사학
     위논문, 1995.

45. 김지혜, 「이태준 중단편소설연구-등장인물을 중심으로」, 전남대 교육대학원
     석사학위논문, 1995.

46. 송병직, 「이태준의 농민소설연구」, 충남대 교육대학원 석사학위논문, 1995.

47. 최소영, 「이태준 신문연재소설연구」, 연세대 교육대학원 석사학위논문, 1995.

48. 박영숙, 「이태준 단편소설 연구」, 강원대 교육대학원 석사학위논문, 1995.

49. 이혜령, 「이태준 장편소설 연구」, 성균관대 석사학위논문, 1996.

50. 김도형, 「이태준 단편소설의 변모과정 연구」, 경희대 석사학위논문, 1996.

51. 박혜성, 「이태준소설연구」, 성신여대 교육대학원 석사학위논문, 1996.

52. 이 견, 「이태준의 '황진이' 연구」, 상명여대 석사학위논문, 1996.

53. 조병해, 「단편소설에 나타난 이태준의 작가의식 연구」, 경기대 석사학위논문,
     1996.

54. 김영옥, 「이태준단편소설연구-죽음의 의식을 중심으로」, 단국대 교육대학원
     석사학위논문, 1997.

55. 강대원, 「이태준 단편소설연구」, 세종대 석사학위논문, 1997.

56. 정지영, 「이태준 소설에 나타난 서정성 연구」, 국민대 석사학위논문, 1997.

57. 이재진, 「이태준 소설 연구-자전적 요소를 중심으로」, 고려대 교육대학원

석사학위논문, 1997.

58. 방용호, 「이태준 단편소설 연구」, 인하대 교육대학원 석사학위논문, 1998.

59. 유인영, 「이태준 단편의 아이러니 연구」, 전북대 교육대학원 석사학위논문, 1998.

60. 이진희, 「1930년대 소설에 나타난 母像 연구-박태원, 이태준, 최정희, 강경애를 중심으로」, 서강대 석사학위논문, 1998.

61. 이미향, 「이태준 단편소설에 나타난 현실수용양상」, 성균관대 교육대학원 석사학위논문, 1998.

62. 현순영, 「이태준 소설의 아이러니 연구」, 이화여대 석사학위논문, 1998.6.

63. 김수진, 「이태준소설에 나타난 근대성 연구」, 서울여대 석사학위논문, 1998.

64. 김미정, 「이태준 소설 연구」, 경원대 석사학위논문, 1998.

65. 임창범, 「이태준소설 연구」, 전북대 교육대학원 석사학위논문, 1999.2.

이태준 관련 논저 목록(필자별 가나다순)

강대원, 「이태준 단편소설연구」, 세종대 석사학위논문, 1997.

강병구, 「이태준역사소설연구」, 충남대 교육대학원 석사학위논문, 1990.

강진호, 「이태준연구-단편소설을 중심으로」, 고려대 석사학위논문, 1987.7.

______, 「해방후 이태준 소설의 변모양상」(『어문논집』, 고려대, 1991.12)

______, 「이상과 현실의 거리-해방기 이태준 소설론」(『문학과논리』 2, 태학사, 1992)

______, 「동경과 좌절의 미학」(상허문학회, 『이태준문학연구』, 깊은샘, 1993.12)

______, 「동경과 좌절, 그리고 욕망」(『동서문학』, 1994.3)

______, 「이태준의 문학세계」(『말글생활』, 1994)

______, 「개성, 문체 그리고 순수문학」(『돌다리-이태준문학전집②』, 깊은샘, 1995.3)

______, 「탁월한 문장가의 숨은 산실」(『문화예술』, 1996)

공미영, 「이태준 단편에 나타난 여성상 연구」, 인하대 교육대학원 석사학위논문, 1994.

공종구, 「이태준초기소설의 서사지평분석(1)」(『국어국문학』 109, 국어국문학회, 1993.5)

______, 「이태준초기소설의 서사지평분석(2)」(『현대소설연구』 2집, 한국현대소설연구회, 1995.6)

______, 「이태준 초기소설의 서사지평 분석(3)-'고향'」(『선청어문』, 서울대 사범대, 1995)

김광섭, 「'영월영감'과 역작 '무명'」(『동아일보』, 1939.1.28)

김국봉, 「이태준 장편소설에 나타난 갈등구조의 변모양상연구」, 부산외대 교육대학원 석사학위논문, 1994.8.

김규동, 「자유세계의 일원으로 작가 이태준에게」(『평화일보』, 1956.6.27)

김기림, 「작가론-스타일리스트 이태준씨를 논함」(『조선일보』, 1933.6.25~26)

김도형, 「이태준 단편의 변모과정연구」, 경희대 석사학위논문, 1996.

김동리, 「이태준론」(『풍림』, 1937.3)

김동석, 「'달밤'의 감격」(『조선중앙일보』, 1948.7.24)

김동인, 「이태준씨의 '애욕의 금렵구'」(『매일신보』, 1935.3.27)

김문집, 「신춘창작대관-'수난의 기록'과 '패강냉'」(『동아일보』, 1938.1.21)

______, 「이태준론」(『삼천리문학』, 1938.4)

김미순, 「이태준소설연구」, 단국대 석사학위논문, 1990.2.

김북남, 「이태준 장편소설연구」, 경희대 교육대학원 석사학위논문, 1995.

김상선, 「이태준단편소설연구」(『인문학연구』 17, 중앙대, 1990.12)

______, 「이태준론」(『이선영교수회갑논총』, 한길사, 1990)

______, 「이태준 단편소설연구(1)」(『비평문학』 5호, 한국비평문학회, 1991.10)

______, 「이태준 단편소설연구」(『玄山 金鍾塤博士 華甲記念論文集』, 집문당, 1991.9)

______, 「이태준 단편소설 연구(2)」(『비평문학』, 한국비평문학회, 1992)

______, 『상허 이태준 문학연구』, 한빛미디어, 1993.

김상욱, 「이태준의 '석양'론 – 허무의 수사학」(『국어교육』, 한국국어교육연구회, 1996)

김상태, 「해방공간의 소설」(『현대문학』, 1988.12)

김선학, 「시대의 풍향계 그리고 인간학」(『문예중앙』, 1995)

김소예, 「이태준론 – 장편소설을 중심으로」(『어문논집』, 성심여대 국문과, 1990)

김수경, 「이태준연구 – 현실인식의 변모과정을 중심으로」, 서울시립대 석사학위논문, 1992.2.

______, 「이태준 단편소설연구」, (『전농어문연구』 4집, 서울시립대 전농어문연구회, 1991)

김승환, 「해방공간의 농민소설연구」, 서울대 박사학위논문, 1990.

______, 「부르조아민주주의 혁명적 세계관으로부터 사회주의 리얼리즘에로의 소설적 전화와 해방공간 토지문제로 현현된 주인과 노예의 변증법적 역전관계」(이우용 편, 『해방공간문학연구』, 태학사, 1990)

김시태, 「구인회 연구」(『논문집』, 제주대학교, 1976)

김연숙, 「1920~30년대 소설에 나타난 '귀향' 양상연구 – 염상섭, 이태준, 이기영을 중심으로」, 경희대 석사학위논문, 1994.2.

김연희, 「이태준 소설의 인물유형 연구 – 단편소설을 대상으로」, 전남대 석사학위논문, 1995.

김영숙, 「상허의 단편소설연구 – 단편의 변모양상을 중심으로」, 전남대 교육대학원 석사학위논문, 1994.2.

김영옥, 「이태준 단편소설연구 – 죽음의 의식을 중심으로」, 단국대학교 교육대학원 석사학위논문, 1997.

김용성, 「상허 이태준 소설론」(『민제교수회갑논총』, 중앙대국문학과, 1990.10)

김우종, 「사회악의 고발과 농촌계몽의 인간형」(『작가선집』 3, 을유문화사, 1988)

_____, 「이태준 소설의 몇가지 특성」(『현대문학사의 재조명』, 백문사, 1991.12)

김윤식, 「고전과 작위성」(『한국근대문학사상비판』, 일지사, 1987)

_____, 「이태준론」(『현대문학』, 1989.5)

_____, 「빨치산 소설의 기원」(『한길문학』, 1990.11)

_____, 「이태준의 표정」(『해방공간의 문학사론』, 서울대 출판부, 1990)

김은정, 「이태준 단편소설연구―작중인물의 욕망을 중심으로」, 서강대 석사학위
논문, 1991.

김재영, 「'농토' 연구」(상허문학회, 『이태준문학연구』, 깊은샘, 1993.12)

김재용, 「북한의 토지개혁과 그 소설적 형상화」(『실천문학, 1990년 봄호)

_____, 「해방 직후 자전적 소설의 네 가지 양상」(『문예중앙』, 1995)

_____, 「월북 이후 이태준의 문학활동과 '먼지'의 문제성」(『민족문학사연구』, 민
족문학연구소, 1997.3)

_____, 「냉전의식에 굴절된 '2차 소련방문기'」(『시사월간 WIN』, 중앙일보사,
1998.1)

김종균, 「이태준 장편소설 '불멸의 함성'에 나타난 민중문화 의식」(『한국어문학
연구』, 한국외대 한국어문학연구회, 1992.11)

_____, 「이태준 장편소설 '성모' 연구」(『건국어문학』 19, 20합집, 건국대 국어국
문학연구회, 1995.5)

김종빈, 「묘혈을 자청한 이태준」(『동아춘추』, 1963.4)

김지혜, 「이태준 중단편소설연구―등장인물을 중심으로」, 전남대 교육대학원 석
사학위논문, 1995.

김진기, 「이태준 단편소설연구」, 건국대 석사학위논문, 1993.7.

김한응, 「이태준연구―단편소설을 중심으로」, 제주대 석사학위논문, 1990.

김현숙, 「이태준소설의 기호론적 연구」, 이화여대 박사학위논문, 1991.2.

_____, 「이태준소설의 기호론적 분석」(『개신어문연구』 8, 충북대개신어문연구
회, 1991.8)

_____, 「'오몽녀' 언술의 특성과 수사법」(상허문학회, 『이태준문학연구』, 깊은샘,
1993.12)

김화영, 「상허 이태준 '달밤' 수록 간편 분석」(『인문논총』, 호서대 인문대, 1989)

김환태, 「상허의 작품과 그 예술관」(『개벽』, 1934.12)

노상래, 「이태준연구-전기와 관련한 문학변모양상을 중심으로」, 영남대 석사학
　　　위논문, 1990.
류보선, 「역사의 발견과 그 문학사적 의미」(『한국의 전후문학』, 태학사, 1991.4)
모윤숙, 「조선여성자화상-이태준씨의 '딸삼형제'」(『조선일보』, 1940.1.22)
문무학, 「이태준 '화관' 연구」(『어문논총』, 대구대 국문과, 1990)
민영주, 「이태준 장편소설에 나타난 여성상 연구」, 인천대 석사학위논문, 1993.2.
＿＿＿, 「이태준 장편소설에 나타난 여성상 연구」(『인천어문학』 10집, 인천대 국
　　　어국문학과, 1994.2)
민충환, 「상허 이태준의 전기적 고찰과 습작기 작품 검토」(『공산권연구』, 1986.11)
＿＿＿, 「상허 이태준론(1)-전기적 사실과 습작기 작품을 중심으로」(『논문집』 6,
　　　부천공전, 1986)
＿＿＿, 「상허 이태준론(2)-'농군'을 중심으로」(『논문집』 7, 부천공전, 1987.2)
＿＿＿, 「상허 이태준론(3)-단편소설의 발표원문과 개작내용과의 비교를 중심으
　　　로」(『공산권연구』, 1987.5)
＿＿＿, 「상허 이태준론(4)-'어떤 젊은 어미' 소고」(『부천전문대학보』, 부천공전,
　　　1987)
＿＿＿, 「상허 이태준론(5)-'코스모스이야기'를 중심으로」(『공산권연구』, 1987.9)
＿＿＿, 「상허 이태준론(6)-'복덕방'을 중심으로」(『논문집』 8, 부천공전, 1987.12)
＿＿＿, 「상허 이태준 중단편소설의 이해-1925~1943년을 중심으로」(『공산권연
　　　구』, 1988.1~3)
＿＿＿, 『이태준연구』, 깊은샘, 1988.4.
＿＿＿, 「고단했던 생애와 작품세계」(『현대공론』, 1988.6)
강진호, 「상허 이태준론(7)-작품의 현지답사 내용을 중심으로」(『공산권연구』,
　　　1989.1)
＿＿＿, 「상허 이태준의 북에서의 작품」(『공산권연구』, 1989.9)
＿＿＿, 「상허 이태준론(8)-북에서 쓴 단편소설을 중심으로」(『논문집』 10, 부천
　　　공전, 1990.3)
＿＿＿, 「월북 작가 이태준을 찾아서」(『공산권연구』, 1990.5)
＿＿＿, 「상허 작품집 출판의 한 문제점」(『공산권연구』, 1990.6)
＿＿＿, 「상허 이태준론-'산월이'에 나타난 현장조사를 중심으로」(『공산권연구』,
　　　1990.11)
＿＿＿, 「상허 이태준론(9)-'산월이'에 나타난 현장조사를 중심으로」(『논문집』

11, 부천공전, 1990.12)

_____, 「북에서 개작한 상허 이태준의 작품－'밤길'을 중심으로」(『공산권연구』, 1992.6)

_____, 「'성모'에 나타난 한 문제」(『학산문학』, 1992년 여름)

_____, 『이태준소설의 이해』, 백산출판사, 1992.9.

_____, 「이태준의 전기적 고찰」(상허문학회, 『이태준문학연구』, 깊은샘, 1993.12)

_____, 「이태준의 새로운 습작기 작품」(『극동문제』, 1995.9)

박건명, 「이태준 단편소설에 나타난 인물유형 연구」(『건국어문학』 15 · 16, 1991.3)

박경덕, 「이태준 단편의 인물 유형」, 고려대 교육대학원 석사논문, 1990

박기연, 「이태준소설연구－작가의식의 변모과정을 중심으로」, 동아대 석사학위 논문, 1992.2.

박미정, 「이태준 단편소설연구」, 국민대 교육대학원 석사학위논문, 1994.

박상두, 「이태준의 '오몽녀' 연구」, 단국대 교육대학원 석사학위논문, 1994.

박선애, 「'해방전후', '농토' 연구」(『원우논총』, 숙명여대, 1994)

박영숙, 「이태준 단편소설 연구」, 강원대 교육대학원 석사학위논문, 1995.

박재섭, 「해방기소설연구」, 서강대 석사학위논문, 1985.

박정규, 「상허소설의 현실인식」(『어문논집』, 고려대, 1986.3)

_____, 「농민소설에 나타난 유토피아 추구의식」(『한양어문논집』 5, 1987.10)

박종화, 「이태준저 『문장강화』」(『조선일보』, 1940.5.18)

박태원, 「이태준 단편집 『달밤』을 읽고－독후감」(『조선일보』, 1934.7.26~27)

박헌호, 「이태준 문학의 소설사적 위상」, 성균관대 박사학위논문, 1997.8.

박혜성, 「이태준소설연구」, 성신여대 교육대학원 석사학위논문, 1996.

방준원, 「이태준론」(『백민』, 1946.12)

백　철, 「울결의 문학」(『조선일보』, 1937.3.17~21)

_____, 「문학과 사상성의 검토－내가 쓰는 작가 이태준론」(『동아일보』, 1938.2.15 ~19)

_____, 「이태준씨 장편소설 「딸삼형제」를 읽고」(『매일신보』, 1940.1.19)

_____, 「신사상의 주체화 문제점」(『신천지』, 1948.7)

_____, 「참 좋은 작가들이었는데」(『월간중앙』, 1978.5)

변소영, 「이태준단편소설연구」(『마을문』 2, 한국외대 한국어교육과, 1990.5)

三枝壽勝, 「상황과 문학자의 자세」, 경희대 석사학위논문, 1976.2.

_______, 「李泰俊作品論」(『史淵』 117, 九州大文學部, 1980)

________, 「解放後の 李泰俊」(『史淵』 118, 九州大文學部, 1981)

상허문학회, 『이태준 문학 연구』, 깊은샘, 1993.12.

서경석, 「미군정기 소설의 현실인식」(『한국학보』 54, 1989년 봄호)

서석준, 「한국현대소설에 나타난 ‘부상실’연구」, 경희대학교 박사학위 논문, 1991.

서영채, 「두 개의 근대성과 처사의식」(상허문학회, 『이태준문학연구』, 깊은샘, 1993.12)

서은선, 「이태준 장편소설 연구」(『국어국문학』 29, 부산대 국문과, 1992.10)

_____, 「서사기법으로 본 이태준 소설의 연구」(『한국문학논총』 14, 한국문학회, 1993.11)

서은희, 「이태준 단편의 인물유형과 현실인식양상」, 고려대 교육대학원 석사학위 논문, 1994.2.

서종택, 「이태준의 단편소설」(『한국현대소설연구』, 새문사, 1990.5)

선우휘, 「납북 되거나 월북한 문인들 문제」(『뿌리깊은나무』, 1977.5)

송병직, 「이태준의 농민소설연구」, 충남대 교육대학원 석사학위논문, 1995.

송인화, 「상허 이태준 단편소설연구」, 연세대 석사학위논문, 1990.

송하섭, 「이태준 단편의 작중 인물들」(『단국어문논집』 1집, 단국대학교 단국어문연구회, 1995.5)

_____, 「이태준 소설의 서정성 연구」(『논문집』, 단국대학교, 1995)

신남철, 「작가심정의 문제」(『동아일보』, 1937.6.23)

신동욱, 「이태준작품의 문학적 의미」(『해금문학전집』 2, 삼성출판사, 1988)

_____, 「이태준 소설과 민족의식」(『월간 고교 독서평설』, 1991.12~1992.1)

_____, 「이태준의 소설에 나타난 민족의식」(『동방학지』, 연세대 국학연구원, 1992)

신순철, 「해방 이후의 이태준의 삶과 문학」(『국문학연구』 13, 효성여대국문학과, 1990.12)

_____, 「이태준연구」, 효성여대 박사학위논문, 1991.2.

_____, 「해방 전의 이태준의 문학적 전기고찰」(『경주전문대논문집』 5집, 1991.5)

_____, 「이태준 단편소설의 서정성고」(『논문집』, 경주전문대, 1992)

신용화, 「이태준 단편소설연구」, 연세대 교육대학원 석사학위논문, 1994.

신윤경, 「김유정과 이태준 단편에 나타난 아이러니 비교연구」, 고려대 교육대학원 석사학위논문, 1993.2.

신춘호, 「이태준의 농민소설 연구」(『논문집』, 건국대 중원인문연구소, 1992)

신형기, 「해방직후 중간층 작가의 의식전이 양상─이태준을 중심으로」(『오늘의 문예비평』, 1991)

신희교, 「이태준 소설의 반어적 특성 연구」(『현대소설연구』 4집, 현대소설학회, 1996.6)

안남연, 「이태준소설의 미학적 연구」(『우리어문학연구』 3, 한국외대 한국어교육과, 1991.9)

______, 「이태준 장편소설의 작중인물 유형연구」(『한국어문학연구』 4, 한국외대, 1992.11)

______, 「이태준장편소설연구」, 한국외대 박사학위논문, 1993.

______, 「이태준 장편소설의 변모 양상」(『한국어문학연구』 6집, 한국외대 한국어문연구회, 1994.12)

안숙원, 「구인회와 바보의 시학」, (『서강어문』 10집, 서강대학교 서강어문학회, 1994.12)

안한상, 「해방전후에 나타난 문인의 현실인식과 삶의 선택」(『전농어문연구』 5, 서울시립대, 1992.12)

안회남, 「문예시평─최근창작개평」(『조선일보』, 1935.5.30)

______, 「현역 작가들의 기량」(『조선일보』, 1936.9.3~10)

양문규, 「'사상의 월야' 해설」(『사상의 월야─이태준문학전집 ⑦』, 깊은샘, 1996.10)

양백화 외, 「조선문단합평회」, (『조선문단』, 1925.8)

양일운, 「북한의 숙청문인─상허와 임화를 중심으로」(『북한학보』 5, 1981)

양진오, 「이태준의 '사상의 월야' 연구」, 서강대 석사학위논문, 1992.12.

______, 「이태준 장편소설 분석」, (『서강어문』 10집, 서강대학교 서강어문학회, 1994.12)

양태진, 「월북작가론」(『통일정책』 4권 2호, 1978)

오경은, 「이태준연구─자전적소설 '사상의 월야'를 중심으로」, 숭실대 석사학위논문, 1992.2.

오양호, 「이태준 아동문학론」(『인천어문학』, 인천대 국문과, 1992)

오일명, 「그는 이데올로기가 낳은 비극인이었다」(『현대공론』, 1988.6)

오형업, 「이태준 단편소설의 스토리 전개방식」(『어문논집』 33, 고려대 국어국문학과, 1994.12)

오효일, 「1940년대 후반기 단편소설 연구」, 계명대 석사학위논문, 1984.

원형갑, 「이태준의 문학세계 어떻게 볼 것인가」(『문학세계』, 1992.7)

유인순, 「味讀의 즐거움-이태준의 '성모'를 중심으로」(『朝鮮學報』 159집, 조선
    학회, 1996.4)
유종호, 「'인간사전'을 보는 재미-이태준의 단편」(『1930년대 민족문학의 인식』,
    한길사, 1990)
유철상, 「이태준 단편소설연구」, 서울대 석사학위논문, 1993.
유한근, 「스타일리스트 상허」(『월간문학』, 1988.6)
윤규섭, 「학예사판『이태준 단편집』을 읽고」(『매일신보』, 1941.3.23~29)
윤애경, 「이태준 단편소설의 변모과정 연구」, 연세대 석사학위논문, 1995.
이 건, 「이태준의 '황진이' 연구」, 상명여대 석사학위논문, 1996.2.
_____, 「이태준의 역사소설 '황진이'의 서사구조와 반유교주의 사상」(『자하어문
    논집』, 상명어문학회, 1996.8)
이경남, 「월북작가 이태준은 북한탈출을 기도했었다」(『월간현대』, 1987.11~12)
이경은, 「이태준단편소설연구」, 연세대 교육대학원 석사학위논문, 1989.6.
이기인 편, 『이태준(작가론총서)』, 새미, 1995.12.
이남호, 「이태준단편소설연구」(『한국어문교육』 3, 고려대사대국어교육회, 1988.12)
_____, 「오래된 것들의 아름다움」(『무서록-이태준문학전집 15』, 깊은샘, 1994.11)
이대영, 「상허의 장편소설 연구」(『어문연구』 23, 충남대 어문연구회, 1992.12)
_____, 「이태준 단편소설 연구」(『어문연구』 30, 충남대 어문연구학회, 1998.12.10.
이동봉, 「이상과 실체-상허의『소련기행』을 읽고」(『경향신문』, 1947.8.10)
이명성, 「이태준 단편소설연구」, 중앙대 석사학위논문, 1995.
이명희, 「이태준의 장편 '화관' 고」(『원우논총』, 숙명여대, 1992)
_____, 「이태준 장편 '청춘무성' 고」(『어문논집』 3, 숙명여대 한국어문학연구소,
    1993.2)
_____, 「이태준문학연구」, 숙명여대 박사학위논문, 1993.6.
_____, 「장편소설에 나타난 여성의식」(상허문학회, 『이태준문학연구』, 깊은샘,
    1993.12)
_____, 「'황진이', '왕자호동'의 역사소설적 의미」(상허문학회, 『이태준문학연
    구』, 깊은샘, 1993.12)
_____, 「'좋은 소설'로서의 상허만의 존재방식」(『동서문학』, 1994.3)
_____, 「이태준 소설의 인물과 성격화」(『한국학연구』, 숙명여대, 1994)
_____, 「이태준 소설의 기법과 구성법」(『한국어문학』 4, 숫대한국어문학연구,
    1994.8)

_____, 「이태준 장편 '성모' 연구」(『현대소설연구』 1집, 한국현대소설연구회, 1994.8)

_____, 『상허 이태준의 문학세계』, 국학자료원, 1994.11.

_____, 「이태준 희곡연구」(『국어국문학』 112, 국어국문학회, 1994.12)

_____, 「이데올로기의 간극과 작가의 비극」(채훈 외, 『월북작가에 대한 재인식』, 깊은샘, 1995.7)

_____, 「역사적 사실과 이야기적 요소의 만남 속에 숨겨진 작가의 내면세계」(『왕자호동－이태준문학전집 ⑦』, 깊은샘, 1997.6)

이병렬, 「이태준문학연구의 향방」(『숭실어문』 제6집, 숭실어문연구회, 1989.4)

_____, 「광복기 작가의 한 유형(1)－이태준의 변신」(『숭실어문』 제8집, 숭실어문연구회, 1991.7)

_____, 「이태준소설의 개작문제고」, 제36회 전국국어국문학연구발표대회 발표요지, 1993.6.6.

_____, 「이태준 소설의 창작기법 연구」, 숭실대 박사학위논문, 1993.6.

_____, 「'복녀'와 '오몽녀'의 거리」(『숭실어문』 제10집, 숭실어문연구회, 1993.9)

_____, 「이태준의 문학사적 위상」(상허문학회, 『이태준문학연구』, 깊은샘, 1993.12)

_____, 「이태준 소설의 인물 성격화 유형」(상허문학회, 『이태준문학연구』, 깊은샘, 1993.12)

_____, 「소설미학과 현실인식의 사이에서」(『동서문학』, 1994.3)

_____, 「이태준 소설의 텍스트 문제」(『국어국문학』 111호, 국어국문학회, 1994.5)

_____, 「'첫전투'와 '고향길'의 의미」(『해방전후, 고향길－이태준문학전집 ③』, 깊은샘, 1995.10)

_____, 「이태준 후기소설 연구」(『현대소설연구』 제5호, 한국현대소설학회, 1996.12)

_____, 「이태준의 '사상의 월야' 연구」(『숭실어문』 제13집, 숭실어문학회, 1997.6)

_____, 「'황진이'의 역사소설적 의미」(『황진이, 법은 그렇지만－이태준문학전집 ⑧』, 깊은샘, 1997.7)

_____, 「이태준의 소설관 연구」(『현대소설연구』 7호, 현대소설학회, 1997.12.30)

_____, 「역사적 인물의 소설적 형상화」(『숭실어문』 14, 숭실어문학회, 1998.6.14)

_____, 『이태준 소설 연구』, 평민사, 1998.10.

이상갑, 「'사상의 월야' 연구」(상허문학회, 『이태준문학연구』, 깊은샘, 1993.12)

이상명, 「이태준 단편소설에 나타난 현실의식 고찰」(『인천어문학』 10집, 인천대
　　　　국문과, 1994.2)

이선미, 「이태준소설연구」, 연세대 석사학위논문, 1991.2.

_____, 「단편소설에 나타난 현실인식」(상허문학회, 『이태준문학연구』, 깊은샘,
　　　　1993.12)

_____, 「감상적 인간주의의 미적 승화」(『동서문학』, 1994.3)

_____, 「'구인회'의 소설가들과 모더니즘의 문제」(상허문학회, 『근대문학과 구인
　　　　회』, 깊은샘, 1996.9)

이선영, 「전통적 정서에 민족의식을 담은 이태준」(『한국인』, 사회발전연구소,
　　　　1988.11)

이수라, 「해방공간의 단편소설에 나타난 작가의식 연구―이태준, 김동인, 채만식,
　　　　이봉구」, 전북대 석사학위논문, 1993.2.

이예주, 「이태준론」(『성심어문논집』, 성심여대 국문과, 1993.2)

이우용, 「이태준 ― 허위적 속성의 문학과 비극적 삶」(『사회와 사상』, 1989.5)

_____, 「이태준 '농토'에 나타난 인물성격 연구」(『논문집』, 건국대, 1990)

이원규, 「글쓰기의 고전 '신문장강화'」(『시사월간 WIN』, 중앙일보사, 1998.1)

이익성, 「상허단편소설연구」, 서울대 석사학위논문, 1987.2.

_____, 「'사상의 월야'와 자전적 소설의 의미」(『한국근대장편소설연구』, 모음사,
　　　　1992.8)

_____, 「상허 단편소설의 구조와 기법」(상허문학회, 『이태준문학연구』, 깊은샘,
　　　　1993.12)

이재봉, 「해방기 이태준 소설연구―'해방전후' 및 '농토'를 중심으로」, 부산대 석
　　　　사학위논문, 1989.8.

_____, 「이태준의 '해방전후'와 그 이데올로기의 성격」(『국어국문학』 27, 부산대
　　　　국문과, 1990.9)

_____, 「'농토'의 인물성격과 그 의미」(『한국문학논총』 12, 한국문학회, 1991.11)

이재진, 「이태준 소설 연구―자전적 요소를 중심으로」, 고려대 교육대학원 석사
　　　　학위논문, 1997.

이주형, 「1930년대 한국장편소설연구」, 서울대 박사학위논문, 1983.

이중재, 「이태준 단편에 나타난 아이러니 기법 고찰」(『동악어문논집』, 1995)

_____, 「'구인회'연구―이태준, 박태원, 이상의 소설을 중심으로」, 동국대 박사

학위논문, 1996.

이탄미, 「이태준소설연구—해방이전 단편을 중심으로」, 중앙대 석사학위논문, 1990.6.

이항구, 「북한작가들의 생활상」(『국토통일원』, 국토통일원 조사연구실, 1979)

이헌구, 「'딸삼형제'를 읽고」(『문장』, 1940.3)

이혜령, 「이태준 장편소설 연구」, 성균관대 석사학위논문, 1996.

이혜원, 「이태준 소설의 이미지 연구」(『한국어문교육』 6, 고려대 국어교육학회, 1992.12)

______, 「이태준 소설의 이미지 연구」(상허문학회, 『이태준문학연구』, 깊은샘, 1993.12)

이호숙, 「이태준 문학관 연구」(『연구논집』, 이화여대, 1993)

이화진, 「이태준의 장편소설에 대한 일 고찰」(『반교어문연구』, 1991)

이희춘, 「낙원과 이념의 사이—이태준론」(『논문집』, 밀양산업대, 1996)

일기자, 「이태준씨가정 방문기」(『조선문단』, 1936.7)

______, 「이상을 어하는 이태준씨」(『삼천리』, 1939.1)

임경순, 「이태준소설의 담론과 해석」(『현대소설연구』 제6호, 한국현대소설학회, 1997.6)

임명수, 「한국근대소설의 서정적 성격연구」, 경북대 석사학위논문, 1988.7.

임은희, 「이태준 단편소설연구」, 한양대 석사학위논문, 1994.

임헌영, 「이태준의 해방 이후 작품세계」(『해방전후, 고향길—이태준문학전집 ③』, 깊은샘, 1995.10)

임형택, 「상허 이태준론(1)」(『노산어문학』 1, 1963.11)

______, 「상허론(2)」(『노산어문학』 3, 1964.10)

임진영, 「8·15직후 단편소설연구」, 연세대 석사학위논문, 1987.

임 화, 「단편소설의 조선적 특징」(『인문평론』, 1939)

장미영, 「이태준 연구—단편소설을 중심으로」(『한성어문학』, 한성대 국문과, 1990)

장소진, 「이태준 문학에서 노인의 문제」(『서강어문』 9, 서강어문학회, 1993.12)

장영우, 「상허 이태준론」(홍기삼·김시태 편, 『해금문학론』, 미리내, 1991.8)

______, 「이태준의 초기작품에 관한 일 고찰」(『문학예술』, 1992.4)

______, 「이태준 소설연구」, 동국대 박사학위논문, 1992.7.

______, 「해방후 이태준 소설 연구」(『한국문학연구』 16, 동국대학교 한국문학연구소, 1993.12)

______, 「문학과 정치」(상허문학회, 『이태준문학연구』, 깊은샘, 1993.12)

______, 「낭만주의적 민족관과 온고지신의 정신」(『동서문학』, 1994.3)

______, 「이태준 단편소설의 특징과 의미」(『달밤』-이태준문학전집 ①』, 깊은샘, 1995.3)

______, 『이태준소설연구』, 태학사, 1996.12.

장양수, 「이태준 단편 '가마귀'의 탐미주의적 성격」(『한국문학논총』 13, 한국문학회, 1992.10)

長璋吉, 「李泰俊」(『朝鮮學報』 92, 1979)

정병철, 「이태준단편소설연구」, 연세대 교육대학원 석사학위논문, 1994.8.

정숙자, 「이태준 장편소설연구」, 전북대 교육대학원 석사학위논문, 1993.2.

정운엽, 「상허 이태준소설의 의식고찰」(『경기문학』 제10집, 1989.12)

정원실, 「이태준 단편소설의 서정성 연구」, 동아대 석사학위논문, 1993.2.

정지영, 「이태준 소설에 나타난 서정성 연구」, 국민대 석사학위논문, 1997.

정현기, 「이태준연구」(『세계의 문학』, 1988년 가을호)

______, 「작가적 증오심의 형상화」(『월북문인연구』, 문학사상사, 1989.8)

______, 『이태준』, 건국대학교 출판부, 1994.12.

정현숙, 「예술가 의식과 사회의식」(『어문학보』 17집, 강원대학교 사범대학 국어교육과, 1994.12)

정호웅, 「해방공간의 소설과 지식인」(『한국학보』 54, 1989년 봄호)

조남현, 「해방직후 소설에 나타난 선택적 행위」(『해방공간의 문학사론』, 태학사, 1990)

조달옥, 「상허 소설의 기법 고찰」(『어문논집』, 경남대 국문과, 1990)

조문규, 「이태준소설연구」, 경남대 교육대학원 석사학위논문, 1990.2.

조병해, 「단편소설에 나타난 이태준의 작가의식 연구」, 경기대 석사학위논문, 1996.

조용만, 「이태준씨 단편집 『달밤』을 읽고」(『매일신보』, 1934.8.4~5)

______, 「구인회의 기억」(『현대문학』, 현대문학사, 1957.1)

______, 「나와 구인회 시대」(『대한일보』, 1969.9.30)

조은주, 「이태준 단편소설연구-서정적 특성을 중심으로」, 단국대 석사학위논문, 1994.

진영복, 「해방기 리얼리즘 소설연구-채만식, 안회남, 이태준, 이기영」, 연세대 석사학위논문, 1992.8.

차원현, 「토지개혁의 형상화와 농본주의 사상」(『호서어문연구』 1집, 호서대 국어
　　　국문학과, 1993.12)
채호석, 「이태준 장편소설의 소설사적 의미」(상허문학회, 『이태준문학연구』, 깊
　　　은샘, 1993.12)
천이두, 「한국단편소설론」(『문학』 7, 1966.11)
최남희, 「이태준 소설의 분석과 해석」, 부산대 교육대학원 석사학위논문, 1993.
최소영, 「이태준 신문연재소설 연구」, 연세대 교육대학원 석사학위논문, 1995.
최유찬, 「이태준의 삶과 문학」(『리얼리즘이론과 실제비평』, 두리, 1992)
최은주, 「상허 이태준단편소설연구」, 한국외대 석사학위논문, 1989.2.
최재서, 「최근 문단의 동향」(『조광』, 1937.11)
＿＿＿, 「단편작가로서의 이태준」(『문학과 지성』, 인문사, 1938.6)
최정숙, 「이태준의 문학과 월북 동기」(『통일』, 1990)
최정주, 「'사상의 월야' 연구」(『우석어문』, 전주우석대 국문과, 1993)
＿＿＿, 「해방기의 이태준 소설연구」, 전주우석대 박사학위논문, 1995.2.
최정희, 「이태준작 「청춘무성」」(『인문평론』, 1941.1)
최혜실, 「이태준 단편소설에 나타나는 '일상성(quotidiennet)'」(『국어교육』, 국어교
　　　육연구회, 1992)
＿＿＿, 「이태준 장편소설에 나타난 애정의 삼각구도」(『한국근대장편소설연구』,
　　　모음사, 1992.8)
최태응, 「이태준의 비극(상)」(『사상계』 116, 1963.1)
＿＿＿, 「이태준의 비극(하)」(『사상계』 117, 1963.2)
추경란, 「이태준 단편소설의 인물유형 고찰」, 조선대 교육대학원 석사학위논문,
　　　1990.
K 기자, 「동인과 상허」(『백민』, 1946.12)
하정일, 「계몽의 내면화와 자기확인의 서사」(상허문학회, 『근대문학과 구인회』,
　　　깊은샘, 1996.9)
한양숙, 「이태준소설연구―소외의식과 그 극복과정을 중심으로」, 계명대 박사학
　　　위논문, 1994.2.
한상규, 「『문장강화』를 통해 본 이태준의 문학관」(상허문학회, 『이태준문학연구』,
　　　깊은샘, 1993.12)
한형구, 「해방공간의 농민문학」(『한국학보』 52, 1988년 가을호)
현순영, 「이태준 소설의 아이러니 연구」, 이화여대 석사학위논문, 1998.6.

홍 구, 「우리 위원장 이태준」(『신문학』 3, 1946.8)

홍효민, 「이태준저 『화관』 독후감」(『동아일보』, 1938.9.11)

황순재, 「현실대응의 방법적 자각—이태준의 '화관'론」(『문학과비평』, 문학과비
　　　　평사, 1991.6)

황영숙, 「이태준소설연구」, 명지대 박사학위논문, 1994.

＿＿＿, 「이태준 장편소설 고찰」(『명지어문학』, 명지대 국문과, 1995)

황종연, 「반근대의 정신—식민지시대 이태준의 단편소설에 관한 한 고찰」(『세계
　　　　의 문학』, 1992)